本书出版得到了大连市学术专著资助出版评审委员会和

大连理工大学的资助

"关东州" 历史记忆

徐成芳　齐红深　编著

人民出版社

编　委　会

（中国和日本成员分别以姓氏笔画为序）

于　飞　于恒起　马金秋　王　冉　王诗琪　王诺斯
王　婧　王　满　卞国胜　车富川　刘长恒　刘　玉
刘　娱　刘金鑫　刘朝争　刘崇治　齐红深　齐会芳
齐行行　孙月楠　孙凤文　孙雨涵　孙艳波　乔慧博
李小旭　李立冰　李伟民　李明晨　李　红　李　昕
李凤祥　吴　涛　张云鹏　张晓刚　张福元　张　博
张　娱　张德印　陈丕忠　周广韬　周　峄　单佳音
杨乃昆　杨　晓　赵　玲　赵玉洁　赵志刚　赵锦言
徐治中　徐德源　徐雄彬　屈　宏　柳中权　荆蕙兰
姚　敏　袁宝莲　贾　迪　贾　澜　崔学森　梁大伟
韩行恕　韩悦行　蔡　毅　葛丽君　薛殿会
小泽有作　中山纪子　竹中宪一　伊月知子
金子和彦　宫脇弘幸

编辑部主任兼日文翻译：刘金鑫

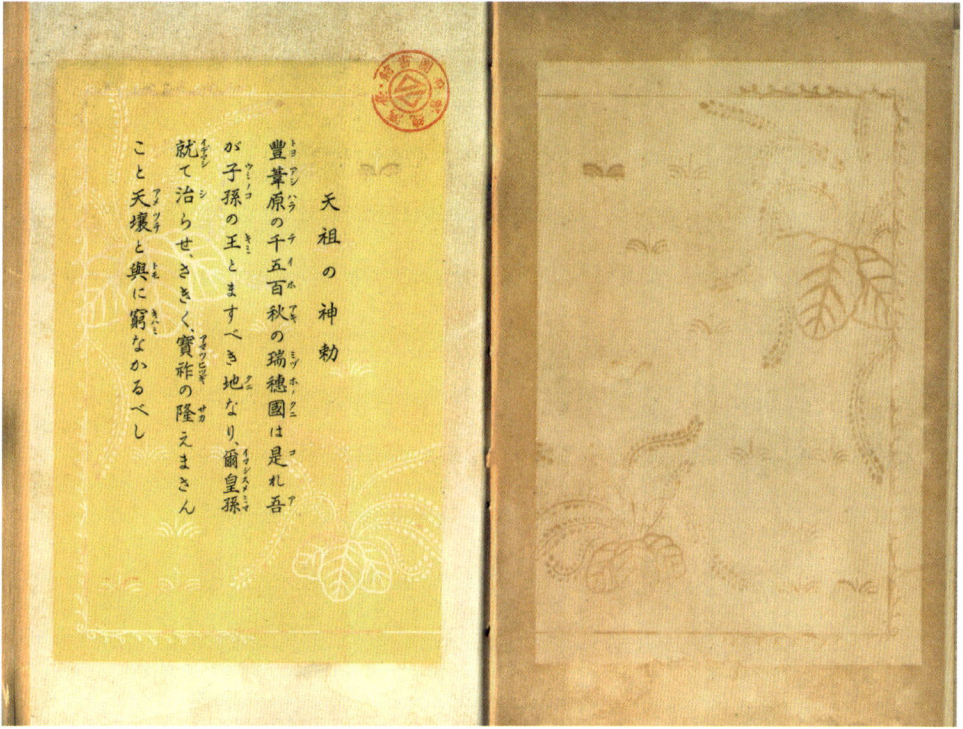

　　《天祖の神勅》。译为汉语是：天祖天照大神敕语：苇原千五百秋之瑞穂国是吾子孙可王之地也，宜尔皇孙就而治焉行矣，宝祚之隆当与天壤无穷者矣。

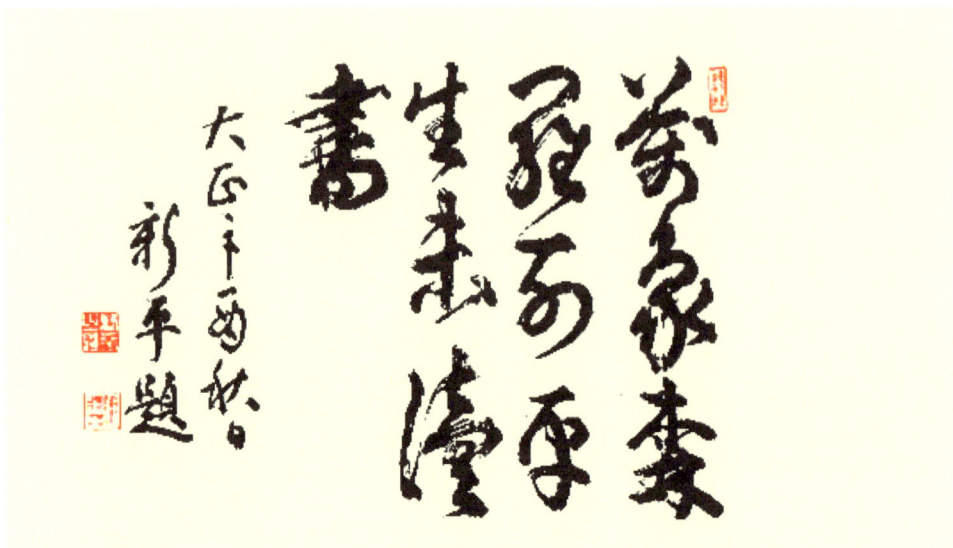

"满铁"首任总裁后藤新平1921年为后藤文库丛书《大连》一书的题词："万象森罗事,平生未读书"。委婉表达他关于"文装的武备,就是以王道之旗行霸道之实"的殖民统治策略。

旅顺"表忠塔"陶瓷挂盘(背面:昭和十五年十二月十四日旅顺要塞司令部许可济)。

旅顺日军司令部。

伪满洲国印发的年画。左图："背反满洲国的人，到来世这样受罪"。右图："乐从满洲国的人，身后要这样享福"。

日俄战争中双方死伤众多，旅顺要塞的俄军阵地变成一片废墟，日本占领后在203高地上建立了纪念碑，即中间远处细高的立柱。

旅顺水师营会见所。日俄战争时，旅顺俄军守将斯托塞尔与日本第3军司令乃木希典会见处。

1928 年左右的大连市城区。

大连神社。

沙河口公学堂女子组在"关东州兴亚奉公联盟"举办的兴亚陆上运动会获奖。

1926年，日本红十字社总裁闲院宫载仁亲王出席约有两万名社员参加的"满洲红十字社总会"。

1929 年的大连大广场。中间是首任总督大岛义昌塑像。

审慎自择　顾我同胞

何往？

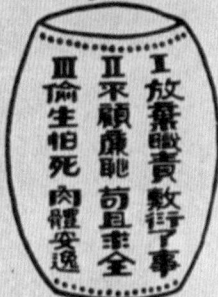 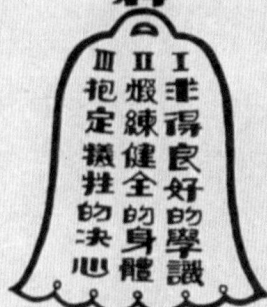

勿忘国耻

东北讲武堂训练处印制

日本侵占旅大后，东北讲武堂印制的"勿忘国耻"宣传画。

目　录

语；"国老""满人"与"关东州人"；"民籍"和"寄留"

前　言:

打捞历史记忆

齐红深

　　历史记忆,是遗传基因和文化符号,也是从过去通往未来的桥梁。无论一个人,一个家庭,还是一座城市,一个民族,一个国家,如果不珍惜和尊重历史记忆,就会迷失自我,就不会有属于自己的光明的未来。

　　"关东州"(俄语:Квантунская область;日语:関東州〔关东州〕/かんとうしゅう/Kantōshū),是中国东北辽东半岛南部1899—1945年间外国人起的地名,先后是俄国和日本租借地。日本统治40年间,"关东州"不仅设立行政单位,驻扎着关东军,还是南满铁道株式会社总部所在地,军事、政治、经济、警特、文化等统治机构一应俱全,是侵略中国东北和发动全面侵华战争、太平洋战争的根据地和桥头堡。1945年日本战败投降,"关东州"这条日本"船"沉了。然而,对于它的历史记忆却不能湮没也不应当湮没。

　　从1984年起,我在编写教育志和从事教育史研究过程中,先后主持完成国家哲学社会科学、教育科学"七五""八五""九五""十五"规划重点课题《东北少数民族教育文化研究》《满族教育史研究》《东北地方教育史研究》《日本侵华教育史研究》《日本侵华殖民教育口述历史调查与研究》和中央特批东北三省协作国家重大课题《东北沦陷史》(教育文化专题)等多项研究项目。此间,我们广泛寻找日本侵华亲历者,搜集日本侵华证人、证言、证物,建构大众历史记忆,包括打捞"关东州"的历史记忆在内。

我不仅自己动手打捞,还团结了许多专家学者,齐心协力地捞。为了提高研究水平,增进国际认同,我在担任辽宁省教育史志办公室主任、辽宁省教育史志学会会长、中国地方教育史志协会副会长期间,分别于1992年、1993年与日本"满洲·满洲国"教育史研究会在大连海运学院(今大连海事大学)、1999年与日本殖民地教育史研究会在大连市桃源小学三次召开研讨会,中(含台湾、香港)、日、韩及美、德、瑞士等国家和地区代表二百多人次参加会议,并16次应邀在国际学术会议上作主旨报告和大会发言。近年来,又陆续吸引徐成芳教授等一些中青年学者参加进来,不仅增加了打捞历史记忆的生力军和历史记忆的传承人,也帮助我们解决了出版的困难。

我们捞呀捞,捞呀捞。终于,把日本侵华时期亲历者对于"关东州"的历史记忆打捞了出来。

打捞历史记忆,不仅是打捞史实,也是打捞情感,打捞人心,打捞民族精神。其难度和复杂性,可能是许多人想象不到的。

举例说吧,有一对老人,在日本统治下的"关东州"念完小学念师范,念完师范当教员,身受日本"皇民化"教育又教育后人,价值观、生活习俗都已日本化。日本投降后,由于在日本统治时期的经历,又吃了不少苦头。我们找他们做口述历史的时候,他们已经落实政策从农村回到教师岗位了,但是余悸未消。当时,中日实现邦交正常化了,他们觉得说日本好也不是坏也不是,害怕祸从口出,担心伤及友人。我们劝他们实事求是实话实说、一五一十尽情道来,历经几年交往才打开了他们的心灵之门。还有一位老人在日本学校念书时,和日本同学一起值宿看守装着武器的仓库,不料发生火灾,日本宪兵当然不会怀疑日本同学,只怀疑是他故意纵火,三番五次刑讯逼供追查他幕后指使者是共产党还是"放火团",把他打得死去活来,多亏日本学生和老师作证才得解脱。不料,日本投降、苏军占领后,又被怀疑是日本特务,押解到苏联当劳工,身体残了。1956年释放回国不久,中苏关系破裂了。他恰恰在中苏对立之前回来,又被怀疑是苏修特务。粉碎"四人帮",给别人落实政策,没他的份儿,因为对他只是怀疑没有定性、没有戴什么"帽"。我们找他做口述历史，他以为能为他落实政策，欣然同意。他家人得知后，埋怨他不吸取祸从口出的教训，非得把记录整理的材料要回去不可。

日本侵占时期的档案史料都是殖民统治者留下的。那时，中国人没有话语权。我们搜集整理口述历史，发挥其在保存历史记忆方面的独特价值，将史学研究的视野转向对社会、民间资料的发掘，自下而上地看历史，不仅弥补了档案文献资料的不足和缺陷，而且丰富了历史解释的多样性。

历史是丰富复杂的，历史是多元的。我给自己的定位是"不一定能成为优秀的历史研究者，但一定要做忠实的历史记录者"。我们不用自己的思维来代替和诱导历史亲历者，也不用政治思维来框限历史。我们尊重每一位亲历者的历史记忆，尊重每一位亲历者的历史体验。努力做到大众化、平民化、人性化和个性化。三十多年来，我们和死神赛跑，动之以情、晓之以理，用真情打开了历史亲历者的心灵之门，终于搜集整理出 2779 位老人的口述历史，还有历经劫难残存下来的老照片、教科书等各种实物。其中，有 200 多位老大连人的口述历史。我们还走遍大连的街道和荒山，寻找日本殖民统治的遗迹，发现了百余座中、日、韩国普通百姓的墓碑。2015 年纪念抗战胜利 70 周年期间，新华社还以《挽救历史》《大连发现日本侵华新罪证》为题专门报道，海外媒体也纷纷转载。这些形形色色的实物资料与口述历史相配合，形成了完整的日本侵华证人、证言、证物体系。

本书收录 21 位老大连人的口述历史和 500 余幅珍稀历史图片，以在"关东州"上学、成长过程为线索，讲述他们的经历、见闻、感受和反思，给读者提供了解和回顾历史的丰富空间。这些历史亲历者，有当时的"州民"（民籍）和"寄留民"，也有日本"皇民"，他们有着不同的经历、不同的政治观念和文化背景，各自站在历史的"那一个"独特的"点"上感受和呈现历史。既有重大历史事件、历史人物，更多的是个人和家庭变故、日常琐事、上学、就业、生活，是有温度的大众化历史。他们不约而同地反映出一个基本的历史主线，那就是日本侵略者"文装的武备"殖民统治策略下，日本精神侵略过程和中国人的抵制与反抗，以及家国情怀、文化观念留下的伤痕。

虽然有些具体的人物、时间、事件、细节已经模糊甚至含混，但经过时间碾压依然无法忘记的必定是对心灵的深深触动。因而，历史的本质在记忆的内核里变得更加清晰，更加突出。相信广大读者，不管年长还是年轻，都能受到教益，得到启示，品尝到与其他历史书不一样的滋味。

2016 年 3 月 23 日

高化南:

屈辱的"关东州"与光辉的"中华青年会"

　　高化南,男,汉族,1911 年 4 月 10 日出生。籍贯:山东省烟台市。离休时所在单位:大连市西岗区东关小学。职务:教师。日本占领时就读学校:大连中华青年会附设小学校。

　　1924—1930 年,在大连中华青年会附设小学校学习;1930—1935 年,在山东省烟台益文中学学习;1936 年考入旅顺师范学堂。毕业后一直当教师。离休前系大连市西岗区教师。

　　日本侵占大连时期,我从 1924 年到大连中华青年会附设小学校念书,至 1930 年高小毕业,后去烟台益文中学学习。

说说大连文化的根

　　日本侵占时期,出版《满洲教育史略》(山田丰等著,"南满"铁道株式会社 1933 年版)、《满洲教育史》(嶋田道弥著,大连文教社 1935 年版)、《满洲国史通论》(稻叶岩吉著,日本评论社 1940 年版)等著作,掩盖和篡改历史,散布诬蔑中国、分裂中国的错误史观,影响深远。俄、日特别是日本侵占者留下许多图片、书籍、档案美化其殖民统治,容易对大连人历史认知造成误导。

所以，我要首先说说大连文化的根。

自古以来，大连地区就以独特的地理位置和山海地形，成为中原文化与东北地区少数民族文化交汇融合的重要通道。另一个通道是陆上的山海关至锦州一线。

我最近看了齐红深同志的《东北古代教育史》，他们做了很深入的考证和研究工作。我看了之后，更清楚地了解了大连文化的根在哪里。

在古代，大连地区就是中原文化与东北少数民族文化相互融合的通道，也是中华文化和日本文化、朝鲜文化的一个接点。孔子在推行自己的治国理想屡次碰壁时，慨叹"道不行，乘桴浮于海"，说的就是跨越渤海，到辽东一带推行自己的政治主张。三国两晋时期，关内陷入动乱，管宁、邴原、王烈等一批中原名士从山东越海在大连湾登陆，避居辽东，"讲诗书，陈俎豆，饰威仪，明礼让"，传播中原文化。绵延 10 公里、延续时间长达 300 年的营城子庞大的汉墓群和被日本盗走的旅顺唐代鸿胪卿崔忻出使东北，册封震国王大祚荣为渤海郡王的石碑，都反映出汉唐时期辽东的繁荣和交通要道的重要地位。明代辽东属济南府，参加科举考试的士子都是乘船前往。可知大连与中原文化连为一体。东北地区明代史有所载的卫学、儒学只有 15 所，其中就有 3 所在大连地区。它们是：建于洪武十七年（1384 年）的金州卫学，位于金州市；建于洪武二十八年（1395 年）的复州卫学，位于瓦房店市复州城；嘉靖十八年（1539 年）奏建的永宁监城儒学，位于瓦房店市永宁乡。东北地区清代先后建立过 28 座书院，其中就有金州的南金书院，建于乾隆三十八年（1773 年），成立时间仅次于铁岭的银冈书院、沈阳的萃升书院和海城的海州书院，列第四位。

就连大连这个名称也是出自满语，成名于李鸿章发展海军时期。只不过那时是以旅顺口为中心。日本侵占时期被日本人称作旅顺旧市区的地方是中国人居住区，在日、俄殖民之前就已经形成了城镇。

可见，大连自古以来的文化就是多元和包容的。在近代，更成为中外文化碰撞、交流、融合的重要地区。甲午战争、日俄战争都发生在这里。俄国殖民统治了 9 年，日本殖民统治了 45 年。第二次世界大战后苏军又共管了 10 年。日本和俄国的殖民统治对大连近现代文化影响显而易见。同时应当看到，中国人民的反抗和斗争一刻也没有停止过。所以，日、俄文化的输入并不是单向进行的。在中华文化的汪洋大海里，殖民文化不仅受到抵制和反抗，也被迫和不可避免地学习和吸收中华文化。日本人学习汉语，当时日本人称"满语"，就是明证。

只有从这样的文化视野上，找到大连文化之根，了解大连是从哪里来的，才能正确地看清大连的独特地位和优势，找到自己的定位和发展方向。

"关东州"，大连屈辱的历史

大连位于辽东半岛南端，处于东北亚的中心，是我国北方水路交通枢纽，经济和军事地位十分重要，历史上帝国主义列强都觊觎中国版图上的这颗明珠。

1882 年，清朝北洋海军在辽东半岛南端的旅顺口建设海军基地，号称"东亚第一军港"。1894 年中日甲午战争期间，日本侵占辽东半岛，实行军事统治。甲午战争中国大败于日本，于 1895 年 4 月签订《马关条约》，割让台湾和辽东给日本。但是很快，德、法、俄三国便强迫日本归还辽东于中国，是为"三国干涉还辽"。清军重新接收金州和旅顺。

1897 年 12 月，俄罗斯帝国海军进入旅顺口港，将其作为在中国北部、朝鲜和日本海的前沿阵地，并更名为亚瑟港。1898 年 3 月 27 日，俄罗斯帝国强迫中国清政府签订《中俄旅大租地条约》，向清政府租借辽东，租期 25 年；5 月 7 日，沙俄与清政府签订《续订旅大租地条约》，租借地北界向北推进，西到半岛西岸的亚当湾（今普兰店湾）北岸，东到貔（pí）子窝（今普兰店市皮口镇）。同年，沙俄在旅顺、大连地区成立"关东州"，将今旅顺口区、大连市区、金州区、普兰店和瓦房店的一部分强行划入"关东州"内。"关东州"是由俄国侵略者在中国领土上命名的。"关东"这个名字的由来是位于山海关以东。

1904 年 2 月，日俄战争爆发，俄军于 1905 年 1 月战败投降。

根据日俄战争后的 1905 年《朴次茅斯和约》，日本取代沙俄占领这一租借地。大连地区变为日本殖民地。日本沿用"关东州"这个名字，设立"关东都督府"。日本还在 1905 年获得从长春到沈阳长 885 千米的"南满"铁路两侧地带的治外法权，即"满铁"附属地。这些权力连同铁路及其支线转交给了"满铁"。为管理这一新占领地区，设立了关东都督府和"满铁"守备队，即后来的关东军，成为建立"满洲国"的工具。

由于日本对"关东州"在名义上仍然是"租借"，时间为 25 年期限，为了永久占领大连地区，1915 年日本强迫袁世凯北洋政府签订了卖国条约"二十一条"，将"关东州"的租借期由 25 年延长到 99 年，即 1997 年；同时，突破沙俄侵占时期的租借地界，非法向外扩展 260 平方公里，并在绘制地图时，将"关东州"、朝鲜、中国台湾和日本本土都绘制成红色，这些事实充分暴露了日本帝国主义妄图永远占领大连地区的阴谋。同时，日本大量向"关东州"移民，强化对这一地区的殖民统治。1910 年在中国东北的日本人有 7 万人，其中"关东州"就有 3 万多人。1930 年在中国东北的日本人有 23 万人，其中"关东州"就有 11 万人。1940 年在中国东北的日本人有 106 万人，其中"关东州"就有 20 万人。而那时候"关东州"的总人口也就是大约 110 万人。

日本对长期居住在"关东州"的中国人强制登记。为了把"关东州"变成日本领土，1943 年 1 月对长期居住在"关东州"的中国人作了资格规定，即有祖坟在"关东州"的，有不动产者连续居住 5 年以上的中国人改称为"关东州人"，视为日本领土的"州民"。

日本占领大连地区后，为了维持其殖民统治和为侵略战争筹措物资和经费，大力发展港口、矿产、机器制造、农业，推行殖民统治的税收制度，造成税率高、老百姓负担加重。例如，1905 年日本颁布《关东州地区地租规则》，对农户租种的旱田、水田，不分地势优劣、土质好坏都按一个标准收税。1936 年日本颁布《关东州所得税令》，提高税率，扩大征收范围。1938 年日本又颁布《关东州法人资本税令》《关东州家屋税令》《关东州中国事件特别税令》等多项税令。随着侵华战争的不断升级，税种不断增多，各种税收都有突出的增加。例如，1943 年国税收入是 1905 年占领初期的 940 倍。"七七事变"后，1938 年比 1931 年以前平均税收增加 9.2 倍。1941 年太平洋战争爆发后国税收入比 1931 年前平均收入增加 57.5 倍。1906 年，生活在"关东州"的居民每户平均税收的负担为 2.68 元，到 1942 年已经上升到 380.16 元，等于日本占领初期的 140 倍。随着 1937 年日本全面侵华战争的开始，在"关东州"地区的税收变本加厉，竟然推出《关东州北支事件特别税》《关东州支那事件特别税》《关东州大东亚战争特别税》，对乘坐火车、汽车、轮船的乘客征税，对进入娱乐场所的人征税，甚至对进入体育场馆的学生征税。1944 年，"关东局"预算追加额中，有 1.443 亿日元转入战时经费，把在"关东州"对中国老百姓横征暴敛的钱财变成枪杀中国军民的枪炮。

帝国主义列

乃木希典提议兴建"表忠塔"，1907 年 6 月开工，抓中国劳工两万余人建造，现名"白玉山塔"。

　　1926年，专程来大连参加关东厅施政20周年纪念庆祝仪式的闲院宫载仁亲王，在大连中央公园忠灵塔前植树纪念。

强对殖民地国家的统治，总是在武装镇压和血腥屠杀下进行的。日本占领"关东州"后，首先建立的军事机构是军管署，负责处理日军与清政府地方官民之间的军政事宜，主要是保证日本军队作战时的宿营、休整、物资转运、征用民夫等任务。之后，成立满洲军总司令部、辽东守备队司令部、关东都督府，无论其建制和名称怎样变化，都是军政一体的殖民统治机构。1919年，日本对"关东州"的殖民统治实行军政分开，成立了关东厅和关东军司令部。"九一八事变"之前，关东军司令部设在旅顺，沿大连至长春的南满铁路布置大量兵力，臭名昭著的关东军充当了"九一八事变"的急先锋。其实，日本驻扎在"关东州"的军事机构不止这些。除关东军司令部、师团、旅团、守备司令部外，还有关东军所辖的旅顺要塞司令部、旅顺重炮大队、关东宪兵队本部、关东军陆军仓库、陆军运输大连支部、医院、监狱等。

　　伴随着军事机构建立，修建了大量的军事工程和军火工厂。为了修建机场、营房、仓库、医院等军事工程，日本殖民统治者从"关东州"和其他地区抓来中国的劳工。这些中国劳工每天从事 12 至 16 小时的繁重劳动，而只能吃到几两粮食，高强度的劳动加上吃不饱，很多人骨瘦如柴。住的工棚子冬天冷，夏天热，蚊蝇成群，劳工们稍有不满，就经常遭到监工的毒打。这样恶劣的条件下，不少人病死、饿死。据我所知，修建金州老爷庙机场等军事设施抓来中国劳工 1.6 万多人，有 7000 人惨死；修建陆军医院时抓来中国劳工 1 万多人，有 8000 多人丧命。直至今天，龙王庙"万人坑"还掩埋着中国劳工的白骨，中国人民永远不会忘记日本殖民统治者的侵略罪行。

后藤新平"文装的武备"

回忆日本对大连即所谓"关东州"的殖民统治，不能不说一个人。这个人就是后藤新平。

后藤新平是个医生，医术高明。甲午战争中国失败，把台湾割让给日本。日本占领台湾后首任总督是甲午战争中的日军元帅儿玉源太郎。儿玉源太郎当时还当着日军的参谋长。他就让后藤新平当台湾的民政长官。后藤新平精通中国文化，又实地去考察过英国殖民统治印度。后来，他担任南满洲铁道株式会社总裁，就总结出一套殖民统治的策略。这就是"文装的武备"。他说："文装的武备，就是以王道之旗行霸道之实"。他强调：在满洲不能只局限于经济，还应该包括教育、卫生和通讯等方面。"只有这样，日本的大陆政策才能够贯彻到满洲民众的生活中。也只有到了那一天，大陆经营才算占有牢固的地位。"这个策略不仅在"满铁"附属地实行，也在"关东州"贯彻。核心的意思就是不仅要经营经济，也就是不仅要掠夺资源和财富，还要通过"发展经济、学术、教育、卫生等"，使殖民地的人心"归依帝国"，从而实现其永久占领东北，进而吞并中国的野心。这一殖民统治手法就是举着王道的旗帜实行霸道。日本侵略者很清楚，占领了大连和南满铁路，但要征服中国人的心并不容易。所以，就按照"文装的武备"策略，办教育,办医院,推行殖民地文化,以求达到对精神征服、文化同化的目的。

《泰东日报》与傅立鱼

日本侵占大连时期,中国人民始终进行着各种形式的反抗斗争。

傅立鱼是安徽省英山县人,清末秀才,1900 年在安徽大学上学期间,以官费赴日本留学,毕业于明治大学分校。在日本留学期间,曾经加入了孙中山创立的同盟会。后来归国后曾因反对袁世凯而被通缉,于是逃亡到了大连,1913 年,他成为日本人在大连创办的《泰东日报》的编辑长。在他担任编辑长期间,积极宣传新文化新思想,是一位先进的爱国知识分子。

苏联十月革命之后,《泰东日报》连续刊载了介绍十月革命的文章。文章把列宁翻译成"李宁",热情歌颂了列宁的革命理论及其做出的成绩。为什么要刊载这篇文章呢? 报纸解释说:"近来美国有位唤作雅伯·莱斯·魏廉的,在《亚细亚》杂志上发表了一篇文章,专说李宁(列宁)的。不啻告诉我们说,你们要知道尼皋赉·李宁(尼古拉·列宁),就是这么一个人,可不要把他误会了呢。我就将魏廉的话转介绍给我们盼望知道李宁的哥儿们看看。"报纸编辑还随文调笑了那些封建顽固分子与北洋军阀们是"奴隶根性太深专制遗毒太重的老头儿们",听不得"李宁

《泰东日报》是日本在大连办的有影响力的报纸之一。图为供学生模拟的以《泰东日报》为主题的图案画。

两个字"，一听就要吓坏了。

文章写道："论起孙文的为人，我们却不敢说他在李宁之下。他的忠诚、崇实、公正、坚忍各点，都是他人所不能及的，只是稍为软弱疏忽一点……倘若当时孙文再有强毅精密两种美德，还何至如弄到今日这班牛鬼蛇神出来搅乱国家，戕贼人民呢。"

1920 年春，日本资本家和田笃郎强占了金州三十里堡水田 3000 亩，当地的农民们苦不堪言，自己的土地被侵占，衣食没了着落，于是他们开展了一场反占田的斗争，很多农民甚至到大连街道上进行游行示威。傅立鱼对此事非常关注，强烈声援农民

由日本控制的伪满在大连的图书出版发行机构。

的斗争。在《泰东日报》发表文章，一篇为《三十里堡水田被占事件之真相》，一篇为《三十里堡水田事件现状如斯，和田强取民稻一半，男啼女哭惨不忍闻》。报道描述农民惨状："和田笃郎带同多人在水田强取稻禾一半，并有警察为之出力。农民终为勤苦所得为食用之需者……被人掳去，行将濒于饥饿、心如刀割，因此多数男女老幼在禾田之中嚎啕痛哭，声震天地惨不忍闻。并有痛哭数日不食者或每日减食一半以补偿此项损失者，不禁令人酸鼻。"那天，和田笃郎带人前往勘验稻田，可是农民们不服，于是起而反抗，其中首领叫韩希贵，他带着那些绝望的人们手持铁锹等农具与和田笃郎及其走狗誓死抗争，和田笃郎落荒而逃。但是他并没有因此放弃水田，而是继续动用关系侵占。农民们忍无可忍，一起到大连请愿，无奈两次都被压了下来。

傅立鱼在《泰东日报》上发表了一篇社论以声援农民，题目为《为三十里堡三千农民向山县关东长官乞命》，推动了事件的发展，并且让国人团结起来，很多商人、学生、工人都自愿开始声援农民，于是在一年后的 1921 年，

关东厅长官同意与双方代表协商，以土地权归日本商人和田笃郎，允许农民"长久耕种永不退佃"、可以收获"东三佃七"等条款达成协议。

中华青年会

傅立鱼在《泰东日报》上发表了很多社论，提倡创办社会教育团体，组织中国青少年和工人群众识字读书，学习新文化、新思想。

1920年7月1日，大连中华青年会（以下简称"青年会"）诞生，性质是群众文化教育团体。青年会由傅立鱼等人创立，并且由傅立鱼担任会长。

青年会的创办目标是唤起和教育青年树立革命理想，磨炼革命意志，成为争取中华民族独立和国家富强的有用之材。办会宗旨为辅导青年发挥德育、智育、体育，养成高尚优美之人格，服务社会。下设学校、讲演、体育、武术、交际、出版、救济、童子军8个部。大连中华青年会初有会员400余名，1927年增至3000余名。大连中华青年会出版《新文化》（1924年4月更名《青年翼》），开办昼夜学校、外设贫民识字班，举办"星期讲坛"，传播新文化、新思想，宣传爱国主义，举行运动大会、足球比赛，并且还组织各种纪念集会、游行。这些活动紧紧围绕着中国人的社会生活展开，激发了大连中国人的民族意识和爱国之心，促进了大连的中国人团结一心，共同面对国家的命运和民族的危亡。

青年会也没有辜负其目标，它确实带动了青年们的成长。青年会的8个部门积极开展活动，1921年1月，他们开设了"星期讲坛"，面对普通大众，宣传三民主义、共产主义等进步思想。"星期讲坛"不仅有固定的讲演，还有在发生重大事件时临时加的讲演。讲演的主要内容除了时事政治外，还特别注重培养青年的道德修养与社会责任感。

这些讲演不是傅立鱼一个人上台滔滔不绝，他们请的都是当时著名的社会名流与进步人士。这些讲演更为中国共产党思想的传播起到了积极的作用。比如，1924年，共产党人李震瀛就曾来到大连，为青年们慷慨陈词《中国与世界》,1925年年末共产党员秦茂轩携带两篇讲演稿来到大连传播先进思想。大连工人运动领袖傅景阳、共青团大连特别支部书记杨志云、著名艺术家欧阳予倩、著名学者胡适等都陆陆续续来到大连进行讲演,甚至连汪精卫、林长民都曾登上了"星期讲坛"。当时这个讲坛在大连影响巨大,且为后人津津乐道。

除了设立"星期讲坛",傅立鱼还促使青年会会刊等先进刊物的发行。1923年7月1日,青年会会刊《新文化》(后来改名为《青年翼》)创刊,这是大连的第一本进步刊物。它还曾得到了孙中山的亲笔题词。傅立鱼专门阐述了办刊的宗旨:"发挥中国固有文化之精神,吸收西洋文化之精髓……开发文化、改革文化,谋东三省文化之独立。"刊物发表了很多进步文章,比如李大钊的《史学概论》《史学与哲学》等,还有其他革命同仁的诸如《俄国苏维埃思潮进化之历程》《俄罗斯之赤心》《身心锻炼与反锻炼》等宣扬进步思想的文章。

同时,傅立鱼不辞辛苦,于1923年开设了图书馆,为青年们订阅进步书籍。傅立鱼的进步思想引起了殖民者的恐慌,他们在1928年将他逮捕,随后傅立鱼被驱逐出大连。即使他不在大连了,他依然挂念着东三省的事情,"九一八事变"后,他还主动募捐支持东北的抗日义勇军。

傅立鱼给我的印象很好,他是很爱国的,很有势力,声望很大。他的活动面很广,把当时全大连市各团体,如印刷职工联合会、工学会等都联络起来。我看他办中华青年会的打算就是在日本人的统治下,插下中国人的教育机关,教育青年不要忘记根本。有时他也到学校来给我们讲话,后来日本人说他是共产党,把他驱逐出大连了。临走时,他把胡子剃了,在小操场给我们讲话,讲话内容是鼓励我们好好学习,以后给祖国做事情,要记住大连是中国的国土。讲话时他哭了。

学校第一任校长是金念曾,第二任是赵晋如,第三任是赵舜如,赵舜如的爱人也是我们的老师,后来她去世了。

当时的老师,在我看来有的是很进步的,但他们具体活动我又说不清楚,只能说一些现象。如陈迈千(即陈云涛)在给我们上图画课时,画一个拉纤的工人，讲工人生活如何苦，以及他们怎样生活等。当我们快毕业时，詹耀东老师给我们讲"社会"。有个姓刘的老师很厉害，教书很认真，在课余他经常给我们讲古文，他总想多教给我们一些东西。后来听说他在沈阳那边因为反满抗日被日本人打了。

听说会员中有个爱踢球的叫李日新，是共产党员，得知日本人要抓他就跑了。

当时的教科书是中国的，与内地学校用的一致，都是从奉天（沈阳）那边买来的，教师也是从那边请来的。学校有日语课，但老师不教，学生也不学。毕业的学生不升学便罢，升学就是到内地去考学校，如去奉天、天津、北京、烟台等地。可以说，中华青年会用中华文化之光照亮了我和许多年轻人，一直走在爱国爱乡的大路上。

"兔子会"上打日本人

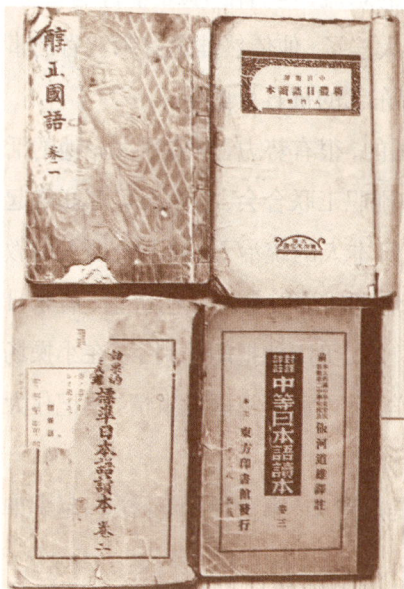

大连地区群众自学日本语（日本殖民者称作国语）使用过的出版物。

在学生中曾发生过一次打日本人的事件。经过是这样的：那天是日本人的"兔子会"（即2月1日，日本纪元节，建国纪念日。中国人叫它"兔子会"——编者注），日本人抬着小庙似的东西，可能是游行回来，在我们教室窗前坐着休息。教室里只有我和赵德荣两个人，我们越看越生气，赵德荣拿起一个大煤块从窗口扔出去，正好打在一个日本人的头上，之后我们就走了，到大连运动场（即现在体育场）去玩。日本人没抓到凶手，后来把校长赵舜如、老师詹耀东抓去了，给他俩上刑灌凉水，很长时间才放出来。詹老师放出来仍对我们说："谁知道是谁打的，绝对不要暴露。"那时，我心里明白，但我是不能讲的。当时在我们同学中，对祖国的观念是比较深的，都有爱国的思想。

后来日本人对学校的控制更严了，特别是有了打日本人的事件后，狗腿子的孩子，如马健章的儿子，也到我们学校念书。

明德学校

我是 1935 年（民国二十四年）下半年从烟台回大连的，回来时，中华青年会就改为明德学校了。所以明德学校是在 1935 年前成立的，不是 1933 年就是 1934 年。

当时的《中华青年会会歌》和《中华青年会立小学校校歌》我还会唱。歌词分别是：

溯我中华文明之国四千有余年，
尧舜揖让共和现万国属我先。
更有诸子相继起教化普群黎，
瓜瓞绵绵亿万秋欧亚莫与俦。
溯我华胄神明之裔灵秀系先天，
乘风激破万里浪最好是青年。
谨守古训智仁勇三育莫畸重，
精钢百炼炉火青醒我睡狮梦。
溯我会馆莘莘济济荟萃在一堂，
切磋琢磨夜继日相戒勿相忘。
尔国尔家尔社会匹夫与有责，
人人枕戈思着鞭莫让祖逖先。

中华大会气象峥嵘，

一天化雨四季春风。

五育甄陶犹金在熔，

勤俭诚敬正以养蒙。

前途要努力，能眼恨无穷，

海上波涛涌，大陆夕阳红。

黑烟缭绕，汽笛声宏，

问谁是此地主人翁。

努力努力齐努力，发愤以为雄，

大家高举五色旗，光华照亚亚。

　　访谈人：杨乃昆、陈丕忠、齐红深。访谈时间：1985 年 4 月。地点：大连市西岗区东关小学。

乔世良：
我为什么要考旅顺师范学堂

　　乔世良，曾用名乔冠卿、企杰、咸普，男，汉族，1912 年 4 月 3 日出生。籍贯：辽宁金县。离休时所在单位：大连海运学院。职称：副教授。日本占领时就读学校：旅顺高等公学校师范部。日本占领时工作单位：大连周水子普通学堂、沙河口公学堂。

　　1919 年 1 月—1921 年 2 月，在三十里堡村念私塾；1921 年 4 月—1925 年 3 月，在三十里堡普通学堂学习四年；1925 年 4 月—1927 年 3 月，在普兰店公学堂毕业；1927 年 4 月—1929 年 3 月，在普兰店公学堂补习科学习二年；1929 年 4 月—1933 年 3 月，在旅顺高等公学校师范部学习四年；1933 年 3 月—1934 年 3 月，在大连周水子普通学堂任教员；1934 年 4 月—1944 年 3 月，在大连沙河口公学堂任物理教师十年，同时读早稻田大学函授（通修）数学物理专业，1944 年得到毕业证；1944 年 4 月—1945 年 8 月，在大连土建学会技工养成所任指导员，任教一年四个月；此间，加入国民党地下组织；1945 年 10 月—1946 年 9 月，在苏联军官华人董重斌帮助下成立中国工程局，任经理，承担苏军修建解放旅顺纪念碑和水师营、甘井子兵营等工程，受到苏军驻旅顺司令长官瓦都鲁嘉奖；1946 年 11 月—1947 年 11 月，在新安百货公司当委托；1947 年 11 月—1949 年 1 月，在关东实业公司（后改工业厅）秘书室工作；1949 年 1 月—1950 年 12 月，在大连机械工厂业余技术学校任教员，在中山区友好广场开新文化书店；1950 年 12 月—1970 年 3 月，在大连海运学院设立物理教研室并教物理，业余时间教日语；

1970年3月—1978年，因为参加国民党问题在"文化大革命"中受迫害，下放到庄河市光明山公社当"五七战士"；1978年1月调回大连海运学院，同时为外交部翻译日、俄文材料，并为大连工人大学、水产学校代课，教日语。退休后担任外交部日、俄文本翻译工作。

乔世良和夫人张蕾兰，年轻时是旅顺师范学堂的同学。

左图：旅顺师范学堂和堂长津田元德（从四位勋四等）。右图："满铁"在沈阳举办的奉天高等女子学校。

我老家在大连市金州区三十里堡。那是个经济发达、教育文化也发达的地方。

但是，农村的孩子没几个是富裕的，有钱人家的孩子总是少数。我的家境算是上等的了。也要帮助家里干些农活，挖野菜什么的。小孩子淘

1939 年金州一角。

气，成天跑啊跳的，格外费鞋。妈妈点灯熬夜费了九牛二虎的劲儿，给我做成一双新鞋，穿在脚上没有几天大拇脚趾就拱了出来，脚底下也露出了大洞。为了省鞋，春天刚到，就光着脚板。一直到冬天到来才穿上鞋。冬天的鞋也是夹鞋，非常冻脚。一遇到刚屙下来的牛屎，我们就马上围上去，争着把脚放进去暖暖脚。

爷爷是从山东过来的。爷爷奶奶都种地。父亲认识一些字，不种地，在金州城里开了个粮铺。父亲让我去城里上日本人办的学校，爷爷不允许，坚持把我留在老家。

日本很重视办学校。日本在金州办的关东州公学堂南金书院最为著名。这是日本在大连地区办得最早的招收中国人子弟的学校。父亲要把我和母亲接到城里去住，让我到南金书院上学。他说，好多名人的子弟都上这所学校，校长是日本的名人。日本老师给上课，学日语，毕业后在社会上吃香，好混事。爷爷死活不答应，坚持让我在村里念私塾。

我们都是拎着鞋上学，走到校门口再穿上鞋进教室，放学了再脱下来拎着鞋走回家。在私塾里学的是三字经、百家姓、千字文。大一些的学生学四书五经。老先生也教我们背《弟子规》《论语》。经常讲些日俄争夺、日本强占旅顺什么的。

按照日本学制举办的日本人学校——大连早苗高等小学校。现在是大连市教育学院。上图：商业教室。下图：在校园滑冰。

1915 年 5 月，日本迫使袁世凯接受"二十一条"后，将旅大租借期延长到 99 年，为实现长期殖民统治，对教育更加重视，也更有长远打算了。日本大力取缔私塾。所以，我只念了两年私塾，就被强制关闭了，9 岁时就只好去本村的普通学堂上学了。

在这里，我需要把当时学校的名称做一点说明。大连殖民地的教育体系分为专门招收日本人的学校和面向中国人的学校。日本人学校条件好，设施优良。当时的日本学校校舍到现在也仍然是先进的，建筑坚固、宽敞、漂亮。

面向中国人的学校也有很多种：普通学堂是四年制的初等小学，公学堂是设有四年制初等科和二年制高等科或者只设高等科的小学。还有的小学只有一二年级，也有的到四年级，是在中国私塾的基础上办的，叫作蒙学堂。日本占领初期，中国人还是习惯让自己的孩子读私塾，接受传统的中国教育。日本人就大力禁止和取缔私塾。三十里堡普通学堂就是利用大庙办的，只有一到四年级的普通科，起初的学生和老师是把各个私塾集中起来的。从城里派来了日本校长，他负责教日语和德育。讲俄国如何如何坏，日本如何如何先进，日本人是来帮助中国人的，等等。日语课本里的内容也往往表现着日本的优越。

金州三十里堡会立普通学堂。严冬到来，教室虽然有时会点着火炉，但门窗上还缺少着玻璃，甚至也没有糊纸。

在普兰店公学堂补习科商业部上学时的乔世良，从这里毕业后考入旅顺师范学堂。

普通学堂里学习的内容比私塾多了许多。有修身、中国语、日本语、数学、绘画、手工、唱歌、体操。日本老师也比较有方法，使我们产生学习的兴趣。我学习四年毕业后，考入普兰店公学堂，读了二年高等科，又在补习科学习二年。高等科增加了历史、地理、自然常识。另外，有男女生分设的课程。男生学习实业课（农业或者商业），女生学习缝纫和手工。补习科是"以实业教育为中心的初等普通教育"，分为农业部、工业部和手工艺部、商业部。我按照父亲的意愿，学的是商业部。校长给我们讲日本的英雄人物。我印象最深的是攻下旅顺的日军大将乃木希典，他在1912年明治天皇去世时，夫妇二人自杀殉葬，被奉为"军神"。他在日俄战争中写的汉诗我至今还记得：

山川草木转荒凉，十里腥风新战场。
征马不前人不语，金州城外立斜阳。

当时，包括金州、普兰店、貔子窝、市内五大区被定为"关东州"。名称是从俄国那里延续下来的。在地图上同日本、朝鲜、中国台湾一样的红颜色，表明它是日本领土的一个州。这里的老百姓，也就被称为"州民"。我经过六年多的奴化教育，浑身被灌输着竭力追随大和民族的"武士道"精神，要一心一意跟着明治维新的道路走下去。要想出人头地，就必须奋斗；要想有所作为，就要付出最大的毅力去拼搏。我一心想将来能够混得好。要想实现向上爬的愿望，必须努力读书，多读书，读大书，读日本人的书，去考日本人办的最有名望的学校。

日本为中国人办教育的目的，就是使学生"沐浴日本的恩泽"，学习日语、了解日本，接受日本的治理，进而热爱日本，亲近日本，掌握基本的生产技能，为日本"开发满蒙"、掠夺中国资源效力。日本统治者虽然提倡教育，但不培养中国人高级知识分子。当时，多数中国学生家里穷，读几年小学，有了一点文化，年龄也长大了，就不再继续上学，干活去了。即使继续考学的，也只能升中等实业学校。这类学校也很少，有大连商业学堂、大连协和实业学校、大连南满洲商业讲习所、大连大同文化女学校、金州农业学校、金州商业学校等，都属于中等专业学校一类，培养出来的学生都是为其推行某项专业服务的。

我接受了好几年的日本教育，早就不满足当一个像父亲那样的小商人了。这时候，爷爷眼见着日本一天天兴盛，他念的那一套老理越来越行不通了，他也就不再说什么了，任我自己做主。

1929 年，我 17 岁的时候，顺利地考上了旅顺师范学堂。

我预备考学的时候，本来最著名的要数旅顺高等公学校。旅顺高等公学校是唯一一所完全按照日本学制开办的招收中国学生的学校。在中国大陆，这样的学校只此一校。"满铁"在沈阳举办的南满中学堂虽然也是按照日本学制为中国中学生开办的，但是缩短了年限。南满中学堂学制四年，比旅顺高等公学校少了一年。如果考日本大学，旅顺高等公学校毕业直接上本科，南满中学堂毕业生则需要先读一年预科。

我为什么没有考旅顺高公，而是选择了旅顺师范呢？

因为我考学的时候，旅顺师范学堂的名气又超过了旅顺高公。青年人都是爱跟潮流的。那时的我，也不例外。我报考的时候，旅顺师范学堂刚刚召开了声势浩大的创立十周年纪念式！旅顺师范在我的心目中一下子占据了至高无上的位置。

旅顺师范建校历史，是从旅顺公学堂附设师范科开始计算的。随着为中国人开办的小学越来越多，加上旧师资不合格，日本加紧培养中国人小学教员。1908 年 6 月 5 日，在旅顺公学堂开始附设师范科，学制一年。1909 年 5 月 1 日，又在金州公学堂南金书院附设了一年制的补习科师范部，

1914年改为速成科师范部,学制二年。1915年5月,日本将这两所附设的师范科合并,组成旅顺高等学堂师范部。1918年4月1日,关东都督府颁布《旅顺师范学堂官制》,决定撤销旅顺高等学堂,将预科班移交旅顺工科学堂,师范科改建为独立的旅顺师范学堂。6月11日,调任长崎县师范学校校长津田元德为旅顺师范学堂堂长。他说:"州民教育是帝国的百年大计,应是都督府的最重要的政治工作。"1920年4月,师范学堂开始设女子部,修业年限二年。1922年4月,女子部设补习科。1923年4月,男子部设补习科。补习科修业年限一年。1924年,男子部修业年限由三年改为四年,女子部由二年改为三年。1924年9月,确定旅顺鸦鹄嘴普通学堂为师范学堂的附属普通学堂。

1928年11月3日,旅顺师范学堂创立十周年纪念式隆重召开。大连的各个报纸和电台都显著报道。

我至今仍然清楚地记得新闻媒体当时报道的情形。由于媒体用优美的辞藻颂扬旅顺师范学堂十周年纪念,对一个青年来说十分向往,所以我的记忆清晰:

"昭和三年十一月三日,天高气爽,空气清新,明治菊花佳节来临之际,旅顺师范学堂创立十周年纪念式隆重举行。

清晨,天上没有一丝云彩,朝阳把光辉洒向大地。微风吹拂,御旗飘扬,千代八千代(日本国歌——整理者注)和着小鸟的歌唱响彻校园的上空。

八时许,职员、生徒和儿童等陆续来到讲堂,举行明治节的拜贺仪式,颂扬明治圣帝的大恩高德。式毕,休憩时,来宾陆续光临讲堂。

十时整,值得在学堂史上大书特书的纪念式开始了。津田堂长在热烈的掌声中站起来,宣读式词。他说:在千年一遇的御大典当月,明治节御制定祝贺的第一年的当日,举行本学堂十周年纪念式,景仰圣德,瞻仰明治天皇的御盛业,追怀本校创立的历史,是意义深远的。"

出席纪念式的朝野宾客有八十余名。关东长官木下谦次郎(由主管教育的民政长官神田代理)首先致祝词。他在祝词中说:"旅顺师范学堂创立十年来,毕业生和讲习生已有一千余人,为教育振兴做出了巨大贡献。贵学堂教养生徒精神向上，开启新智，克奉校训。关东州致力于刷新教育，造福社会，促进文化向上，今后更寄希望于贵学堂。"

接着，旅顺民政署长、关东州内各日本小学校长总代表、关东州内各公学堂堂长总代表、大连华商公议会会长、旅顺华商公议会会长、当地的方家屯会长、《泰东日报》社社长和扶桑同窗会代表、卒业生代表、女生卒业生代

旅顺师范学堂十周年纪念大会会场。前面发言的是关东长官木下谦次郎的代表神田民政长官。

旅顺师范学堂为庆祝建校十周年举办的纪念展览和成绩展览。

旅顺师范学堂全体教职员。

学校扩大面积时，学生修建体育场的劳动场面。

表、研究科代表、本科生代表依次上台致祝词。

建校十周年纪念大会次日，全校师生和毕业生代表举行追悼会，悼念建校以来死去的59名日本教职员和日、中校友。津田堂长和扶桑同窗会、毕业生代表分别致悼词，宣扬日、中"同文同种，同乐同忧""共同抵制美、英侵略，共建新亚洲文化之光明"。

下面，我说一说会上发言的两个最为有名的人物和他们的祝词。

一个是代表关东州内各公学堂堂长发言的金州公学堂南金书院院长岩间德也。

岩间德也在我当时的心目中是个了不起的人物。他1872年出生于日本秋田县。1894年毕业于秋田中学，曾一度执教乡里，1901年入中国南京同文书院，1904年毕业后回日本，被日本外务省聘用。

1905年2月，岩间德也受日本外务省派遣，到金州日本军政署管理的中国人学校担任总教习。这所学校于1904年日本在日俄战争中夺取金州后设立，校舍利用原俄清学校旧址，于当年12月开课。在学校设立前，当局决定由日本国内聘请一名总教习前来管理学校。经金州军政署与日本外务省交涉，决定由岩间德也担当此任。岩间德也到任后，立即组建了学校机构,确定了以"怀柔政策"为宗旨的教学目标,在教学内容上除原有汉语外,增设日语、修身等重点科目。

同年 3 月 23 日,学校按岩间德也制定的教学计划实施教学。其间,金州当地有人提出将学校定名为"南金书院",原因是南金书院曾是清乾隆年间设立在金州文庙的一处县学,金州人士以此为荣;学校校舍俄清学校旧址,是沙俄侵占金州后用南金书院的教学设施建起的。岩间德也在中国读过书院,深知中国传统文化的影响。于是,他同意以私立学校形式,将学校称为南金书院民立小学校,得到日本军政署的认可。

1905 年 10 月 1 日,南金书院民立小学校被关东都督府改为官立,定名为关东州公学堂南金书院,岩间德也被任为南金书院院长。之后,他将该校教学内容改为以教授日语为主,兼有德育和一般技能课。

岩间德也还将日语教育推行到社会教育方面。1908 年 10 月,他在金州城内阎家街(原关东都督府地方法院办事处旧址)开设女子部,以女子为教育对象。同时,他又在公学堂南金书院内开办金州蚕业传习所,设置金州农业学堂,建立了以实业教育为中心的初等普通教育体系。

自 1905 年至 1929 年,岩间德也担任南金书院院长一职达 25 年之久。南金书院在校生人数超过 2000 人。从这个学校毕业的学生,许多人进入关东州当局和伪满洲国的统治机构,充当宪补、刑事、巡捕、会长,当上伪满洲国官吏的就有二百多人。其中,大臣级的就有三个:文教部大臣卢元善、司法大臣阎传绂、经济部大臣韩云阶。伪满国务总理大臣郑孝胥曾说过:"南金书院是大满洲国官吏的摇篮"。

岩间德也在大连期间,也插手"满铁"的经济活动和矿产。1920 年 3 月 4 日,他向张作霖的代表、奉天省长王永江提出:"煤矿经营必须委托日方理事,并以合同形式予以确定,公司成立后可申请修筑铁路,并以此为创办公司的先决条件。"要求中方应允与"满铁"合办新邱煤矿(阜新煤矿)。他与王永江等名人、士绅一直保持着良好的关系。1927 年,王永江与张作霖关系破裂辞去省长职务之后,又把几个晚辈送到日本。他们的后代也都留在了日本。

岩间德也还促成"关东州"与"满铁"教务课联合组织了"南满洲教育会教科书编辑部",他亲任编辑主任,编写中小学教科书。"九一八事变"前,"南满洲教育会教科书编辑部"就已经预先编写出了一套教材,供伪满洲国建国初期的学校使用。1929年,岩间德也辞去南金书院院长职务,先后出任南满附属地公学堂校长、新京特别市(长春)大和通小学校长等职。1932年伪满洲国成立后,他担任教科书编审室主任,正式主持编写伪满洲国中小学教科书。日本在东北统治14年,先后编写了四套教材,基本上都是在他的主持下编写的。伪满洲国的教材,既贯彻军国主义教育总纲领——日本明治天皇的"教育敕语",吸取在中国台湾、大连和朝鲜实行"同化主义""皇民化"教育的经验,又根据我国东北地区的政治、经济、文化和日本统治进展的实际情况,步步加深而又稳步地推行奴化教育。

岩间德也还精通中国文化,参与朝阳红山文化、吉林柳河样子哨古生代寒武纪地质、河南安阳殷墟文化、安阳侯家庄发掘工作,窃取中国甲骨文等大量珍贵文物。

在旅顺师范学堂建校十周年纪念大会上,岩间德也在祝词中说:"回顾日俄刚刚开战,旅顺要塞攻防的炮声正酣,我方军事当局就已慧眼远视,致力于战后的和平建设,着手于文运的开拓和教化的实施,开办师范教育,从而建立了州内中国人教育的基石。"

南金书院1924年毕业照。前排中间坐者是校长岩间德也。岩间德也是日本在中国推行奴化教育的一个重要人物。他不仅担任南金书院院长25年,还长期担任"南满洲教育会教科书编辑部"和伪满教科书编审室主任。大连和伪满奴化教育教科书,多是在他主持下编写的。

政记股份公司总经理张本政。

在纪念大会上祝词的另一个署名人物，是大连华商公议会会长张本政。听父亲说，他由于在日俄争夺大连的战争中帮助日本运军火受到日本的支持，创办的政记轮船总公司有 23 艘船，航行于大连、天津、上海、香港等地，远达日本、菲律宾、海参崴、新加坡，是大连的船王，还是"关东州"厅的参事、市会议员。与他的事业比起来，我父亲的小商店简直连个蚂蚁都够不上。所以，父亲特别崇拜他。据说，他有好几个老婆，大家庭有二百多口人，

几十个晚辈子孙都是上的日本学校。日本投降后被当作汉奸枪毙了，但他的后代在政界、学界和商界、医界的仍有不少。至今，大连还注意保存他家建筑的遗迹。位于大连理工大学和大连海事大学附近的第七医院就是他在大连的家，现存的欧式建筑别墅和中国传统四合院建筑家庙至今保存完好。

张本政的祝词是中国传统式的。前面是文言文，后面是四字一句的韵文：

> 海隅蒙昧，赖施教育。文化流行，民生幸福。
>
> 施教务本，培植教材。春风时雨，乐育英才。
>
> 江汉朝宗，胥归于海。光被辽东，焕发文采。
>
> 十年纪念，庆冶同人。存荣共祝，亲善无垠。

有这样两个人物给予旅顺师范学堂高度的赞扬，父亲也就打消了让我学商的念头，同意我去考旅顺师范。爷爷也没有提不同的意见。他老人家觉得，当教书先生，总比跟在日本人屁股后面当翻译官好，总比当警察腿子好。

日本投降之后，经过政治学习，我认识到了日本在大连办教育，并不是

位于大连高新技术园区的大连市重点保护建筑：张本政的家庙和住宅之一。

为我们中国人着想，而是出于日本对大连长期侵占的需要。这期间，我也阅读过一些资料，特别是卢鸿德、齐红深、陈丕忠主编去年出版的《日本侵略东北教育史》对日本占领大连时期的教育有翔实记载。我从中知道日本在大连重视教育的真实用心，完全是为了巩固日本军国主义在大连的殖民统治。日本对中国人施以奴化教育，以图泯灭中国人的民族意识、国家观念，甘当日本殖民统治的顺民。

1929年4月考上旅顺师范时的乔世良。

摘录几则相关资料如下：

其一，"关东州"民政署《关东州公学堂规则》（1906年3月颁布）："公学堂以向中国人子弟讲授日语、进行德育，并传授日常生活需要的知识和技能为办学宗旨。"

其二，日本"满铁"总裁后藤新平《就职情

1929年4月乔世良去旅顺师范学堂上学前，给父母和弟、妹照相纪念。

由书》（1906年8月）：“如果想要消除新附民桀骜不驯的祸根，就要在教育、生产等各项行政事务中保持统一的精神，积极疏导民心，使之无暇惹是生非。这是一切措施的轴心要求。”“殖民地的教育事业方针，特别需要谨慎对待，过急发展教育，如同早日使财政独立一样，会伏下民心不驯的祸根……殷鉴不远，以往英国对印度的教育漫不经心，以致出现今日民心反叛不可收拾的局面。反其道而行之，当可作为殖民地政治家的秘诀韬略。”

其三，1909年5月，日本“满铁”总裁后藤新平：“教育的根本，圣旨所示，与日月同辉，既鼓励忠君爱国的义气，又培养自强向上的情操，从而奠定大国国民的根基。”

其四，金州民政支署长村上庸吉1910年发布《蒙学堂成立宗旨的告谕》：“我日本国在关东州守其土、治其民，必须大力兴办学校，教育百姓。”

其五，关东都督大岛义昌在第二次学事咨询会议上的训示（1911年3月）：“公学堂的教育除遵从法令所示授以普通知识外，特别注重于日本语的教授，以开导一般土人，使之浴被我国德泽，信赖我国施政。”

其六，日本众议院《中国人教育设施建议案》（1918年通过）：“助长中国人之教育，融合两国人民之思想，敦进善邻之谊，确保东亚和平，政府当视之为急务。”

其七，《关东州人教育令》（1943年6月公布）：“根据我国建国精神，醇化陶冶关东州人，培养挺身奉公的实践精神，以归顺皇国之道为目的。”“遵奉教育敕语的宗旨，经过全面的教育，以修炼皇国之道、贯彻奉恩皇恩之诚心。”“师范公学校是根据‘八纮一宇’的根本原则，对关东州学校的教员进行必要的教育，归一于皇国之道，以培养为人师表为目的。”

可是在当时的历史条件下，我和绝大多数大连人一样，对日本在大连发展教育的企图和奴化教育性质是认识不清的。从各方面人士在旅顺师范学堂创立十周年纪念式的祝词中，也可以看出日本殖民教育具有很大的欺骗性。

旅顺师范学堂乔世良所在的班级正在上课。

访谈人：齐红深、蔺淑艳；访谈时间：1996年9—11月。地点：大连海事大学职工宿舍。

乔世良、张蕾兰：
日本旅行修学记

乔世良（1912—2010 年），大连海运学院副教授。1929 年 4 月—1932 年 5 月就读于旅顺师范学堂。曾帮助苏军接收旅顺城建资料，承担苏军修建解放旅顺纪念碑和水师营、甘井子兵营等工程，受到苏军驻旅顺司令长官瓦都鲁嘉奖。退休后担任外交部日、俄文本翻译工作。

张蕾兰（1908—2003 年），乔世良的夫人。大连市沙河口区小学教师。1928 年 4 月—1931 年 5 月在旅顺师范学堂学习。

旅行准备

乔世良：我是金州三十里堡人，蕾兰是普兰店老爷庙人。相距十来里地。我考入旅顺高等师范学堂时，蕾兰已经是一年级生了。她比我高一年级。

张蕾兰：我比他大四岁。我上学晚，先当了两年小学老师，才考上师范学堂的，所以年龄比他大。在师范学堂里，男、女生不在一起上课，教学场所也是分开的，搞活动也基本上不在一起。我和他虽然老家离得很近，但彼此不怎么来往，更谈不上恋爱了。

乔世良：日本侵占大连时期，中等学校学生在学期间都要去日本修学旅行。目的是使我们增进对日本的了解，受到教育和熏陶，增进对日本亲善的感情。旅行费用是学校平时积攒下来的旅行积利金，不用自己掏钱。那时，师范生不用自家花钱，全部官费，每人每月11元，不发给个人，主要用于伙食费和旅行积利金。校服也免费。后期由于经济困难，改为去伪满洲国旅行。目的是让学生感受东北在日本经营下的发展成就，增进"日满亲善"。

张蕾兰：我们那时候，经济条件还比较好，在三年级时，还去过千山、沈阳（当时叫奉天）北陵旅游。乘坐"南满"铁路的火车。

我们去日本旅行，是同一个团。是在1931年春季开学后。我回来就毕业了。乔世良升入四年级。

乔世良：去日本修学旅行，女生是四年级生，一共14名。我们男生是三年级生，一共29名。带队老师3名。教修身和日语的教务部长稻贺襄，他是教谕，正七位。其余两位是教数学的天藤正达老师和新来的铃木定次老师。

旅顺师范学堂乔世良所在的男生班上几何课。

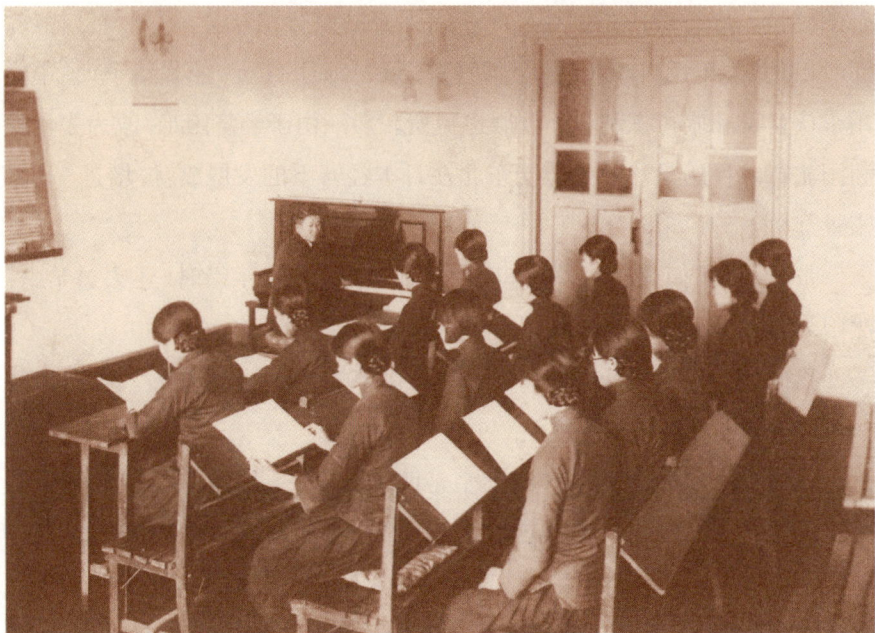

旅顺师范学堂张蕾兰所在的女生班上音乐课。

这两幅照片都是摆拍的,实际情况并没有这样好。据《旅顺师范学堂建校十周年纪念志》(1928年)记载:"由于多年来(日本殖民)当局不重视中国人教育,又加上内部关系复杂,造成现有的四个学生宿舍分散各处,而且每处都经过四五次迁徙和修缮,好容易才维持到现在。总之,所碰到的麻烦事,不是一般学校所能想象得到的。""谈到实际的各项设备时,却受到了不寻常的冷遇,破旧不堪的单杠摇摇晃晃,修缮和平整操场的申请杳无音信。没办法,又呈送了一份言辞激烈的正式公函,在这种情况下,才好容易有了着落。当改建厕所竣工之日,课长竟信口开河地说:'这对中国学生有点过分了!'如此等等,不胜枚举。"——整理者附记

对于去日本旅行,校方极为重视。稻贺襄先生对我们讲:旅行中,要善于观察,认真体会国民对皇室的虔敬态度,国民的认真工作,日本的科学文明,自然美丽,文化优秀。旅行的路径和名胜古迹的观赏,都要细心体会这

些。在宫城和神社,挤得满满的参拜的人们都是自发的,都是恭恭敬敬的虔诚行礼。对于明治天皇的功绩要铭记。对于全体国民的爱国精神,勤恳劳作,要细细体察。

我们出发之前,做好了充分的准备,进行了周到的计划和严密的分工。老师是引率教官。团长由我们班的班长赵文玉担任,团长之下,男生分为四个班,女生分为三个班。每个班有班长,负责致答谢词,管理宿舍,对班员点名,班务管理。每个成员都有分工。我和另外一个男同学是"答词系",在每个地方见学后,代表见学团发言,谈谈收获和体会,说些感谢之类的话。

张蕾兰:我和另外一名女同学是"通信系",负责女生的通信和费用。收取、管理和支付通信的费用。

乔世良:男生也有"通信系"。队长和"答词系"是负责整个旅行团的。班长、会计、通信、卫生、记录、传令都是男、女生分别负责的。

对于携带的物品有明确的规定。各班共同携带的物品有:鞋毛刷每班三个;药品和卫生材料包括内服的健胃药、肠炎药、感冒药、消炎药和外用的绷带、消毒水、硼酸软膏、皮肤擦伤用的消炎药、脱脂棉。个人携带物品分三类。被服类有:毛巾两条(替换用)、内裤(替换用)、内衣(替换用)、鞋和袜子(替换用)、腰带(保暖用)、上衣领的护带(二条,替换用)、外套。补充说明一下,腰带和护领带现在很少用,当时,是日本军人的必用品。腰带起到保护肚脐的作用,可以避免感冒。护领是用在衣领里面的带子,有宽一点的,也有窄一点的,既可以免得出汗弄脏衣领,又可以保护喉咙受凉,避免感冒。还有一样东西,就是相扑运动员比赛时穿的那种很窄很窄的护住下身的兜布,在野外洗澡擦身体时穿的。日用品有口罩(二个)、牙签(数枚)、牙刷、刷牙粉、肥皂、小刀。其他物品有装杂物的袋子、手纸、日记本、铅笔、写真簿(照片夹)、旅行案内(导游指南)、钢笔、相片簿、名片。还有一种东西,现在年轻人也基本不用,就是手杖,不是老年人用的,而是旅游登山使用的。但和现在使用的登山杖也不同,拿一根手杖,类似文明棍,是很时髦的。

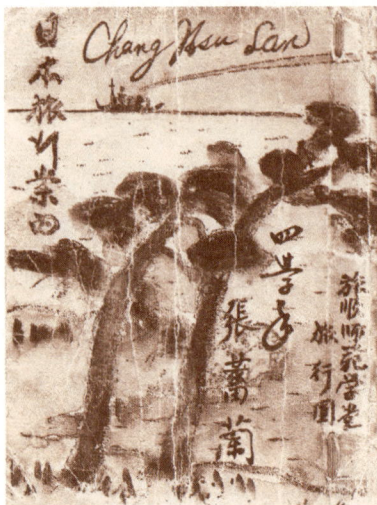

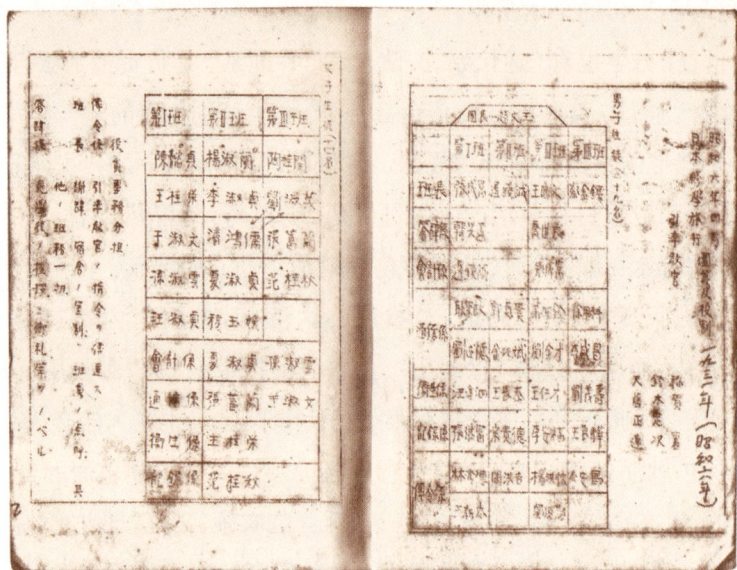

　　去日本旅行时张蕾兰使用的导游手册封面、内封和第一、二页"昭和六年（1931年）四月日本修学旅行团员及分工"。这是他们出发前编印的。内文为钢笔蜡纸刻字油印。旅行分工有乔世良（右页表第三行右边）和张蕾兰（左页表下第三行左边）等人。

　　我介绍这些东西虽然很烦琐。但是从中可以看出来日本人的细致、认真。我们在生活习俗上也很日本化了。

张蓄兰：除了和男生相同的物品之外，女生携带的物品还有：冬外套、头巾、皮靴、皮鞋油、针丝手绢、卫生巾、空气枕、吸尘纸、手提袋、剪刀、针线包。

乔世良：见学旅行时，我们都是快毕业的师范生了。计划和准备工作都是我们同学们自己做的。从这些准备工作，可以看出我们在日本老师的教导下，已经养成了细致和严谨的作风。毕业后，就是一个合格的小学教师，能够有条不紊地带领学生生活和学习。

旅行见闻

乔世良：我们旅行的日程和主要内容是：

1931 年 4 月 19 日下午 4 点半，从旅顺站上火车，6 点到大连站，换乘

1931 年去日本旅行时在船上吃饭。行走者系服务员。

夜里 10 点的火车去奉天（沈阳）站，再坐火车，4 月 20 日下午 6 点到达安东（丹东），再换乘去朝鲜的火车，4 月 21 日上午 7 点 10 分到达京城（首尔）站。此间都是在车上睡觉休息。火车是日本南满洲铁道株式会社经营的，很正规，没有晚点什么的。在京城（首尔）参观了动物园、植物园、博物馆、师范学校。夜里男、女生分住在两个小旅馆。4 月 22 日早晨 7 点 30 分乘船，夜里 9 点 30 分到达釜山港。改乘去日本的轮船，4 月 23 日晚上 7 点 35 分到达日本的别府。

当时，朝鲜半岛早于大连、旅顺成为日本的殖民地。让我们途径朝鲜不仅方便，而且是为了看看朝鲜半岛在日本的治理下，如何如何的好。感受到朝鲜的今天就是我们的明天，今天的日本就是我们的未来。

下面，我介绍在日本的参观行程，为了简化，只说活动内容，不说交通工具；只说月和日，就不说到几点几分了。也是因为在日本的活动安排更为严密和周到。

4 月 23 日，参观别府的各地域物体陈列所地球物理研究部。

4 月 24 日，在别府港乘紫丸号轮船去大阪。

4 月 25 日，参观大阪城、造币局、大阪每日新闻社等。

4 月 26 日，参观奈良春日山的春日神社、大佛殿。

春日神社建于和铜二年（710 年），是为当时的掌权者藤原家族的守护神而建造起来的神社，它也因藤原而出名。春日神社与伊势神宫、石清水八幡宫一起被称为日本的三大神社。春日山作为春日大社的神山，从公元 9 世纪起禁止采伐树木，原始林得以很好的保护。奈良公园野生放养的麋鹿是出了名的，有 700 多头，经常追随着游人，给游人带来乐趣。我们在那里摄制的照片上就有 2 只野鹿在戏耍。东大寺建于 1200 年前的奈良时代，是为纪念圣武天皇而建造的。大佛殿是气势宏伟的木结构殿堂，正面宽度 17 丈余，深 17 丈，高 17 丈，是世界上最大的木造建筑，相当于一幢 15 层高楼。大正三年进行了大修，耗资 71 万日元。大佛殿内，放置着高 16 丈的大佛塑像，是世界第一大佛，高 53.5 尺，广 9.5 尺，眼、鼻 3.9 尺，耳 8.5 尺，中指 5.8 尺，口长 3.7 尺，脸长 10.6 尺，手掌长 5.6 尺。寺内有台灯笼 3000 基，

在日本奈良旅行时。左蹲者第一人为张蓄兰，站者后排右第三人为乔世良。乔世良在照片背面写着"中华民国二十年四月二十六日"。照片上有两只麋鹿在戏耍。奈良公园当时有七百余头野生麋鹿，经常会尾随游人。

吊灯笼1000基，每逢节日夜里，灯笼点火，蔚为壮观。

4月27—28日，在京都参观博物馆、清水寺、西本愿寺、岚山等。

京都是日本拥有悠久历史的城市，从公元794年起多次被定为日本的首都——"平安京"，成为日本的政治及文化中心，"首都"在日本当时称为"京之都"，因此"京都"后来成为这个城市的专有名词。由于受到中国的影响，最初平安京在仿照中国城市建设时，分为东西两部分时，西侧的右京仿自长安，因此称为"长安"，东侧的左京仿自洛阳，故称为"洛阳"。城市内各地区留有洛中、洛西、洛南、洛北等称呼。京都具有浓郁的日本风情，是日本人心灵的故乡。它是日本纺织物、陶瓷器、漆器、染织物等传统工艺品的产地。同时，它又是日本花道、茶道的繁盛之地，被称为"真正的日本"。我们在京都接收到日本文化的熏陶，感受到中日文化的交流和融合过程。

我补充一个小细节。我们在日本住旅馆，都是男、女生分开住在不同的旅馆。旅馆虽小,功能却很齐全。我们正在洗澡,女服务员就进了浴池。我们都是大小伙子,很不习惯,吓得不敢出来。报告给老师以后,老师同旅馆进行了交涉,以后就不再有类似的事情发生了。据说,日本旅馆男女是同浴的。所以,我们男、女生才分开居住。

西本愿寺是净土真宗本愿寺派的大本山,最初创建于东山。净土真宗本愿寺派是佛教的一种流派,在日本有许多信徒。天正十九年(1591年),第一次统一日本的丰臣秀吉捐赠土地,才得以在现在的场所迁建。它是日本京都最大的寺院,为日本佛教净土真宗愿派总寺院。御影堂和阿弥陀堂绚烂豪华,反映了桃山时代的艺术风格。有许多精彩的庭院和楼阁。

4月29日,在东京银座参观松阪屋、市中。

4月30日,在东京访问见学地点有:帝国大学、宫城、外苑绘画馆、上野公园、动物园、明治神宫。

东京帝国大学由幕府时期设置的"兰学"机构"天文方"、昌平坂学问府、种痘所历经演变而来。后来是明治时期创办的东京开成学校和东京医科学校。明治维新初期,日本政府公布了"新学制令",为向欧美学习打开门户,1877年根据文部省指示将上述两校合并,定名为东京大学。当时在校生有500余人,设有文学、法学、理学、医学4个学部,不久文部省兼管的东京法律学校并入该校,隶属法学部。1886年,明治政府为适应国家向外扩张的需要,培养具有国家主义思想的人,颁布了"帝国大学令",东京大学改名为东京帝国大学,采用分科大学制,原来工务省管辖的工科大学,农务省管辖的东京农林学校和山林学校合并建成的农科大学,相继成为帝国大学的工科大学和农科大学,以前原有的几个学部分别改为法政大学、医科大学、文科大学、理科大学;并开始设置研究生院。1887年制定"学位令"后,增设博士和大博士学衔。其间,各帝国大学纷纷冠上本地名称,为示区别,帝国大学的名称前面添上"东京"二字,更深一层含义是使其成为各大学的样板。学校的体制也发生变动,分科大学制又改为学部制,法学部增设经济学部。我们去参观时,介绍者对我们说,东京帝国大学已经培养了几万名毕业生。当时我们唏嘘赞叹,十分羡慕。

从帝国大学出来，我们来到宫城外的二重桥。宫城就是天皇居住的皇家宫殿区，是江户幕府于 1657 年所建的城堡，1888 年才成为日本天皇的居所。城郭外面有广阔的护城河围绕。二重桥位于皇居正门前，前方为正门石桥，又称眼镜桥。里面是钢铁制造的铁桥。正门有皇宫护卫官仪仗队驻守，平时是关闭的，只有天皇即位大典、天皇、皇后、皇太后大葬仪式等特别事宜时，或重要外宾来访才使用。里面的铁桥在江户城的西丸下乘桥的位置，早年曾因护城河水深，旧桥较低，所以在桥上再搭建了一座桥，为上下二层，所以叫作二重桥。日本统治大连时期，我们学校每周一早晨，都要举行朝会，像日本人一样，升日本国旗，唱日本国歌，向宫城遥拜，行九十度深鞠躬礼。当我们站在二重桥前，在队长的带领下，向宫城行礼后，远望那茂林掩映的神秘皇宫，心里充满的是敬畏。

上野公园是日本最为著名的公园。不仅景色秀美，更在历史古远与人文之深厚。在 1873 年建起上野公园之前，园内的很多建筑和景观就已存在，公园所在地也已是江户一带久负盛名的游玩之地。公园里有幕府末期大将军西乡隆盛的铜像，我们进园要向这个铜像行礼。公园里有德川幕府的家庙。东照宫参道两旁有 95 座石灯笼和 195 座青铜灯笼。其中有一座 6 米高的灯笼不知道为什么名为"鬼灯笼"。还有 1624 年修建的宽永寺。宽永寺建立时移种的樱花，使上野公园成为赏樱名园。从鲁迅的描写我们已经对日本樱花和日本人赏樱有了印象和向往。可惜，我们去时，早已过了 3 月下旬初春的花开时节。

明治神宫供奉的是明治天皇，是东京五个最主要的神社之一。据说日本全国有 100 万个神社。神道教是日本的国教。神道教形成于公元 7 世纪以后的奈良时期，是在吸收佛教、道教的基础上形成的日本的特殊宗教。日本发动侵略战争时期，神道教完全被政治化了。宣扬"天照大神""万世一系""八纮一宇"之类，制造大和民族是天孙人种，优于世界其他民族的神话，成为日本疯狂侵略扩张残酷杀戮的精神支柱。明治神宫是为了纪念明治天皇与昭宪皇太后而建立的。从大正四年（公元 1914 年）开始动工，前后发动十万余青年进行义务劳动，在大正九年完工。据说，11 月 1 日为庆祝完工,市民张灯结彩,燃放烟火。第一天前来参拜者就多达五十万人。我们去参观时,听说每年去参拜明治神宫的人数在日本各神社中是最多的。明治神宫与日本人的生活可谓息息相关。每年都有多场新生儿命名仪式、成人礼、毕业典礼和婚礼等各种人生重要仪式在明治神宫举行。明治神宫内种植着来自日本各地、朝鲜半岛和台湾送来的 365 种大约 17 万株名贵树木,可谓古木参天,是个名副其实的植物王国。

5 月 1 日,在东京访问见学地点有:浅草、博物馆、银座、日比谷公园等。银座和浅草是东京具有代表性的繁华街区。但两处的风格、氛围不同。在那里看到商品琳琅满目。

5 月 2 日,在东京访问见学地点有:日光灵庙、中禅寺湖。中禅寺湖海拔 4193 尺,水深 36 尺。四面环山,气候变化不定。自然风光十分优美。日光山里有许多瀑布,都用《华严经》里的文字命名。其中最有名的是华严瀑布。清流之上飘荡着白色的雾气,宛如一条白龙。瀑布落差 30 多丈,壮观无比。

1931 年,教官身着和服与旅行团男生在日本东京日光山中禅寺湖畔合影。前排站者左起第三人是乔世良。

日光灵庙是在 1616 年兴建的德川家康的灵庙。此后，日光一地就成为德川家的圣地。之后，在 1636 年，东照宫进行了大规模的翻修，接着又兴建了德川家三代将军，也就是德川家光的灵庙，即大猷院。自 8 世纪以来，日光是以男体山为中心的山岳信仰圣地。在男体山的山麓及附近的中禅寺湖畔有许多的神社及寺庙存在。其中，建筑最为华丽的是二荒山神社及轮王寺。由于幕府的大力经营，建筑物上的雕刻非常细致。

旅顺师范学堂学生在日本奈良旅行（后排右起第一人为乔世良，他在背面用俄语记载时间为民国二十一年，实际应为民国二十年）。

5 月 3 日，在日光站、上野站、东京站之间的火车中度过。

5 月 4 日，在大阪市内参观见学。

5 月 5 日，神户市内参观见学。

5 月 6 日，从日本门司港登船，5 月 8 日到达大连港，下午 2 点 10 分回到旅顺站。一共是 20 天时间。

在这 20 天里，我们不仅全部说日语。因为在学校里就是全部用日语交流和上课，日语早已不在话下，甚至比中国话还要流畅和熟练。更重要的是沐浴在日本文化的海洋里，处处感受日本的伟大。它不仅繁荣、发达、文明、进步、现代化，而且传统文化与现代文明有机结合在一起，让我们年轻的心从里到外的佩服和向往，精神受到洗礼，进一步增强了亲日、崇日、恐日的感情——这正是学校组织我们去日本修学旅行所要达到的目的。当轮船快到大连湾时，大家情不自禁用日语高呼"万岁，万岁，万万岁"。

旅行感受

张蓄兰：回到学校，每个人都要交一篇见学感受。我们都写得十分认真。

旅顺师范学堂和日本国内的学校一样，全部使用文部省审定的教科书。这是乔世良使用过的教科书，企杰是他的字。

我写的见学感言除了对美丽风景的描绘，着重写卫生、敬神、忠君等方面。大意是：无论何处何时，都是十分的卫生，干净。卫生设施齐全，卫生习惯良好。没有看到随便扔垃圾的，随地吐痰的。对人彬彬有礼，对我们也都十分的客气。人们坐车时，也都拿着一本书在阅读，十分的好学。各地的神社和佛寺，参拜者络绎不绝，那种至诚的心，充分表现在一举一动。比如进入神社和佛阁前洗手和漱口处，都十分认真地净手净口。对于爱国精神，我也是感触颇深。想我们的国人，只知有家，只爱自己的家，对于国家的观念，十分的淡薄。天皇、祖先，在日本人心目中，具有至高无上的地位。日本人勇于为国牺牲，敢于前仆后继，自认为献身捐躯是十分的光荣，死后成神，受人敬仰。即使一些小事，处处表现出良好的公德心。无论大人小孩，对于游览地的花草树木非常爱护，从不折枝。

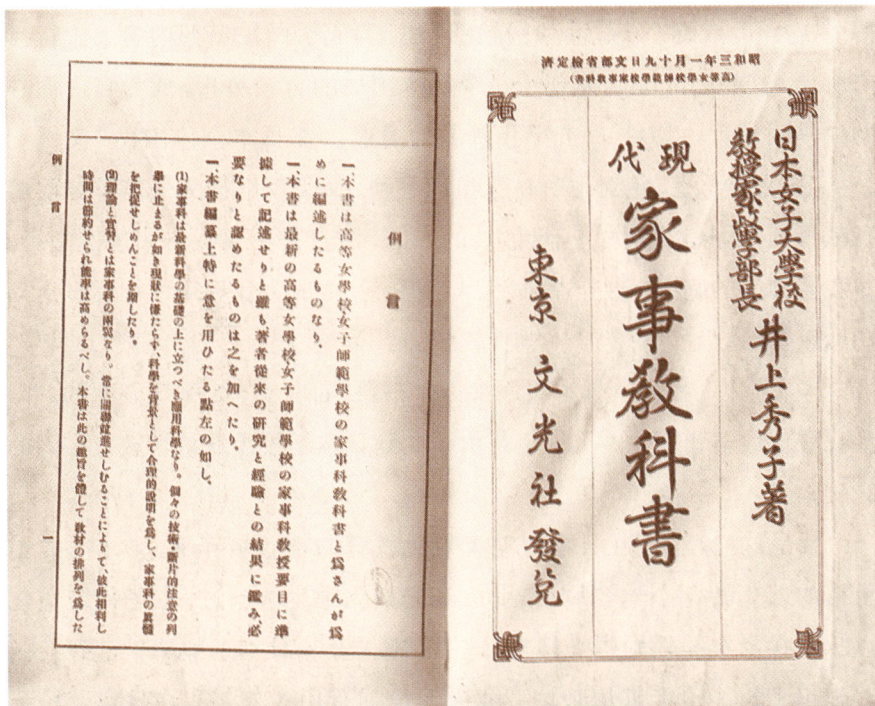

张蕾兰在旅顺师范学堂使用的教科书。左页"例言"下面盖有她的名章。

乔世良：我写的东游感记偏重于理论性，我将日本重视教育的历史进行归纳叙述，指出教育为强国之本。特别是小学教育，是国民教育的根本。我记得曾引经据典，说：日本政治家认为，俾斯麦有言，德国战胜法国的不是军队，而是小学教员。所以日本极其重视教育，对小学教育尤其重视。我等将来是小学教员，为人师何等之重要，肩负的责任何等之重大，现在当如何勤奋学习，将来应如何竭诚服务，等等。

我着重谈了对日本明治天皇《教育敕语》的理解。在教育学、日本历史课程里都学过《教育敕语》，而且已经背诵的滚瓜烂熟。这次日本旅行，实地所见，日本国民所体现的国民精神，无不源于《教育敕语》。那种强大的精神力量，坚守而昂扬的国民性，才真正加深了我对于《教育敕语》的理解。《教育敕语》阐明了"国体之精华"，也就是将"忠孝"二字作为国家道德之本和教育之本，并明确了十大德行，即孝、友、和、信、恭俭、博爱、学习、成德、公益世务、重宪遵法，构成了国民道德内容。旅行目击所见，这些已经完全体现于每个日本国民的言谈举止，成为自内而外的伽马射线（γ 射线），击穿我羸弱的身躯。在日本全体国民"义勇奉公""扶翼"天皇，绝对地听从天皇的召唤，义无反顾地为侵略扩张而勇猛献身面前，民心涣散、一盘散沙的中国，简直是不堪一击。这次旅行，对我精神上的刺激、冲击特别大，十分震撼，也成为我后来参加反日活动的思想基础。

这次旅行，我还从日本买回来许多书籍，都是数学、物理方面的。因为我喜欢数学和理化。可能也是由于受到日本学校重视科学教育熏陶的缘故。

就是这样，我们在日本侵略者奴化教育的精心培养下，被培养成了合格的奴化教育小学教师，毕业后又去奴化学生。不过，中华传统文化血脉留在身上的爱国主义精神，一旦被唤起，从日本老师那里学到的一些知识和技能也能够用来培养我国建设的有用人才。我在日本殖民统治后期，秘密加入了国民党地下组织，不畏牺牲，进行抗日宣传和教育工作。

张蓄兰：我毕业后，1932 年春季开学，旅顺师范学堂与旅顺二中合并，称为旅顺高等公学校师范部，旅顺二中作为中学部。所以，我是旅顺师范学堂卒业，乔世良是旅顺高等公学校师范部毕业。

乔世良、张蓄兰去日本参观之时，日本正处于国力强盛和侵略扩张时期。此后数月，便悍然发动了"九一八事变"。1937 年，又发动全面侵华的"卢沟桥事变"。据旅顺高等公学校师范部毕业生于国成口述，他 1940 年去日本旅行时，所见的情景与此不同。他们在日本旅馆

前拍摄的照片上，旁边围观的老妇人衣衫褴褛，背着孩子、牵着孩子。年轻人多已被投入到残酷的侵略战争当中。——整理者附记

访谈人：齐红深、陈丕忠、蔺淑艳。访谈时间：1996 年 9—11 月。地点：大连海事大学职工宿舍。

阎家仁：
我在日本统治时期的经历和见闻

阎家仁，男，汉族，1917 年 11 月 12 日出生。籍贯：辽宁省大连市金州区。离休前所在单位：辽宁社会科学院。职务：情报所日本研究室主任。职称：研究员。日本占领时就读学校：金州公学堂南金书院、旅顺高等公学校师范部、日本东京美术专门学校。日本占领时工作单位：大连伏见台公学堂教师。

从小跟祖父学《三字经》《千家诗》《论语》《孟子》及朱熹《治家格言》。1927 年上小学，1931 年入金州公学堂南金书院，1933 年考入旅顺高等公学校师范部，1937 年 3 月毕业；1937 年 4 月—1940 年 7 月金州董家沟第一普通学堂教师；1940 年 8 月—1941 年 3 月大连伏见台公学堂教师；1941 年 4 月—1942 年 3 月日本东京美术专门学校油画系学生；1942 年 4 月—1945 年 2 月大连伏见台公学堂教师；1945 年 3 月—8 月金州女子高等公学校教师；1945 年 10 月—1946 年 7 月金州董家沟区高级小学校长；1946 年 8 月—1949 年 2 月金县文工团团员；1949 年 3 月—1952 年 6 月中共旅大市委党校文化班主任；1952 年 7 月—1953 年 12 月旅大文工团舞台美术设计；1954 年 1 月—1955 年 1 月中央高等检察院审问日本战犯工作团翻译；1955 年 2 月—1956 年 7 月旅大市话剧团代理指导员（中共党支部书记）；1956 年 8 月—1960 年 7 月旅大市图书馆参考研究部主任；1960 年 8 月—1970 年 11 月中共辽宁省委党校党史教研室日文翻译；1970 年 12 月—1972 年 12 月开原县（1988 年撤县设县级市）金钩子公社刘家屯大队"五七

战士";1973 年 1 月—1977 年 12 月开原县开原镇人民政府文教助理;1978
年 1 月—1984 年 2 月辽宁社会科学院情报研究所日本研究室主任。1984
年 2 月离休,后任大连大学日本研究所、辽宁社会科学院特邀研究员。曾
参加翻译《满洲开发四十年史》。

我在日本统治下的"关东州"上学,并去日本留学,日本投降前,在"关
东州"当教员。

金州公学堂南金书院

沙俄于 1898 年强行租借旅大后,将其作为俄国的一个州,取名"关
东州"。1905 年日本取代沙俄殖民统治后,沿用此名。辖区包括现在大连
市的 6 个区和普兰店市、长海县、瓦房店市的一部分,面积 3462 平方公
里。日本在"关东州"的最高行政机关先后为:关东总督府(1905 年 9 月—
1906 年 9 月)、关东都督府(1906 年 9 月—1919 年 4 月)、关东厅(1919 年
4 月—1934 年 12 月)。日本出于全面侵占我国东北的需要,于 1934 年 12
月 26 日撤销关东厅,
在日本驻伪满洲国
大使馆内设置关东
局,下设管理"关东
州"行政事务的关东
州厅。1905 年日本
人迁入 5025 人,占
州内人口的 1.3%,
到 1945 年"八一五"
光复前,达到 25 万
人,占州内人口的

南金书院公学堂校舍。

南金书院公学堂学生训练。

1905年第一批来大连的日本小学教师。

13%。

我是1931年4月考入金州公学堂的，分配在高等科一年级甲班。校址在金州城东门外，它成立于帝俄统治时期。日本统治旅大时，延续了南金书院这个校名。金州公学堂南金书院在日寇统治时期是成立最早的招收中国人的学校。因为它位于金州城的东门外，所以老百姓叫它"东门外"。农村小学毕业能考上"东门外"，家长认为很光荣。

那个时候，日本在殖民地"关东州"和"满铁附属地"实行"双元制"教育制度，分为日本人教育和中国人教育。日本人学校基本沿用日本学制，分为幼儿园、寻常小学校（6年）、高等小学校（4年）、中学校（男子，5年）、高等女学校（4—5年）、职业学校、师范学校、大学及高等专门学校。中国人学校分为公学堂、蒙学堂、普通学堂、普通中学（仅有旅顺高等公学校、南满中学堂、金州女子高等公学校3所）、职业学校（含实业学校、训练所）、师范学校。中国人学校与日本人学校相比，校数少、学制短、条件差。有的日本人学校招收个别中国学生。

该校的课程设置与农村小学大体相同，增加了地理历史课和理科，高一（高小一年级）讲中国地理历史，高二（高小二年级）讲日本历史，理科讲动植物和简单的物理等。

班级配备，共 12 个班，初小 4 个班，高等科（五、六年级）8 个班，初小由中国教师担当班主任，高小由日本教师担当班主任。

教师配备，共计二十四五名，日本教师和中国教师各占一半。基本上都是从日寇办的正规学校毕业的成绩好的、教学水平高的教师。尤其是日本教师，每个人都是对奴化教育有相当经验的，而且都是带着殖民统治当局一定的任务派至该校推行皇民化教育的。如第一代堂长岩间德也，据说是一个"教育家"，此人手腕高强，研究中国人的民情颇得金州城里所谓士绅们的拥护，办校办得出了名，金州地区的农村小学四年毕业的优等生以能考上金州公学堂的高小为荣。可见岩间德也推行奴化教育也采取软手段，带有一种隐蔽性，有很大的欺骗性。第二代堂长是山口二郎，此人是推行奴化教育急先锋，中国话说得相当好，他对师生讲话不用翻译，他学中国话是别有用心的。

"九一八事变"庆祝游行

我考入金州公学堂高等科时，正是山口二郎在那里当堂长。那年正赶上日寇发动"九一八事变"，消息传到学校时，中国老师怒火满腔罢教三天表示抗议。当天山口二郎堂长强迫高小 8 个班的学生（还有农业学堂的学生，山口二郎兼农业学堂堂长），每人发一个小日本国旗，每个班由班主任老师（日本人）带队到金州城里大街上游行，庆祝日军攻占了奉天北大营。学生队伍走到南街时，学生自发地把小旗卷上或者撕掉，用小旗杆把大街两旁商店门口挂的红灯笼全部打碎，以表示抗议。班主任木村先生制止也未制止得了。队伍一直走到金州火车站，然后到南山顶上日寇立的日俄战争纪念碑前，山口二郎堂长下令集合队伍训话，说什么日军攻占奉天张学良的北大营是正义的，因为张学良治安搞得不好，土匪横行，破坏南满铁路，日军帮助他维持治安，你们打碎灯笼是错误的。把我们好一顿批评。然后校方每人发一盒日本的"生果子"（なまがし），一般老百姓叫"模吉"（もち），即点心。队伍解散后，农业学堂的学生来告诉说："大家都不要吃，把它扔到沟里去。"于是大家把点心都扔到沟里，就回家了。第二天上课，班主任木村常森先生也未敢追问这个事。一个星期以后，校方把全校师生集中在大礼堂，由金州城里人（在北满工作）于某作报告。他说，满洲土匪横行，到处抢夺，老百姓过不上安稳日子。他还说他曾经被土匪抓去在北满森林地带走了一圈，他亲眼看见土匪走一处抢一处，他最后逃了出来等等。这很显然是山口二郎搞的阴谋，为日寇侵略东北制造借口，欺骗学生。

1931年，日军挟持溥仪从旅顺大和宾馆去大连火车站，北上长春建伪满洲国。

老师与学生

山口二郎这个日本人，不仅是推行奴化教育的急先锋，而且是残害中国人民的剑子手。"九一八事变"后，他到华北什么冀东政府当官，屠杀中国人民不择手段，被中国老百姓用炸药把他的住宅炸毁，全家人全被炸死。这就是一个日寇侵略者的下场。

三泽先生是丙班班主任，是日本一个研究考古的，他经常背着背包，穿着登山服，带着小镐头，到处调查金州城和金州地区一带的名胜古迹、地质资源、风土人情，并进行拍照，搜集标本，进行研究，整理出资料，加以保存。为此学校还专门给他设置一个乡土室。许多人说他是个考古学家，我认为其目的是别有用心，无非是为了进一步深入地推行皇民化教育服务而已。小田慎二先生为丁班班主任，木村常森先生为甲班班主任，这些日本教师教学水平（奴化教育水平）都相当高，可见日本当局对于在旅大地区推行皇民化教育是非常重视的。我班同学阎昌麟（又名阎乃邦），是金州城里阎举人的儿子，成绩优秀，考第一，"九一八事变"后因对日寇侵略我国东北不满，到关里念书去了，新中国成立后回到大连工作，曾任大连市政府办公厅主任，现已离休。

从上述学生自发地打碎灯笼，山口二郎之死以及阎昌麟到关内学习等情况来看，中国人民有爱国心，民族主义精神强，日本鬼子是征服不了中国的。

伪满洲国成立后，日寇对旅大地区的统治更加严厉，积极推行所谓皇民化教育，把住在旅大地区的中国人叫"州民"，即日本的第二国民，把日语作为"国语"，把汉语改为"满语"。进入高小二年级各科都换成日本老师，加强日本地理历史学习，不让学生知道中国的事情。关于"九一八事变"，日本鬼子在东北杀死无数中国人的事情，学校封锁消息很严，根本不让学生知道。当时学生住宿舍，与我同住在一个屋里的陶盛素同学是哈尔滨人，他说，"九一八事变"日本鬼子在沈阳、吉林、哈尔滨，杀死很多中国人，日本鬼子是杀人魔王，非常狠毒。他还给我们讲了当时马占山将军抵抗日军英勇杀敌的情况,学生非常愿意听。那个年代金州公学堂的学生,只能从小道消息得知一点中国内地的消息。

1932年9月间,有一个星期天,我约几个同学到金州城南西海去游泳,当时在海边沙滩上,有几个农业学堂的日本学生在那儿脱衣服要下海游泳,看见我们几个人来了,赶我们走,我们不走,他们便拿出匕首要刺我们,我们没有办法就回来了。心想中国人的海被日寇霸占不许中国人来游泳,真是岂有此理。

金州公学堂大肆宣扬毕业生的成绩,金州大魏家乡大朱家屯有一个学生叫朱绳武,1930年毕业。小田慎二先生是他的班主任,宣扬这个学生是神童,日本话讲得好,文章作得好(四、六俳句),字写得好,画画得好,他的风景画作品挂在大礼堂的墙上。由于成绩突出考上了大连招收日本人的第二中学(位于人民广场南面的红砖楼房),这个学校一个班里只吸收一名至二名中国人,朱绳武是由"满铁株式会社"出学费供他上日本二中的。"满铁"从中国学生当中选拔最优秀的人才加以培养,其目的是别有用心的。

金州城南街。

金州集市。

金州文庙。

汉奸刘雨田

另外，那个年代在社会上，在学生当中，流传许多宣扬汉奸走狗为其树碑立传的论调。比如，说什么城里老阎家（指伪满大臣阎传绂家）多好啊！给学校捐赠一架钢琴，学生毕业时给捐赠奖品；韩云阶本事大有外交手腕，受到日本人重视，当上了伪满的外交部大臣，真了不起。刘雨田（外号"刘鬼子"）非常厉害，连日本警察都不敢惹乎他，有一次"刘鬼子"坐马车走在南山外小街门前交叉路口上，日本警察堵车，他从马车上下来不分青红皂白举起手中的"二人夺"（一种文明棍，里面是一把枪刺）就打，一直把那个日本警察打到民政署大衙门那里，民政署长一看是"刘鬼子"，马上告诉那个警察"你怎么惹乎他，赶快跑！"后来警察署把这个日本警察开除了，"刘鬼子"的气才算平了。还有一个流传，"九一八"那天正赶上是金州文庙祭祀的日子，白天进行祭祀典礼，晚间金州民政署长、金州商会会长、警察署长、金州士绅等人在一起宴会。在宴会上民政署长说，刘雨田先生擅长作诗，我们大家要赏识！"刘鬼子"开口就说"忽闻炮声又乐声……"日本鬼子听了都非常惊讶，问"刘鬼子"："乐声可以理解，你那炮声是什么意思？""刘鬼子"说："你们少在我面前装相，日军不是攻占了奉天张学良的北大营吗？明知故问，岂有此理。"

上述流传都是日本鬼子搞的阴谋，宣扬汉奸走狗的"功德""威风"。我认为，这是日寇推行奴化教育的另一种手段。

刘雨田是民族败类，甲午战争时他投靠了日

金州街头算卦摊。

本，入了日本籍，娶日本姑娘为妾，他改名刘龟山。英美德三国干涉日本占领旅大，日军撤出旅大时，他全家人随日军去了东京。日俄战争时，他给乃木希典当翻译，攻打旅顺有"功"，日本鬼子非常敬重他。"刘鬼子"是大汉奸，是普兰店泡子乡的地主恶霸，有三百多垧地，佃户几十家，每家佃户的女儿都被他强奸，罪恶滔天，新中国成立后被我国人民政府枪决了。

金州沿街叫卖的小贩。

旅顺高等公学校师范部的教师们

1933年4月5日我入了旅顺高等公学校师范部。该校是原旅顺二中和师范学堂合并而成，分中学部和师范部（师范部有男子部和女子部），中学部为五年制，师范部为四年制。

校长横佩章吉先生，原来是旅顺二中校长，合并后在处事上偏向二中，致使中学、师范两个部不怎么团结。我记得入学不久，师范部和中学部在一起欢迎新生时，我班班长鞠兴祚在欢迎会上说，两个部要团结，中学部不要欺负师范部。这个话没有什么错误，但第二天在中学部大礼堂举行开学典礼后，中学部五年级的阎家伟领着一帮打手把我班班长鞠兴祚堵在操场角上打得鼻口流血，事后横佩章吉校长不仅不批评打人不对，反而把我班班长鞠兴祚同学开除学籍，致使师范部的学生非常不满，从此以后两个部的学生更加不团结，这都是横佩校长处事不公平造成的。

师范部的教头（教导主任）是富山民藏先生，日语教得好，是推行奴化教育的老手。他在课堂上经常讲日俄战争日本是怎样战胜帝俄的故事，赞扬乃木希典的功劳。他说乃木大将指挥攻打东鸡冠山时，日本兵一攻上山人就没有了，不知是怎么回事？于是就把镇守东京港口的二门大炮调来一门（炮口直径28厘米），从龙头往东鸡冠山顶上打炮，恰好俄国将领们在山顶上开会，把帝俄设计旅顺要塞工程的中将康特拉前克炸死，同时，从山下往山上挖洞爆破，终于把东鸡冠山攻了下来，以此宣扬日军的威力。

他在课堂上还对学生大肆宣扬日本海军元帅东乡平八郎的功绩。说什么日俄战争时，帝俄沙皇派波罗的海舰队来亚洲企图消灭日本，地中海苏伊士运河由于日英同盟英国不让它过，它无可奈何只好从海旺角（好望角）转，过印度洋好几个月才来到日本海，东乡平八郎元帅以逸待劳，指挥得力，把俄国波罗的海舰队消灭在大海中，取得了日俄战争的彻底胜利，保卫了日本，功劳极大，受到天皇嘉奖等等。他就是这样为日本军国主义推行侵略政策积极宣传，不久就调到朝鲜汉城（今韩国首尔）当教授去了。

水野谷初美先生，东京高师体育系毕业，由于身体条件不适合搞体育，改教教育学和心理学。他根本不懂得教育学和心理学，现学现卖，他的教学方法是到图书馆照书抄一些资料，上课时他把抄的资料写在黑板上叫学生照抄。学生问他，他讲不上来就把黑板擦掉，糊弄学生。此人是刘雨田（刘鬼子）的女婿。日寇当局把他派到师范部来担任教师是别有用心的。他来师范的目的是为了控制殖民地学校学生的思想动态，进一步深入地以软手段推行皇民化教育，培养为日寇推行侵略政策服务的忠实帮凶。所以水野来到师范以后，集中精力研究学生思想状况，假仁假义地和学生交朋友，表面上挺好，内心非常恶毒。他在课堂上，经常宣扬"日满亲善""一德一心""日满共同建设新满洲"等。他讲教育学不好好讲理论，却对明治天皇的《教育敕语》感兴趣，反复地讲，并叫学生把它背诵下来。我记得当时师范部有一个讲习班，在入学欢迎会上讲习班的班长唱了日本国歌《君が代》，师范部的同学齐声喊，把他赶下台。会后水野谷积极调查是谁领头喊的，调查了多少日子也没有结果。由于他推行殖民地奴化教育有成绩，富山民藏先生调到京城大学（当时日本把汉城改叫京城）当教授之后，由水野谷当师范教头（教导主任），不久又倚靠"刘鬼子"的势力当上了金州高等女学校的校长。

森先生教东洋史和西洋史，是老教师，在推行奴化教育上经验非常丰富，手段阴险毒辣。他在课堂上不好好讲课，经常讲一些美国青年男女肮脏下流的故事，毒害学生思想。他讲西洋史只讲了第一次世界大战的发生原因，其他根本没讲，我班快要毕业时，他把西洋史教科书简单地念了几段，主要部分就算讲完了。他不批阅考卷，在单独办公室里，把考卷往天棚上一扔，先落下来的分多，后落下来的分少，就这样愚弄学生。

新井先生是教"博物"（动植物）的，有学问，教学态度认真，上课边讲边写板书，各种图解画得非常清楚易懂。

江崎先生是教物理、化学的教师，知识丰富，教学特别认真，对学生要求严，考试不及格不行。后来到华北一带某大学当教授去了。

岩田先生是音乐老师，提琴、钢琴都好，东京音乐专门学校毕业，尤其是提琴在全满（中国东北）是数一数二的。有一次德国一位提琴家来学校演出，他二人合奏非常出色。在三年级时，他把我班男生和女生部三年级集中在一起教混声合唱（四重唱）《流浪の民》（世界名歌），在全校学艺会上演出，受到校长和同学们的赞扬。在钢琴方面，他把中国流行歌《桃花江》改成钢琴的联弹曲，我弹低音，郭喜春同学弹高音，在学艺会上演出，受到师生赞扬。

杉田先生教美术，他是京都绘画专门学校毕业的，日本画（实际是中国国画工笔画）画得好，也会画油画。此人教学很认真，学生不好好学，他非常生气，批评很严格。在他的指导下，我的油画大有长进。我画的《师范校舍大白楼》《夏家河子海水浴场》风景画作品，参加大连市中学学生作品联展获得优秀奖。在他的指导下，我还学会了画国画，在学艺会上当场表演《张果老骑驴过仙桥》的水墨画受到校方表扬。

天藤先生教数学，有学问，教学水平相当高，对学生要求严格，考试不合格不行，几何的毕达哥拉斯定理到现在我还记得清清楚楚。

辻先生是教日语的，他是从台湾调到师范部来的。目的和水野谷先生一样，是专门调查研究学生思想的，阴险得很。他常常宣扬他在台湾当中学老师时培养出很多"人才"。

中村先生是教体育的老师，此人体育理论水平相当高，有实际教学经验。在他的指导下，高等公学校每年参加全旅大中等学校体育大会，球类和田径等各项比赛均取得全胜。

杨韵村老先生是清朝的进士，在内蒙古一带当过清朝大官，讲《论语》《孟子》不用看书，很有学问，尤其是精通书法，真、草、隶、篆都写得相当好，尤其是行草写的相当突出。此人为亲日派，在课堂上向来不谈国家大事，学生问到"蒋介石"他只笑一笑不作回答。

赵先生是广东人，清朝举人，此人讲课非常突出，有口才，他不讲课本，从古文当中选出几篇文章讲，如《老残游记·自序》《周瑜拒蒋干》《长恨歌》《归去来兮辞》《桃花源记》等。我记得他讲《老残游记·自序》时特别强调"王实甫寄哭泣于《西厢》，曹雪芹寄哭泣于《红楼梦》"，"千红一窟，万艳同杯"——实际是"千红一哭，万艳同悲"，影射对现实不满。此人是亲日派，反对孙中山革命，说孙中山是孙大炮，伪满洲国成立后到吉林高师当教授去了。

总之，师范部的教师都是带着奴化教育的任务到师范部当教师的。他们在教学手段上，有的采取硬手段，有的采取软手段，都在积极推行奴化教育，积极为日本帝国主义培养侵略中国的爪牙。

我记得那是1933年秋的一天晚上，校方集中全校师生每人发一个小日本国旗，到旅顺要塞司令部门前接受溥仪的检阅，以庆祝溥仪被日寇封为"满洲国执政"。当学生队伍通过检阅台前时，溥仪举手向学生打招呼，他穿的是日本军装，戴着日本军帽。

从此以后班主任水野谷经常宣扬"日满亲善""一德一心""王道乐土"，宣扬溥仪的"功德"。

我进入三年级时，横佩章吉校长退休，村井荣藏校长继任。村井是从大连神明高等女学校调来的，据说他给日本天皇裕仁当过老师，因此腰板挺硬。这个人是推行奴化教育的老手，来校以后对学生净说好听的，久而久之，学生明白了他的心机，给他起个外号叫"洋糖罐子"。

他来了以后，在全校积极推行美化作业，叫学生把校舍前后打扫得干干净净，把教室的玻璃擦得亮亮的，把地板擦得干干净净的。他经常领着有关老师进行检查评比，不合格者继续打扫。

"一灯园"和尚讲佛

他还经常请奉天"一灯园"三上和志和尚来校作报告。三上和志和尚是日本京都"一灯园"住持西田天香的徒弟。"一灯园"推行佛教，供奉如来佛祖、观世音，主张普度众生，人和人之间不要打仗，如果别人来打你，你要跪下求饶，他打你的左脸，你可以把你的左脸给他打，他打累了就不打了。对女人特别强调做贤妻良母。他说，每年夏天放暑假期间，有不少有钱家的小姐（日本人）到他那里休养训练，吃粗茶淡饭，做家务劳动，学习怎样侍奉丈夫，怎样教育子女，怎样插花，怎样泡茶等。他叫她们到附

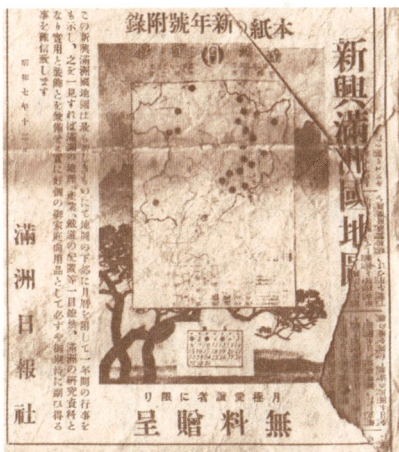

日本在大连举办的满洲新闻社在伪满洲国成立后，于1932年末举行《新兴满洲地图》免费赠送活动。

近的日本住户，给人家打扫庭院，干活讨点饭吃。这在佛教上叫作"托钵"，即和尚托钵挨家挨户化缘讨饭，要小钱。村井用佛教来麻痹我们的思想，叫我们心甘情愿做日本鬼子的奴隶。

教学实习

四年级下半年我们到附属公学堂教学实习。该校以推行前田皇民化日语教学法为主，积极搞日语教学公开课，专门研究怎样能使小学生学日语口语对话学得快，当时前田熙胤以他教的小学二年级学生日语对话流利引以为荣，夸耀自己是日语教学权威。

该校在鸭户嘴子村有个二部，前村先生为主任。他以推行劳作教育为主，只上半天课，下半天叫学生到菜园里种各种各样的蔬菜，饲养小动物，目的是培养甘心给日寇种地的良民。

日本修学旅行

下面说一下去日本修学旅行。进入三年级时，校方安排我们到日本旅行一个月。我班男生30名和女生部女生20名于1935年4月中旬到5月中旬去日本旅行，森先生和新井先生带队。路线是：大连—汉城—釜山—下关—八幡制铁所—阿苏山—别府—名古屋—奈良—京都—大阪—东京—日光—神户—大连。

给我印象深的有：八幡制铁所运料上料机械化自动化，很了不起。阿苏山登山观光"巴士"女车务员一边解说一边唱歌的风度很感人很文明。阿苏山火山口有京都大学地震研究所研究火山爆发，感到日本科学发达，重视科学研究工作。小山旅馆风景秀丽，女服务员年轻美貌服务周到，浴池的温泉水可以游泳，男女浴池中间只隔一道矮墙，个儿高者可以看到女服务员在洗澡，但日本人对此不大在意。别府是温泉地带，大街上妓院很多。别府的"小吹"（流行歌曲）很好听。旅馆女服务员特别亲切，个别同学和女服务员交上了朋友，临别时洒泪而别。名古屋城保存良好，可见重视文物保护工作。在奈良看了奈良大佛，在京都看了西本愿寺，感到日本人迷信，到处是庙。京都大街上穿和服的年轻姑娘非常漂亮。在大阪看了宝冢歌舞剧，舞台特别大，几百个少女同时登台跳舞，第一次见到，感到很精彩，剧目是《未来的海上战争》，实际是争夺太平洋霸权的战争。当时日本处于经济危机，我花四角钱（日币）买了一件毛衣，质量相当好。日本以发动侵略战争来解决经济危机，不久就发动了全面侵华战争。到东京先到二重桥向天皇遥拜，参拜明治神宫，然后到神宫外苑绘画馆，看到《马关条约》李鸿章卖国贼签字的形象，心里特别仇恨。最后参观日光东照宫。东照宫是德康的家庙，修得非常华丽，连天棚上的花边都是用金子镶的，很了不起。

回校后孙景益同学写了一个日本旅行话剧，演员数十人，是从到日本旅行的人员当中选拔的，孙景益为导演，演出效果"挺好"，受到全校师生的赞扬，内容是宣扬日本是山明水秀、风景美丽、科学发展、工业发达的文明国家，现在看来是为日寇作了宣传。

"满洲国"旅行参观

1937 年春我们毕业前，由水野谷先生和大野先生带队到奉天（沈阳）、"新京"（长春）、吉林、哈尔滨参观，人员 50 名（男生 30 名，女生 20 名）。在奉天参观了故宫和北陵，水野谷先生叫学生参拜了伪满皇帝溥仪的祖坟。在"新京"参拜了伪满皇帝溥仪住的皇宫，参观了伪满国务院的大楼。在吉林受到伪满吉林警察厅长孙仁轩的接待。孙仁轩是旅顺师范的毕业生，他派一辆小轿车拉两位老师，派两台大卡车拉学生，他领着他的小老婆坐小轿车给我们当向导，看了松花江，参观了吉林女子师范，该校还开了欢迎会。欢迎会上，代表致欢迎词的同学日语说得非常流利，后来一打听才知道是个日本人。那个年代日本姑娘入中国师范学习很可能是别有用心。

孙仁轩是个为日寇卖命的大汉奸。他经常出动警察队伍到吉林一带大森林里讨伐"土匪"，实际是讨伐"抗联"。大家受了孙仁轩的接待，闲谈中议论他在师范念书时成绩劣等，但到社会上却做了大官，言语中流露出羡慕。

最后参观了哈尔滨。由旅顺高等公学校中学部毕业生在哈尔滨工作的谭某做向导。他俄语说得好，带我们参观了白俄女子中学。大家感到人家欧洲人性格开朗活泼大方，不像我们中国人那样封建，同时也羡慕谭某俄语讲的相当流利。

校方之所以安排我们到伪满洲国参观，是为了宣扬日寇统治东北的功绩，号召大家毕业后到伪满洲国当官。这也是日寇推行奴化教育的一种手段。

毕业前，学校还组织学生到日本军舰上参观，看大炮和舱内战斗装备，看潜水艇里的发射鱼雷装置。这是宣扬日寇海军的威力。

还组织学生参观旅顺监狱，参观各种犯人的监狱生活情况，"政治犯"单独锁在小屋里，最后看了绞刑台，把绳子扣套在"犯人"脖子上把脚下板子一撤，人就吊在空中，很快就吊死了。叫学生参观监狱的目的就是进行威胁，走向社会如果反抗日本，下场就是如此。

日寇采取威胁、诱惑、软硬兼施的手段推行奴化教育，绝大多数中国学生没有忘记自己是中国人，不甘心当亡国奴，但投靠日寇当汉奸走狗的人也是有的。我班考第一的宫明春毕业后在大连街上当了巡捕，不久当上"关东州厅""特高"刑事，专门抓反满抗日分子、中共地下工作人员，新中国成立后被我国人民政府枪决。我班考第二的孙景益毕业后在大连公学堂当了几年教员，后来到东京日本大学法律系留学，因搞日本姑娘被送回大连，后来在天津当了法官，新中国成立后被我国人民政府枪决。我班同学郭喜春当了日寇的随军翻译，活动在山西一带，1945年上半年曾来金州，身穿日寇军装，脚蹬高腰皮靴，腰间挎着军刀，耀武扬威地在大街上晃来晃去，后来下落不明。我班同学孙德钦毕业后当了几年教员，后来考上巡捕，在大连市东关街派出所当勤务，手里拿个大棒子，老百姓反映此人非常凶恶，新中国成立后下落不明。由此可见，日寇推行奴化教育在个别人身上确实起了作用。

在日本东京美术专门学校留学

我是 1941 年 4 月考入日本东京美术专门学校油画系的。该校在日本东京上野公园内，现改名为东京艺术大学。我跟日本明治维新以来著名画家教授田边至先生学木炭画和油画，神宫外苑绘画馆内挂的明治天皇有病日本老百姓跪在二重桥外面祈祷的那幅大型油画就是他的代表作。课程有木炭画、画石膏像、画裸体模特儿、油画风景、东洋美术史、西洋美术史、人体解剖学、东洋文学、外语（英语和法语）、制图、教练等。

教练课由两个日本军官担当，一个是竹内中佐（中校），另一个叫佐藤，是个大尉。日本教官非常野蛮，当时低年级学生不许留分头，我亲眼看见佐藤教官打一个留分头的日本学生，左右开弓打嘴巴子，下边用皮靴子踢，一面骂"バガ"（混蛋）一面打，把那个学生打出十几米以外，那个学生一边后退一边打立正。这种场面我第一次见到，真是野蛮的很，学生们非常厌恶。又有一次上教练课，佐藤教官揪汪伪政权派来的留学生朱坤同学的头发。在开欢迎我和朱坤的欢迎会上，朱坤提意见说佐藤教官揪他的头发是不懂礼貌，这个意见后来被佐藤教官知道了，他大发雷霆要整朱坤，吓得朱坤很长时间没敢到学校上课。

日本同学大濑户不大愿意上教练课，他对我说，佐藤教官是个大混蛋。我说日本军人不是讲"大和魂"吗？他说，什么"大和魂"？所谓"大和魂"就是南洋土人拿上现代化冲锋枪而已，可见当时日本青年中也有厌恶侵略战争的。他还告诉我学校门口告示板上挂的人名牌是美校毕业出征牺牲的人员，挂的牌密密麻麻，美校毕业生几乎都死光了，不知哪一天会轮到我头上……可见，日本人民厌战情绪相当严重。

课后我常到学校美术馆去参观，见到墙上挂的国画是唐朝诗人王维画的，还有明朝仇英的画。这些画都是真品，中国没有，是八国联军进北京时日本鬼子抢的。还有上野公园的博物馆内展出的古代文物绝大部分是从中国掠夺来的。大濑户同学崇拜美国，他常约我到新宿一家小电影院去看美国电影，什么《大纽约》（反映发明轮船的故事）、《台风》（反映民族平等，一个美国白人青年爱上一个黑种人女青年，在台风当中二人相依为命的故事）、《银の靴》（当时美国女名演员达宾主演的恋爱故事）。这反映出当时的日本青年男女非常羡慕美国。

有一个星期天我到神田区神保町一带（书店街）逛书店，突然发现路旁青年会馆举行新创作出来的歌曲发表会，免费入场，我就进去找一个座位坐下，看到基本上都是些高等女学校的学生，男生很少。当时发表的是《亚细亚进行曲》，头一句是"くもとわく亚细亚の力……"（意思是亚洲人把力量集中起来，建设"大东亚共荣圈"），作者得了一个大银杯。在座的人每人发一张歌单，由作者教唱，我认为我识谱能力比较强，结果那些女学生的识谱能力比我还强，很快就学会了，我非常佩服日本人文化水平高。

我在日本东京美术专门学校学习的那年秋天，北京著名画家蒋兆和先生在上野美术馆搞个人画展，展出作品都是水墨人物画。他画的《少女祈祷》等作品非常精彩，美术专门学校的日本学生都伸大拇指说："中国人真了不起，我们拿木炭画人物改过来改过去不容易画得像，但你们中国人拿水墨把少女的眼毛眼神画得那样入神，太伟大了！"

我记得我是 1941 年的 2 月下旬到的日本东京，当时住在小石川区伪满留学生会馆。三月初的一天，会馆的负责人斋藤把我叫到他办公室，叫我在新旧留学生联欢会上代表新生致辞，我心想等他写出稿子让我讲，无非是一些"日满亲善""一德一心"那些东西，我不愿干这个事，我就说我在场面上讲话口吃，讲不好影响不好，就当面拒绝了。他没有办法就找旅顺高等公学校中学部毕业的谭某讲了，谭某的日语讲得非常流利，确实比我好得多。

不久的一天下午，斋藤把住在留学生会馆的留学生集中起来到后乐园开会，纪念伪满洲国成立的日子，叫大家唱伪满洲国"国歌"，几乎没有什么声音，这说明大家对此不满都不愿意唱。

当天下午，在后乐园旁的垒球场上举办日本名歌手李香兰的演唱会，我去参加了。当时，全东京的大学生都往那里集中，把个垒球场挤得水泄不通。李香兰唱了《满洲小吹》《赤い睡莲》等歌，赢得大学生们热烈鼓掌。散会时有许多大学生挤在大门口不走，非要看看李香兰，警察赶也赶不走。可见，李香兰当时在日本大学生心目中所占的地位。

李香兰是日本侵略东北时期，以中国人身份出现的日本电影明星、歌手，"满映"的领衔女演员。日本投降后，由于她证明了自己是日本人，而被中国法庭判为无罪。有人说她是日本特务，但据我所知，她对中国很友好，在纪念中日恢复邦交 20 周年时，日本四季剧团曾在中国公演音乐剧《李香兰》。该剧说李香兰等日本青年对"满洲国五族共和的建国理想充满了希望"，为日本关东军的政治宣传所利用。——这是后话。

过了几天我接到美术专门学校的录取通知书，由于住在留学生会馆对画画不方便，我便迁出留学生会馆，住在小石川区八代町一个叫大森的居民组长家楼上，和王良骅同学（东京日本大学经济系）是邻居。楼上共两个小屋，他租一间我租一间，我们两人经常在一起闲谈。王良骅是个爱国者，他反对日寇侵略中国，提起日寇侵略中国他非常仇恨。他说日寇关东军在诺门坎战斗中被苏军坦克打得几乎全军覆没，东京有人写了一本书《铁か肉か》，意思是日军用肉往铁上撞谁能撞过谁呢？这本书就是写诺门坎事件的实况，后来日本当局不让看，把这本书收回去了。

下半年我迁到本乡区"目白ハウス"，翻译出来就是"目白家"。房主是个日本老太婆，她的房子往外出租。我和文安禄（早稻田大学政经系留学生）租了一间房，两个人租房能节省一点钱。他入早稻田之前是大连《泰东日报》社的编辑，他很关心时局发展，有一天他在神田区神保町山本书店（专门卖中国进步书刊），买了一本孙中山先生的《三民主义》（周佛海译的日文本）小册子，他看完了交给我看，说读完了烧掉。这样我初步地知道了孙中山先生的民族主义、民权主义、民生主义的含义。

当年12月8日日寇偷袭美国珍珠港爆发了太平洋战争,东京实行灯火管制了一个星期,怕美国飞机来炸东京。上海同学朱坤坐飞机回上海去了,我当时未敢这样做,怕日寇怀疑我,便一直坚持到放春假才回大连,以后就留在大连当了教师。

回顾1941年在日本东京美专学油画的这一年,日子不是那么好过的,由于在战时情况下日寇对中国留学生严加监视,据说一个中国留学生背后有三四个警视厅的特高刑事秘密跟踪,看看你都到哪里干什么。你白天上学去了,他就到你住宿的地方,叫房东老太婆把门打开,看看你都看什么书,翻草垫子下面有没有什么纸条等物,把你当个间谍加以防备。再加上我家孩子多(五个孩子)家庭生活困难,学费供不上,经过仔细考虑就回来了。

在伏见台公学堂当教师

日本军国主义统治旅大推行奴化教育最疯狂的时期是太平洋战争以后,当时我在大连伏见台公学堂当教师。这个学校是日本侵占旅大成立最早的学校,校舍建立在原大连动物园山坡上面,规模不大。我在该校当教师时,共有18个教室,初小12个班,高小6个班。教师二十多名,日本教师和中国教师各占一半。堂长是山本先生,此人老奸巨猾、阴险毒辣,是推行奴化教育的老手。我在该校担当高小一年一班的班主任。那年春我得了一场瘟疫病,病了一个月,回校第一天上班,朝会后学生正往教室走,山本堂长在走廊上打我班几个学生,说我班学生不守纪律,同时把我叫到堂长室好一顿训,说我素日不遵守教职员纪律,散散漫漫,影响学生等等,也不许我辩解。我回到教室在学生面前掉了不少眼泪,心想山本堂长为什么对我这样呢?在日寇统治下,中国人的日子真不好过,处处受日本鬼子的气,心里非常仇恨,但在那个年代的大连街上到处都有日寇的宪兵、特务、警察、巡捕、狗腿子进行监视,我又没有勇气反抗山本堂长,只好忍耐下去。后来我逐渐明白了山本堂长的阴险毒辣手段,无非是企图把我控制在他手里任意指使而已，对此我采取了迎合的态度。恰好我的同乡曹大仁（腌日本萝卜发了财）家住在现在的友好广场进步电影院后面，他小女儿要求到伏见台公学堂初小四年级上学，求我给办，我便对山本堂长说了一下，他表示同意，事成之后，我叫曹大仁给他家送去一桶腌萝卜和两大瓶日本酒。当时的大连由于战争，日寇统一控制物资，这些食品就是日本人也不容易得到，山本堂长特别高兴，从此以后我和山本堂长的紧张关系缓和了。

那个年月，日寇统治旅大（关东州）非常露骨，当时日寇出版的地图，把我国东三省（伪满洲国）染成浅红色的，把旅大地区（"关东州"）染成大红色的，与日本是同一种颜色。日本把旅大地区作为日本的一个州，以旅大地区的中国人为州民，即日本的三等国民（朝鲜为二等国民）。

我在大连伏见台公学堂当教员时，正是日寇海军在太平洋上被美国打得节节败退，山本堂长更加疯狂地推行皇民化教育，在全校进一步加强日语教学，把日语作为"国语"、把汉语改为"满语"，经常搞日语教学公开课，从初小一年级到高等科二年级，各学年选出一个日语教学好的班进行日语公开课教学，并请旅顺师范附属公学堂的前田熙胤先生（当时为全"关东州"公学堂日语教学的权威人士）来做指导，同时进行评比，好的表扬，不好的加以批评，我班日语教学曾受到前田熙胤先生和山本堂长的表扬。另外，我记得 1943 年暑假前，山本堂长受大连市各公学堂的委托，在伏见台公学堂大礼堂办了一期分配到各公学堂当教师的日本高等女学校毕业生的日语教学讲习班，山本堂长派高一一班班主任太田先生和高二二班班主任阿部先生担当讲师，并叫我协助他们二人办好学习班，而且在讲习班上山本堂长对十四五名女学员大加赞扬我的日语说得好，日语教得好。

在我和山本堂长关系好转的情况下，我便偷着在教室里对学生讲《老残游记·自序》。在讲解文章当中我给学生解释"王实甫寄哭泣于《西厢》，曹雪芹寄哭泣于《红楼梦》"，"千红一窟，万艳同杯"实际是"千红一哭，万艳同悲"的意思。还给学生讲了陶渊明的《归去来兮辞》《桃花源记》等古文，指出作者对现世不满的意义。给学生讲过斯大林，在黑板上画个斯大林像，画完马上擦去怕人看见。在那个年月，我就是这样搞两面教学，暗示

阎家仁在金州董家沟第一普通学堂任教时（1937—1940 年），与补习科一年级学生在教室里拍摄的纪念照。

学生不要忘记自己是中国人，日本鬼子总有一天要垮台的。

山本堂长为了积极推行皇民化教育，强制高年级学生在教室里用日语对话，不让学生说中国话，这样能使日语说得更加流利，高二二班班主任日本女教师还给每个学生起了日本名字，意图是使旅大地区的中国人加快速度变成日本的三等国民，用心何其毒也。

当时学校每天早晨举行朝会，由值日老师喊口令叫学生向东方对日本天皇遥拜，然后叫全体师生向为"大东亚战争"战死的"英灵"（战犯）默哀，祈祷日本皇军"武运长久"，并经常强制学生往学校拿罐头盒子和碎铜烂铁等物支援"大东亚圣战"。有一次学校叫学生往学校拿柞树蚕茧，我班学生拿的最少，值日教师坂本（初小一年一班班主任）公开说我素日表现积极是假的，我无奈偷着告诉学生想办法再弄点来，学生放学后跑到山上好不容易找到一些交了上去才算完事。坂本这个人是日本军国主义"大和魂精神"培养出来的典型日本男子,头脑简单,大混蛋一个。有一次听广播,说日本海军在所罗门群岛把美国大军舰都打沉了,实际上是日本大军舰被美国大军舰都打到海里去了,连山本五十六元帅坐飞机逃跑都未逃得了,飞机被美国打掉,但他却信以为真,在教职员办公室里手舞足蹈,说什么要到小馆喝酒庆祝胜利,精神不正常,非常可笑。日寇当局在那个年代就是利用这样一些头脑简单的日本人控制学校,疯狂推行皇民化教育。

那个年月,伏见台公学堂(其他公学堂也是如此)经常搞列队行军训练,实际是简单的军事训练。经常把全校的学生集中到操场上列队行进,要求走步必须整齐,堂长站在台上,按年级接受检阅,走得好的班给予表扬,不好的班加以批评。最后把学生队伍拉到校外,走到中央公园"忠灵塔"前进行祈祷,祈祷日本皇军"武运长久"。

"勤劳奉仕"与美机轰炸

"勤劳奉仕"是日语,含义是无偿劳动。日本帝国主义统治东北后期,实行全民"勤劳报国"制度,强制进行以"国防"、支援"大东亚圣战"(太平洋战争)为主要内容的无偿劳动。对学生也下达了"勤劳奉仕"令,劳动时间越来越长,劳动强度越来越大。一方面,无偿利用学生弥补劳动力的不足;另一方面,对学生进行精神奴役,训练学生"吃苦耐劳,忠心报国"。

我班学生进入高等科二年级时,学校规定高年级学生到工厂去进行"勤劳奉仕",我便领着学生天天去做劳工。首先到沙河口鸟羽铁工厂,厂子派一个日本老头儿领着学生干活,他主要叫学生打扫工厂的院子,整理破碎乱铁等物,有的学生不好好干活气他,他骂学生,学生们就哈哈大笑,他也没有办法。在鸟羽铁工厂干了两个月,紧接着领着学生到营城子日寇海军飞机场修飞机跑道,拿洋镐刨土、运土,在帐篷里住了一个星期,吃窝窝头。见日本学生吃大米饭,学生们非常生气,可有什么办法呢。下半年到造船厂去"勤劳奉仕"三个月,时间比较长,活儿比较重,清理碎铁丝子和搬运破铜烂铁等物,有不少学生手被刺破出血,厂子里根本不管。最后到凌水河水泥船修造厂,这里主要叫学生扛木头方子,我提心吊胆怕学生砸了脚,幸而时间短,干了两个星期没出什么事故就回来了。日寇发动太平洋战争,物资、劳力极度缺乏,就是小学生也不放过,被强制去做劳工以支援侵略战争。

1944年下半年,学校基本不上课,除了"勤劳奉仕"就是挖防空壕。有一天我带领学生正在操场周围挖防空壕,突然警笛响了,说是美国B29飞机来轰炸大连,日本老师都吓得钻进防空壕,中国老师和学生没当回事儿,都站在操场周围树荫下看光景,不一会儿B29从东部天空慢慢飞下来,下面日军的高射炮不住地往天上打,但炮弹爆炸在B29的下面,根本打不着。那天我仔细地看见B29扔炸弹的情景,炸弹下来一道白光,有"嗖——"的声音,然后"轰"的一声巨响爆炸。那天B29轰炸了造船厂,不久又来炸了一次,炸了码头仓库,斯大林路一家日本商店六层楼被一炸到底,威力相当大,炸死不少日本人。当时中国人的心情和日本人完全不一样,似乎希望美国多来炸几次。后来B29炸了沈阳,当时山本堂长和日本教师大肆宣扬B29被日本空军用机枪打掉了几架,紧接着有一个星期六的下午学校组织学生到三越大楼(秋林公司)后院参观被打下来的B29残骸。实际不是日军战斗机用机枪打下来的,而是日寇空军发挥"武士道""切腹"精神用战斗机撞下来的,而且仅撞下来一架,有什么值得吹嘘的呢?

我记得那个年月大连街上和校内到处张贴"鬼畜犰猲"字样的标语,把米英(美英)二字的旁边加上个"犭"旁,意思是骂美国人和英国人是畜生,是禽兽,借以引起人们对英美的仇恨。学校还请南洋随军记者给教师作报告,讲马来西亚和印尼的风俗习惯和人民生活情况;还经常组织高年级师生看日本电影。我记得有一次在友好广场进步电影院看了日军向马来西亚和缅甸进军的片子,片子上展现的是日军行军在热带森林中,蚊虫叮咬,吃水困难,遇到风雨进军极其艰难,真是寸步难行。意思是日本"皇军"

为了从东南亚这些弱小国家把美英势力赶出去建立"大东亚共荣圈"不怕牺牲流血等,以此来麻痹教师和学生,从而掩盖它的侵略本性。

访谈人:齐红深、李立冰。访谈时间:2000 年 10 月 1—16 日。地点:大连西岗区石道街口述者家中。

张福元：

我的小学、中学和大学

　　张福元，男，汉族，1920年11月14日出生。籍贯：辽宁省大连市。离休时所在单位：大连市旅顺口区人大常委会。职务：副主任。职称：主任医师。日本占领时就读学校：旅顺高等公学校中学部、旅顺医学专门学校。日本占领时工作单位：大连赤十字病院。

　　1935年3月由普兰店公学堂考入旅顺高等公学校中学部；1939年8月考入官立旅顺医学专门学校预备科，1944年3月毕业；1944年4月—1945年10月任大连赤十字病院医师；1945年10月任辽南第一工人大队、普兰店后方医院医务主任；1946年3月—1947年7月任旅顺市立医院医师；1947年7月起历任旅顺市卫生局长，抗美援朝时期任大连医管处第六医院院长、旅顺口区人民医院院长；1981年4月—1987年6月任大连市旅顺口区人大常委会副主任；1987年6月离休。

一、在日本殖民统治下读书的回顾

　　我的小学、中学、大学都是在日本殖民统治下的"关东州"（现大连市）读的。现在回想起来，当时的日本殖民统治当局所施行的奴化教育有两套：对日本青少年主要灌注"大和魂""武士道"精神，无条件地效忠天皇，熟悉满洲的风土人情，为侵略扩张服务；对中国青少年主要淡化民族意识，使之学会日本语,熟悉日本的风俗习惯,成为"日满提携"的奴才。随着"九一八事变""七七事变"、太平洋战争的爆发,奴化教育进而发展为同化(皇民化)教育,为其殖民统治服务,为其所谓"圣战"服务。现将各个时期的情况回忆如下:

1. 小学时期(1928 年 4 月—1935 年 3 月)

我 1920 年生,1928 年就读原籍普兰店管内老爷庙会第一普通学堂(初等科),四年制,全校四个班级,每年级只一个班,男女同班,每班 50 人上下,属会办小学。全校校长一人,教员四人,堂役一人。课程有修身课、算数、中国文、日语、音乐、体操、手工、图画、农业等科。当时的堂长和几位教员都是旅顺师范学堂的毕业生,师资质量较好,只有一名是从村私塾招聘上来的老先生。在我毕业以后,由于学生数增多,班级数增多,教员不足,大都用代用教员来担当。代用教员是公学堂毕业再到旅顺师范培训三个月或半年任教的,再后来也有不经培训就当代用教员的。我上一年级时,在 10 月 10 日前,老师领着用纸做的"青天白日满地红"小旗,"双十节"这天全校学生持旗在校园游行,唱"卿云烂兮,纠缦缦兮,日月光华,旦复旦兮……"进行庆祝,从此知道自己是中国人。第二年就没有这个举动了,一定是被禁止了。

"九一八事变"后连自己是中国人也不敢说了,只得叫"满人"或"关东州"人,中国文也改叫"满语"。

普通学堂毕业后升公学堂(高等科)二年制。公学堂只收"本籍人",即"关东州"人,而"寄留"人(指外地人迁入"关东州"未获固定户籍者)的子弟不得报考。这是把中国人分成等级,以华治华的策略。我 1933 年 4 月—1935 年 3 月就读于普兰店公学堂,属民政署办,两个年级,每年级五个班,其中一个女生班,男女分班。校长、教员全是日本人,只有两位教中国文的中国人教员。设置课程有修身课、算数、日本语、"满语"、地理、历史、自然,女学生此外还有家政课。除"满语"外,其他课本全是日文的,全由日本人教员用日语授课。这个时期师生关系还比较正常,节日举行仪式

大连第二中学（旅顺高等公学校前身）毕业照。

时要唱"君が代"和"满洲国歌"。我每天坐火车通行，自三十里堡（龙口小站）上下车，日本小学生也乘这趟车到普兰店上小学。经常有日本小学生骂我们叫"チャンコロ"（清国佬），由此引起互相打架。日本学生年龄小，打不过中国学生，所以这趟车的日人车掌（列车长）为此很伤脑筋，就把车厢分开，避免打架。这趟短途列车是大连——瓦房店往返通勤车。

我在高二（高小二年级）时曾有台湾高山族歌舞团来学校演出，后来听说他们宣传反满抗日遭逮捕。公学

大连第二中学校（旅顺高等公学校前身）校门、校旗。

堂毕业后再升学就只有旅顺高等公学校中学部、师范部、商业学堂三所学校，所以入学考试都很难。首先得在本校初考，初考及格后再到报考学校去考试，笔试及格者，还要有一次到报考学校去口试，面审和身体检查，最后接到入学通知者入学。

旅顺高公学生在日本修学旅行——别府温泉河。

2. 中学时期（1935—1939 年）

只招收日本人的旅顺中学校创办于 1909 年，1921 年在该校内附设一个中国人班，这是中国人读中学的开始。1924 年新校舍建成，将中国学生分出来成立旅顺第二中学校，旅顺中学校随之改为旅顺第一中学校，仍然只招收日本学生。

不过旅顺二中与日本人一中同样为五年制，只收男生，课程设置与内容除日语和中国文有些调整外，其他学科基本相同。这是在东北地区唯一一所五年制、与日本中学学制、学科基本相同的中国人男子中学。"九一八事变"后，随着奴化教育的强化，1932 年成立旅顺高等公学校，原二中为中学部、原师范学堂为师范部,成为一校两部,旅顺一中则改为旅顺中学校,学制未变。1943年颁布《关东州人教育令》,明文提出了"皇民化"教育以及具体的教育宗旨和教学内容等要求。根据教育令,旅顺高等公学校解体,中学部改为男子高等公学校,学制改为四年,师范部改为师范公学校,至1945年日本战败投降停办。

高公中学部位于太阳沟西端,校舍、宿舍一道之隔,依山傍海,环境幽静,周围又有图书馆、博物馆、动物园、植物园、体育场、游泳池、溜冰场等去处。教学设施有:物化、史地、音乐、生物、图画等教室和试验室。设置的学科,我在读时有修身、日语、中国文、英语、代数、几何、物理、化学、地理、历史、博物、生物、音乐、图画、体操等科,所有教材全是日文,全由日本人教师授课。只有两位中国人教师教由他们选编的古文,多属桐城派文学,如曾背过的《岳阳楼记》《兰亭序》《赤壁赋》《前后出师表》《琵琶行》等。四年级开始学《诗经》。师生关系基本上是好的,教师教学是认真的,学生们学习是刻苦的,成绩是优秀的。

和学生有矛盾的有两种人,一是奴化教育的执行者——校长,二是宪警的爪牙,如舍监长厚见和个别的军国主义分子。对学生的管理,每晚有一位当值舍监,监督晚上自学,睡前、早起床后两次列队点名。除此以外基本上是自治的,伙食有伙食委管理,自办伙食。各种体育组如球类、田径,都是由五年级学生负责选拔、训练、组织参赛,体育教师只教点机械体操,此外什么也不管。这所学校早在二中时期每年参加大连中华青年会举办的运动会,中华青年会被日本强制停办后,参加一年一度的中等联合运动会,向来各项都占有绝对优势,"东亚病夫"总是战胜大和民族。当局为让日本人占优胜,想法限制参赛年龄,限制年龄也不行,气得干瞪眼。学生之间沿袭一中的军队习气,下级生在街上遇到上级生要立正敬礼,在街上要紧扣风纪扣,上级生可以斥责、打骂下级生,就像上等兵在街上打下等兵一样。每年的"天长节"(昭和天皇的生日)和"关东局施政纪念日",都要举行仪式,宣读诏书,仪式结束后每个学生分两个"模几"(日本小点心),放假一天。还有陆军纪念日、海军纪念日,全校都要上白玉山,参拜纳骨祠,进行东方遥拜等活动。"七七事变"后，日军每攻占一个城市，都要学生上街游行祝贺。如有日伪当局要人来旅顺，学生要列队在马路旁迎接，我在校时就迎接过秩父宫（昭和天皇之弟）、溥仪、汪精卫等人。每1—2个月看一次电影，片子都是宣传"武士道"精神的古装故事片，如《弁庆》《四十七勇士》，再就是战争片，如《土と兵队》《神风队》等，很少看一般的爱情故事片。

在四年级时去日本旅行一个月，名曰"修学旅行"。途经朝鲜时和朝鲜人接触，互相都有同病相怜之感。这时候的地图早已改变了颜色，日本本土、朝鲜、"关东州"等都是红色，伪满洲国是金黄色，中国是黄色。一位朝鲜老大爷会中文，在火车上和我们用笔谈，他说："我们亡国了，朝鲜人不准说朝鲜话，你们可不要像我们……"我们在朝鲜京城参观总督府，看到了亡国的悲惨情景。和朝鲜中学生联欢，双方都用日语，双方的心里都有说不出的悲哀。到达日本后看到铁路两边的城市、农村所有的房屋都插着太阳旗，问日本人才知道那是各家各户有出征上前线人的标志。田间劳作的全是妇女，从农村赶车到城市卖菜的都是妇女，看出了日本人的悲哀，物资缺乏，城市萧条，也看出了日本的"大东亚圣战"是不能长久了。除了去阿苏山、别府、热海、濑户内海等风景名胜地外，也到了神户、大阪、奈良、京都、名古屋、东京等大城市。更多的是参拜神社，走到哪儿拜到哪儿，记住的有伊势神宫、明治神宫、靖国神社，这三处都是官敕大社。到东京首先到二重桥参拜天皇，仰望日本皇宫，再去伪满驻日大使馆，袁大使接见、训话后招待每人盒饭一盒。同学们都知道，这趟旅行是进行奴化、同化教育的重要组成部分。

我在三年级（1937年）时，伪满新京建了一所特殊的大学叫建国大学，它的招生范围是日本国内外，学生由学校推荐报考，要求条件是品学兼优（学生尖子）、身体强壮、仪表堂堂的学生。身体检查非常严格，身高、坐高、体重、胸围与身高的比例都有具体要求，患有沙眼及近视者不要。它的学制五年，日、中学生同住同学习，毕业后从文是高等官，从武是少佐军衔。这是一所培养高层殖民统治者的学府，我班就有张世钧同学被校长推荐，他不愿意去又不敢不去，只好在体检时伪装视力不足0.4被淘汰，回校后遭

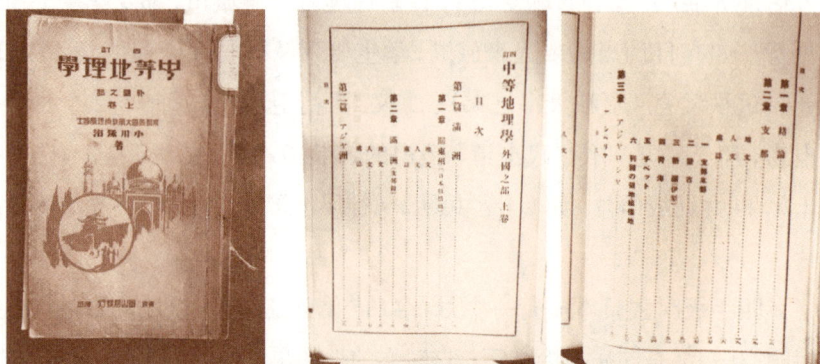

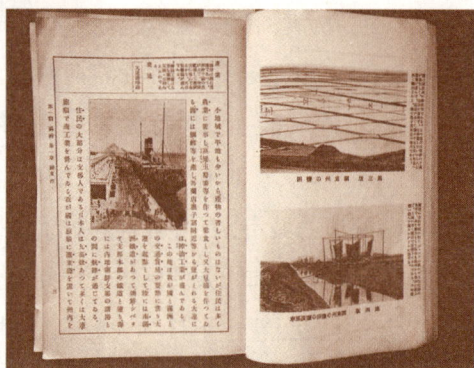

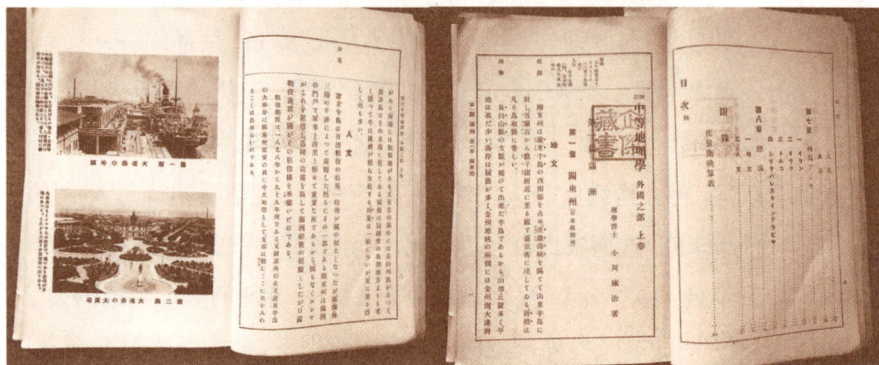

旅顺二中、旅顺高等公学校遵循日本学制，使用日本教科书。这本1930年使用的《中等地理学·外国之部》上卷（小川琢治著，东京富山房发行）已经把中国东北地区和亚洲分割，将我国东北称作"满洲"（包括日本租借地"关东州"和"支那领"），并将中国蔑称为"支那"（包括"支那本部"、蒙古、新疆、青海、各国领地、租借地）。

到校长的怀疑。

太平洋战争爆发后，对中国青少年公开实行皇民化教育，强化军事教练和"勤劳奉仕"。我在高公中学部时，赶上个开头，只是在一周中有一天或半天到关东神宫工地上去劳动。1939年8月，我入学旅顺医学专门学校预备科。

旅顺医学专门学校在礼堂举行会议。前面挂着日本国旗。

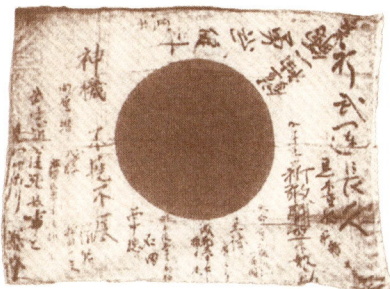

旅顺医学专门学校毕业生在日本国旗上签字：祈武运长久、勇武健斗、神机、不挠不屈、武士道、必胜等。

旅顺医学专门学校附设护校全体师生毕业照，其中有5名是中国学生。

20世纪40年代以后开始停课"勤劳奉仕",去修飞机场,或到大连的工场去做劳工,为战争充当后方劳动力,也就是把中国青年学生也拴上了战车。

这所学校读完四年级就可以报考日本的高校、大学预科以及伪满洲国的大学。日本的专科学校五年级毕业始准报考。我们读到五年时同期同学已走了不少,剩下的不足一半,入学时100人毕业时不过30—40人。

3. 旅顺医学专门学校时期 (1939—1944年)

日本侵占东北成立伪满洲国后,即从日本内地大批地向东北移民,建设很多"开拓村",人口骤增,急需医生,便在1939年于旅顺医院创办一所医学校,培养限地开业医生。旅顺医学校入学志愿者募集公告规定,经考试录取的学生全部免收学杂费,每人每月预备科补助8日元,本科补助15日元,免费住学生宿舍,毕业后必须服从分配到指定的地方尽义务四年。建校时校长由医学博士、旅顺医院院长樋口修辅兼任,学制本科三年,专为中国人设的预备科学制一年,预备科毕业后直接升入本科。第一批计划招生本科(日本人)20人,预备科(中国人)20人,实际入学日本人20人,中国人18人。我是医学校创校第一批入学预备科的学生。1941年旅顺医学校升格为官立旅顺医学专门学校,归属日本国文部省,毕业后具有日本国正式医师资格,首任校长问田亮次,继任笠原亲之助、向山美弘,教授26人,驻校武官陆军大佐1人,少校教官1人,另有尉官2人。旅顺医院为旅顺医专附属医院,医院附设看护妇讲习所,升格后学制改为4年,停办预备科。这所学校用于解剖实习的尸体,都是来自旅顺刑务所被处绞刑的死者,主要是中国人,也有朝鲜人和西洋人。

升格时我是本科二年级,与日本人学生同班学习,同学关系基本是正常的。日本人学生宿舍和中国人学生宿舍是分开的,中国人学生供应"文化米"(高粱米),有很少一点大米。来自朝鲜、中国台湾的学生改成日本人名,与日本学生同住一个宿舍,享受日本人的待遇。大学生留发、吸烟、喝酒、泡酒吧随便。随着战争形势的发展,加强了军事课,几乎每周都要有一个下午上军事课,练统术,要求学生都要剪秃头,这是驻校武官的命令。

每年暑假日本人学生包括朝鲜人、中国台湾学生都要去陆军驻地进行军训，而我们中国人学生则留在学校挖防空掩体。每年还要举行一次大专学校联合军事演习，演习完后接受关东军司令官梅津的检阅。我们医专第一期学生读完 4 年毕业，基本上没有去做"勤劳奉仕"，也没有应征入伍的。我班末永博司毕业后入伍，战死疆场，而我的下年级则去大连周水子修机场、到大连的工厂去"勤劳奉仕"，提前半年毕业。日本人从国内报考旅顺医专主要是为了找个逃避当兵的避风港，因为当时有医学生缓征的规定，后来战争吃紧，也有不少未毕业而应征入伍的，或战死或被苏军俘虏，在苏联的集中营几年后才被遣返回国。日本青年学生对应征上战场的心态是无奈、不情愿，又得无条件效忠天皇。他们战死沙场也搞不清楚是为了什么，也有日本人教授平时也流露出反对战争的言论。

1941 年，我的下级生王树智同学，晚上去乃木町木树屋喝酒，结识了同在酒馆喝酒的日本人。两个人喝完酒，他把日本人领到宿舍过夜，第二天他们二人都被宪兵队抓去。原来那个日本人是关东军的逃兵，王树智同学由罗振玉的孙子罗承祖同学保释出来。

师生关系也比较正常。1937 年 11 月发生的旅顺高公学生打巡捕事件，在事前得到舍监高松雄教授的告诫，他说："明目张胆地打穿警服的巡警，罪名就大了。"根据他的告诫，同学们选择了在巡捕穿便服时打，打完后，15 名同学被抓到警察署进行了刑讯，半夜由樋口校长出面交涉，在拂晓时被放了出来。第二天校长只给了"禁足"十天（十天不准离开学校）的处分。我们中国同学组建的足球队在教务长向笠潜教授的支持下，在伪满大学生足球联赛上连续三年夺冠。所以中国学生至今不忘樋口校长、向笠教务长、高松舍监的恩德。

我 1944 年 3 月毕业，被分配到大连赤十字病院工作。

1950 年在日本成立了原官立医专同窗会——樱仁会，每年在各地召开同窗总会或班级会。中日建交后樱仁本部与中国同学有了往来，1993 年 10 月在大连召开了中日联合同窗会，中日同学出席者各 25 人。樱仁会每年出刊一册《樱仁》杂志，成为中日同学间交流感情、互通信息的刊物。

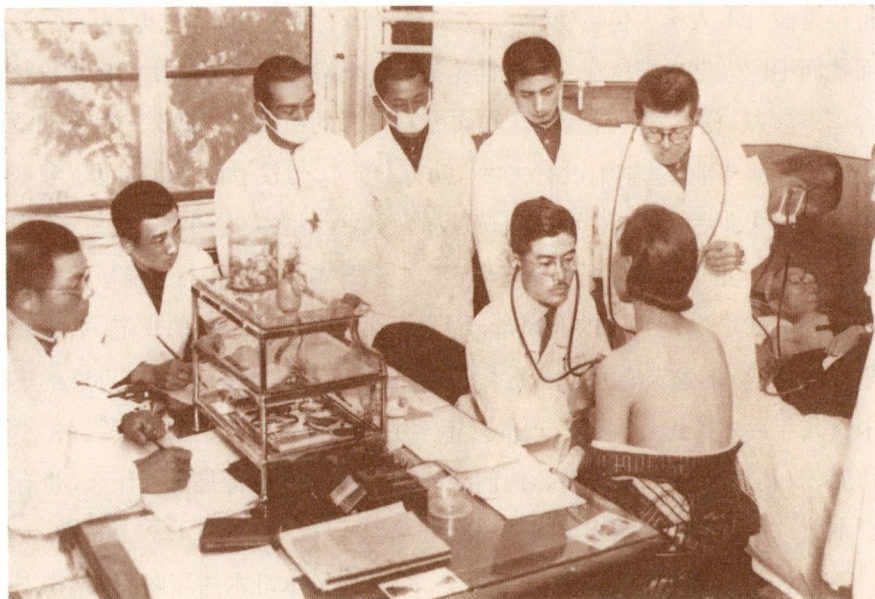

1943年,旅顺医专张福元(左二坐者)内科实习。

1942年,张福元订婚照。

日本赤十字社大连病院。

日本赤十字社大连病院全体医护人员在门前合影。

二、忆"旅顺高公"几件难忘的事

（一）爱国歌曲

1935—1939年，我在旅顺高等公学校（简称"旅顺高公"）中学部读书时，日本统治下的"关东州"每年春季都举办中等学校联合运动会，开会时总要唱一些歌，其中特别值得一提的是"旅顺高公"，歌词全为"国语"，内容充满爱国激情。时间过去了半个世纪，今天回忆起来，仍鼓舞人心，至今还会唱：

行军歌（一）

暖日和风遍五洲，青年志士快偕游。

况夫童冠三五人，莫教书册空埋头。

悠悠世宙茫茫神州，几倍英雄今尚留。

巍巍壮志泰山高，虎啸龙骧意气豪。

大野风去盖未合，横流沧海何滔滔。

君不见哥舒夜带刀，牧马不敢窥临洮。

十里熏风野草香，晴和天气日初长。

丈夫生来志弧矢，远游天地近四方。

君不见辞家张子房，椎秦灭楚恢天纲。

花草精神晓日融，祖国山河胜辽东。

中原大梦谁先觉，起弄星斗回天功。

君不见挥戈鲁阳公，至今名誉驰无穷。

行军歌（二）

五月边关风物新，花如锦绣草如茵。

眼前美景君须记，莫教山川空笑人。

誓凭双手挽江河，鲛鼍何妨做巨波。

腰下荧荧三尺剑，为清宇宙扫妖魔。

壮哉壮哉真壮哉，如蹴五岳挟蓬莱。

长缨直系越王颈，青史常留汉云台。

如山浩气满边城，血染征袍轻死生。

等是男儿好身手，肯教射虎占先声。

应援歌

五洲万国各逞强权，势力多膨胀。

东虎西狼南豹北蟒，睡狮百兽王。

大梦惊醒精神奋起，不做降王长。

只手擎天山河整顿，日月双肩上。

堂堂黄种好男儿，精神齐抖起。

风云叱咤太平洋，英雄数第一。

法律平等教育平等，和平求公理。

欧洲亚洲两国相遇，道德即权力。

凯旋歌

边风卷地吹黄埃，辽东多奇才。

士马精强跨今古，英年滚滚来。

兴高采烈占优胜，壮哉真壮哉。

果然夺得锦标归，欢声呼如雷。

欢声如雷气如河，百折曾不回。

一时英雄齐推倒，夺得锦标归。

万岁！万岁！万万岁！

　　这几首歌是旅顺高等公学校前身旅顺二中（1924—1932年）建校后，为了参加"关东州"中等学校联合运动会，由教古文的中国教师高启元老师作词，人们谱曲后在校内传唱的。1932年旅顺二中与旅顺师范学堂合并改称旅顺高等公学校，这几首歌依旧一届一届地传唱不衰。

　　歌曲分行军歌、应援歌、凯旋歌三组。每年四月一日新生入学，即开始准备参加运动大会，由五年级学生为新生宣讲歌词大意并反复教唱。运动会临近时，每天下午放学后，全校学生在应援团团长（五年级学生）指挥下，做行军、挥旗、唱歌演习。运动会这天，除运动员外，全校学生人手一面白绿色相间印有 R·K·K（旅顺高公）的应援旗，从学校行军唱歌到旅顺口火车站，乘火车到沙河口火车站下车，沿刘家屯中国人居住区行军到大连运动场。沿途打鼓吹号，步伐整齐，精神抖擞，高歌前进。两侧站满观众，鼓掌欢迎，真是鼓舞人心。我校运动员确是在歌声的鼓舞下，在一年一度的运动会上，各项比赛均处领先地位。从旅顺二中到高公几乎每年囊括田径、足球、篮球、排球、网球各项冠军。但更重要的是，这些歌曲，是向我校学生进行爱国主义教育，反对日本帝国主义的好教材，是它使旅顺二中、旅顺高公的爱国主义传统代代相传。

正因为如此，殖民当局，随着侵华战争的不断扩大，总是在千方百计阻挠我们把它传下去，唱下去。1939年我在五年级时，学校当局就曾想阻止唱这些歌曲，让学生改唱日本语的歌。但学生拒不学唱，禁唱未能得逞。到了1943年，当局明令禁唱。此后学生虽然不能在公开场合齐唱，但背地里还在传唱，成为进行爱国主义教育，反抗日本帝国主义的有力武器。就在日本投降前夕，学生被送去做劳工修飞机场时仍是如此。这几首具有民族意识的爱国歌曲一直唱到日本投降。

(二)"雾露台"记

原旅顺二中 (高公中学部) 宿舍有五栋房，四栋平房，一栋二层楼房，均为俄式建筑。居中的楼房名"本馆"，本馆正门有石阶十级，石阶两侧及门前约有三十平方米的石砌平台，"雾露台"即指此台。因为宿舍的学生常聚于此，海阔天空地聊侃而得名。

每天晚饭后上自学前，总有很多同学集于此台，有坐有立，广开言路，古今中外，天南地北，海阔天空地聊侃，也有争论、抬杠之时，直侃到上自学的铃响，则扑打扑打屁股而散。同学们把这种聊侃称为"放雾露"。除了放假或风、雨、雪天以外，天天如此。

"放雾露"的内容包括：政治、经济、军事、科学、文化、天文、地理、历史人物、名人轶事、时局形势、社会现象、电影、小说，以及道听途说的马路新闻，甚至桃色新闻等等，漫无边际，说的有声有色，有时扯的玄天玄地。当然不乏"放雾露"的积极分子，也有"听雾露"的积极分子，放者大都为高年级同学，听者多为低年级同学。我那时也是常去听"放雾露"的一个，常听还实在受益匪浅。如诺贝尔奖的来历、居里夫人、詹天佑修铁路、发明火车箱的挂钩等等知识，都是从这里听来的。然而"七七事变"以后，"放雾露"的内容多转到时局方面，特别是抗日战争方面居多。关于蒋介石的不抵抗政策，"攘外必先安内"的决策，也是在这里听到的。有的同学认为对，有的同学则认为不对，经过争论，绝大多数的同学认为不对，不打日本侵略者，打内战，是亡国的决策。后来听到有朱、毛的部队，在敌后进行游击战、麻雀战，打得日伪军焦头烂额……城市、铁路线是日本人占领，而广大农村则是八路军的。大家认为这样坚持下去，日本是灭不了中国的，也经常从报纸上推敲世界形势和抗日战争形势。

这些言论，若被学校当局或者日本宪警知道是不得了的，反满抗日的罪名是要杀头的。然而，同学们抑制不住忧国心、民族魂，还是私下议论着。道听途说的小道消息，总是在这里传播，但是从没有人去学校当局告密，可见同学们团结、爱国、反帝的精神。

每年3月23日举行毕业典礼前，曾有过要从毕业班（五年级）的学生干部中"评选"（舆论共议）一名"曹操"的做法（日本人舍监的亲信——好告密者），"当选"为"曹操"者，有的民愤大，竟不敢参加毕业典礼而提前溜掉，否则毕业式后，会遭到羞辱。这也是对学生干部的一个约束。当然"选曹操"事不会每届例行，而是有则选之。

宿舍有舍监（教师轮流值班），睡前、早起各点名一次，监督学生晚自学，监督执行宿舍规则。

舍监长名叫厚见（日语教师），此人平时很坏。有一天学生都在学校上课时，他领着宪警来搜查学生宿舍，同学们对此气愤不过。在"雾露台"对此事议论纷纷，最后上级生提出一个报复的方法。

在厚见值班时大家不吃馒头，用馒头打厚见，约定在起立敬礼时，"礼"字喊出时开打。次日晚饭时，"礼"字音落，同时数百个馒头向厚见打去，厚见吓得抱头而逃。从此，厚见再也不敢来食堂就餐了。

"雾露台"天天"放雾露"，同学们经过五年的"雾露"滋润，人长大了，知识、才干增多了，感情加深了，团结增强了。还有校园歌曲的传唱以及回击日本中学生的打斗。我班班长姜德发就被日本旅中的学生用匕首刺伤腹部，住院治疗。而我们则怀揣自行车链条为防身武器寻衅反击。无形中，自发的形成了一种爱国、反帝、团结、敢斗的精神，这种精神代代相传，同学们称为"二中精神"。

水师营公学堂毕业的旅顺高公同学。

（三）1939 年中等联合运动会网球决赛

每年中等联合运动会，田径、足、篮、排是旅顺高公的强项，网球是大连一中（日本人学校）的强项。

这年我是五年级网球运动员，大家推选我当队长，正式队员有黄启章、曲福义、巴景阳，还有几位师范部的学生。比赛这天经过分组淘汰赛后，我高公队进入团体赛决赛，另一个进入决赛的队，正是夺冠呼声最高的大连一中队。团体赛是三组二胜制，胜两组者冠军。头两组经过激烈的争夺，打成一比一，关键的一场是我和巴景阳的，对手是大连一中的大将组。论实力对手高于我们，硬拼是难以获胜的，经过一番思考，想到日本人"短气"的国民特性，用气大肚子的打法，以柔克刚。发挥我善于打短球、吊高球的优势，使对手前后左右跑动，令其急躁发脾气而出现失误。几个回合下来，果然奏效，对手发了脾气，恨不能一拍打死，开始出现失误，不是打球出界或触网，或是被巴景阳在前网拦截，打成一比一。最后一局最后一个球，对手斜抽大角，我竟扑倒把球拍脱手挡回，对方再施杀手，却将球打出界外，最终三比二战胜对手获得冠军。在发奖时大连一中的选手垂头丧气，银盾为我所捧。

(四) 送别会

二中、高公中学部宿舍每年隆重的活动，要算送别会了。送别会实为欢送五年级同学毕业。

那时的校历规定，每年3月23日举行毕业典礼，同时学年结束。通常是在春节过后，由四年级同学牵头准备文艺节目，主要有双簧、相声、莲花落、京剧清唱、评剧清唱、流行歌曲、诗朗诵、独幕话剧等，也有演出大型话剧的。我在三年级那年的送别会上，演过曹禺的《雷雨》，四年级时演出的喜剧《桂英的情人是什么人物》。其剧中的女主角都由男同学扮演，戴上假发，化妆后还真能以假乱真。距开送别会的头几天，就开始在食堂搭舞台。舞台前面都是用同学们上山砍来的松树枝，搭起彩门。门的两侧贴有对联，横额是"送别会"三个大字。开会当天下午则把所有教室的讲台抬到彩门后面垒起来，舞台即告成。

送别会这天晚上，全校学生聚集一堂，届时有宾客、教师和少数已毕业的前辈同学等莅临，由司仪主持开会。议程有在校学生代表致"送别辞"、毕业生代表致"告别辞"，以及来宾等致贺词，而后则进行文艺演出。桌上摆上糖果、茶水，边吃、边看、边谈，持续到深夜，最后合唱"送别会之歌"。合唱时还能听到哭泣之声。

据说歌词、歌曲是一老前辈所作，意境深沉哀婉。歌词如下：

（一）

食则同釜寝同床，声气相求凤愿偿，

寒暑迭更已五载，亲如兄弟义难忘。

胜地不长难再遇，此后何时话一堂，

但愿今宵不须睡，嗥歌离语寄衷肠。

（二）

海内虽云存知己，室迩人远苦幽思，

凶终隙未曾相戒，晏子神交久敬之。

今宵送别群相聚，欲说离情泪满襟，

临别赠言无可道，互订他年相会期。

这歌声唱出留恋惜别的心声，怎能不催人泪下?! 是呀，少小年华，来自各地，同窗共读，同釜共炊，同室共息，同园共游，相处五载，建立起"团结、友爱、互勉、互助"，情同手足的友谊，一朝分别，不知何时何地再能相见，能不伤感? 送别会年复一年的举行，内心里重复着这种依依难舍的情感。

访谈人：陈丕忠、刘崇志、刘金鑫、李昕。访谈时间：1995 年 3 月，1996 年 5 月，2000 年 6 月 7 日。地点：大连市旅顺口区人大、旅顺口区九三路西一巷口述者家中。

穆良信：

一个国民党"特务"的回忆

　　穆良信，曾用名穆方杰，男，汉族，1920 年 5 月 15 日出生。籍贯：大连市甘井子区。退休时所在单位：大连市甘井子机械厂。职务：工人。日本占领时就读学校：旅顺高等公学校中学部、长春法大夜校。日本占领时工作单位：长春私营工厂。

　　1940 年旅顺高等公学校中学部毕业后在长春私营亨利铁工厂工作；1941 年在长春法大夜校学习时参加国民党东北党务专员领导下的东北各大学抗日联盟地下组织；1944 年被伪满首都警察厅外事科逮捕关押在长春监狱；1945 年 8 月 14 日被救脱险；1946 年任国民党东北行辕经济委员会工商处科员；1947 年国民党中央训练团东北分团自治干部训练班第一期结业后仍在经委工商处工作，并兼任中国国民党中央执行委员会常务委员会调查统计局旅大区调查专员职务；1950 年考入中央对外贸易部干校招生处，被分配在国营天津市信托公司五金科工作；1951 年因反革命罪被天津市军管会军事法庭判定死刑缓期二年执行；1953 年改判有期徒刑十五年；1955年调送西安市地方国营新安机械厂劳改；1957 年减刑三年；1965 年刑满留厂就业；1975 年党中央对原国民党县团级以上人员宣布特赦时受到宽大释放，转回原籍安置在大连市甘井子区机械厂工作；1995 年退休。

侵华日军旅顺要港部。

侵华日军旅顺长官官邸。

日本殖民统治大连机构：旅顺民政署。

日本殖民统治大连机构：旅顺关东厅。

日本对旅大的奴化教育

日本侵略旅大 23 年后，我入本村小学一年级，当时在旅大农村的小学叫作普通学堂（四年制），教师全是中国人，称老师为先生。城镇设高等科叫作公学堂（二年制），教师除少数是中国人外，其余全是日本人。只有语文一项是汉语，由中国老师教学，其他学科都是用日文教学。除了旅顺第二中学校（1924 年立，官立五年制）是专为中国人开办的在旅大唯一一所普通中学，课程与日本的中学内容相同，都是用日本文部省（教育部）审定的教科书授课外，还有旅顺师范学堂（1915 年立，官立四年制，男女兼收）。这所学校是为培养旅大城乡小学教师而设立，因为是公费所以比较难考。另有大连商业学堂、金州农业学堂（兼收日本人）以及后期开办的大连协和实业学校、金州商业学校及私立大连商业讲习所（后改南满商业讲习所）等三年制初中，都是为日本工商界服务的职业中学。还有大连大同女子技艺学校（后改称大连大同文化女校）、金州女子高等学校、旅顺康德高等女塾三所女子中学。1932 年殖民当局把官立旅顺二中、师范学堂合并改称旅顺高等公学校，分中学部、师范部两部。二中改称高公实际是降格了，不能与日本中学相提并论。这和伪满当局将各中学统称国民高等学校（四年制）的意义是一样的。至于大专院校当时只有旅顺工科大学、大连"南满洲"工业专门学校两所，1937 年后大连设立了高等商业学校、旅顺高等学校，1939 年设立了旅顺医科专门学校。这五所大专院校是专为日本人设立的，中国学生虽可投考上述院校，如成绩不优秀，家庭条件不充裕是不敢问津的。所以被录取的中国学生与日本学生相比为数寥寥无几。

刚入小学一年级就必须学习日语。毕业时唱国歌《卿云歌》和日本国歌《君が代》。东北易帜后改唱三民主义为国歌，日本国歌《君が代》还得唱。殖民当局宣传"同文同种""共存共荣""中日提携"等口号，对中国人民进行欺骗宣传。当时旅顺工大的中国学生、旅顺二中、旅顺师范、大连商业学堂等校的学生每逢双十节还举行庆祝国庆活动、要求废除《旅大租界条约》、声援"五卅惨案"等活动以及罢课罢工示威活动。中国人是以主人翁身份活动的。殖民当局虽然进行干涉，阻挠中国人的正义行动，也无可奈何。"九一八事变"后，进一步暴露出日本帝国主义狰狞的真面目，不准唱中国国歌，国庆节更不准庆祝游行了。教你唱"天地内有了新满洲"为"国歌"，叫你是"满洲国人"，从血缘上把旅大人民和东北人民与中华民族分隔开来。宣传"王道乐土""日满亲善"用以麻痹中国人民的思想意识，成为侵略者的顺民和驯服工具。

从人口与学校数量上可以看出殖民当局的野心。1930 年旅大人口总数为 93.9 万人，其中中国人口为 82.3 万人，占总人口的 87.6%，而中国人的学校（中学）只有 5 所。反过来日本人口为 11.6 万人，中学就有 11 所之多，中国人口多于日本 7 倍，而学校却少于日本 1/5。1944 年旅大总人口为 165 万人，其中中国人口 141.2 万人，日本人口为 22.99 万人，按比例中国人仍超出日本人的 6 倍，而日本人中学高达 17 所之多，比中国人学校 11 所还多出 6 所。

殖民当局在旅大的教育宗旨，学校按设属关系分为官立、公立、私立三种。教育机构设施完全是一套旨在从精神上消灭旅大人民的中华民族意识、民族文化、国家观念和革命思想的封建法西斯的殖民教育。"七七事变"后，尤其挑起第二次世界大战后，日本撕掉伪善面具，挥舞战刀赤膊上阵，推行其"大东亚共荣圈""八纮一宇"（世界一家）等侵略亚洲口号，把辽东半岛与东北大地划一道鸿沟，旅大人民叫"州民"为二等国民，"满洲国人"降为三等国民，称日本叫"友邦"，又改成"亲邦"，进一步加强其殖民地奴化教育，推行"皇民化"政策。对中国学生进行"东方遥拜"，背诵诏书和敕语等思想统治。在肉体上强迫中小学生"勤劳奉仕"，修神社、筑机场，去做苦力。学校陷于半停课状态。殖民当局采取怀柔与同化，奴役与镇压的手段均未得逞，最终是以自掘坟墓埋葬了自己遭到可耻的下场。

日本投降后，不但不悔过自新，近年来军国主义分子变本加厉、死灰复燃，阁僚参拜"靖国神社"，右翼分子屡次发表反华言论甚嚣尘上。现在日本政府公然修改历史教科书，美化侵略战争罪行，加紧侵略步伐，一意孤行，引起中国人民和当年受害的亚洲多国人民的警惕和极大的愤慨。臭名昭著的《田中奏折》中"欲称霸世界首先必须征服支那（中国），欲征服支那必先征服满蒙……"是一套完整的侵略宣言书。侵略当局就是根据这个"宣言书"加紧侵略步伐，武装思想，做好舆论基础的。当年在教科书中称俄罗斯（俄国）为露西亚，简称露国。谁都明白，露一见太阳就化了，也就是日本要晒化俄国。日本人的主食是大米，而日本称美国叫米国，不言而喻，日本要吃掉美国。在生活饮食上的用词同样恶毒，把中国的饺子叫"豚馒头"。馒头与满洲二字日音相同，唆使日本人要吃饺子侵占东北去。又如医药用品，也用侵略名词，日本军队专用常备药叫"征露（俄）丸"，用心何其良苦。日本侵略者使用这一套反动宣传是想消灭俄国、吃掉美国、灭亡中国，达到征服世界的野心思想基础做准备，奠定舆论基础。1943 年以后，所谓"大东亚圣战"在各个战场节节败退，兵源不足，物资缺乏，人心不稳，尽管加强法西斯控制，对反战人士地下革命组织，大肆进行恐怖搜捕镇压也都徒劳枉然。"油断するゐ"译成汉语是不要疏忽大意。当汽车缺乏，汽车改装木炭车出现在街头时，爱好和平的日本有识之士私下议论说没有油日本完了。昭和是当时日本天皇裕仁的年号，而昭和与招祸日语发音是谐音，日本发动这场侵略战争招了祸了。尤其是偷袭珍珠港得逞的同时，日海空军对从香港南逃的英国远东舰队旗舰"威尔士太子"号击沉在南海，乘胜侵占了新加坡，嚣张气焰不可一世，疯狂达到顶点，忘乎所以竟把新加坡改称"昭南岛"，以示炫耀日本的"皇威"。可是日本又犯忌了，昭南岛与招难岛也是谐音，招祸又招难能好才怪呢。日本的船名都叫某某"丸——まる"，如鸭绿丸、兴安丸等。这个丸与完字是同音。我们素日叫某件事物失败或落空时，顺口说出"日本船丸丸（完完）了"。这些词汇应验在侵略者身上咋那么巧合呀！当时侵略者的胜利只不过是昙花一现，最终是以失败投降而告终。

日本殖民统治时期，旅顺旧市街是中国人居住区，两旁有许多俄式建筑。

旅顺龙王塘水源地。

伪满洲国的"金州帮"

大连在日俄战争后成为日本租借地,被日本统治了 40 年之久。有人说,大连汉奸多,"七七事变"后,侵华日军中做宣传安抚工作的"宣抚班"中许多日语中文兼通的人,许多都是大连人,当然也有"满洲国"人。不过,来自"满洲国"的"宣抚"队员日语差,而大连出身的更像日本人。所以,那时关里人称"宣抚班"里的这些人是"二鬼子""三鬼子"和汉奸。最被人称道的是"金州三大臣",说的是那三个在"满洲国"当大臣、省长级高官的金州人。

其中,最有名的是"老阎家"。老阎家祖籍山西太原。世代在清朝为官。清康熙年间,阎家迁入金州,隶属汉军镶黄旗。金州驻防八旗佐领阎福升在甲午战争中的金州城保卫战中,身先士卒,脚部中弹。为解决军粮不足,他动用家资以充军饷,并筹资修补了被日军炸毁的城墙。朝廷任命其为护理金州副都统。金州老人提到的"阎大臣",说的就是老阎家的阎传绂。阎传绂早年留学日本,毕业于东京帝国大学,获法学学士学位。"九一八事变"后,阎传绂曾任伪满洲国奉天市市长、吉林省省长。1942 年当上司法部大臣。1945 年 8 月被苏军俘虏后押送苏联囚禁。1950 年押解回国,病死于抚顺战犯管理所。

比阎传绂官位更高的是韩云阶。他生于金州城一小手工业者家庭,父亲与伯父二人在城北街开设一所人力小磨坊,专门做烧饼。凡是从金州出来的有头有脸的人物,不论是反派的还是正面的,几乎都是日本人办的金州公学堂南金书院毕业的。张作霖时代的奉天省省长王永江也是出身于此。

韩云阶在南金书院读书时因为聪明好学,很受日本人院长岩间德也的嘉许,经岩间德也推荐,韩云阶得到满铁会社资助去日本留学。韩云阶从日本名古屋大学毕业回国后,先是从事实业,兴办过山城镇裕华电气公司、东亚实业公司和亚洲火磨公司,打出实业救国的旗号,但都以失败告终。韩云阶同乡、后来任《泰东日报》驻长春分社社长王稔五曾这样回忆说:"1919 年春,我在金州公学堂南金书院的高小上学,记得这一年五六月间的一个星期日上午，我和同学们在操场上闲玩，忽然看到几十辆漂亮的马车相继来到学校。马车上的乘客一个个西服革履，昂首挺胸，神气十足。但见岩间校长和一个满面春风身穿燕尾服的青年一同出现在学校的正门前。这种场面是我们十几岁的孩子所罕见的，都不知道学校里今天是有什么事情。老师对我们说，今天是亚洲火磨公司借用学校礼堂召开股东大会。同岩间校长一起出迎的那个身穿礼服的青年，就是我校毕业的学生，由日本留学归来的韩云阶。"

韩云阶开办的亚洲火磨公司倒闭后，无颜回金州，到哈尔滨去找他的南金书院旧友金昶东，在这里他遇到了日本人宗像金吾。宗像认为韩云阶自幼受日本教育，是日本可以利用的不可多得的人才，便对韩云阶解囊相助。在宗像的帮助下，韩云阶开办了一家托运公司，包揽中东铁路和南满铁路货物运输。不过两三年的光景，韩云阶已经获利几十万元。

一般人都说岩间德也是韩云阶的导师，宗像是他的救命恩人，然而岩间德也、宗像这些日本人，之所以极力扶植韩云阶，不过是为侵略者豢养犬卒罢了。会说一口流利的日语，又有实业做依靠，且善于交际，所以韩云阶很受日本人青睐。1931年"九一八事变"后，韩云阶通过老师岩间德也的引诱和介绍，结识了日本关东军副参谋长板垣征四郎，开始靠上了日本关东军这个关系。当时抗日英雄马占山在江桥与关东军对抗，寡不敌众，率部主动撤退到海伦，韩云阶因过去做生意时，通过商人高锡九结识了马占山，于是这时他主动向板垣要求去劝降马占山。

所谓去劝降，其实就是单刀赴会，虽然过去和马占山是朋友，但这时候去劝降还是有生命危险的一个举动，韩云阶敢于这样做，自然会受到日本主子的格外赏识。

经过韩云阶几次斡旋，1932年初马占山也将计就计决定诈降，出任了伪黑龙江省省长兼任伪满洲国军政部总长之职，而韩云阶因为劝降有功，也当上了黑龙江省实业厅厅长。4月初，马占山秘密用12辆汽车、6辆轿车，将2400万元款项、300匹战马及其他军需物资运出城外，就再次举起了抗日的大旗。

马占山之后是程志远任伪黑龙江省省长,但不久程志远就辞了省长职务,日本关东军支持当时升任财政厅长、实业厅长双职的韩云阶继任省长,并且仍兼任财政、实业两厅厅长。

韩云阶当省长之后,提拔安插了一大批金州的家乡人。包括省参事官王贤炜(王永江之子,后任伪满奉天市市长、伪国务院总务厅次长)、实业厅长卢元善(后任伪文教部大臣)、民政厅长刘德权、龙江县长李义顺、外文科长张汉仁、参事王贤桐、黑龙江省警备司令部情报处长于治功(后任伪满第十一军管区司令官)、军需处长金旭东等。而下边的县长、科长、股长任用的金州人就更多了,在当时的黑龙江省形成了一个"金州帮"。

伪满金州出身的大臣中,另一位是卢元善。他是先给韩云阶写信,求得韩云阶提携,才逐渐在伪满官场上一直当到了教育部大臣。而另一个当上锦州省省长的金州人姜恩之,也是由韩云阶推荐上去的。

由于韩云阶得罪了清肃亲王善耆的第14子金宪立,当时任伪齐齐哈尔市市长的金宪立弟兄利用关系到监察院指控韩云阶。监察院下来查出韩云阶卖鸦片零卖许可证受贿数万元,另有动用救济款和公款投入自己的面粉公司以及任用私人受贿等事件多起。监察院提议罢免韩云阶省长职务,当时虽有一部人日本人支持韩云阶,但在有贪腐的这种情况下,也不便出面反对,于是韩云阶灰溜溜下台了。

韩云阶下台后没有灰心丧气,继续与关东军拉关系。1934年12月1日,伪满洲国"新京"(长春)特别市市长金璧东接任黑龙江省省长,关东军副参谋长板垣认为韩虽有过失,但对日伪忠心难得,遂提议韩任伪满洲国"新京"特别市市长。

韩云阶复出之后,接受了在黑龙江省的失败教训,大改以前的高傲作风,开始低调行事。他认识到,一方面要密切同关东军的联系和感情,一方面要做好同旧官吏的来往。为此,积极找机会接近各部大臣,殷勤应酬,勤于走动,事无巨细,有求必应。

他当伪"新京"特别市市长时,有一次日本天皇御弟秩父宫来访,在楼上眺望"新京"时,韩云阶在一旁以滚瓜烂熟的日语向其介绍,令秩父宫感到惊奇，他私下曾对关东军司令部说，这样的人才一定不可埋没。于是，1937 年 7 月，韩云阶升为伪满洲国经济部大臣。伪满的经济部是由原来的财政部变更过来的，同时又增加了工商、矿务两个司，成为伪满政权中最有实权最有油水的一个部。

金州老宅子柏林会馆走廊的墙壁上，至今还悬挂着一张希特勒和韩云阶握手的合影。照片中，希特勒在左，位置稍高，满脸堆笑，韩云阶在右，位置偏低，一脸谦恭。时间是 1938 年 7 月，伪满洲国组成以经济部大臣韩云阶为团长的 16 人访欧使节团，前往德、意两国进行访问，然后又以个人名义到英、法两国。

这一次的欧洲出访，使韩云阶的野心膨胀到了极点，自己颇有鹤立鸡群的感觉。他甚至一度不把年老的伪国务总理张景惠放在眼里，开始觊觎他的"总理"宝座。这一次出访，也埋下了祸根——由于他偷食鸦片又不愿意受副团长日本人甘粕的摆布，于是甘粕回国后大进谗言。

1940 年，韩云阶得知粮谷要提价，伙同亲属囤积，并且以经济部大臣名义签发证明，让他的姑爷私运出境到华北，大发横财，此事暴露后，加上内部倾轧，他又被免去了经济部大臣职位，改任伪满电业株式会社的总裁。

电业株式会社也是伪满洲国一个非常重要的位置，虽然韩云阶不甘心，但是电业株式会社的薪金高于伪满大臣。据资料介绍，韩云阶伪满大臣的名义薪金为年薪 3 万元，而电业株式会社则是 5 万元。

日本战败后，韩云阶携带金银珠宝细软财物逃到中国台湾，又转道日本。当年韩云阶任经济部大臣的时候，伪满产业部次长是日本人岸信介，韩云阶到日本后就得到岸信介等人的帮助，在日本经商办企业十分得手，又成了亿万富翁。1982 年，韩云阶客死美国加利福尼亚。

再说"卢大臣"卢元善。他先是伪黑龙江省民生厅长。1943 年当上文教部大臣。卢元善家住金州城内，也是金州的富户人家。他在金州公学堂南金书院毕业后，1909 年官费入日本仙台农业学校，1912 年毕业回国，又回到金州公学堂南金书院当教员。他当教员时，韩云阶在南金书院尚未毕业，所以论起来也算师生关系。

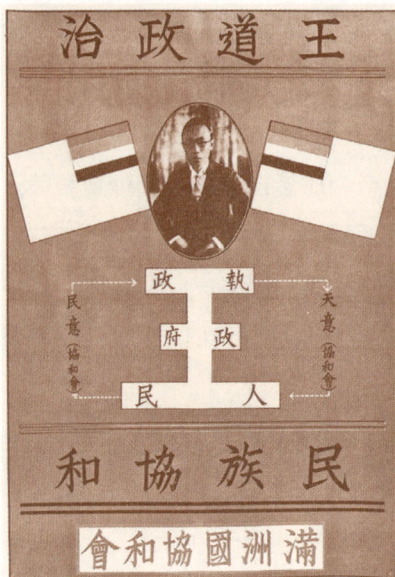

伪满洲国的宣传画

卢元善是一个有野心的人,不甘于做一个县城的教师,所以辞职又做过一些其他事,但是都不得意。到了1932年1月,他得知韩云阶在黑龙江省当上了实业厅厅长,已经44岁的卢元善就给韩云阶写了一封长信,求他能否在省长马占山属下为自己谋求一职。韩云阶回信叫卢元善马上到黑龙江来,在马占山手下当上了伪黑龙江省公署秘书。

那时抗日名将马占山是诈降,日本人为了控制他,让他兼任伪满洲国军政部总长,要他到长春来就职,于是刚刚上任的卢元善也一同到了长春。马占山为了抗日,假传黑河发生兵变,需要马上去处理,于是脱离长春,带亲信匆匆返回黑龙江又举起了抗日大旗。但卢元善却留下来了,在长春当了伪满军政部的秘书官,开始了他的伪满官僚生涯。先是任黑龙江省实业厅长、民生厅长。1939年卢元善任三江省省长,1941年他举三江省之全力,配合日军疯狂围剿抗联部队,抗联著名将领赵尚志就在这次围剿中壮烈牺牲,卢元善命令把赵尚志头颅割下来装进木箱,送到伪满的"新京"去请功,他的双手沾满了鲜血。

1942年卢元善任伪满洲国总务厅次长,1943年任文教部大臣,兼任协和会中央本部副本部长。

1945年苏军对日宣战进入东北,伪满政权里乱作一团。卢元善陪同溥仪逃往通化,溥仪宣布退位后他又返回长春。没几天苏军长春卫戍司令部通知所有伪满大臣到原关东军司令部开会,等所有伪满大臣到齐后,立即宣布了对他们的逮捕令,并用飞机把他们全部送到了苏联境内伯力(今天的哈巴罗夫斯克)的特别监狱囚禁。1946年之后被押解回国,1950年就病死于抚顺战犯管理所。

除了几位大臣,还有几位金州人在伪满政权中也是高级官员。伪满通化省第一任省长吕宜文也是金州人,他早年毕业于日本明治大学。曾任旅顺《顺律报》的总编,后任伪满洲国外交部事务官、文书科长,1935年任伪满洲国国务总理秘书官,1937年7月任伪满洲国通化省省长。1938年德国承认伪满洲国,吕宜文被任命为伪满洲国驻德国公使,他和书记官王替夫等人赴德国就任。1939年5月,他在德国外交部的要求下,开始命王替夫为犹太人签发出国签证。但到了同年9月，他得到德国外交部暗示，要求其不要继续签发签证，但他继续默许王替夫为犹太人发放签证，直到1940年5月停止办理。整整一年时间里，他们向犹太人发放了1.2万个签证，也挽救了这些人的生命。

1945年伪满洲国崩溃后，1946年5月11日，原伪满洲国驻德国公使吕宜文在昆明被云南省高等法院判处死刑，但吕宜文未被执行死刑。解放战争时期，吕宜文跟随国民党军队到处流窜。1950年10月，被在南思茅地区展开剿匪行动的解放军打死了。

伪满通化省的第四任省长姜全我也是金州人。他在东北军于芷山手下当过旅长，"九一八事变"后，同于芷山一起投降日本，当了汉奸，忠实为日本人卖命。1938年提任奉天警察厅厅长，1939年，调任"新京"特别市警察总监。他在任"新京"警察总监时，日本人对他非常满意。在任通化省省长时，与通化省次长岸谷隆一郎关系密切，两人相处情同手足。1943年9月，日本人为扑灭冀东一带的抗日烽火，调任姜全我为热河省长。受命后，与岸谷（随姜任热河省次长）一起死心塌地为日本侵略者效忠。他们费尽心机，多次召开县长会议，收集情报，破坏共产党、八路军的抗日活动。1944年，姜全我在县长会议上作长篇讲话时，突然昏厥，脑溢血而死。

还有一个张联文也是金州人，早年毕业于辽阳警务学校。历任奉天税捐局局长、海龙县县长、庄河盐务场长。"九一八事变"后，他历任伪满洲国奉天省参议、奉天省总务厅人事科科长、文教部礼教司司长。1937年7月任民生部参事官。1939年2月任国务院恩赏局局长。后来他历任热河省省长。1942年9月28日任"新京"特别市市长。日本投降前，他调任总务厅参事官。1945年苏联红军占领热河省，他被苏联红军逮捕，押往伯力收容所。他是王永江的外甥，和王贤炜是姑表兄弟。

靠这种裙带关系上去的，还有金州人张汉仁，曾在伪满任龙镇县县长、民政部教育司国民教育科长、铁岭市长、伪总务厅参事官。

日本殖民统治大连40年，毋庸讳言，大连地区出了不少汉奸，如张本政、迟子祥、刘雨田、谷次亨、邵尚俭等。

旅大青年义勇会

大连虽然出了一些跟随日本的人，但是绝大多数大连人是爱国的。冒着生命危险反日、抗日的民族英雄、爱国志士很多很多。下面，我回忆一些我亲身经历过的和掌握的一些这方面的人和事。

穆超原名穆方印，字北海，号晓秋、杰生。1906年生于旅顺三涧堡镇许家窑下坎子村人。其父穆义峻是小学教师。穆超自幼受其父教诲敏而好学。小学毕业后考进旅顺师范学堂，受爱国教师许学源的影响，对中国古代文化和伦理道德很感兴趣。许先生在师范教书期间向学生灌输爱国思想。曾作校园歌词《应援歌》。

五洲万国各逞强权，
势力多膨胀。
东虎西狼南豹北蟒，
睡狮百兽王。
大梦惊醒精神奋起，
不做降王长。
只手擎天山河整顿，
日月双肩上。
堂堂黄种好男儿，
精神齐抖起。
风云叱咤太平洋，
英雄数第一。
法律平等教育平等，
和平求公理。
欧洲亚洲两国相遇，
道德即权力。

这首歌词在旅顺师范和旅顺二中合并后与二中教师高启元所作《行军歌》三首一直唱到日本投降。许老师向学生灌输爱国思想，深受同学敬仰。在他的影响下，1929年师范学生掀起罢课浪潮。后来，许先生辞去教职，去湖北省任孝感县县长。中共十一届三中全会后，《大连日报》曾登载过戏剧家欧阳予倩先生在1927年间率话剧团由沪来大连演出，抽暇到旅顺访问许学源先生的报道。1992年台湾亚洲出版社出版的《大陆旅台精英录》刊登穆超介绍许学源先生的文章。

穆超从旅顺师范毕业后，先后在水师营普通学堂（日制四年制小学）和牧城驿普通学堂任教。在节假日期间率领高年级学生去村郊挖古坟，利用空闲时间坐在坟头，将挖出的古陶器等摆在坟前，穆超坐在中央，学生们围着也坐起来，对学生进行爱国反日和三民主义的教育。穆超既是我的族兄又是我的老师，每当去挖古坟时我都跟着去玩。那时，我才是一年级的小学生，不明事理的孩提，叫我远远放哨以防来人。在他的熏陶下，我幼小童

伪满的文艺刊物《麒麟》杂志封面。

伪满协和会主办的杂志《新青年》封面。

年的心灵上，打上深刻的民族意识烙印。以穆超、潘义纲为首，经过一段时间的酝酿筹备，旅大地区的大、中、小学校的师生，于1929年3月26日在牧城驿普通学堂发起成立了"旅大青年义勇会"。该会以宣传三民主义、唤起旅大青年、实行爱国运动、改进旅大人民生活、增进旅大群众幸福为宗旨。大会通过了组织章程，设会长、副会长各一人，秘书一人，下设总务、宣传、调查、服务、研究五个组。总会设在旅顺，大连、金州设分会。选举穆超、穆方棠为正、副会长，王明辉任秘书长。其中心任务有九项：宣传三民主义；宣传收

日本每日新闻社（大阪）《华文每日》杂志"蒙疆文艺特辑"封面。

回旅大租界；提倡国货，抵制日货；拒绝日人购买中国人土地；拒食毒品；打倒土豪劣绅；破除迷信；提倡博爱；反对压迫。当时牧城驿参加该会的有韩树珍、韩树英、穆方钧、穆方棣、穆传遴等人。

为了掩遮日本人耳目慎重起见，对外则称"裴斯塔洛基学会"，是专门从事学术研究为目的的。尽管如此防范，被该学堂堂长鞠建烈诬告该会是共产党组织，6月30日日本警方将穆超、王明辉逮捕，拘留在旅顺警察署。在审讯中穆超慷慨陈词，否认一切政治活动，加上搜查没有发现问题，7月20日二人被释放。放在社会上看管，无人身自由。

10月10日，旅大青年义勇会金州分会会长刘毅率领金州各校学生举行国庆纪念大会，并游行示威。日本人出动警察巡捕进行干涉阻挠。双方发生冲突，刘毅等10余人被捕。

11月间旅大青年义勇会秘书长王明辉组织开展了破坏日本人购买中国农民土地的斗争，使多数已成交的土地停止出售，激怒了日本人，殖民当

局下令大肆逮捕该会会员。穆超知道事情败露，经穆方钧协助，事先约好，于12月7日夜间换装由营城子火车站乘火车转道沈阳。刘毅、付永中等人也脱险出走。王明辉、刘大中等10余人被捕，王、刘均死在狱中。

穆超脱险去沈阳，考进冯庸大学政治系。"九一八事变"后又进上海暨南大学。"一二·八事变"日本占领上海，又赴广州中山大学就读，哲学系毕业后考入日本明治大学深造，并获哲学博士学位，1937年学成回国。初在李宗仁部广西省童子军兼任少校秘书。我们之间间接有书信往来，并寄我一册他的处女作《中国民族性》。每次来信都以师长的身份谆谆教导，语多勉慰。武汉沦陷后，随国民政府迁去重庆，我们之间失掉了联系。他在重庆情报系统研究日文密电，后担任三民主义青年团中央团部编审，直至抗战胜利。1947年春，应陈诚电邀，由宁来沈，任东北行辕政务委员会文化处简派专门委员。我当时在工商处工作。朝夕相见，教我良多，受益匪浅。穆超来沈后，即着手筹备召开旅大青年义勇会第一次全国代表大会。随后于当年夏秋之际，假沈阳医学院（现中国医大）礼堂召开了第一次全国代表大会，与会者约五百余人。大会作了宣言，并通过了组织章程，产生了理事会及理事人选。推选王洽民为理事长，穆超、付永中为副理事长。理事有韩孰愚（冈蕴）、张惠川、慕长江（兼总干事）、石海山（家源）、穆方杰（良信）、王锡庭、殷明春、刘醒寰、曹谦之、石秀天（崇源）、邵伯雍等人。理事会下设各组（与在牧城驿当年成立时各组大致相同）分别负责会务。大会上收到南京分会负责人李裕、锦州分会负责人潘义纲的贺电。会上还有当年老会员韩树英作了成立当时的简短介绍，受到与会者鼓掌欢迎。

为救济留沈的旅大金州同乡难民，并邀请天津评剧表演家筱彩莲、筱彩凤姊妹二人在沈阳北市场戏院义演，所得收入捐赠难民和学生，受到旅大同乡好评。

1948年春，国民党选举立法委员之际，大连特别市分配名额为五人。由于国民党大连特别市党部一手操纵候选人名单，激起了旅大人民的强烈反对，为维护旅大人民的权力，旅大青年义勇会与市党部力争立委候选人名额，在市党部主委王杰夫的让步下，义勇会、同乡会推出候选人王洽民、穆超、邢淑媛三人，市党部推出汪渔洋、侯庭督二人为候选人。选举结果穆超、王洽民、汪渔洋、侯庭督、邢淑媛五人当选为立法委员（名次先后是以得票多寡排列的）。

穆超性格内向，沉默寡言，不善辞令，生活简朴，是一个虔诚的天主教徒。一生酷爱学术研究，专门研究哲学和宗教理论，著有《中国民族性》《人生哲学研究》《旅大今昔》等书。他以儒学思想为基础，融会佛教、基督教教义和进化论，建立起哲学、宗教及科学合一的人生哲学理论体系。今天这个研究会普及世界各国，穆超任世界总会秘书长、副理事长。1990年，他参加港九分会在上海孔庙献建孔子铜像揭幕典礼，赠人民币3万元，并与国际学者去曲阜瞻仰孔庙。

穆超在台湾"立法委员"之中，是一个比较开明的人士，致力于祖国和平统一大业，关心祖国的建设事业，反对"台独"的分裂活动。他主张海峡两岸通过谈判来实现祖国统一，愿为祖国统一和繁荣昌盛作出自己的贡献。1999年于台湾与世长辞，享年94岁。

校内秘密传唱《流亡三部曲》

日本侵略者统治旅大40年（1905—1945年）期间，推行殖民主义政策，强化奴化教育，步步加紧。"九一八事变"前叫"关东州租借地"，还承认辽东半岛是中国的领土，中国人还可说自己的祖国是中国，是中国人。伪满成立后，租借地三个字从教科书上、报纸杂志上不见了。更可恨的是把中国人叫作"满洲国人"，随着侵略战争节节败退，干脆撕破"大东亚共荣圈"伪装，把旅大中国人叫作"州民"，妄图"皇民化"的狰狞面孔暴露无遗。

在旅大没有专为中国人设立的大专院校，只有少数几所男女中专学校。学校除了语文是由中国人老师教课外，其余各学科全用日文，由日本人教课。对学生严加管束监视，妄图从文化上、精神上与祖国隔绝。而我们对祖国的文化知识精神食粮如饥似渴、如大旱之望云霓，一旦得到禁书、革命歌曲如获至宝,辄争相传阅传唱。

1943 年,大连铁道工厂的大型火车头组装作业。

　　1937 年我在旅顺高等公学校中学部读书。暑假的一天,我和多年未见的堂兄穆方钧(早年旅大青年义勇会会员,乳名元九哥)去后牧城驿村北海游泳,累了,二人躺在沙滩上,面仰青天,又北眺渤海,大浪淘沙,有节奏地为我们打拍子:

　　　　　我的家在东北松花江上,
　　　　　那里有森林煤矿,
　　　　　还有那满山遍野的大豆高粱……

　　九哥在唱到"爹娘啊,爹娘啊!什么时候才能欢聚在一堂!"声音已哽咽了。我被歌词所打动,情不自禁地热泪夺眶而出。我问他唱的什么歌,这么牵动人心,叫人凄凄难过!他告诉我这首歌叫作《流亡三部曲》,这是第一首《松花江上》。是哈尔滨某中学教师张寒晖在"九一八事变"后随军流亡到关里所作，在后方流传很广。九哥又告诉我，在后方每当集会时，人们往往唱起这首歌，在唱到"爹娘啊，爹娘啊！什么时候才能欢聚在一堂！"时，群情激昂，便高喊"打回东北去！""收复失地！""还我河山！"真是满座皆掩泪，东北籍人更是泣不成声。原来我这位九哥，"七七事变"前流落到关里，先在西安，后在庐山军官训练团结业，派在部队里服务。这次回乡看看（是负任务而来的）。他还说，日本帝国主义侵华野心暴露无遗，将大举进犯我国大、中城市，全国军民要奋起抗战到底。我让他教会这首《松花江上》歌曲。临行前，九哥大有感慨地道出了这些年来的心酸，还一再叮咛我在旅大唱这首歌是很危险的，要小心防备日本宪警。

暑假期满，我将这首歌首先教会了我届两个班的亲近同学，不久又从我们班传到全校同学中间，同学们都背着日本老师秘密争相传唱。以后又通过在旅顺高公师范女子部学习的家妹穆兰贞很快传到她们全校。中学晚我四届同学陈守竹暑假在家里唱这首歌时，被他姐姐陈凤兰（和家妹是旅师同班同学）听到后，忠劝他弟弟说，你可别乱唱这首歌呀，你不怕被日本人捉起来杀头吗？

"支那事变纪念章"。正面：日本飞机在天空轰鸣，地面上是起伏的长城和北平、天津等城市。

背面：端着刺刀的日本兵正在冲锋，脚下踏着一个战死的中国士兵。

朝鲜旅途见闻

1938年春,旅顺高等公学校中学部四年级学生一行约80余人,在江崎、大浦、赵香棣三位老师率领下去日本旅行,途经奉天(沈阳)过安东(丹东)驶抵朝鲜境内。车过平壤后急驶南下,在一个车站停车后,上来了很多旅客,拥挤不堪,厕所与洗手处都挤满了人。我校旅行团包了一节车厢,所以一般乘客不得进入,一位身穿朝鲜民族服装,手持长柄旱烟袋,头戴圆锥形尖顶帽子,背搭褡裢的老大爷向车厢里望着,坐在车门口的同学出于同情心,就把这位老大爷让到车厢内坐下。他不能讲汉语,但能写汉字,我们就用笔和纸交谈起来了。老大爷说话很诚恳,彼此之间很投契。写的汉字大部是文言文写的。他说:"我在青少年读过四书,还写毛笔字,对中国古老文化很有感情。当我像你们的年龄时,朝鲜亡国了,被日本吞并了。今天朝鲜人民呻吟在铁蹄之下任人宰割,过着牛马不如的生活。我的子孙现在已不准说朝鲜话了,还强迫改成日本人名姓……待到你们像我这般年龄时,恐怕你们的子孙也不准说中国话了"。说到伤心处,老汉流下几滴辛酸泪!在座的几个同学也为之嘘唏不已!最后又说:"中朝两国同文同种,自古就是兄弟之邦,唇亡则齿寒,覆巢之下无完卵,亡国之余岂有完人。我们的今天,就是你们的明天,君等宜勉之。学成要报效你们的祖国,才算得上真正的一个中国人……"到站了,老汉下车,站在月台上挥手示意,依依惜别。车复前行,我们互相谈论着,这位老大爷是一位爱国义士,他的话语重心长、暖人肺腑,给我们上了一堂深刻的爱国主义政治教育课。

车到京城(汉城,今首尔)是我们停留的第一站。汉城古城城垣已不复存在,只留下南大门城楼。城楼上刻有用汉字写的"大汉门"三个字的横幅牌匾。旧时的李王宫开辟成为李王宫公园供人游览。

我们进入李王宫宫殿内,中间用绳索拦着,并有"游人止步"的字样。殿内没有管理人员看管,出于好奇心,我便登上李王金銮殿,坐在龙墩上,叫同学赶快给我照了一张纪念像。可惜这张珍贵纪念像和另外一张以及在日本各地拍照的纪念像在"文化大革命"期间被抄没一空。

参观京城中学校。这所学校学生全是朝鲜人，在汉城是一所有名气的普通中学。在欢迎会上，朝鲜学生代表用的是日语致辞，我们旅行团学生代表也是用日语答词，双方都是用日语交谈。朝鲜学生不会说中国话，我们又不会讲朝鲜语，只好用日语讲话了。在那种场合，就是你会讲各自的国语，也不敢说呀。想起在车上那位老大爷所讲的一席话，没想到在这里深有体现了！

在公园游览时，忽然发现一桩分外引人注意的打扮，犹如戏台上京剧扮演者。一对朝鲜青年男女姗姗而来，男的身穿蟒袍头戴乌纱帽，女的凤冠霞帔，围观的人很多，我们问行人才知道是朝鲜青年男女结婚时的穿戴来游园的。难怪车上那位老大爷所说中朝两国同文同种，自古就是兄弟之邦。今天看到这对新郎新娘的打扮，令人感慨万分。而我们今天的青年男女结婚的清一色西洋化了。男穿西服，女穿婚纱，赶时髦讲阔气，谁管国服不国服，只有天知道！

1941年"一二·三〇事件"

"七七事变"前后，国民党教育部长朱家骅（素称朱系）派罗大愚（罗庆春）为东北党务专员（下称东专），二陈（即陈果夫、陈立夫，素称CC系）派石坚（石镇藩）为国民党吉林省党部主任委员。他二人先后数次潜入东北，各自建立组织，吸收党员，利用外围开展秘密地下活动。

这里先概略介绍石坚系统的活动情况。他发展组织吸收阮亚忱、何书元、魏德明为吉林省党部督导委员，张一中为吉林省蛟河县县党部书记长，刘济清为复县县党部书记长，还吸收了王对庸（长春中学校长）及其学生刘宝聚、阮亚忱之弟阮亚怡。1941年"一二·三〇事件""贞星事件"中，东北党专、东北调查室、东北铁路党部三个级别最高、规模最大的国民党在东北地下组织惨遭破坏被捕。罗大愚、石坚仅以身免，阮亚忱、何书元、魏德明判处无期徒刑。石坚在 1943 年被捕，1945 年判处死刑未及执行，在日本宣布投降前夕的 8 月 14 日被军校教官刘风卓营救脱险。8 月 15 日上午 11时左右，在长春监狱在押的魏德明惨遭日寇杀害于狱中。

王宏文（王常新，辽宁新民县人，新中国成立后任吉林大学教授，已故）、张辅三（辽宁新民县人，1943 年底因肺病保外就医）二人从日本回国后，受命打入长春伪满协和会本部青少年日本部文化部工作，后期又将长春法大毕业的慕长江也拉入青少年团中央本部工作。姜学潜是《协和青年杂志》和《青少年指导者》杂志（内部刊物）的主编，王天穆是编辑和撰稿人，在文化部长姜学潜的领导与支持下，他们利用这合法的文化宣传阵地，大量介绍了《三民主义》和禁书言论，大大地激发了进步的东北青年的爱国热情。而王宏文、张辅三、慕长江又是东专的骨干，所以文化部便成了东专领导下的地下活动中心。在东专领导下，王宏文主要负责社会关系，张辅三主要负责学校关系，以东北各大专院校为对象，广泛开展活动，吸收了大批优秀进步青年，成立了东北各大学抗日联盟（以下简称"大学抗联"）。

在"一二·三〇事件"中，由于叛徒孙××（长春法政大学毕业）的出卖，大学抗联组织全军覆灭，除罗大愚及石坚等领导者外，幸免者无几。当时被捕的有：建国大学的柴纯然、杨增志判处死刑缓期执行，受尽折磨，柴惨死于狱中，杨落下伤病。李树中（忠）（吉林榆树县人，抗战胜利后任国民党长春市党部书记长，参议会参议长）、赵钧恺（后改名赵洪，辽师大教授）判处有期徒刑二十年，闫凤文、乔国玉、董国良、胡毓峥、那庚臣判有期徒刑五至八年不等；长春工业大学的牛景和（辽宁朝阳市人）、唐允武（大连市皮口人）判几年不详，赵成武（大连市旅顺人）关押后释放；长春法政大学的梁肃戎（辽宁开原人，当时任伪检察厅检察官，光复后任国民党辽北省党部书记长，后来在台湾担任"立法委员""立法院"院长），判刑二十年；慕长江，1919 年生，金州人，判有期徒刑十五年；吉林师道大学的金广环、王锡九、唐恩江（曾以台湾体育代表团团长身份率代表团参加北京亚运会）判几年不详；中学教师贾乃亭判无期；韩东坡，天津市人，日本东京工

116

大纺织科毕业，判无期徒刑；殷明春，大连市人，日本东京商大本科刚要毕业，被东京警视厅逮捕，送回大连日本宪兵队关押，经其兄殷明德的奔走通融，保外释放，在社会上看管；长春医大学生王克诚（新民县人），关押二年之久未判；沈阳农大的汪渔洋（大连市金州区人，光复后任国民党大连特别市委员、立法委员），被逮捕或审讯细情不详；长春军官学校中有常吉、孟宪昌、崔立福等二十余名学生被捕，因不在一起关押和服刑，故不知详情。在这次事件中伪军校教官何正卓因国民党关系暴露被捕入狱，但对其共产党人的真实身份及真勇社问题却守口如瓶。经佟志杉和刘启民等人的营救，何正卓由死刑改判无期徒刑，后来又改为有期徒刑十年。

伪满洲国"大东亚战争"动员会（局部）。

真勇社与刘启民

早在 1936 年，正在日本陆军大学学习的王家善（日本陆士、陆大毕业，伪满军中的佼佼者，曾任上校科长、少将旅长，投国民党后编为暂编五十八师中将师长，驻守营口为警备司令。1948 年率部起义后，改编为中国人民解放军独立第五师，这支部队曾入朝参战，表现突出。转业后任辽宁省体委主任）和何正卓（中共党员身份未暴露）密商成立以反满抗日为宗旨的爱国组织真勇社。这个组织成立当时的骨干有正在日本学习的马德译、陈锡钴、邵炳麟、李文平、曹守琦等人。刘启民是真勇社军校分社的负责人。在校内第一批发展的社员有王文祥、李殿儒、刘凤卓、王明仁、唐国祥、赵伯禄、周德禄。其中刘凤卓、王明仁、赵伯禄、王文祥、李殿儒等人后来成为王家善师长在营口反蒋起义胜利成功的骨干和积极因素。

刘启民，1916 年生，大连市旅顺口区人。兄弟姊妹六人，上有姐姐一人，下有妹妹一人。大哥刘启中，二哥刘启华，他是老三，老四刘启国（女）。如把每个人名最后一个字摘下就组成"中华民国"的字样。刘启民以优异的成绩毕业于日本陆军士官学校，是中国人的骄傲和光荣。和日本人一起考取榜首更给中国人争了一口气。毕业当时受到日本陆军大臣东条英机嘉赏军刀一把，伪满治安部大臣银表一块的物质奖励，这是伪满洲国军人的最高荣誉。刘启民在任军校战术教官时是国民党的地下工作人员，同时也是真勇社伪军校支社负责人。校内的社员大部分是刘启民发展的。光复前在校内发展的社员达 40 名左右。军内也发展了一批社员，抗战胜利前社员约 200 多人。1942 年我以中学前后期校友的身份，参加了他在长春国都饭店举行的结婚典礼。大会是由伪治安部大臣主婚的。他在贺词中说："……刘上尉是'国军'的楷模，军人的灵魂，将来的大臣……"盛赞刘启民是不可多得的人才，可见刘启民已是初露头角的人物了。后调升伪治安部次长真井中将的中校秘书。王家善、刘启民在军内、军校中威信很高，有一定的号召力，可以说一呼百应，而真勇社社员训练有素，是伪军中的骨干。1945

年 8 月 14 日在吉长公路上，军校教官区队长刘凤卓率士兵和学生堵截营救了被押解的政治犯的义举就是事先受到刘启民授意而采取的行动。日本投降时，长春地区还有日军重兵把守和重武器配备，敌我兵力相差悬殊，市面上治安不平静，民族冲突时有发生。正当日军要进攻中国部队时，日军"新京防卫司令部"参谋长板垣大佐与刘启民相遇，双方商定"维持长春市秩序协定"，以大同大街（现在的人民大街）以东由我们武装负责，以西由日军负责，互保居民安全。长春得以恢复平静，恢复正常秩序是和刘启民的努力分不开的。

回忆王天穆

王天穆，原名王恒仁，号天穆，大连市旅顺口区水师营镇人，1921 年生。他在水师营公学堂读书时，是比我晚一届的同学。学习成绩优秀，才华出众，语文尤佳。为人内向而稳重，待人接物诚恳而虚心，深受同学们钦佩。比他高一二年级同学的作文往往请他代写或修改。1939 年春毕业于大连商业学堂，在长春伪满协和会本部协和青少年团中央统监部文化部担任《协和青年杂志》的编辑。语文造诣颇深，日文过硬，用日文撰写的文章曾登载在长春《满洲日日新闻》上，很受日人的重视与好评。

这里略提一下这个文化部的组织机构与人事安排。文化部长姜兴，本名叫姜学潜，普兰店貔子窝（皮口）人，1907 年生，旅顺师范、日本广岛文理科大学毕业。在他手下有两名负有特殊使命的王宏文、张辅三（日本留学后回来打入文化部）。后来，法大毕业的慕长江经他二人介绍也打入文化部，在姜兴的领导下进行特殊工作。王、张、慕三人都是国民党东北党务专员罗大愚的骨干，是东北各大学抗日联盟的领导人。文化部内部出刊的《青少年指导者》杂志主编是姜学潜，编辑和撰稿人王天穆以及王宏文、张辅三、慕长江团结在一起，利用这个合法外衣，每期都刊出三民主义和大量禁书及激进言论的介绍，大大地鼓舞和启发了东北广大青年的爱国热情，争相传阅，影响很大。

"一二·三〇事件"后，文化部被整顿，《青少年指导者》杂志被迫停刊。但姜学潜和王天穆仍以《协和青年杂志》为战场，继续与殖民当局争夺这块文化阵地。在1941年"一二·三〇事件"中，由于叛徒的出卖，地下组织遭到严重破坏，负责人均被处重刑。王宏文、张辅三被判处无期徒刑，慕长江被判处有期徒刑十五年。"一二·三〇事件"使国民党在长春的中心地下组织遭到破坏，试问在日本人眼皮底下，宣传革命思想，进行反满抗日活动，卧榻之侧岂容他人鼾睡。身为文化部部长的姜学潜和编辑王天穆的处境可想而知了。

王天穆思想进步，是个文学斗士，爱国青年。姜学潜是《协和青年杂志》主编责任者，而王天穆是实际的编辑和撰稿人。由于王的才华出众，工作认真负责，很受姜的信任，二人关系最为投合。在伪首都警察厅特务科扣押的共产党重大嫌疑犯李季风，素日表现较好，受到特务科的信任，令其在看守所里当杂役。一天下雪，李季风乘看守松懈之际，穿着拖鞋和犯人的棉衣逃跑了。王天穆看见后，将他带到协和会三楼厕所里锁上（伪首都警察厅与协和会相隔很近），以后给他换上衣服，送其出走。事隔不久，王天穆被伪首都警特务科逮捕，王被捕后，姜学潜到处奔走营救，终于把王保释出来，仍在文化部工作。1943年5月23日，日伪又进行一次大逮捕。文化部部长姜学潜因营救王天穆一案被伪首都警特务科逮捕，关押半年之久。

自从王宏文、张辅三、慕长江被捕判刑后，敌伪警宪对文化部加强控制，进一步对姜学潜、王天穆监视。那时，我为避免日伪特务的跟踪和监视，不能再去文化部与姜、王联系了。1943年春，王天穆再次遭到日伪逮捕，关押在秘密监狱里。突然失踪，家属始终打听不到下落。我于1944年春遭到日伪首都警察厅外事科逮捕，关押在秘密监狱里，和长春医大学生王克诚关在一个号子里。一次我从门缝里看到王天穆受审回来，由两个日本人看守架着拖着送到他的号子里，只听扑通一声摔在地板上。晚饭后看守不在，走廊寂静空无人声，我便利用这个机会向王天穆喊话："王天穆、王天穆！我是穆良信，我是穆良信。你怎么样，身体能支撑住么？要顶住他们的酷刑拷打……"过了一两分钟后有人向我喊话，他用不流利的中国话说："老穆！我是和你朋友王天穆一个号子人，我是苏联人，从佳木斯押到这里来的。老王被他们过了好几次电刑，身体不行啦，大肠头露在肛门外还流血，听到你的喊话后，有气无力地叫我代他转告你，好好保重吧！"同年冬，我被转到伪首都警看守所。一天，看到从楼上一个担架抬下一个人来，上面盖着一件黄色棉大衣。我问看守（中国人），他说是协和会的王天穆死了。

王天穆思想进步，用笔杆子做武器，坚决与侵略者殖民当局做殊死斗争，为国家民族献身，死也光荣。

1943 年敌伪进行大逮捕

随着日本帝国主义侵略战争节节败退，形势急转直下的前后，对各地进步组织和革命人民的镇压更加残酷，同时即便是日本人反战分子亦不例外也要受到制裁。这次秘密和公开大逮捕是继 1941 年"一二·三〇事件"后又一次罪恶行动。

姜兴，本名姜学潜，在日本留学期间，与一个日本姑娘恋爱结婚。据说这个女子的父亲是个陆军中将，与甘粕正彦是好友。甘粕正彦是个军事特务、政客、浪人，宪兵大尉出身。在"九一八事变"后做了大量罪恶活动。伪满成立后当了第一任的警务司（总局）司长。姜兴毕业时，甘粕当时是伪满协和会本部总务部长。他把姜兴介绍到伪协和会本部中央统监部任文化部长。姜兴是协和会办的《协和青年杂志》《青少年指导者》（内部刊物）主编，王天穆是编辑和撰稿人，二人互为投契，加之属下的王宏文、张辅三、慕长江三个国民党骨干，巧妙地宣扬三民主义，介绍禁书以及激进言论，对东北青年有一定的煽动作用。试想敌伪特务对姜、王能置之不理吗？绝不会放过的。1943 年春，王天穆第一次被捕释放出来后，不久姜学潜便遭浩劫，关押半年之久，经"满洲"映画协会理事长甘粕正彦的关系营救释放出来后，安排在满映，任娱民映副部次长、文化部长。姜兴才华出众，深受甘粕的重视，也受到满映中国人职员的尊敬。光复一两天后，慕长江和我去南岭拜访了他。见面时他把我俩搂起来说，在这里能和你俩相见非常高兴，我们终于回到了祖国怀抱，今后为祖国报效吧！……不久，他到东北党务专员当训导科长，辞职后又到东北电业总局当总务科长。1946年"四一四"长春解放战争中，被流弹炸死在电业大楼内。

石坚（石镇藩）在"一二·三〇事件"后经常转移阵地，也未能逃脱日寇的魔爪，终于被捕判处死刑，未及执行被救脱险，胜利后改任国民党辽宁省党部主任委员。被捕的还有刘济清、王时庸、刘宝聚、王克诚等人。

穷凶极恶的日本侵略者进行的摧残镇压，对日本人反战分子也不例外。"一二·三〇事件"后至1943年春之间，先后从各地逮捕了大批日共分子，集中关押在长春监狱里的思想监中。其中有：松冈××，日本东大毕业，英国留学，当时是满铁（南满洲铁道株式会社的简称）理事上海出张所所长；三轮武夫（新加坡现役陆军少尉）；管原××，日本东京拓殖大学毕业，当时是伪满洲拓殖会社（简称"满拓"）职员；石田××，当时是伪满铁大连本社职员，上海东亚同文书院毕业，能说一口流利的中国话。1944年冬我从秘密监狱转押到长春监狱，起初和他在一个号子里。那年冬天特别冷，夜间墙上挂霜，睡觉时石田和刘济清把我夹在他俩中间，并用他的棉袄盖在我身上，在零下40摄氏度过夜。更可贵的，叫我写好纸条，他利用出庭到高院受审机会，交给他夫人，后来从大连来接见时段，她给了我内人。从此我有了被褥和棉衣，同时家里也知道我确切关押的地方。每逢想到这一点，我就很感激石田先生的仗义。1945年5月，经伪高院裁定，监外执行关押三年之久的30余名日共党员全部释放。

日伪对中国人经营的书店出版业监视搜查

高丘书店是由高遵义、邱双发（旅顺高公中学部先后期毕业同学）二人在大连市天津街（过去叫浪速町，现在的外文书店旧址）开设的书店。为减少麻烦，躲避监视，才以二人之姓起名高丘书店。不知情者一眼望去好像是日本人开的书店。可见起个书店名字也得用心良苦。一次由上海发来几木箱图书，打开一看，吓了二人一身冷汗。原来有一箱的上层和下层装的是一般书籍，而中间全是《三民主义》。他们很快把书出售给可靠的熟人。书店尽管用的是日本人名字也难免遭到监视和骚扰，经常有便衣特务上门来检查，弄得二人应付不暇，最终不得不停业。

1942 年在伪满洲国首都新京（长春市）举办的"大东亚博览会"会场。

大地图书公司是由金纯斌、陈守荣（旅顺师范毕业，曾任小学教师多年）二人在长春市原丰乐路亨利铁行大楼内经营的书店。在"五二三事件"后，日伪又发动了一次大规模的大逮捕、大搜查、大恐怖行动。大地图书公司负责人金、陈二人预感大难临头，事先把禁书及进步书刊转移地址以防搜查。不久一天，该公司两名女职员（其中有个叫小聂的）突然被伪首都警特务科扣留审讯，因无实据不久放回。金、陈二人愈感身边危险，迟早有一天要灾难临头，被迫停止营业，携眷双双去哈尔滨参加共产党的地下工作。

1945 年"五二三事件"

日本统治东北时期，对学校、机关、知识文化阶层、舆论界的各方面地下抗日组织进行了多次大逮捕。1941 年的"一二·三〇事件"，1943 年春进行的秘密和公开大逮捕事件，这些恐怖镇压都没有吓倒东北人民抗日的坚决信心，反而愈捕愈多。野火烧不尽，春风吹又生。长春西公园（旧称）的侵华头目儿玉源太郎大将铜像贴上了反满抗日标语，沈阳三经路一带及大西门上也发现反满抗日标语，整得日伪当局坐立不安，进一步将其魔爪伸到各个角落，搜捕从未间断。我在 1944 年春也遭伪首都警视厅外事科逮捕，关押在秘密监狱后转长春监狱，1945 年 8 月 14 日被救脱险。

随着希特勒纳粹德国彻底溃灭，美英兵力全面转向太平洋，苏联亦向伯力、海参崴以东方面集结兵力，日本侵略者四面受包围和孤立，败势已成定局。中国变守为攻，关东军空虚无力，伪满民怨鼎沸，人心浮动，各地下组织活动如火如荼。外有八路军、抗日联军在东北两翼（通化、热河地区）频频出击；内有国民党系统的地下活动，是日寇的心腹大患。罗大愚（又名罗庆春，化名魏忠诚）在"一二·三〇事件"大逮捕时巧妙逃脱，未遭逮捕，仍以沈阳、长春为据点，在东北全域发展力量，其势庞大，其他地下组织同样活跃。敌伪自己力不从心，日暮途穷，倒行逆施，却饮鸩止渴，垂死挣扎，于 1945 年 5 月 23 日发动了自毙的恐怖大搜捕。罗大愚及其组织全部被敌破获，罗大愚及部分骨干囚于新京（长春）监狱。8 月 14 日被解往吉林途中，在拉拉屯一带被军校教官区队长刘凤卓中尉率士兵拦截，营救了以罗大愚为首的 70 余名全部政治犯。在"五二三事件"大逮捕过程中，捉来捉去，连伪检察厅、法院内的检察官、审判官也暴露出国民党身份，使日伪大为恐慌，把注意力集中在伪检、法机关人员身上，进行追查搜捕。当安东（丹东）地方法院审判官刘崇杰（长春法大毕业）国民党身份暴露时，根据伪法令，警察部门无权对现役检察官、法官进行逮捕或审讯的规定，是由伪高等检察厅思想科长（日本人，姓名想不起来）亲自去安东将刘崇杰押回，囚禁在长春伪监狱的。所以伪高检厅未向伪高院起诉，便将我的案情放下，直至日寇投降。

伪军校教官刘凤卓营救政治犯

1945年8月14日，日伪监狱长对在押的政治犯诡称"长春地区治安不宁，为了保证你们的生命安全，从现在起特将你们送往吉林避难"（实际是妄图在中途杀害）。第一批是南关分监在押的政治犯人，其中有罗大愚等70余人。在解往吉林途中，在长吉公路拉拉屯一带，遭到了在高粱地潜伏等候的，事先受到刘启民指示的真勇社骨干军校教官区队长刘凤卓中尉率上士张大石及学生的拦截，而伪看守长拒绝释放政治犯被打死，解除了狱警的武装，被押解的政治犯全部被救脱险。在场的伪狱警承诺刘凤卓中尉一定要保护好释放人员的安全命令。在这批身后被押解的是长春伪监狱在押的政治犯，其中有石坚及部分朝鲜劳动党人士约有89人。每两个人铐上手铐，中间用绳索串起来，两侧由全副武装的狱警戒备押送。监狱当局指派王宏文为随队团长，穆良信为副团长，二人来铐手铐一前一后便于传达命令。当家属们看到我们被五花大绑时，惊恐万分，跑近前来，几次都被驱散，又聚在跟前随队前走。当时情况很惨，真是"爹娘妻子走相送……牵衣顿足拦道哭，哭声直上千云霄"，过了东盛路，再向前走，快到拉拉屯了，已是夜间11时左右，看守长命令停止前进，原地待命。看守长对我说：现在释放你们，前面不能再前进了（他们已知前面发生的第一批被劫的情况）我把情况转达给难友时，石坚说别上他们阴谋诡计的当，要放叫他们亲自来打开铐子。实际在半路上朝鲜劳动党人对押解的朝鲜狱警说妥，并将我们的手铐松了几扣，以便情况紧急时脱手而战。看守长对我说，明天日本就要投降了，现在我们的身边很危险，不敢上前给他们打开铐子。遂将一串钥匙交给了我去打开每人的手铐。这时看守及狱警们早已逃之夭夭作鸟兽散了。

8月15日上午11时许，军需学校教官区队长高晋贤（字希孟，吉林人，地下工作者）中尉率士兵10余人，荷枪实弹赶到"新京刑务署"（长春监狱），打开牢门，救出了全部政治犯和一般刑事犯。但是由于晚来一步，吉林省党部委员魏德明被日寇杀害于狱中。高晋贤率领我们由头道沟通过大马路向四道街路过当中，恰恰是日本天皇裕仁刚刚宣布投降，全市沸腾了，市民奔走相告，锣鼓喧天，鞭炮齐鸣，市民高呼"祖国万岁！""抗战胜利万岁！"等口号。

访谈人：齐红深、陈丕忠、蔺淑艳、齐行行。访谈时间：2001年3月11日—4月30日。地点：大连市甘井子区营城子镇后牧城驿村。

于国成：

"关东州"的师范教育和教师进修

于国成，男，满族，1921年2月9日出生。籍贯：辽宁省大连市旅顺口区龙塘镇。离休时所在单位：大连玻璃制品厂。职务：研究所副所长。职称：高级工程师。日本占领时就读学校：旅顺高等公学校师范部、新京工业大学。日本占领时工作单位：旅顺高等公学校师范部附属公学堂。

1936年—1940年3月旅顺高等公学校师范部（原旅顺师范学堂）学生；1940年3月—1945年2月旅顺高公师范部附属公学堂教员，后三年被大连关东州厅学务系聘为"州内教员实地教学检定教官"。1944年12月—1945年8月15日新京（长春）工业大学学生。1945年11月—1946年3月大连市师范讲习所学习；1946年3月—1948年大连联合中学女子部（女子中学）数学教师；1948—1953年大连灯泡厂工程师；1953—1957年沈阳灯泡厂工程师；1957年转到大连玻璃制品厂研究所副所长、工程师、高级工程师。现为大连盛道玻璃制品厂离休干部，大连市硅酸盐学会理事、大连市能源学会炉窑分会名誉理事、市九三学社社员。

父亲述说的中日甲午战争经历

先父于文江，旅顺口龙王塘人，生于1867年。1889年入旅顺大坞（今4810厂）做木工，甲午战争时，目睹日本侵略者对旅顺人民的血腥大屠杀。

他在世时，常对我们述说这段往事。

先父和几个工友合租旅顺上沟马营后的一间房。光绪二十年（1894年）八月十九日，他们去大坞上工，走到沟口时，突然看到港内停了许多舰艇，其中有他们熟悉的"定远""镇远"和"靖远"等舰。这些舰艇都受到不同程度损伤。看到这一情景，他们几个都愣了。来到大坞，他们才听人说，昨天北洋海军同日本舰队在大东沟海面打了一仗，这些舰船都是今早开进港来的，损失很大。人们都在议论这事。

事过九天之后，也就是八月二十七日（9月26日）那天，听说朝廷要处斩"济远"管带方伯谦，旅顺百姓纷纷聚集到大坞的坝沿上观看。方伯谦是光着膀子被押赴刑场上的。该舰官兵纷纷出来揭露他的罪行。方伯谦吓得魂不附体，跪在坝沿上浑身发抖，而围观的人们都以愤怒的目光鄙视着这个贪生怕死、临阵脱逃的败类。

甲午战前，旅顺经过十几年的陆海防建设，是有能力抗击日本侵略者的。在旅顺的宋庆部队训练搞得也很好，醇亲王来旅顺巡阅北洋防务时，曾亲自送给宋庆黄马褂一件。现在旅顺三里桥子、旅顺化工厂一带即是宋庆的练兵场。

甲午战争爆发后，担任总办旅顺船坞工程兼会办北洋沿海水陆营务处的龚照玙，本应对属下统领布置好如何御敌，严阵以待，随时准备打击来犯之敌，保卫旅顺口。但当他听说金州失陷后，便不顾一切率先逃跑。他这一跑便引起旅顺口的骚乱，一些营兵开始抢劫，弄得百姓惶惶不安，大坞的工人们也纷纷逃散。但先父等一些工匠被留下，准备做一些检修工作。

十月二十四日（11月21日）深夜两点多钟，旅顺口周围就开始响起了炮声。根据当时清军在旅顺口的防务看，百姓们普遍认为，日本人围攻旅顺口没有几年是打不下来的，所以先父和工友们也不害怕，仍是照常上班，始终没有离开大坞。

两军正在酣战中，卫汝成、黄仕林等统领又先后逃跑，于是日军就攻进了旅顺城内。先父和工友们听说骁勇善战的徐邦道率残部从东鸡冠山上退到市区，同日军展开巷战。大家感到非常振奋，认为有徐邦道在，旅顺口是不能很快就被日军拿下的。于是他们几个就来到一户已经逃走的人家里做起饭来。没想到饭快做好时巷战也已停止。当先父他们正准备吃饭时，忽听男女老少的惨叫声由远渐近。大家感到不好了，大难要临头了。出门一看，只见日本兵正向这边杀过来，大家慌忙退回屋内，爬上顶棚藏起来。但门没有关上，日本鬼子闯进屋里来，见地上有几个小板凳东倒西歪，柴草满地，锅里还冒着热气，门又没关，以为这家人已经都逃散了。但他们仍四处搜寻，幸运的是没有上棚搜查，搜完房内就在门上贴了一张纸条，可能是表示已搜查过的标志。然后就向别处搜寻去了。先父等幸免于难。战争结束，先父回到大坞，但没有再见到那几位工友。看来他们几个都惨遭不幸了。

11 月 21 日旅顺口被日军攻陷后，日本鬼子对手无寸铁的旅顺百姓进行了四天三夜的血腥屠杀，制造了一起震惊中外、惨绝人寰的历史惨案——旅顺大屠杀。我两万同胞惨死在日本侵略者的屠刀下。大屠杀过后，鬼子为掩人耳目，消除罪证，驱使我死里逃生的同胞组成扛尸队，将尸体全部集中到郭家店的湿洼甸子里，浇上油，烧了十几天。随后，将骨灰装到三口大

旅顺师范学堂校庆纪念会会餐情景。

棺材里，葬于白玉山东麓，就是现在的万忠墓所在地。

1896 年 11 月，日军撤出旅顺后，清朝派来接收旅顺的官员顾元勋在此树立了一块碑石，亲书"万忠墓"三个大字，以示祭奠。

据先父讲，我的姑夫就是因为当时在旅顺城内给人家做生意没逃出来，被日本鬼子杀害，也被埋在万忠墓里的。

对旅顺高等公学校师范部的回忆

在回忆我的亲身经历之前，为了使大家了解事情的背景，我先介绍一下旅顺师范学堂的沿革，也就是"关东州"师范教育的概况。

为了培养中国人小学教员，满足"将来在各地建立蒙学堂的需要"，达到"守其土，治其民""教育百姓"的目的，日本殖民统治者于 1908 年 6 月 5 日在旅顺公学堂开始附设师范科，学制一年。1909 年 5 月 1 日，又在金州公学堂南金书院附设了一年制的补习科师范部，1914 年改为速成科师范部，学制二年。1915 年 5 月，日本迫使袁世凯接受"二十一条"后，将旅大租借期延长 99 年，为实现长期殖民统治，日本将这两所附设的师范科予以合并，组成旅顺高等学堂师范部。1918 年 4 月 1 日，关东都督府颁布《旅顺师范学堂官制》，决定撤销旅顺高等学堂，将预科班移交旅顺工科学堂，师范科改建为独立的旅顺师范学堂。6 月 11 日，调任长崎县师范学校校长津田元德为旅顺师范学堂堂长。他说："州民教育是帝国的百年大计，应是都督府的最重要的政治工作。"1920 年 4 月，师范学堂开始设女部，修业年限二年。1922 年 4 月，女子部设补习科，1923 年 4 月，男子部设补习科，补习科修业年限一年。1924 年，修业年限男子部由三年改为四年，女子部由二年改为三年。1924 年 9 月，确定旅顺鸦鹘嘴普通学堂为师范学堂的附属普通学堂。到 1931 年，该校共毕业 1141 人，其中不少人担任普通学堂堂长和在"关东州"、"满铁"沿线公学堂任职。1932 年 4 月 8 日，将旅顺师范学堂与旅顺二中合并，组成旅顺高等公学校，设师范、中学两部。"师范部以培养中国人的普通学堂教员为目的"，学制男生二年，女生四年，招收公学堂高等科毕业生。1944年4月20日，根据《关东州人教育令》，改旅顺高等公学校师范部为独立的旅顺师范公学校。同年在校生8个班，350人。

《教育令》规定："师范公学校是根据'八纮一宇'的根本原则，对关东州学校的教员进行必要的教育，归一于皇国之道……"学制五年，男子部、女子部都设奉公科、教育科、数理科、勤劳科、体育科和艺德科，女子部还有家政科。

旅顺师范不管是从高等学堂的师范科，还是改

在"大日本广播体操"比赛中，紫班获优胜奖，正在领奖。

大连高等女学校"大日本广播体操"的训练场面。

为旅顺师范学堂或旅顺高等公学校师范部及最后的旅顺师范公学校都是彻头彻尾的日本式教育。但学生的传统精神就是爱国,尽管是偏重于正统观念,可大家知道,我们是中国人!绝不会被日本帝国主义的奴化教育所愚弄!说也怪,只要是初入学新生一进这个西大门,不出半年大家就会自然形成这种观念和意识的。同学中只要有人有一点偏离了这种观念和意识,去倾向于日本老师的说教,马上就会被同学们以另眼看待,并相互戒备加以谨防。

我们升入三年级新学年开始,全校性的学生活动除了舍监老师外,由日本教师选中的寮长(宿舍管理人员)负责。1939年2月7日(农历己卯年腊月十九日)的晚自习时间,寮长出来巡视,新官上任三把火,恰在走廊里遇上我班王同学,寮长便厉声厉色地问:"人家都在上自习,你出来干什么?"王说:"我到别室去求解问题。"寮长说:"你是出来溜达,并不是求解什么问题的,你不说实话,不是好东西!也代表你们班都不是好东西!"这话可激怒了我们全班同学!

我们三年级全班同学们被激起的义愤总也不消!在8日晚点过名之后,全宿舍都熄灯睡觉了。我在图书室里夜读,忽听室外有人在唤我,应声走出,走廊里无灯,借用室内灯光才认出是我班老穆。他对我低声耳语:"咱们班同学都需到三年级教室集合!"我顺着黑灯瞎火的走廊好容易摸进了教室。刚进门便觉出有好多人都在坐着,可都鸦雀无声。这时,只听有人问:"还有谁没到?"答:"只缺张文禄了"。有人就说:"他是咱班寮长,和正寮长是同室,不便找他来!"教室内无灯,就在伸手不见五指的情况下开起了密会。王同学讲:"寮长不仅是骂了我,还侮辱了咱们全班同学"。大家义愤填膺,便异口同声地说:"我们就应该打他,不打就不能平民愤!他太蛮横了!一贯随着日本先生转,鼓吹下级要绝对服从上级的日本武士道精神。俨然要我们全校同学都得服从他和日本先生!真是岂有此理!"话音刚落,便有人说:"咱们若打了他,那可不得了,将会惹起大祸的,一是日本先生要坚决维护他们素日的教导,'下级服从上级',二是寮长的同班四年级也会不让的。因此,我们应当慎重!"经过这位同学的提出,大家将高涨的气氛

旅顺师范学堂校舍、堂长。

冷静下来，分析的结果认为：这位寮长在他们班里人缘挺臭，而在全校也是不香。我们打了他，只会给四年级同学们解恨，而不会不让我们的，只有日本先生会出来维护他的，这个如我们大家能团结一致，关系不大。于是有人又说："别说关系不大，可日本人最讨厌'下级反抗上级'的。"接着又有人说："我们所要打的就是这点！虽打的是他，而实际就是要打日本人所强调的这种原则！我们今天不向它宣战开火，又待何时?! 至于说后果如何，那只看我们大家的团结力量如何了！如果有人泄露了今夜密会的机要和头目是谁，那就一切全完了！为此，我们应团结一致死也不能泄！"这一席话，却说到大家的心坎里，因为大家一向是反对日本帝国主义所对我们施行的奴化教育，因此，大家在会上坚决表示："我们宁死，也不泄密！"

此刻全班同学的情绪达到最激昂和高涨时分，继而对于如何打法，也作了具体研究和安排，决定："明晨点名后，杉田舍监的惯例是点过名就走的。咱们就利用这个机会，让一、二、四年级的队伍先走，说我们班级有事留下不走，待寮长要随四年级队伍走出时，王同学要抓住这个时机出头叫住他！会问：'叫我干什么？'王可说：'请你到我们这边来，有事同你要谈。'他肯定会应声而来，我们一起问他：'你为什么说：我们全班都不是好东西？'他若不说好的，咱们的队伍就将他围起来，这时他也必会说：'怎么？你们还想动打吗？'在这种情况下，咱们就可动手的。"这种安排赢得了大家的同意后，密会就此结束。

旅顺高等公学校师范部修学旅行团登阿苏山前，在日本九州熊本的小山旅馆门前。前排右起第三人为于国成。

2月9日5时30分铃响后，全舍同学都到二楼礼堂集合进行凌晨点名。点过名，杉田舍监照例先走出礼堂，随后一、二和四年级都陆续退出，这时王同学按昨夜的安排便站出大声喊："寮长！你站住！我们三年级同你有事要谈。"他果然站住，应声走向我们的队伍前来。于是横队的两端相互一围，便给他圈在中央，这时大家齐问："你为什么说我们三年级都不是好东西？"他见势不好，便问："怎么？你们还想动打吗？"就在这一刹那，也不知由谁（事后方知是杨同学）把礼堂三只电灯开关全给关了。于是大家就七手八脚地向他打去，开始虽都打向他去，可在撕打的过程中，不料寮长在混乱中竟溜走了。谁也不知他溜了，变成同学间的撕打，被打的便喊："喂！别打我，我不是寮长，怎么打起我来啦?!"这时才有人把灯打开，这才发现被打的人早就跑掉了！只有他被打掉下的一只鞋还留在这个撕打的现场上。

这时东方才微微放亮，农历腊月二十一日月光不管事。大家预感到他必会跑到杉田那里告状，于是大家就马上回到自己教室等杉田来找我们。果然我们刚坐下，杉田便闯进教室，怒气冲冲、暴跳如雷地开口大骂："君违は马鹿ぢでうしし自分の寮长をなぐるのか?"（你们是笨蛋吗？居然打自己的宿舍长?）我们对他这种暴怒质问，谁也不答，结果却把他气走了。

他走后，我们列队到自己班主任老师权次郎（日本人）家去述说情况。正赶上他要回校，便和我们一齐回到学校，在校门前对我们讲："你们先去吃饭，饭后再说。"上课的铃声响了，应该是我们上课的时候。可是日本老师没有来上课，全部（只有中国老师不在内）聚集到校长室开紧急会议。会后把我们年级的同学，分成8组（每组3—4人），由日本老师分别进行审讯，一整天大家都在受审。参审的老师全是一个令："你们发起这桩事的头头是谁？为什么要打寮长？知不知道这是下级打上级的不道德行为？这是东洋伦理所不允许的!"等等。被审的我们也全是一个口径："不知是由谁发起的，只知他骂我们全班不是好东西，所以我们才自发地要打他!"

在审问过程中，有的日本先生非常野蛮，吕传荣同学在受体育老师小野田审讯时，被他打倒在地直滚，头被皮鞋给踢出好几个包，脸被踢得流血。还有的被撕破了衣服，衣扣被揪掉。有的老师还用花言巧语，诱发学生说出密会内情。又有的特地提问："张文禄为什么没参与你们的秘会?"同学们的回答是："因他同正寮长是同室，我们若去找他，岂不就泄密了吗?"

尽管同学们受到残酷的身心折磨，但始终也没有一个泄密的。这可气坏了日本老师！学校当局虽绞尽脑汁搞了一整天审讯，也没迫使同学们供出真情，实是白费心机。

2月10日又继续审讯，结果大家仍是没吐真情。反而大家利用休息时间，回到宿舍搞起娱乐来。杨同学在室内拉起小提琴，刚拉起得意的曲子，

一下被上楼来的班主任老师权次郎遇上，他看大家不仅没有忧愁反省反而乐起来，可把他气坏了。他外号叫螳螂、又叫大褂子，两只大眼睛。这时他瞪起那两只大眼，冲到杨同学面前，夺下琴就用力猛向地上一摔，可惜这只油光锃亮的小提琴便被摔得噼里啪啦，他转身向外走时，还在嘴里说着："君等は马鹿畜生だ今はどんな时机か，早く反省しなぞ返，こ娱乐をせ，ていゐのでどうするんか？そそねで今度ず前はどんなまのご乐ざか？"（日语的意思是：你们都是傻瓜、畜生。现在都啥时候啊，你们应该反省，怎能搞娱乐呢？——译校者注）。

杨同学眼看去年修学旅行才从日本带回来的这只心爱的小提琴被摔成那种样子，泪水不禁湿润了他的眼帘和面颊。同学们目睹这种情况，也都为他受到这种不平待遇深为愤怒。

2月11日是农历腊月二十三日，白天大家在教室里待命，先生们在校长室里开了整天会。同学们并没遭受什么苦头，只是空等了一天。晚间全宿舍只剩下我们一个班同学在过夜。此时，全校已届寒假，春节即将来临，其他班级同学全都放假回家去了。大家也不管是受审、复审、待命的这一切折磨，仍是组织起来筹备开忘年会。我班炊事委员孙同学给大家每人准备了一袋糖果，又在礼堂教桌上挂张灶王爷，同学们席地而坐，边吃糖果边谈往年或迎年的喜悦心情，丝毫也没显露出忧困、苦闷和不得回乡的孤独感。

正当我们都在礼堂里欢乐之际，女子部的学友们都挤在与礼堂相近的二楼窗户上，为我们助兴！她们比男子部晚放假一天，便来为我们增添斗志。经过11日校务会议之后，校方宣布："从即日起你们可以放假回家去欢度春节！但不准你们有人留校或互相串联，如有类似情况出现，校方当去追查不懈！"经过5—6天的艰苦斗争，到今天没有什么意外出现，大家也就愉快地分头各自回乡度假去了。

其实，11日开的一整天校务会上，已决定对两位王同学（一位是肇事者，另一位是班长）和一位张同学给予开除学籍处分。为此，校方采取调虎离山的缓冲办法，让同学们愉快地先回去过节，然后便向开除学籍的学生家长们发函，告知"你的子弟在校无故煽动闹事，已被校方开除学籍，不准他们再回学校来！"

寒假过后，同学们返校方知三名同学的情况，大家都十分痛心！同时也知道校方是采取了欺骗手法，让大家回乡就可避免再引起什么骚动的风波来。

自起事以来，我们同校方一直是采取短兵相接形式进行斗争的。经过这段过程，大家冷静下来总结经验，认为为了更有效地取胜，还必须要转变方式才行。于是大家推举本班寮长出头，去教头水野谷先生家去探听三名同学能否复学的问题。

水野谷在教育学方面没有多大声望，他在金州和普兰店等地的权贵和商绅之间声望可挺大。我们考虑推举代表到他家去探听，他也不能不考虑这三名同学，恰是在他声誉圈内（皮口、大谭和华家）的同学，他不能不管，也不会不给出主意和协助解决的。

代表回来后，对大家转达了一个秘事："让三名同学马上到奉天（今沈阳）一灯园去！请那里的住持僧三上先生留他们为僧，遂后观其受戒情况来议决复学与否"。

"一灯园"是当时满铁株式会社设在奉天（沈阳）南市场义光街，专以佛教学说来训诫违纪青年的一所教场。该园住持僧三上，是从日本某大学毕业后分配在满铁工作的，后来在工作中受了种种刺激，便开始信起佛教。由于他笃信、诚恳，口才也好，就在满铁内专以说教违纪青年为业，搞得挺红火，声望也挺高。旅顺高公校长村井也请他每月到校一次，利用整个一下午的时间，为全校师生和各位老师及其夫人们讲教诫劝。他常以自己的亲身经历和体会，如"骂不还口、打不还手"的忏悔主张来向我们宣讲。因此，他的"一灯园"不仅在满铁内部出名，就是在社会或旅顺高等公学校也是蛮有声誉的。

在这种情况下，水野谷给出的这个点子，自然易被大家采纳的。经过一番讨论，大家同意让三名同学速奔一灯园，争取在三上先生来校讲教时能当校长面说出："三名学生在我园内受戒很好！"大家可在校长面前替他

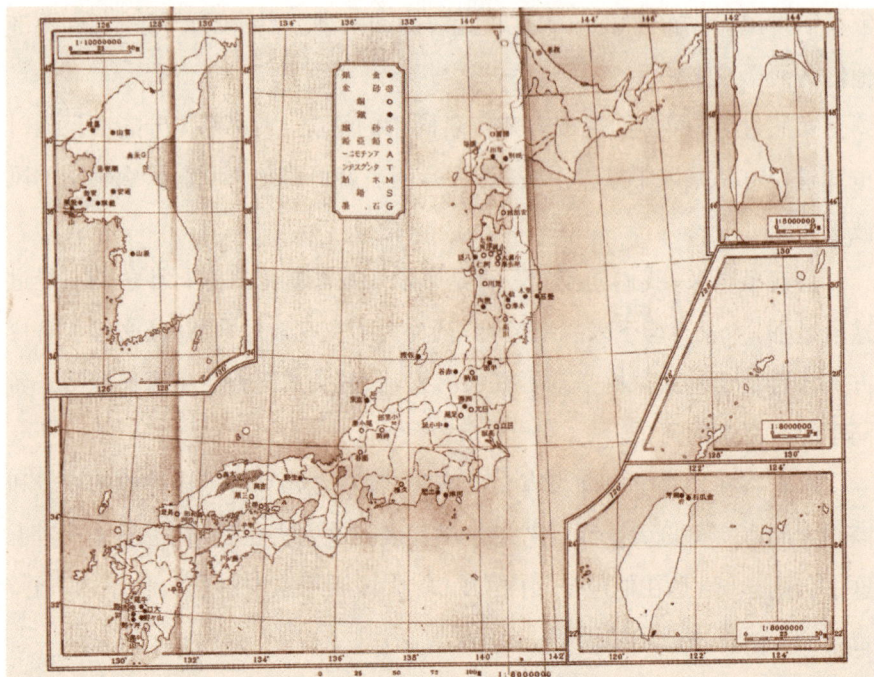

日本师范学校《矿
物学教科书》(1926 年
文部省检定济，旅顺
师范学堂使用)关于矿
物分布的图片，把朝鲜
和中国台湾作为日本
领土。

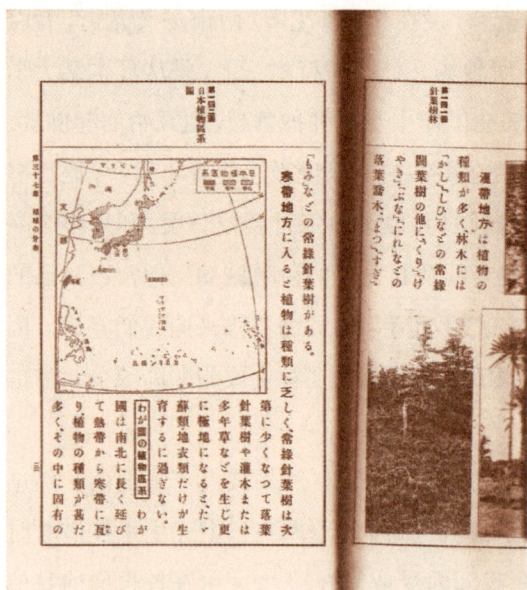

日本中学校、师范
学校《植物学教科书》
(1926 年文部省检定
济，旅顺二中、旅顺师
范学堂使用)关于植物
分布的内容和图片，把
朝鲜和中国台湾作为
日本领土。

仁讲情，争取三位同学回校复课，会有希望的。大家马上写信给三位同学，让他们见信立即赶赴奉天一灯园，并由每位同学出资一元帮他们筹措路费，望他们到该园好好受戒，争取早日能回校复课。

三人接到同学们发去的信和钱，即按大家的心意去到一灯园了。三人到达该园，三上确实收下他们受戒了，每天都按园里规定：早起念经，白天到街上"托钵"（化缘、作佛事或去民家打扫厕所等），晚饭后还是念经打坐，整天不得闲。

王同学一次在园内干活，眼睛被电火打伤，当时的医疗条件差，给他在精神上造成极大痛苦，幸而自身有救，总算没瞎，活过来了，可到50余年后的今天，就因那次遭遇便到了几近失明的程度。另两名同学受戒过程中，好在身上没留下什么病症，总算万幸。

1939年春3月送走了四年级同学毕业后，4月我们升入四年级，是高兴的事，可是想起三名同学未能同我们一道升入四年级，确是个极大的遗憾！大家无时不在考虑这一问题。

时值新生入学，四年级同学都是宿舍各室的室长。于是我们就利用迎新会来发动或鼓励同室各年级同学和我们一道，坚决要求校方撤销对三位同学开除的决定并让他们回校来复课！

我们的号召立即得到下级同学们的积极响应和支持，他们都不折不扣地按我们的要求和计划共同起来奋斗。于是每晚熄灯不久，全宿舍里（校舍的三楼上）便喧闹起来，搅得在一楼值宿的舍监老师不得入睡，有理智的日本舍监老师并不上楼来干涉，唯有在学生中人缘不好的老师，特别是学生们最讨厌的杉田老师，看到全舍里闹翻了天，在楼下气得火冒三丈，便上楼来过问。他一上楼不等他登到二楼的楼梯口处，当时早已等在三楼楼梯口的同学便将满桶水泼下去，他顿时便被浇成一只落汤鸡似的，便顾不得再往楼上走，而在嘴上大骂"ばか（傻瓜）"！只得湿淋淋、灰溜溜地躲进值班室里去了，此时，全宿舍的同学心里都乐开了花。

记得有一次我们四年级去校农园劳动，教农业的吉川先生是日本老师中最无能、最无本领的一位，学生们给他送了"小把头"的绰号，迟到没来之前，大家进到他的办公室，将室内的一切全给砸了，并把砸碎的破烂全给扔进大海，农园南临大海，又逢涨潮，他的东西一去无回。

课后我们回校，他进屋一看，便慌了手脚，立即就跑回学校向校长汇报，校长听了，再结合杉田等值宿老师的汇报，自然就不会漠然置之，马上召集全校日本老师到校长室开紧急会议。

农园闹事正是星期六，紧急会议直开到深夜才散。星期一的第一节课是校长给四年级讲修身课，他一进教室，大家起立行过礼，他便叫同学到校长室去搬把椅子来，坐下后对大家说："今天咱们不讲课了，我想同你们谈谈，近来校内接二连三出现的这些事，你们为上级生的是怎样想的？若长此下去，校风还能好吗？连新生一来也跟着一起闹，这还行吗？你们说，你们做上级生的是打算怎么办？若有什么对校方的要求可直接对我提出，何必这样闹腾呢？"大家一听不觉在心里暗自欣喜：有门，斗争可出头了，只要你校长出面同我们谈，这就好办了。于是大家纷纷提出："我们没有别的

旅顺高等公学校师范部修学旅行中参观伪满建国十周年成就展。后排左起第三人是大连市西岗区教师进修学校的张志信。

要求，就是要求校方能撤销对三位同学的处分，恢复他们的学籍，同我们同晋四年级也就行了！"村井校长是位八面玲珑、被学生们称为"糖罐"或"老狯"的一位对世事有相当经验的行家，一听我们提出这种要求，马上便反问："如果学校给他们三人恢复了学籍，进入四年级，你们能保证全校学生会安定下来不再闹事，校风能好转吗？"这时大家异口同声地说："请校长放心！我们保证能做到！"这时他可乐坏了，连嘴也闭不上便说："那好！咱们现在就下课，我立即就叫堂役（校工友）去邮局拍电报，让他仨火速从一灯园归校！"第三天，三位同学都喜笑颜开地返回久别的学校。我们大家见到他们胜利归来，都相互拥抱，个个热泪盈眶。这一消息很快就传遍了全校各个角落，全校同学们都沸腾起来了。

由于我们的斗争胜利，确为沉默已久的旅大地区学生运动，闯开了一个复兴的好头！从那以后相继而来的气死日本教练官、土城子机场"勤劳奉仕"时整个中国学生同日本学生斗争的情况接连发生。

对旅顺高等公学校附属公学堂的回忆

1940年3月我从旅顺高等公学校师范部毕业后，立即被分配到该校所属附属公学堂二部（也称鸦鸪嘴教场）任教。

设立附属公学堂的目的是为师范生和讲习生提供在毕业前进行教育实习的阵地，也是研究如何提高教学素质和创新教学效果实验的场所，同时并将其成果向当时的"关东州"内各地小学推广应用。不过，除此而外，还有一层隐蔽在深处尚不能告人的目的，但明眼人一看就会意识到的——以推行奴化教育和后来发展到白热化程度的皇民化教育进行实验为最终目的。

在该学堂任教的教师，大部分是由当时"关东州"厅学务系和师范部校长及附属公学堂主事，三方面协商研究决定，从"关东州"内各日本小学、公学堂或由日本国内调任有相当教学经验的教师，以及由当时旅顺日本师

1941 年大连中学游泳池救助员讲习会。

范学校毕业生和师范部本身的毕业生（包括老毕业生在州内各公学堂或普通学堂任教有成就的）调来组成的。尽管是选任的阵容最佳，但在三方择优选调的过程中，他们也不忘记选调能胜任完成设立附属公学堂的隐蔽目的为重中之重的这一点。

前田和藤田这两个日本人是 1938 年前后调任到附属公学堂的。他们到了之后，对初入学一年级小学生就强调由日本老师任班主任，强化日语教学；每天除有一节"满语"（即我们现在语文课）课里准许学生可用中国话同授课的中国老师讲话外，其他课全课都必须用日语同老师们讲话（不分中日老师）。这岂不完全把中国孩子们当成日本孩子去教了吗？足见在积极施行奴化教育的同时，更急切地充当着趋向皇民化教育的急先锋。他们真的是日本帝国主义在我们旅大地区，忠诚执行奴化教育和皇民化教育的马前卒。

在这种环境下，该校高年级的学生们受到的影响就更为严重了。有一

142

次中国老师在上"满语"课时，让学生们写作文，竟有学生写了这样一句："子供沢山来"，可能这学生想表达"来了许多小孩"而用上日语所说的"子供が沢山来ました（来了许多小孩）"。当时的"泽"字，中、日文都未简化，学生就把日本假名去掉，直接利用了日语中的这些汉字来表达了他的意思。中国老师和实习教师们看到这个，既觉得荒唐可笑，又感到震惊可怕。这距奴化、亡国还远吗？

附属公学堂培养出来的学生中有一个叫李作成。他是1940年前从附属公学堂毕业，当时正是日本侵华的疯狂期，李作成依靠在附属公学堂学了点日本话，便应募去华北当"宣抚班"翻译，结果在一次战斗中被咱们中国部队打死了。这个消息被前田和藤田知道后，便在附属公学堂宣传开来，他俩大肆宣扬："李作成如何如何效忠于日本天皇，又如何如何为我们附属争光，你们当效法李作成做我们附属的光荣毕业生！都来效忠于我们天皇陛下！为我们天皇而死是人生的莫大光荣！"等等。

李作成是旅顺太阳沟西北角——石板桥人，在少小年轻的心灵里，他就不知道自己是中国人，更不知道当去怎样做个堂堂正正的效忠于祖国的中国人，以为在附属公学堂里所受的教育是要效忠于日本天皇，便去舍命成"仁"。他死后，由旅顺方家屯会（现在的旅顺铁山区和部分江西区）举行会葬，在鸦鸹嘴教场（二部）的操场里举行仪式。仪式举行的相当隆重，不仅是有方家屯会辖区内的头面人物，还有其他邻会的头面人物都聚集一起为他举葬。尽管是如此隆重，却也有不少人在背后议论："这是属于他应得的下场！该死！"

对李作成的会葬仪式在鸦鸹嘴教场的操场内举行。我们全教场的师生参加之外，还有附属公学堂一部的高年级学生全体及各初级班的代表和方家屯会内各小学的师生代表们参加。在仪式进行中当然有前田、藤田出来露面讲话了，这两人仍是大夸特夸和大吹大播地宣扬了一番。

在那种场面下，实在使我这个中国人教师感到万分地痛心和莫大的侮辱。像李作成这类人的死，岂不是他罪有应得的吗？还有什么值得这样举动的呢？真令人愤慨。我在气愤的同时也感到十二万分的可怕，就是我现在教的这班学生正是高二（六年级），过不多久就要毕业的。如果这班学生都去学习李作成那种无祖国观念，而去无谓地为日本天皇丧命，岂不是太可惜了吗？于是回到教室里，我不顾一切冒着生命的危险对我的学生们讲了我应讲的话。当时我班同学周传今至今仍记得这件事，1995 年 8 月 24 日《大连日报》曾发表过他的回忆文章。

在师范比我晚一班的关云书同学，毕业后在大连土佐町公学堂任教时，就是因为对学生们讲了刺激日本帝国主义的话，被学生家长告发而坐了牢。我对学生们说了这番话也是极其危险的。为此我对他们讲完之后嘱咐再三："你们若知道自己是中国人，可不能像我同学的学生那样给我告发了，一旦被告发那可就没有我的命了，希望你们要牢记，咱们是中国人！我也相信你们是不会告发的，同时也不会去效法他的。"为此，当临到这班学生毕业时，我又特地从新京（长春）工大返回旅顺，一方面祝贺学生们的欣喜毕业；另一方面又真诚地忠告不要充当三种人，去为日本帝国主义和军国主义分子卖命。尽管是六年毕业后当教员，不至于像前两种人那样会成为汉奸，可是误人子弟教出一些为日本帝国主义服务的奴隶，自己岂不就成了为日本帝国主义执行奴化教育的帮凶了吗？

回忆中国和日本老师

旅顺高公师范部和附属公学堂有些老师至今仍让我难忘，他们有中国老师，也有日本老师。

（一）杨韵村老师

杨老师是清末进士，曾在库伦（今乌兰巴托）任地方官。在给我们上课时讲："我在那里任地方官时，老百姓正月初一送来一扎韭菜过年，在当地算为最贵重的礼品，这是对我这个父母官最尊敬的礼物了。"

老师的字写得很好，各自习室里大都挂有他的字联。我在 1—2 年级时，他给我们代过 1—2 次课，我们能得到他老先生给讲课，那是莫大的光荣。

(二) 潘绍武老师

潘老师是旅顺口区江西镇潘家村人，青年时代在北京学法政。毕业回省后，到省政府去找王永江省长，因为省长是金州人氏，认为找着同乡可能有些关照。谁知省长不认，老先生一气回乡从事小学教育。后因师范缺员，水野谷教头亲自到潘府敬请，方才出任师范的汉语老师。

老师上课认真负责，一年到头穿着一件黑色大布褂，浆洗得挺干净，捶得又很亮，非常朴素。我们在 1—2 年级时，他讲《孟子》和《古文释义》，到三年级时成为我们去日本修学旅行带队老师之一。每遇国内发生大事，如"双十二""七七事变"等，都表示深切的关注，不过对同学们只说："空气紧张"或者是"明哲保身"，有时也透露一点暗示。

有次在课堂上讲过他在北京求学时，正逢清帝退位，因是学法政的，曾列队到宫门前观看宫女和佣人们出宫，据说看了整整三天。

1943 年的一个星期天，我和孙宝连同学，当时我们俩同在附属二部任教，两人骑自行车到潘家村拜访老师，一去谢恩，二去祝福老师健康长寿。当时老师去挑水不在府，等到回来我俩夺扁担要去挑水，老师是无论如何也不让我们去挑，并说："已经挑够用的了，不挑了！"同我们坐下谈了许久才依依分开。

(三) 王金徽老师

王老师是山东人，旅顺旧市街一座绸缎庄的大掌柜，这老先生留着五绺胡须，夏季还穿着紫色套裤，手持大折扇，在教室的讲台上，边将着胡须边摇晃着大扇，从这头走到那头，还在口中念念有词地说："夫天地者万物之逆旅，光阴者百代之过客……"

王老师虽早在师范学堂时代就曾经任过汉语教师，但给学生们留下的印象并不那么深刻。

(四) 王钟茂老师

王老师是江苏省镇江市人,1938 年冬季由杨韵村老师介绍到师范来授课的。1939 年我们四年级时给我们讲白居易的《长恨歌》和《琵琶行》,很有声色。"八一五"日本投降后,老师偕夫人是怎样到大连来的我不清楚,只是有人告诉我说王老师住在青泥洼桥一家山东旅馆,要见我。我听说了,赶紧从女中 (当时我任数学教师) 奔到该旅馆,见到老师。他对我说想回北京 (当时叫北平) 路费有些紧,我就明白了。后来刘瑞云老师也不知是怎么知道的。我们俩加上我家老陈三人发起对全市师范前后毕业的同学募捐,当时因北平尚未解放,属于国统区,大家有顾虑,后来就只有我们三个发起人凑起的钱给老师老两口买了从金州西海去天津的小帆船票。老师到金州待要乘船时,偏偏又刮起大风,帆船不敢启航,逼得老师又返回大连,恰在此时买船票所剩下的钱又遇上需贴印花 (当时用的苏币),一折腾又没钱了! 于是我们三人又凑齐总算能应付让老师可抵北平的路费。后来他从北平来信说,他和老伴已安抵目的地,多谢我们的帮助,并告知杨老师已西去一年多,他未能相见甚觉遗憾。

(五) 天藤正远老师

我们在一二年级的班主任老师。这位老师对我的影响很大,他不仅是班主任老师还是我们的数学老师,每逢上课必须要每人自报姓名和出身学校 (在一年级时),然后再导入课堂的正规学习。态度和蔼可亲,循循善诱,使人易懂。我在二年级就对数学产生了兴趣,跟天藤老师的教导是分不开的。可惜在二年级尚未过半,老师就被调任大连第二中学去任教了,以后还在来信中指导我开立方的方法。

这位老师勤奋好学,每天在自己的小办公室里,两耳不闻窗外事,闷头苦攻数学。据说他要考博士,可是后来听到不幸的消息,说他因为一心攻读竟成了傻子。如果真是如此,那就太可惜了。

（六）福泽老师

这是一位教物化的老师，我们在三四年级时他才调来。当我在四年级到附属一部去实习时，我是高一（即现在的小学五年级）学生，有一次我要给学生们讲水泵时，师范本校和附属都没有这方面可给学生们示范的教具。我找到福泽老师时，他好像是自己要去教课似的，协助我制作教具，并和我试验所制作出的压水泵和抽水泵的互换安装等，最后还详详细细地嘱咐我："一定要讲好，做好，祝你成功！"在物化教室的里屋，我俩直忙碌到夜里十点多才完。

受老师的热情协助和谆谆教诲，我的教课情况受到指导教师的好评。这在以后的教学备课方面给我很大的启发。

（七）长原老师

长原是中学部的老师，我们在一二年级的化学课是由他来教的。每次上课时，他现从中学部那边走到师范这边来，常耽误课不说，还特别的滑。他教我们二年级的化学，仅仅只教了一个硫酸的分子式 H_2SO_4。每当开课就开始表演起他的一套"哆嗦风"（两手似捧东西的样子在颤抖着），嘴里在说："埃起兔奥哗！"就是 H_2SO_4，同学们有的说："他可能是用法语读这个分子式的，否则为什么不把 4 读成英语的 four 呢？"这是典型的糊弄人的一种奴化教育方式，让学生们空费时光，什么也不让学多知道多的。给大家气得只叫他小长原或者是"ごじんは"，这是他的口头禅。

（八）樱井武男老师

这位老师是中学部教英语的老师。师范部一般没有英语，我在四年级时，学校准许我考东京高师，当时听说英语是应考科目之一，我就求到樱井老师，他很慷慨地应允我，在课余时间里给我指点过二三次，我觉得这位老师很平易近人，和其他日本老师不同。尽管我是师范的学生，可是他丝毫也没有表示出不是中学的学生不教，很使我感激，因此至今不忘。后来因我们在附属二部教生时罢课，我被该部主任——前村诬告，学校停我21天学，正是要考留学生时而未得参考，失掉我应试的机会，不仅是荒废了我个人的功夫，也辜负了樱井先生的热情指导和期望。听说老师现已九旬有余，如有机会再次光临大连，我一定前去欢迎和拜谢他老人家的教诲之恩！

（九）大石初太郎先生

1939年我在师范四年级时，他才调到中学部来教日语。他并没给我们上过课，只是刚调来时，在师范礼堂里由村井永藏校长给全校师生作过介绍。

后来他调到附属公学堂任主事时，我在附属二部任教，就成了我的顶头上司，一二部常到一起开会（几乎每周1—2次），有时他也亲自到二部了解情况，二部有位主任（日本人）也属于他的管辖下，当时我又是二部的教导主任，自然在工作上有些联系。有次听说我考上新京（长春）工业大学，他很高兴。在我们到一部去开会时，会后邀我到他府上。他夫人大石泰子是位特别热情的人，二位一定要留我在他们府上住一宿，尽管是天色已晚，我也要骑自行车回鸦鸽嘴，可是二位执意不肯，我只得从命在他们府上住了一宿。时值严寒的冬季，夫人怕冷着我，夜里把炉子生得旺旺的，第二天早起我要走时，夫人早已做好了早饭，端上来一看是糯米掺红豆蒸的饭。大石先生告诉我："这叫せまはん（赤饭）。日本的习俗，遇有喜庆事时要吃这种饭的！"我很感激先生和夫人的厚意。当我到了长春就学之后，我特地写信一再回谢他们二位。

大石先生是位学者，欣赏好学的人，加上我又是他的所属部下，对我就有些殊爱，这种恩情使我铭记，殊不能忘。

（十）濑岛先生

是我从师范毕业后才由日本调来的师范教头，我们根本不相识。可能他听别位老师介绍过我在学（四年级）时，曾在礼堂里发表过"毕达哥拉斯定理（Pythagorean theorem）即勾股定理的证明法近80例"的事，再有当时附属公学堂自身出版的一种内部刊物《魂》（也发行到当时州内的各个学校）上，有我关于数学方面的一点见解，被他看到，引起他的兴趣。有一次正当我到一部开会，可能他早有话同附属主事——大石联系过，待会议结束后让我到母校去找他。当我找去后，他特地把我领回他府上去。坐下后饮茶时对我讲："你的情况我知道并看到你在《魂》上发表的意见，我很欣赏！这次母校缺数学教师，我想请你来担任如何？"我听了后特别高兴和激动，但也恐怕，我哪有这种本领。尽管是在学生时代我是热爱这门课程，也有点心得，可是回头来教后辈同学，那可不是一件容易事。我在心中这样想的同时，我回答说，老师对我这种高举，我非常感谢！老师这样对我举荐，如同中国常说的伯乐相马的故事。可惜我不是那种千里马，我还差得很远，为此我想到上级学校去深造以后再回来报效母校。他听我这么一说，便问去哪里。我回答说，想去工业大学学习。听我这样一说，他立即就说："好，到上级学校去学习我非常赞同，即是如此，我就不拦挡你了，你可以好好去学习深造罢，预祝你成功！"之后不久，我就北上去求学了。

濑岛先生和大石先生二位都是有学问的人，听说别人爱学好学他们就非常喜欢并且给予帮助。

我常回想这三位先生虽不是教过我的母校当时的老师，可是他们对我的鼓励不小，我直至今日也念念不忘他们的厚意和恩情。

(十一) 前村老师

前村是日本鹿儿岛人，曾在普兰店公学堂任农业教员，是一个能忠实执行奴化教育的马前卒，后来被"关东州"厅学务系相中，便将他调到附属公学堂二部任主任。到任的第二天，他穿着一身褪了色的工作服，脚穿一双前头带丫巴的胶鞋，腿打裹腿，个头不高，看上去实是一个穷棒子式，缺乏教师的尊严。于是学生们就给他送了一个"小破钱"的绰号。不言而喻，所谓"小"是指他的个头矮，穿着又不同于一般日本人那种阔气，相比之下显得破乱，便拾其"破"字，再与"前村"的"前"字谐音的钱，也就恰如其分地给叫成了"小破钱"。

他上任后，先抓两样事：一是他不惜经费之不足，将学校南园里的五处古坟集中埋到一起，立上碑志，上写"五体无缘墓之碑"，又定每年农历七月十五日请道士念经超度，并奉香烧纸进供，全校师生停课参加祭奠。借此给学生们灌输日本人所信奉的神教；二是抓学生们的住区划分，将学校附近的村落划分为河东、河西、河北、周家坦、文家和杨树沟等区，让各区的学生们每早拿着清扫用具，由高年级（六年级）学生负责召集，打扫自区的卫生。初干尚属稀罕，干长了倒惹起家长们的不满。家长们说："此人望之不似仁师，就之而不见其尊严"，跟学生们一起叫起他"小破钱"了。这么一来，鸦鸪嘴全村不管是大人小孩，一提起"小破钱"无人不知，无人不晓。

高一和高二（五六年级）的日语和农业课由他担任。按理，他是日本人，说起日语来比中国老师能够流利得多，可他在教课方面对最起码的程序都不清楚，若让在教法上说出点道理来，那就更不行了，所以在上日语课时，简直是一塌糊涂。在这所学校里同他一起共事的还有 8 名中国人，他（她）们每周都担任 32—34 节课的教学，唯他一人每周只给五六年级上 12 节课，此外再没有什么任务。而中国老师每年每人总要有近半年时间指导师范和讲习科教生们的教学，还要有三四次公开教学，每年每人至少还要发表一篇专题研究报告，而他不是如此，却游手好闲，从来不作公开教学，所以教学质量若同其他老师相比，真有天壤之差。

有一次给高二（六年级）学生们上农业课。这种课，一上就是整个一下午，他不管天气是如何炎热，总是无情地使役学生多去干重体力劳动，学生们累得很厉害时，他也不考虑适当给点休息时间，接着又叫学生除大粪。而在学生们咬紧牙关坚持干的过程中，他却在一旁厉声厉色地唠唠叨叨狠狠批评。这时有个姓周的学生顶了他一句："你批评起来没有个完，还想把我们累死吗？"他或多或少也明白点中国话，即使不明白全意也能理会到是顶撞他的，便敏感地意识到"这纯属反抗！""反抗大日本帝国，那还了得！"于是就气冲冲地扑向那个学生，正在举手狠狠地要去打的一刹那，便有个机灵的学生马上将手中正在用的粪舀子给他从背后扣到头上去了。

全班同学看到这种
场面，顿时全都撒腿跑
散了。他这时也顾不得
去打学生，只顾赶紧摘
戴在头上那顶又臭又脏
的"粪帽子"。当他好不
容易摘下"粪帽子"时，
学生们一个也不在场，

旅顺师范学堂附属公学堂旧址。

全都跑光了。这时可把他气坏了，旋即拖着"粪帽子"的长辫（粪舀把）气
急败坏地狠狠地摔到地上。他这种狼狈相，尽管此时此刻全校师生都在南
园里劳动未得目睹，可却被在校园外边的许多乡民亲眼看到了。据乡民们
说："可有意思了，真开心，只看他紧着鼻子，闭着嘴，满身淋漓的粪汤在滴
答着，真像一只掉进粪池里的落汤鸡。"这时，他素日对待乡民和学生们的
那种耀武扬威、趾高气扬的神气，一点也显不出来了，只是低着头快步向教
生室前的井台上跑去，要堂役（校工友）老王帮他打水冲洗。乡民们个个捧
腹大笑。

跑散了的学生们，都到学校东北角的小龟山上，藏进堡垒里去了。后
来幸有李老师出头，到山上把学生们劝说回校，当着"小破钱"的面给学生
们好一顿训斥，总算为他找回来面子，他也自知不好，于是再也不在嘴上说
什么"要严加惩罚"之类的话了。通过这回事也教育了"小破钱"，他再也
不敢去强迫使役学生们做那些无休止的劳动了。

（十二）牛岛老师

我于1940年3月20日毕业后，在分配工作时偏就给我分配到附属公
学堂的二部去，怎么那么巧就给我分配到"小破钱"的跟前去。当我知道这
一消息后，立即于第二天（21日）就从家返回到附属一部的主事——牛岛
春美那里去，要求不要给我分配到那里去。牛岛说："凡是被本校留到附属
的都是因为你们品行和成绩皆优，又适宜于我们附属留取的条件，这也是

本校和我们双方议定下来的事,不可更改。你和前村的事我知道,你只管去,有什么事由我来负责,请你放心大胆地去干罢。"

牛岛这番谈话,虽也谈及我是罢课头头,品行并不皆优,不应留我。为此我已理解到:大局已定,是不可更改的。为抗议"小破钱"对我的不公正诬告和所受的损失及伤害,我故意在家推迟数日才到任。到任之后,他表面上不显露什么,可在背地里却在暗算我。大约过了四五个月后,有一次他突然闯进我正给高二学生们上理科课(自然课)的教室看课,下课回办公室恰要进午餐时,他气势汹汹地问我:"君どうして日本语を使わないのか。"我说:理科课不是日语课,而且理科是要学生们明白自然规律的学科,我用日语讲学生可能会听不懂。你说教理科这门课程的目的到底是让学生们明白自然规律,还是让他们学习日语? 若让他们学习日语那是你的事,并非是我教理科课老师的事。他听我这样说,便认为我是胆大妄为,于是就开口骂我:"ばかいう"(笨蛋)。我也不示弱地去回击他:"君ちばかいう!"(你才笨蛋!)就这样和他舌战了一气,他是企图拿我开刀,好在其余7位中国老师们面前来显威风。"我是日本人高你们一等,又是这二部的主任,你们都得乖乖地听我说,否则……"他想用高压势力来压服,没想到我不听那个邪,却从心底里迸发出一种旧冤新恨来向他大胆顶撞。反正不能因我没用日语讲课,诬告我是什么头头和思想犯的。

结果他也看出我是压而不服的,可能也觉得吵下去对他也没面子。恰在这种场合,李国卿老师(高公师范三届毕业前辈,是教导主任)出面将我俩安抚下来了。

"以力服人者,非心服也!""小破钱"未从他几经挫败中吸取教训,于1941年的3月灰溜溜地回日本了。

(十三) 吉川老师

吉川是日本鹿儿岛县人,1938年调到旅顺高公师范部任农业教谕。当村井校长引他到礼堂给全校师生们介绍时,大家看到他的长相和穿戴打扮,都愣住了。他身材不高,圆圆脸长着一脸络腮胡,走起路来两脚向外撇出八字步，身穿一套褪色的黄工作服，打着裹腿，脚穿一双农田鞋，活像当时日本农民打扮。故有顽皮同学就给他送了一个"小把头"的绰号。他说话的腔调，可是个地道的鹿儿岛人学说日本东京语，常把"か"给说成"くゎ"的特征音吐露出来。

当时在师范里任农业的教师，除担任农业课外，还需教植物学、动物学、生理卫生和矿物学及博物概论等课程的。我们升入三年级以后，因为没有新任教师，便将生理卫生课耽搁了半年多，这次大家可盼来了新任的吉川先生，好似久旱逢甘雨，大家乐坏了。尽管他的长相和打扮有些可笑，重要的是要看他在教课上怎样。俗话说，"人不可貌相，海水不可斗量"，或许老师有才华，而才美不外现，也可能在教课方面有造诣，胜过前任一筹也未可知。因此，我们先不去评头品足、说三道四，待在上课时再看。学生们的期望，就寄托在这第一堂课上了。

谁知他在上这第一堂课时，从校农园里提来一支雄鸡，学生们行过礼之后，刚坐定，他就开言说："今天咱们学习解剖学，我用这支鸡来给大家做解剖。"话音刚落，他就用右手去握住鸡脖，用左手卡着翅膀，两下用力，边扭边把鸡摁到自己弓着步的左腿膝盖处猛扭。鸡是拼命蹬着两腿挣扎，翅膀使劲地扑棱。正当鸡把腿一伸停下扑棱时，他以为鸡是死了，便撒了手。谁知刚一撒手，鸡就飞起来，在满教室（博物教室）内腾空乱飞，这时他便对我们说："你们将它抓住！就自行解剖吧！"一边说着就一边离开教室扬长而去了，直到下课铃响也没回来。学生们尽管是抓到鸡又用刀子给宰了，同时也遵循他的吩咐去做了解剖，实际那是一次形式上的胡乱解剖，并不是按什么程序做的，我们是一无所得。如按教课方法去进行解剖的话，老师应首先给学生们交代清楚解剖程序：怎样宰杀，怎样去毛，应当怎样去开膛；开膛后应如何观察脏器的分布情况和其相互间的连接系统及其功用等。老师在指导学生们解剖的过程中，也应随时提出问题，如：在其消化系统中为什么有肫肝？它的结构怎样？作用如何？同时也就引导到鸡（泛指禽类）为什么无牙和前腿。这便会启发起学生们联想到在二年级所学过的动物课中"始祖鸟"的情况，由此又可同生物的退化或进化等结合起来学。这么一来，那就不单纯是一堂解剖学的课堂，也是一堂同其相关联学科的总体学习了。如以此循序渐进的方式边解剖边引导，会使学生们把这堂解剖课学活了。最后在课堂将要结束之前，老师和学生们一起共同来概括地总结一下学习成就，岂不是上了一堂成功、漂亮、潇洒的解剖课么！这时老师授课的技巧和才华，自然会使学生们赞不绝口，并且也会使学生们感到听这位新任老师的课，真也解渴。可惜，吉川这位"把头"老师没能这样做，刚上课不久便溜之大吉，真也辜负了学生们对他的期盼。结果这第一堂生理卫生课是宣告他失败的一堂课，也是他没有授课本领的一次大暴露。

那么对他拿手的专业农业课该上得好了吧？其实在其后的农业课上，也是一塌糊涂。只知让学生们在农园里猛干，有关农业知识什么的也讲不出来。如果对蔬菜除虫和药剂用量若说是一窍不通，可能说得过火些，实际就是糊涂弄不清。像这样的老师，不知当时的"关东州"厅"学务系"为什么要派他到师范来？

回忆我在鸦鹘嘴教场的任教生活

鸦鹘嘴是位于旅顺口区太阳沟西去五六公里的乡村集市，现为旅顺铁山镇政府的所在地。

日本统治时期是为方家屯会的一个重镇，南方是柏岚子，西南方有绵亘的老铁山，背后有南山里，北去有方家村可达江西村等地，交通是四通八达。附属公学堂二部就设立在此，因为它既介于城乡，又处于集镇之交的地方，是适宜于师范生和讲习生（实习生）毕业前进行乡村教育实习的最佳场所。

校园占地约有20000平方米，一条东西横穿的公路将校园一分为二。南边的10000平方米成为学生实习的农园地，北边的这10000平方米是为教室（1—6年级）、操场、果园、教师宿舍、教生（实习生）宿舍，还有温室、畜舍等。南边的农园于1941年被命名为"映心园"，由王泰仁老师书写篆刻的牌匾，悬挂在园门梁上，显现出师生们洒汗水所得到的美满成果园地。

于国成在旅顺师范附属公学堂二部任教时。

　　3—6 年级的师生每日下午用 2 课时的时间在园地里实习种菜和庄稼。每个年级约分担 200 平方米地块，按在籍人数分成 6—8 个组，分别由各组整地莳弄。有种西红柿、豆类、菜（甘蓝或水萝卜）等，也有种牛蒡、黄瓜、小白菜和土豆等等不一。种什么由各年级的小组自行规定。夏季入伏后还可种大白菜、胡萝卜、大萝卜、大葱等。总的说是一般蔬菜都有，但是数量并不多，主要以学生们实习务农为目的。余下的地面分花坛和大田。花坛是由女老师指导全校 3—6 年级的女生们种植各种花卉。从春至秋各种花卉都有些。如唐菖蒲、西番莲（大丽花）、苏子红（鼠尾草）等。这块花坛正是设在整个农园的北边，靠近通向南山里公路的路旁，来往过路的行人，对园中盛开的花卉都欣赏不绝。剩下的大田和果园大部分由高年级（5—6 年级）学员承担，种植小麦、苞米或倭瓜等作物。特别是待小麦收割后，磨成面粉，蒸出雪白的大馒头供全校师生每人两个，再用园中各年级出的菜在学校厨房里做出美味可口的好菜，供全校师生们会餐一顿，每个学生都吃得乐滋滋的，也算是全校师生们劳动一春一夏的慰劳。师生们都特别高兴,心里也乐陶陶的。这种园艺劳动,校方并非由学生劳动种出的蔬菜去换取什么金钱的一种盈利买卖,而是通过劳动锻炼学生们的朴素勤劳精神,练达成一个能吃苦耐劳的性格并养成好体力,即使毕业后不升学到社会,也能担当起或胜任各种工作任务的。因此,师生们把每天下午的这项劳动引为自乐,个个都是乐呵呵地自愿地干着。每当劳动要完结的时候,师生们看到蔬菜都灌饱了水,在夕阳下映出园中的景象,师生们便会欣然地吟唱出如下的歌儿,来结束这一天的劳动。

曲谱:日本富士山

歌词作者:李国卿(1935 年师范毕业生,二部教导主任)

歌词:

拾起来镢头搁下了筐,
我们在园中忙;
捉尽虫儿灌饱了水,
花菜喜洋洋!
默默无言挥着汗珠,
做的有层次呀!
夕阳西下,
黄昏之景鉴赏又味长!

每当我和学生们一起唱起这首歌时,不由得会想起法国画家米勒(Jean-Francois Millet,1814—1857 年)画的《晚钟》那幅名画的情景来。

三年级以上的同学除了上述的农艺课外,还在课余时间里负责养鸡、兔、猪、羊等家禽家畜,还养过蜜蜂,来陶冶学生们的情操。

我曾经负责养蜂。当分蜂时,四年级小学生们干不了。一次分蜂后,我在过园中竹栏杆时,两手把着栏杆全身低俯近栏杆,双腿腾起跳越时,因竹竿老化承不了我的体重,竹竿折断把我摔到园外,要爬起身时发觉左尺骨脱臼,经日本高等学校的柔道老师整骨也没整好,每天用三角巾撑着左

日本寻常小学生自制鸽笼养鸽。

日本寻常小学五年级学生养兔。

胳膊，给学生们上课，从来未停过
课。一两个月后伤处长出骨质增生，
最后寒假去大连红十字医院（现在
的医大二院前身）做手术，方才使
伤处复原（仍未完全复好，好在体
育课时，屈伸胳膊腕尚可持平）。在
这种情况下，也没扔下学生们的课
程。并不是我个人如此，当时教师

日本学校的劳作教育：寻常小学一年
级农作物栽培。

们的心情都是如此，不能任意耽误孩子们的课程。

二部和一部不同，教师9个人中只有一个日本人，他作为主任在场坐
镇。开始是"小破钱"前村，他只知道严管学生。后来接任的米冈桂五郎还
行，同中国老师们的关系搞得还算融洽。中国老师都是从师范毕业的前后
老同学，特别和睦相处，彼此相敬相爱没有任何隔阂。当时在全"关东州"
各学校也没有这种教师阵容：可以说附属公学堂留用师范毕业生，有个"近
水楼台先得月"的优先条件，凡是成绩优秀的都得被留下分配到一二部里
任教。一部是日本教师多，中国教师仅有1—2名，即使想发挥作用也不太
容易。二部的教师则不然，大家都以教好学生绝不能空费孩子们的宝贵时
间为己任，一心一意地为学生们备好课和批改好作业。有无参观者来访或
教生（实习生）来实习，大家一年到头都是如此去做的。深夜里，将今天和
明天应做的一切课程功夫都结束之后，各自学习各方面的知识来充实自己。

当时住在宿舍里几乎每人一间小屋，自己根据自己的精力，愿读到深夜里什么时间就读到什么时间。我们在二部里任教的人几乎每星期至少一次需到一部那里去开会，有时还有二三次。在那里散会之后，大部分都到当时在新市街（太阳沟）的两个书店（多以良和文英堂）去买书，遇到新书、好书就买，大部分都买有关中国方面的书。抗日战争时期，日本侵略军到咱们内地看到需要向他们国民介绍的新东西，就翻译出版，如《中山全集》《社会科学》（何干之著）等，还有些自己想要学习的专业知识的书籍。回忆起当时在任教过程中确实是得到了不少的收获，既教人又练己，这对后来的工作和学习都有很大帮助。

当时我们共同强调：师生同行！不论是在农园里劳动或是其他的重体力活，都由老师带头和学生们齐干，课间做操也是和学生们同行。例如，练铁杠，练写字，练书法。课间休息时，老师同学生一齐到操场的铁杠处，老师示范学生照着做，或由学生做老师再指导、纠正。师生之间特别融洽，学生们也自然而然地喜爱上练铁杠了，所以大部分学生们的胸围都增宽了不少。

每个月一次，老师和学生们同到校外去写生，回校后各班在班内自行评选，评选出来的再集中到校部。业余时间里，全校9名老师集中逐班逐年级地评，评时在画角上用分红、黄、绿的标条粘贴，然后再用红、黄、绿的奖状由各班老师分别写好集中到校部。次日晨会时由主任（或教务主任）郑重其事地分授给受奖的学生。书法（当时是毛笔字）也是如此举行。因此学生们都是津津乐道。一般讲起来学生们都达到见景即会画，遇字（毛笔字）就敢写的程度，并且还都有一定的水平。

与上述书、画的奖励办法相同，每月全校老师和各年级的学生代表参加园艺评比，同样有奖以资鼓励。所以每天的劳作结束后，各班级的园地都整理得整整齐齐，有条不紊，看起来正如园歌所唱的那样："做的有层次呀……鉴赏又味长！"

我们努力培养学生们与大自然接触，热爱大自然。一二年级小学生们体力薄弱不过分主张此举，三年级以上根据各班级的情况，可由教师同学生共同商定，选择自班的规划。我记得我担任的班级在初二时着重养育观察蝌蚪成长过程；三年级时着重观察夜空星辰，特别是北斗星和北极星的位置及关系；四年级时着重观察各季节里的太阳出没方位和时间；五年级时走访南山里校园古墓和营城子汉墓；六年级时走访老铁山灯塔，观察渤海和黄海两水道的交汇景观和灯塔建筑、灯塔用水及灯台转动结构等。

野外考察即利用学校每月一次野游或用星期天假日，组织同学们（志愿者参加）活动。通过接触大自然，对培养学生们热爱乡土和理解大自然是非常有帮助的。

鸦鹋嘴教场的师资力量可说优越，都是师范前后老同学们任教，又都是获有甲种教员证的资格。每位老师都具有承教1—6年级的所有学科能力，并从各位的专长选任各技能课。比如，文学方面有李国卿老师，书法方面有王太仁老师，音乐方面有李铎昌老师、安立生老师，体育方面有孙宝连老师，刺绣方面有郭宝钗老师，日语方面有陈志云老师、孙广德老师，花卉方面有陈志云老师，理数和自然方面由我担任。所以学生们学习的课程都比较扎实。

回忆"关东州"小学师资考核晋升

日本帝国主义占领旅大时期，将现在普兰店市所辖的以南地区称为"关东州"。当时在这块土地内所设的中国人小学，分为普通学堂和公学堂两类。普通学堂的学制四年，相当于现今小学1—4年制，而公学堂的学制又被划分为二年制（相当于现今小学5—6年级）和六年制（相当于现今小学1—6年级）的两种。

从"关东州"的东北角城子坦起，直去普兰店一线，再转向南或西南方向，直到大连和旅顺的这块3462平方公里的土地上，共设立了70余所普通学堂和3所二年制的公学堂及20余所六年制的公学堂。在这些学堂内任教的师资结构，大致可分为甲、乙、丙和第四种教员等几种情况。

此中的乙种教员是由经历正规师范4年制专科教育的毕业生来充当。他们在学校毕业当时，由"关东州"厅学务系发给了乙种教员免许证，可被安排在普通学堂或在设有1—6年制公学堂里的1—4年级内任教，并在此类学堂内的师资结构中成为它的组成主体。甲种教员是必须具有乙种教员资格，又须有过实的教学经验，并在举行甲种教员学科考试和实地教学考核中，获得甲种教员合格证书者，方可在设有5—6年制或设有1—6年制的5—6年级中任教。而丙种教员，并不意味着是从甲、乙所排列起来的第三等教员，它是持有突出的特殊技艺的专科师资。如：体育、美术、音乐、农艺和书法等方面专长的教员。第四种教员的组成比较复杂：当时是由乡间私塾资历的老师和乡中有识之士及由在当时"关东州"内其他别类专科学校（如：旅顺高等公学校中学部、金州农业学堂、大连商业学堂和大连协和实业学校）的毕业生；再有从公学堂6年毕业后，考入（或被保送到）旅顺高等公学校师范部附设的师范讲习科，进修半年（后延长为一年）的讲习生；或未经师资训练的公学堂六年毕业生来形成的。当然，属于第四种教员的是全被安排在普通学堂或1—6年制公学堂内的1—4年级内任教。

这里，将晋升甲种教员的考试科目列举如下。

（一）学科考试科目

凡报考甲种教员的考生，一般是在每年的8月里接受学科考试，冬季的10月末或11月上旬进行实地教学考核。在进行学科考试时，"关东州"厅学务系将报考者，全部集中到大连西岗公学堂（现大连一中）的礼堂里，在那炎热的夏季天气中，一下子就需要继续两周不断的考试。其科目大致如下：

1. 公德方面：修身、伦理。

2. 教育方面：教授法、伦理学、教育学、教育史、儿童心理学。

3. 语文方面：孟子、论语、古文释义、作文、书法（中、小楷）。

4. 日语方面：高等日本语、语法、翻译、作文。

5. 数学方面：算术、珠算、代数、几何（平面和立体）、三角法。

6.理化方面：物理、化学。

7.史地方面：东洋史、日本史、西洋史、满洲事情、日本地理、世界地理、地理概论。

8.博物方面：植物学、动物学、生理卫生、矿物学、博物概论。

9.美术方面：美工、素描、水色画、用器画。

10.音乐方面：乐理、作谱、唱歌、抚琴。

11.体育方面：理论、徒手操、机械操、发令和编队。

12.农业方面：农艺、气象。

以上共举12类近60种，虽属甲种教员的受考科目，但对其他种教员的考试科目也有从中选考与其相适应的科目来进行的。不过，对于教育学、伦理学和儿童心理学等，皆属各种教员所必须指定受考的科目，决不遗漏。

(二) 实地教学考核

考生们经过8月的学科考试考完之后，于10月上中旬发榜，经学科考试合格者，于10月末或11月上旬，需到旅顺高等公学校师范部附属公学堂进行实地教学考核。在此之前，"关东州"厅学务系授权附属公学堂主事（相当于公学堂的堂长，直属于师范的校长领导），由他聘任该学堂在教学方面有相当丰富经验的教师出任考官。考官们由该学堂主事牵头组成考核委员会（简称考委会，考官们也可称考委委员），考委会根据学科考试合格名单，按考生们所报考科目编制实地教学考核课程表。

在考核当天，出任考官的委员，按实地教学考核课程表的编排程序，将教材和制作教案交给即将在下一节课时内要进行考核的考生，让他抓紧时间在被指定的这前一节课时内备好课和做好教案。当铃声一响，考官就领着考生到指定的班级去上课。当考生和考官进入课堂之后，教案须交给考官，考生便开始给学生们上课。考官就坐在教室的后面，聚精会神地按考核要求，严密观察考生的教学情况，进行打分。考官主要观察考生是怎样去引导学生们进入学习阵地的，再看学生们的学习情绪被考生给诱发起来之后，又是如何去进行本教材的教授情况的。此间，当然也观察考生的教学态度（简称"教态"）是否自然、沉着，并看他如何去启发、诱导学生们思考问题等；同时，注意看他的板书是否有条不紊和整洁化，因为板书的条理和整洁化，是对本节课时内进行钻研和细致推理程序用的必备条件，绝不是老师不假思索地进行乱画的阵地。当考生在完成教授任务之后，进入结束阶段时，又须看他是如何整顿学习效果和布置下节课时任务等的收场情况。若皆合乎一般正规授课程序要求，并且达到同其所制作教案的步调相一致的，应计入优秀分数，并准予该考生的实地教学考核完满结束。

考官们将全天的考核课程结束后，在二部的考官们需将自己所负担的考生成绩和教案等材料带到一部去，在那里一二部的考官们聚集到会议室，由主任委员（即附属公学堂的主事）主持召开平衡审定会议。每位考官将自己所负责考生的得分和授课情况向全体委员们汇报后，由所有考官（即委员）进行评议，如无异议则予通过。由于考生多，每人都需给予评议，所以费时特别长，往往到深更半夜。考官们确也认真负责，尽量能达到合格的，就一定给予审定通过，决不辜负考生们的期望。但也有确实不符合教学法方面的要求，他们多是未经师资训练的，自己又未曾受过实地教学考核的场面经验，因此在授课过程中，出现一些不应有的恐惧状态或干脆不知如何整顿收尾，而影响了教学效果。对这种考生在平衡审定会议上，确实使考官们为他们惋惜，只望他们来年鼓起勇气，再来应考。

当时，我曾连续三届被聘为考官，对于实地教学考核情况是比较清楚了解的。现在回忆起这段往事，确有不少感怀。

1. 当时设定对各种教师的师资考核和晋升制度是很有必要的，能促进教师们去脚踏实地、精益求精地钻研教学方法，使得学生们可多受教益。

2. 从学科考试到实地教学考核的时间拖得太长。考生们前后被折腾了四五个月，真够筋疲力尽的。

3. 学科考试科目和授有乙种教员免许证书的师范生们，在学生时代所考的各学科相同，并在学生时代也都考过，何必在毕业后再重来一次，真是多此一举。但对未受过师范教育的教师倒有必要进行此考。

4. 经过实地教学考核及格后，乙种教员便晋升为甲种教员，从翌年的一月开始增资 2 元,这对师范毕业生是莫大的讽刺或笑话,为此多数师范生是不愿报考的。

5.师范毕业留任在附属公学堂的教员为什么得考呢? 因为附属公学堂的教员,必须得有甲种教员的资格,否则对母校毕业的实习生指导就不具备条件和资格,同时校方也逼你必须得报考。

6.日本统治者采取小学师资考核晋升是装点门面的举措,而执行殖民地的奴化教育才是它的真髓。

试看每年师范毕业生男女合计仅有五十几名,再多也只有 70—80 名,如前所述全"关东州"的小学和公学堂合起来不满 100 余所,每校 1 名师范生也不够分的。尽管有其他的中等学校毕业生加入,为数也不多,所以日本统治者便采用了工薪低,文化水平比其所教生略高那么一点的人任小学教员,这岂不误人子弟吗? 正因为日本人采取这种愚民教育政策,给旅大地区的百姓们造成一种极不正确的错误印象,即"凡能识字的就能教学!"所以直到新中国成立后对旅大地区的师资结构进行调整和提高前,都给人们造成极坏的影响,这不能不说是日本帝国主义统治者给旅大人民留下的极大遗患!

访谈人:齐红深、陈丕忠、李昕。访谈时间:1993 年 9 月,2015 年 7 月。地点:大连玻璃厂、大连市沙河口区华北路 464 号。

杨基宏:

从旅顺农村走出的大学生

杨基宏,男,汉族,1921年4月4日出生。籍贯:大连市旅顺口区。离休时所在单位:鞍山钢铁总公司。职务:副处长。职称:高级工程师。日本占领时就读学校:旅顺高等公学校、旅顺工科大学。

抗战胜利后曾担任中学教师、中专教师、副校长等职;1955年经冶金部调至鞍钢夜大学任教务长;"文化大革命"时下放农村劳动,回城后在鞍山化工厂、三厂做技术工作;1979年平反,任鞍钢环保处副处长;1985年离休。

日本重视教育

日本从明治维新以后,十分重视教育,实行全民义务教育。对殖民地的战略也是从教育入手的。不过旅大地区和朝鲜、台湾地区有些不同,旅大地区还不是殖民地,而是租借地,但教育机构的模式类同。首先在名词上,初等教育在日本称为××小学,在旅大地区称为普通学堂是初小,公学堂指高小;若初小四年和高小二年共六年制的学校称为××公学堂。这种名称和朝鲜、台湾地区一样。在中等教育,师范称为师范学堂,中学教育称为××中学,和日本同样称呼。但"九一八事变"以后,中等教育改称高等公学校,其中分为中学部和师范部,和朝鲜、台湾地区一样了。由此可以认为,旅大地区变成日本占领的殖民地了。

所谓初小的普通学堂设在农村，而高小所谓公学堂设在城市里或较大的"会"（乡镇）级政府所在地。初等教育类似义务教育，免收学费，对普及文化起到一定作用。师范教育不仅免学费，还有一定津贴，为培养小学教师和保证师资收到一定效果。师范毕业后，必须有四年义务工作。另一方面，对困难家庭给了很多出路。小学教师收入可观，教师职业受大家尊重，所以考入师范的学生，多数是小学阶段的优秀学生。

小学教育授课情况：每天六节课，教学内容每天必有一节中文、日语、数学。之外，有体育、音乐、图画、书法、手工。每周只有一次修身课，主讲公德、礼仪等。教材是统一教材，由编审机关审定的。教师方面，初小阶段完全是中国教师，高小阶段，每天一节中文课由中国教师担任，其他各科全是日本教师任课。

中等教育方面：为了解决小学教师来源，先成立了旅顺师范学堂，以后成立旅顺二中，专招中国高小毕业生，以后改称旅顺高等公学校（简称"旅顺高公"）。在大连成立了商业学堂，以后又成立了实业学堂，属于中等职业教育。高小毕业后的中国女生，多插入日本女子中学，称为高等女子学校，直到1940年前后才在金州成立了专招中国人的高等女子学校。教材方面，采用与日本各中学同样的教材，此外每周有四节中文课由中国教师担任，另外还有四节日语，选自日本当代文学和现代文学中的名文。职业教育学校，重视珠算水平和簿记知识，也有日语课，基本采用日本职业教育教材。

我的中学是在旅顺高公中学部度过的，再具体介绍一下该校的情况。

旅顺白玉山"忠灵塔"竣工纪念戳。

该校招收旅顺、大连、金州、普兰店、貔子窝各地的高小毕业生。全校当时约有三百多名学生，大部分都是住宿生。宿舍条件很好，一二年级每室十人左右，三年级为五六人，四年级三四人，五年级二人。环境优美，特别是当时伙食很好。这三百多人生活在一起，朝夕相处，又是二十岁上下的青年，富有朝气，上下级生比较和谐融洽，留下了美好的记忆。但是从1939年前后，出现了新情况，上级生欺压下级生，以后愈演愈烈，这和当时日本中学的影响有关。日本中学实行军队管理方式，管教十分严格，也贯彻了日本军队作风，下级必须无条件服从上级。此时传播到我校，破坏了以前旅顺二中旧有的风尚。但是爱国主义思想是从二中时代留下来的。大家把这个传统一直保持下来，在这个思想之下颇有一定凝聚力量。

高等教育方面：1909年，"关东州"在旅顺成立了工科学堂。1922年，破格成为旅顺工科大学。同时"满铁"在大连设立的南满洲工业学校的基础上成立了南满洲工业专科学校，为铁路培养工业科技人才。1937年，在大连成立了高等商业学校。上述各校主要招收日本中学毕业生，每年也招收极少几名中国中学毕业生。

日本教育体制是效仿德国的，即小学六年，中学五年，高等学校三年，大学三年。工大预科相当于高等学校三年。

日本对中学施以军事化管理，要求纪律十分严格。对高等学校学生认为比较成熟，完全放开，要求自治，自觉学习。要求吸收广泛知识，为培养以后成为高级人才打下基础。对学校课程能及格就可以，这个阶段要培养自觉读书习惯，养成一生自觉不断吸收知识的能力，所以在学生中成立各种组织，如文学、哲学、宗教、音乐、美术以及电影欣赏，可以自由参加。至于生活作风稍微表现放荡一些，社会也是认可的。

大学教育以教授教室为主要方式组成。每位教授一般都有自己的教室接纳学生。有名望的教授，都是一个学科领域的领头人，也直接影响大学的威望。

旅顺工大是一所单一工科大学，全校学生约五百人。分预科、本科各三个等级，每年招生80名，1939年开始增加招收120名。本科分为机械、

旅顺工科大学，设在"关东州"的日本国立大学。

电气、采矿、冶金系，之后增加应用化学、航空系。机、电、采各系学生较多，冶、化、航学员较少。基本上分配到各教授教室授课。该校在30年代，由日本科学家任校长，聘请一流学者来校任教，而且学校科研经费充足，为各教授提供良好科研条件。一时期在各专业刊物发表大批论文，提高了学校的知名度，在日本颇有影响。另外学生只收伙食费，其他免收一切费用，在日本大学中花钱最少，大批贫寒家庭青年蜂拥而至。日本规定工科学生不上战争第一线，只参加军工厂或经过短期训练后，成为技术军官。有了上述情况，入学竞争激烈。1939年入学的中学生，曾在中学班级成绩第一名者占有百分之五十，其余同学也都是经补习一年后考入的。该校入学考试的试题为全日本最难而出名的。

日本从明治维新以后打破闭关自守，开放向西方学习，而十分重视教育，普及国民义务教育收到成效，对殖民地以日本国内模式抓教育为战略重点，为巩固日本占领地位，培养亲日分子起了一定作用。对日本百姓素质提高，增加国家凝聚力是有效的。日本占领朝鲜、中国台湾，大力推行殖民地民族归化政策，一方面强调了大和民族为优秀民族，另一方面又十分排斥其他民族，如对原日本土著民族阿衣奴族是实行消减政策，接着对琉球地方民族，基本消减，又以这种政策施行于朝鲜、中国台湾。"九一八事变"后对旅大地区开始推行这种政策。对于民族问题不是采取兼容并包，而是采用强硬压迫手段，必然是失败的。分析其原因是与日本民族特性和执政当局有密切关系。日本所谓大和民族，先天文化接受中华的汉文化，又生长在一个岛国，地理窄小，自然形成了气质狭隘，度量小，很难包容不同民族。对这一点日本高层文化人是有所认识的。日本从日清、日俄等战争都是用武力取得成果，胜利冲昏头脑，军人取得特殊地位，争得了一定领导权力，当决定国策时，就由军国主义分子起主导作用。"九一八事变"后成立伪满洲国，采用"以华制华"方法。日本作为太上皇，认为这种伎俩可以用。在"七七事变"初，在华北用王揖唐、殷汝耕等亲日分子，成立华北自治政府。之后，拉出汪精卫成立新政府，由此野心越发膨胀，自称日本是大东亚

1939年大连大和旅馆。

的领主，在世界格局上，不能不引起欧美关心，但日本仍一意孤行，以先下手为强偷袭珍珠港，从此之后暴露了日本兵力、物力出现困难，在军国主义分子统治之下，受了很大痛苦。正如我国领导人常说：中国百姓遭到不幸，而日本人民在战争中也遭到不幸，这一点我体会最深刻。

父亲是《关东报》送报员

我生长在旅顺郊区的一个小农村，家里房无一间，地无一垄，仅靠父亲为大连《关东报》送报维持生活。八岁入龙头小学，离家约八华里，每天往返一次。当十二岁读完初小要入高小时，离家约十八华里，必须住宿，家里负担不了住宿费，从此，每天走读。母亲认为我年龄太小，不得不在初小又多读了一年。高小毕业要入中学，离家三十多里，走读是不可能的，只好在高小又多读了一年。结果，小学全程六年而我用了八年时光。其间发生了"九一八事变"，大连《关东报》被封闭，父亲失业在家一年，无奈去了沈阳，找到了沈阳北站行李房，月薪30元，可以解决我每月8元的中学宿费，我考入了旅顺高公中学部。中学阶段，父亲一直在沈阳工作，我很幸运的平安度过。在中学时期，曾考取过伪满洲国的公费留日生，由于承担不了在日本的消费和往返路费而放弃，最后选定了每月20元宿费的旅顺工科大学。这所学校基本上不收学费，又不需旅途费用。更主要是选修工科，其他政、法学科就业时只能做日本的直接帮凶。就这样，我成为从小农村走出的大学生，实属不易。

我的小学阶段是在"九一八事变"以前。旅大地区以租借地的名义被日本占据，又因为日本当时军备力量还不十分强大，受英美制约，管理上比较宽松。例如，大连有《关东报》代表中国喉舌，不断报道中国的政治动态，还可以阅读中国杂志、刊物。我看过《儿童世界》，在刊物封面上，画有海棠叶式的中国地图（包括"外蒙古"在内），日本地图好似一条毒虫，将要吃这个叶子。另一个封面上，一个小孩子在日本地图南端，用望远镜窥视中国地图，象征日本正在要侵略中国。小学国文课文是由中国有名的教师编辑的，成为统一教材，内容富有教育意义。如凌霄花（爬藤植物），依赖别的树木爬长，不能自立，寓意每个人应该自强自立。又如梁上双燕，寓意要孝顺老人，自己不孝顺，晚年子孙也会不孝顺自己等。还有爱国主义思想，如有"覆巢之下无完卵，亡国之虞宁有完人"，提醒我们要爱国，万万不能做亡国奴。由于童年思想上有了国家观念，知道自己是中国人，为以后的人生打下了一定基础。

小学时期一次次因家庭经济困难不能正常就学，使我深知读书不容易，必须努力学习，在学习中成绩优秀，考入高公中学部时名列前茅。

日本老师问我们杀不杀蒋介石

我入中学之初的1934年，学校领导和教师队伍是前旅顺二中原班人马，仍维持原来的教育方针不变。不过自"满洲国"成立后，将旅顺二中改成了旅顺高公学校中学部，原旅顺师范学堂改成师范部，而校训仍是"自强不息、身心兼修、约礼弗畔"，是以学习、修养、强身为目标的，说明当时日本的政治思想，还未渗透到学校里来。宿舍生活以及课余活动，都由学生自治管理，思想上是自由愉快的。课程正规，要求严格，实行降班制；强化体育，不少体育项目在当时和日本各中学比赛中，皆拿冠军。

然而，这时候的"关东州"，已隔绝了国内的一切消息，各种报纸书刊更看不到了，只知道学习课程。一天，日本教师在上课之前，突然向大家问道："把蒋介石杀了好呢？还是不杀好呢？"我只知道蒋介石是中国领袖，怎么问起杀他呢？大家只是目瞪口呆，谁也答不出来，没有什么结果，他开始讲课了。第二天才知道发生了"西安事变"，蒋介石被扣押了。

中学采用的教材和日本中学一样，只是每周有四节中文课由中国教师担任，学习选自《孟子》《诗经》《古文观止》中的文章。老师要求很严格，文章必须背诵，在课堂上考查背诵，这些使我受益匪浅。

这期间使我终生难忘的是，在南京被日本占领后，日本举行全国大庆贺，旅顺也不在外，全市举行提灯庆贺，学校也将全校师生拉去游行。在开大会时，我校和旅顺一中（日本中学）相邻，他们兴高采烈，万分高兴，而我们同样在青年时代，内心痛苦不敢表示，相比之下是十分耻辱的。

以后不久，原校长调走，换来一名新校长，政治空气马上发生了变化，去掉了原校训，换上了"满洲国"的"一德一心"政治口号，每周一，新校长向全校师生宣读明治天皇的《教育敕语》。这些举动，从一开始学生就反感，但又不能不接受。正好其间英语教师因病住院，校长代课两三天后，他用听写的方式进行测验，事前大家商定都不写。上课后他宣读部分课文，大家都不动笔，再宣读一次仍不动笔，又宣读一次依然不动笔。最后将卷纸收回，发现没有一个人写。最后把班长叫去问：为什么都不写？回答是听不懂你的发音。他气急败坏，凶相毕露，把班长开除学籍。当班长离开旅顺时，全班同学去火车站送别，发现教英语的日本教师也来到火车站了，大家深为感动。其他班级对此事同情和不满，采取别的方式对付校长。于是他把平日皮笑肉不笑的面孔换掉，动手打同学，更引起大家反感。我们问他：做教育工作是应该动武力吗?! 他无言以对，因此更加降低了身为校长在师生中的威信，大约三四年后，他自动辞职，到旅顺博物馆做馆长去了。

1939 年食品开始紧张

到了 1939 年，日本占领了我国不少地方，为胜利冲昏了头脑。这时旅大地区物质生活还比较充足，我们的生活并未改变。日本人的精神面貌如常，只显得得意扬扬的。教师当中，一般是认真的讲课，教课好的教师，充分体现了身为教师职务的本分，倍受大家尊重。但也有不学无术之类，混进教师队伍里来，上课时大家不爱听他的课，无奈采取武力压制动手打等方式，压力越大，反感越大，最后不得不自动离开了学校。

我于 1939 年春入旅顺工大预科，和日本同学一样为全宿舍制，从此学习、生活和日本同学始终在一起。宿舍由学生选举的委员会管理，上课可以自由出席，但考试升级是严格的。由于该校的历史风气，中国同学在日本同学中受到尊重，精神上是宽松自由的。在和日本同学相处的过程中，对他们的生活习惯、思想动态等了解得更为深入。同级入学的只有近百人，全校住宿者总计不到三百多人。分十二室，每室约二十人，但自习室又分二室，每室只有十人左右。大家生活比较自由自在。当时日本占领了中国半壁江山，战线已经拉得很长，出现了死伤加重兵力不足，后方物资感到不足，特别是食品紧张。学生伙食开始定量供应，不仅量不足，而且在饭中加入黄豆了。在战时体制名义下解散了委员会。委员们拒绝校方严格管理，开始斗争，但失败了。一时间委员们自动离开学校表示抗议，代表们是预科三年级生，不久他们都升入本科而脱离了宿舍，校方对他们也不了了之。从此由校方强化管理。

1941年12月8日，日本偷袭美国珍珠港，太平洋战争开始。1943年美国做全国总动员，参与第二次世界大战，重点为远东地区。日本占领了印尼和太平洋诸岛、摆开与美国决一死战的架势，同时还要顾及中国战场，这样兵力损失更加惨重，兵员成了问题，后方粮食更加不足，波及所有方面物资，日常生活中的火柴、肥皂、纸张都出现不足了。我生活在日本同学中，许多日本同学预感前途渺茫，悲观失望，扬言："谁说人生六十，而我们是人生二十五！"他们认识到上前线就是死。虽然他们作为工科院校学员，可以延期服役，但亲戚朋友中已死了不少，使他们感伤。此时我生活在其中，体会到他们对军国主义分子只是敢怒不敢言，更不敢公开反抗，若有公开反抗者，不知何时会被送去入伍服役的。生活环境变得十分紧张，一切表示到了临战状态，我也分外小心谨慎。

到1943年春，我入本科，也离开了宿舍，和四名中国同学合住在中国百姓家里，和日本人彻底脱离，一时精神轻松。不久引起宪兵队注视，时常来查看，翻阅各种书籍，分外又增加一层紧张。

本科课程是学习专业知识。应用化学专业，和我同级的共有十一名，其中中国学生只有二名，由五名教授和一名副教授担任各科课程，教授们在日本是有名的教授，注重科学知识，也为人师表，与军国主义分子是不同的。例如采矿系主任是日本地质学会会长，曾代表日本在莫斯科参加了世界地质学会年会，回来给我们上课时讲参加这次学会的中国年青科学家李四光很有建树。又如应化系主任是日本化工学会会长，曾去天津参观永利制碱工厂，讲课时介绍了侯氏制碱工艺，对侯德榜作了很高评价。听到这些，作为中国学生，十分高兴，为我们国家有这样的科学家，感到自豪。

从旅顺高公升入旅顺工科大学的学生合影。

旅顺工科大学毕业学生和教师。

藤野先生式的日本教授

教授们对我们中国学生一视同仁,热心指导。在这里我想起鲁迅写的《藤野先生》,介绍日本教师为人师表的表现,我是有同感的。我选定高分子化学专业时,指导教师年龄三十多岁,学识渊博,在该年高分子化学刊物中评为优秀论文奖获得者。可是他不是工学博士。问他为什么不申请博士学位,他说:如果拿到博士学位,易引起军方注视,命令你去做军队需要的研究项目的。当日本投降后他很快就取得了博士学位。现在,这位教师已九十多岁,为日本高分子化学领域最权威人士,几次访问过中国,也到过四川绵阳访问。另一名副教授是上述教授的门生,在1945年4月被召集入伍。在这之前提出博士论文申请,教授会上已经通过答辩可以获得博士学位。因为他即将入伍,学校对他讲:入伍后千万不能死,如果死了不能申请博士学位,希望活着回来,可以成为博士。这位副教授在回忆录中介绍了当了四个月没有炮的炮兵部队三等兵,日本投降后从朝鲜来到延吉、沈阳,被我国留用,受到中国人民解放军的人格尊重,得到了极高的评价。他回国后取得了博士学位,从教授竞选任某大学校长。该校招收了不少中国留学生。在他的回忆录中详细介绍了入伍后的遭遇,反映了军国主义分子执政时受到的苦难,所以他强调和平,世界和平。

到了1945年8月,旅顺解放前夕,学校发给毕业证书,我结束了学生生活。

访谈人:齐红深、徐荣斋、花延华。访谈时间:1993年10月5—27日。地点:鞍山市立山区通山街92—54号。

黄启章：
从台湾来到"关东州"

　　黄启章，男，汉族，1922 年 1 月 14 日出生于中国台湾省彰化县西乡。籍贯：台湾省彰化县。台湾民主自治同盟盟员。离休时所在单位：大连市铁路医院。职务：院长。职称：主任医师。日本占领时就读学校：台湾淡水中学、旅顺高等公学校、旅顺医学专门学校。日本占领时工作单位：旅顺医学专门学校。

　　1934 年入台湾淡水中学；1937 年 4 月台湾淡水中学三年级时随父亲来到大连，转入旅顺高公中学部；1939 — 1944 年旅顺医学专门学校上学；1944 年起任旅顺医学专门学校附属医院副教授、旅顺市立医院副院长兼外科主任、沈阳铁路局大连医院副院长兼外科主任。1949 年参加台湾民主自治同盟。后历任旅大第四医院副院长、院长，第十一医院院长，大连铁路医院主任工程师、副院长兼外科主任、院长，台盟大连市委主任委员，台盟总部理事、中央常委，辽宁省台湾同胞联谊会会长，大连市政协副主席，辽宁省政协常委。是第五、六届全国政协委员，第七届全国政协常委。

在台湾淡水中学上学

　　我出生在台湾，在家乡彰化县上小学。1934 年考入台湾淡水中学。台湾淡水中学校最初是 1882 年 7 月加拿大长老会宣教士马偕在沪尾设立一所神学院——"理学堂大书院"，后称"牛津学堂"。日本占领台湾之后，改为神学校。1911年年底，马偕博士的长子偕睿廉取得教育硕士学位后，返台筹办一所中学校，同年，教会将宣教中心移到首府台北，并将神学校迁往该地，遗留下来的牛津学堂旧址即成为新学校的预定地。学校创建于1898年，初为国语学校第四附属学校增设寻常中等科，其后数次更名，1907年单设为台湾总督府中学校。1914年改为总督府台北中学校，1922年再改制为台北州立第一中学校。

1914年3月9日，台湾总督府核发设校许可，该日期恰好与马偕博士42年前登陆淡水的日期相同，也成为日后的校庆纪念日。同年4月4日，淡水中学校在牛津学堂举行开学典礼，当时的日本总督府学务课课长、淡水支厅厅长等政府官员皆来参加。创立之时即为五年制中学校，首任校长为偕睿廉。

1922年2月，台湾总督府重新颁行"台湾教育令"，限制私立学校，不得再使用"学校"之名称。同年10月，校名改为"私立淡水中学"。1925年6月，迁校至现址的新校舍，牛津学堂改作学生宿舍。几何老师加拿大宣教士罗虔益设计的八角塔是个很有特色的建筑，它融合了中国的宝塔和西方拜占庭式建筑，采用了很多台湾当地建材，按农舍三合院格局两翼教室依次降低，前端有两座八角形卫塔，三塔环护青翠的前庭，中间开椰林道，直通正门，主塔正面以砖面和粉面红白交替，非常美丽，正门以观音石雕出雀替和宫灯，夸张中国色彩，上有吴廷芳的篆隶"私立淡水中学"和校训"信望爱"——这也是八角塔的象征。新校舍的"八角塔"成了学校的精神象征，同时马偕博士遗孀张聪明女士将家族拥有的五千余坪土地捐出作为运动场。

1936年起，日本进一步加强"皇民化教育"，台湾总督府接管校务。

日本侵占台湾后，一方面进行法西斯统治，镇压台湾人民的抵制和反抗；另一方面，通过文化教育侵略，泯灭台湾人民的民族意识和国家观念，叫你忘记自己是中国人，而是做日本殖民统治者的顺民和奴仆。

淡水中学虽是私立，也必须以日语为"国语"，对台湾实行"同化主义"

日本统治者为公布"台湾教育令"举行祝贺会。

台湾农村地区的小学校举行升日本国旗仪式。

方针,强调教育在殖民统治中的重要性。日本侵略者不仅用兵力征服台湾,更要彻底征服台湾人民的心,使台湾永远成为日本的领土,这就把日语作为"国语",养成日本国的精神。"台湾人教育令"明确规定"尊皇室(天皇)、爱本国(日本)、重人伦,以养成本国(日本)之精神。"台湾居民的民俗、生活习惯、往来礼仪、婚姻家庭、户籍管理,甚至姓名等,全部同化于日本。在日本的殖民统治下,同风会、同化会、风俗改良会、户主会、主妇会、青年会、处女会、敦风会、敦俗会、矫风会、兴风会、共荣会等形形色色的同化组织,遍布台湾各州、郡、市、町、庄,大张旗鼓地对台湾人民开展"心性同化"运动。

日本在台湾强迫当地人民改换日本姓名,并将日本语作为所谓"国语"。

日本在台湾实行"国语训练",从各方面全面日本化。

日本人还严厉禁止台湾人民的言论、出版、集会、结社自由,提倡检举"国民"中所谓"抗日思想犯",在学校和社会各个领域强化"日本化""皇民化"措施,强迫台湾人民做日本侵略战争的工具和炮灰,明令禁止使用台湾本地语言和汉语,停止出版发行中文刊物,强行拆毁台湾传统的寺庙和各家各户设置的祖先神主牌位,强迫一律信奉日本的"天照大神",台湾神社遍布各地。禁止称"台湾人",一律改称"皇民",鼓励全家都说日语。对建立日语家庭、穿日本和服、按日本风俗习惯生活者，予以奖励。凡废掉中国姓名改为日本姓名者，可享有特权，在社会上享受优待，增加米、面、糖等日用品的配给量。

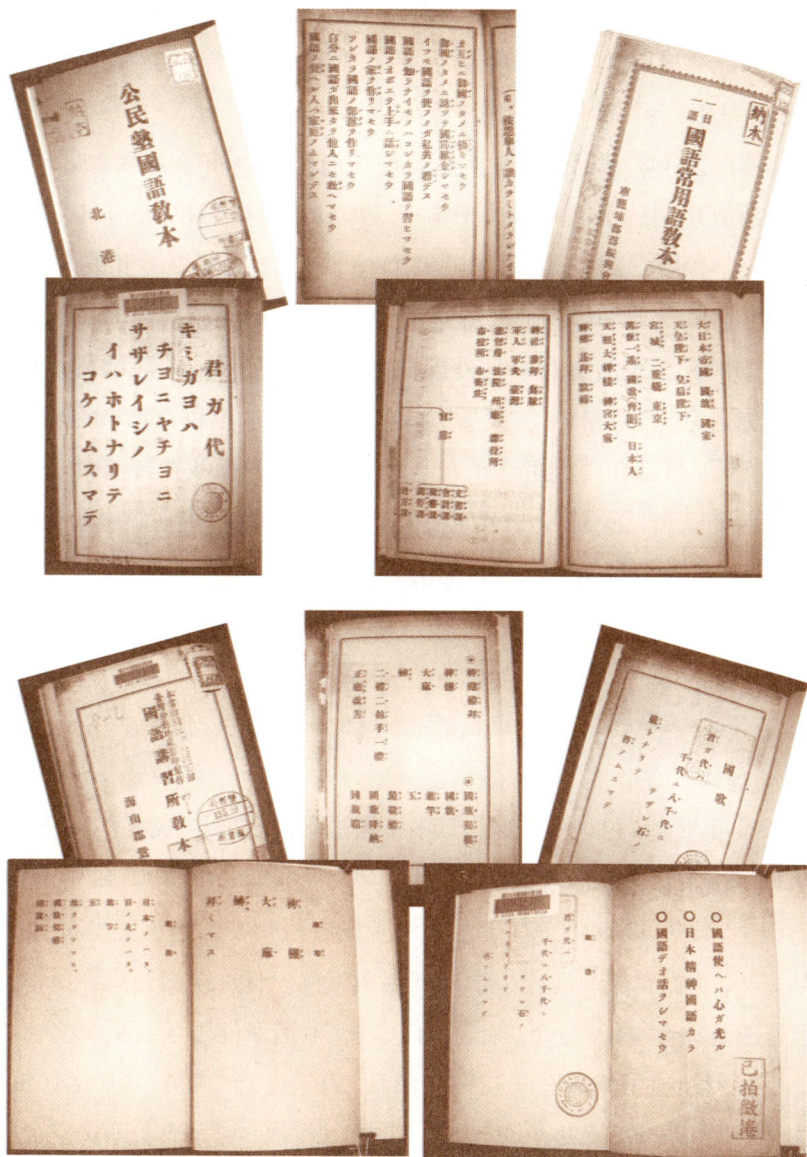

日本殖民统治者在中国台湾大力宣扬和灌输日本精神。图为台湾学校和民众使用的日语（"国语"）课本。

我内心里有了日本侵略的概念

日本继侵占中国台湾之后，又侵占了旅大地区。1937 年 4 月我在台湾淡水中学三年级时随父亲来到大连，转入旅顺高公中学部。我感到日本把"同化""皇化"台湾的做法搬到了"关东州"。

旅顺高公中学部起初是日本殖民统治当局 1924 年在旅大地区创建的唯一一所五年制的中国人普通中学——旅顺第二中学校，后于 1932 年改称高等公学校中学部。这所学校考试竞争激烈，十几名报考者中方能考上一名。学生的学业和体育成绩都是优秀的，学生的爱国精神、民族意识都是很强的。校园生活中有一种爱国、反帝、团结、拼搏、敢斗的传统精神，同学们称之为"二中精神"。我从中国台湾转入这所学校，受到了强烈的爱国主义教育，自己在内心里有了日本侵略的概念。而我在台湾时，根本没有中国这个概念，更不知道自己是中国人。那时候，日本占领中国台湾后，我们这些小孩子都以为自己是台湾的日本人。

考入旅顺医学校

1931 年发生"九一八事变"，日本帝国主义侵占东北，成立伪满洲国后，即从日本内地大批地向东北地区移民，建立了很多"开拓村"。人口骤增，急需医生，便于 1939 年 7 月于旅顺医院创办医学校。这年正是抗日战争的第三年，我们在旅顺高公中学部五年级就读。日本统治当局在所谓"大东亚圣战总动员"的号令下，强制我们参加"勤劳奉仕"，实际是做劳工。

当我们知道了旅顺医学校招生消息，为了逃避"勤劳奉仕"，有 30 多名中学生报考预备科，共录取 20 名，其中旅顺高公中学部考上 16 名，南满中学堂 3 名，大连一中 1 名。日本人本科生也录取 20 名，于 8 月 1 日同时开学。开学不久的一天中午，张福元同学脚穿木屐进教室，走路出响，本科一年级日本人生野（旅顺中学毕业生）从本科教室进来，蛮横地对张福元同学训斥殴打，恰在此时我和徐宗志进来，我上前制止他这种行为，徐宗志怒目相对，举拳示意。生野一看，不敢再动手，灰溜溜地回他的教室。因为生野未认错，下午下课后，中国学生找日本学生辩论，我们以团结敢斗的精神，不畏强暴，与他们据理力争。我们强调：大学与中学不同，上下级学生是平等的，你们无权把我们看成是你们的下级生，不顺眼就进行训斥打骂，如果你们要坚持这样干，我们将要自卫回敬。日本学生一看这样阵势，没有敢出来逞凶的，都默默地散去了。经过这一番斗争，我们打掉了日本学生的傲气，从此他们在中国学生面前，再没有出现无理的言论和举动。

旅顺医学校在 1941 年升格为官立旅顺医学专门学校，培养与日本内地同等资格的医生。旅顺医专共毕业三期计 155 人，其中日本人 86 人，中国人 58 人（其中台湾地区 7 人），朝鲜人 11 人。日本投降时，在校生也是毕业

1941 年 5 月，旅顺医学专门学校新校舍建筑前举行地镇祭仪式，后面是附属医院死尸焚烧炉。

三期计 211 人，其中日本人 202 人，中国人 5 人，朝鲜人 4 人。从 1942 年起取消了预备科。在校期间，凡是朝鲜人和中国台湾人民都改成日本人名，与日本学生同住一个宿舍，享受日本人的一切待遇，唯有来自旅顺高公中学部的台湾人黄启章始终坚持不改名，住在中国人学生宿舍，和中国学生一起享受"吃文化米"（即高粱米，日本人美其名叫文化米）的待遇，直到毕业。

"打巡捕事件"

"九一八事变"后，旅大人民更加遭受日本侵略者的蹂躏，广大群众和青年学生对此极为愤慨，对那些助纣为虐的汉奸、走狗更是恨之入骨。一次偶然事情，引发了一起打巡捕的事件。

1939 年 11 月的一天，放学后，徐宗志到旅顺上沟戏院看京戏，见二楼包厢空无一人，便进去坐下。正看在兴头上，看座的来说："巡捕罗爷叫你去一趟"。原来是罗巡捕领着太太们来看戏，让徐宗志倒地方，徐宗志一听就憋了一肚子气。见了罗巡捕，徐宗志说："不让我坐，出去就是了，还用你巡捕大老爷亲自出面干涉吗？"几句话惹恼了罗巡捕，徐宗志被揪送到鲛鱼町（现市场街）派出所。薛吉乾等几位同学闻讯后，赶到派出所替徐宗志辩驳，辩驳中薛吉乾和日本警察顶撞起来，挨了警察好几个耳光。回校后，徐宗志、薛吉乾越想越窝火，把此事讲给较为有正义感的舍监听，并声言要伺机报复，非出这口气不可。舍监先生略想了一下说："明目张胆地打穿官服的巡捕，罪名就大了，要受到法律制裁，要打也得等他们穿便服才行。"于是，同学们统一了思想，彼此留意，若发现罗巡捕穿便服时回来报信。

不久，一个星期天的下午，孙盛刚（已故）从外面气喘吁吁地跑回宿舍说："刚才在海泉堂洗澡，看见那个'王八蛋'穿便服在洗澡。"大家一听，异口同声喊道："走。"十几个人急奔澡堂，在澡堂周围潜伏起来。罗巡捕等几人从澡堂出来，看到学生们围上来，知道事不好，一头钻进天增利绸缎庄，我们就紧追到天增利。巡捕拿起水壶回身要向我抛来，被车世臻一脚踢掉在地，平日积压在心头的愤怒，一下子全发泄在巡捕身上。当巡捕正与对面的学生拳打脚踢时，卢长生拿起大算盘从后面砸在罗巡捕的头上，算盘珠撒落满地。板凳、茶壶、茶碗都成了武器，打得这些平日耀武扬威的"巡捕老爷"抱头鼠窜，从天增利后门逃去。看到他们那副狼狈相，我们感觉解了恨，痛快极了。

回到宿舍，刚吃过晚饭，旅顺警察署的特高刑事日本人森冈松尾带领两卡车警察包围了宿舍，抓我们去警察署。起初，我们和他们讲理，随后动手自卫，用滑冰鞋、棒球棒和警察殴斗，跟着来的罗巡捕一伙气急败坏地嚷："我们'当家的'来了，还敢动手，反了你们了。"森冈松尾掏出手枪威胁道："你们有本事就跑，看我开不开枪！"在枪口的威逼下，大家都被押上车，拉到警察署。上车时王家彭、张福元偷偷从胡同溜掉，张福元去住在宿舍附近的饭店讲师家，王家彭到教务长向笠家报告。

到了警察署，押进刑讯室，就对我们严刑拷打，我和徐宗志、孙盛刚、卢长生四人被灌了凉水。每个人都被打得皮开肉绽，遍体鳞伤，徐宗志的耳朵被打聋。打完后司法系主任出来夜审，此时王家彭和张福元不约而同地来到警察署与同学们共难，异口同声地说是自觉自愿地打巡捕，没有主谋者，团结一致敢于斗争。司法主任说："你们打警察、巡捕是反天皇的行为。"并说："你们有了前科犯罪，将来不能获得医师执照……"审完后把我们送到拘留所。后经校长出面交涉，在快亮天的时候被释放。出来一看还少了徐宗志和孙盛刚未放，回到宿舍臀部痛得不能坐。

第二天我们被叫到校长室，校长听我们述说事情的经过，看到我们浑身上下伤痕累累，他说："学校原打算开除你们的学籍，念你们年轻气盛，又受了委屈，罚你们十天不准出校门。"徐宗志、孙盛刚被拘留了6天，经多次审讯，未找到政治把柄而释放。这次参与打巡捕的共15人，旅顺高公中学部毕业生14人，满中毕业生1人。

当时，这一学生"打巡捕事件"还得到旅顺高公中学部、旅顺工大、南满医大等中国学生的舆论支援。日本殖民统治当局怕把事闹大，将参与此事的巡捕分别调离旅顺，警察署长调到金州。这次自发的反暴力斗争，触痛了敌人，在社会上也产生了一定的影响。

伪满洲国大学足球赛

20世纪30年代，大连市中学足球霸主是旅顺高公队，这个队出了不少出类拔萃、闻名遐迩的足坛名将。到40年代初，伪满大学足球联赛，旅顺医学专门学校连续三年夺冠，成为伪满大学的足球霸主。

1940年春报载，秋季于新京（现长春）举行大学足球联赛，并介绍有关报名、参赛等具体事项。闻讯后，来自旅顺高公中学部足球队的主力车世臻等牵头，倡议由我们中国学生足球队参赛。当时全校只有32名中国学生，经过酝酿选出车世臻、孙正彬、李永顺、薛吉乾、刘兴仁、张福元、王家彭、智德昌、李光瑞、孙盛刚、郑吉成、徐宗志、侯国礼13人组织起足球队，推举车世臻为队长，于景成和罗承祖为领队。这些学生中，车世臻、孙正彬、薛吉乾、李永顺四人原是旅顺高公队五连冠的队员，徐宗志是高公排球队队员，张福元是网球队队员，郑吉成、孙盛刚是南满中学堂的田径队队员，其余的同学原来连运动员都不是。建队初，条件艰苦，困难很多。练球时，足球是旧的，球衣、球裤多是原高公队足球队员从家中拿来的。但同学们兴致很高，每天课余时间、星期天坚持练球。因为不是新球，踢几场就破了，只好停下缝补，大家趁这个空隙就跑步锻炼体力和速度。练了一段时间，找高公队和工大队比赛，提高球艺，练习球队的整体技术。根据球队的水平情况，我们提出报名参赛，可校方回答没有经费。大家求战心切，决定自筹经费参赛。罗承祖同学提出到新京（长春）可住在他家。罗承祖乃罗振玉之孙，其父罗福葆是伪满溥仪宫内府礼宾司司长，家住新京，府第宽阔。有了这个后盾，我们则报了名。每天课后练球，晚上找爱好足球的商号老板募捐，用募捐的钱买球衣，缝上自制的"RM"的字母，黄地绿道，R是旅顺，M是医学，是旅顺医学校的意思。1940年9月请教务长笠潜教授带队去新京，他的车费都由我们自筹的经费支付。到了新京住进罗公馆，吃住有罗府款待。

比赛是在南岭的一个草地球场举行。为了适应草地球场，赛前特到球场练球。当时夺冠呼声最高的是法政大学队和间岛（延边）师道学校队。法政大学队的前锋是旅顺高公足球队的前锋蒋本琛，此人技术娴熟，速度快，突破射门意识强，而且脚头既狠又准，是法政大队的灵魂人物。间岛师大队全是朝鲜族队员，人高马大，拼抢凶猛。我们研究了各队的灵魂人物，采取三后卫，人盯人防守，打快速反击的战术。在复赛时遇上了法政大学队，由于蒋本琛被看死，法大队威力减弱，经过激烈争夺，我队以 3：1 获胜。与间岛师大队决赛争夺冠军时，我们三后卫人盯人战术显灵，由张福元把高他一头的大块头前锋看死，使师大队失去灵魂，组织不起来进攻，逼得他全场跑动变换位置，张福元死盯住他，他到哪里就跟到哪里，使他一筹莫展。上半场前锋车世臻一人攻进三球，师大队有一次罚点球的机会被守门员徐宗志扑出。下半时李永顺再下一城，以 4：0 大胜师大队，获得冠军。夺冠后捧着银杯大家议论怎样庆贺一番，张福元提议用奖杯干杯吧！大家齐声赞成，于是买来啤酒，倒满银杯，大家传递轮流畅饮。本次赛后，前锋车世臻、右边锋薛吉乾、前卫刘兴仁三人被选进伪满洲国队，参加 1940 年 11 月（日本纪元 2600 年）东京神宫外苑运动会足

西公园广场的棒球比赛。（《后藤文库·大连》1921 年）

球赛。翌年高公队队员曹立范、蒋本根、王树智入学，实力大增。以后连续三年夺冠，成为伪满大学足球霸主。这期间车世臻、李永顺还是大连王小辫主办的华青队的主力队员，常去大连为华青队效力。

在中共地下党领导下筹办医院

1945年"八一五"日本无条件投降，8月22日苏军解放旅顺，同时接收了所有日本财产，并将住在旅顺的日本人全部迁居大连，旅顺医专和附属医院也在其内。日本人的开业医院也都被没收，只剩下两家中国人诊所洪光医院和天心医院。当时枪伤、车祸很多，急腹症、难产等急病病人无处求医。留学工作的我和卢长生、徐亨通看到这种情况共谋筹建医院。正在酝酿成立时，旅顺市政府的地下党负责人王世明、王群、王华凯等找来，说服我们参加革命工作，筹建旅顺市医院。以原旅顺妇人医院作为院址进行筹办。我们欣然同意。

在地下党的领导下，收集来日本人留下的医疗器材、药品，同时与苏军司令部交涉，拨给一部分旅顺医专附属医院的医疗器材和药品。医护人员则请来旅顺医专毕业的同学李明选（妇产科）、周光烨（内科）、周广涛（内科）、李嘉章（内科）、罗承祖（儿科）、彭作右（儿科）、郑传仕（眼科）、徐梁（耳鼻咽喉科）等人，护士、助产士则请来原在旅顺医专附属医院和新京医大附属医院工作过的八九位女士，另外留用了一批日本各专科教授等医护人员。1945年12月1日，旅顺市立医院正式挂牌成立，院长卢长生、副院长黄启章。1946年初又聘请来张福元（皮泌科）、周祥麟（放射线科）、潭学升（药师）、周春莲（护士、助产士）参加工作。1946年又办了附设护士学校，学生20人。当时能够在这样的动荡时刻参加革命工作，思想是属于进步的。

访谈人：齐红深、刘茂叙、韩华玉、焦峰峦。访谈时间：1994年10月。地点：旅顺高等公学校校友联谊会。

张金波：

不许说自己是中国人

张金波，男，汉族，1925 年 7 月 17 日出生。籍贯：辽宁省普兰店市。退休时所在单位：普兰店市第一中学。职务：教员。日本占领时就读学校：旅顺高等公学校师范部。日本占领时工作单位：金州城南公学堂，城子坦会第一普通学堂。

1933 年 4 月—1937 年 3 月城子坦会第一普通学堂学生；1937 年 4 月—1939 年 3 月貔子窝公学堂学生；1939 年 4 月—1943 年 3 月旅顺高等公学校师范部；1943 年 4 月—1945 年 4 月任金州城南公学堂教员；1945 年 4 月—1946 年 3 月任城子坦会三台公学校教员；1946 年 3 月—1949 年 2 月任东老滩完全小学辅导主任、参加农业生产；1949 年 2 月参加新金县教职员干部训练班学习，任碧流河村小学教员；1952 年 7 月 25 日参加辽东省中等学校教职员思想改造学习班；1952 年 10 月任新金县地方干部学校教员；1953 年 3 月该校改为辽东省公安学校，任文化教员；1953 年 8 月任新金县第一中学教员；1958 年 6 月因在日本投降后参加国民党的历史问题被开除公职，参加农业生产劳动改造；1982 年 3 月恢复公职给予退休待遇。

我叫张金波，我家住在城子坦镇，祖国光复前，属于日本帝国统治的"关东州"，我家祖辈都居住在这里。

不许说自己是中国人

我八岁入普通学堂（初小）读书，学校叫城子坦会第一普通学堂，共有四个年级四个班，四个老师。那时候称老师叫先生。主要课程是算术、日语、满语（国文）等，日语是很重要的课程。同学们集合整队，体操课，老师全用日语喊口令，学生用的唱歌课本都有日语写的歌。学期末学校举行毕业典礼，都是唱日本国歌，各种纪念节日都是挂日本国旗，老师们执行日本殖民地的奴化教育。我接受日本教育久了，一直用日语，到现在也是汉语说的不很好。

我十三岁四月考入貔子窝公学堂（高小）学校，老师和在普通学堂不一样，绝大部分是日本人，二十多名教师中，中国人只有五六名。学校男女生分班。学的课程主要是算术、日语、满语，其次是地理、历史、理科（自然）、图画、手工、体操等课，凡是有课本书的都是日语，所以也大多是日本老师担任的。高小一年级的历史课书本是汉字，所以是由中国老师担任的。班主任日本人老师态度较温和，学生能接近，虽然有时语言上有障碍，打听课程他还能细心给讲解。

那时，不许说自己是中国人，也不得说别人是中国人。老师、同学之间称呼"满人"，和社会上的老百姓也互为"满人"都习以为常。关于中国这个名称不是不知道，但是没有说的，似乎这就是亡国。这就是当时人们的普遍状况。

北平、徐州、南京沦陷游行

1937 年我在高小一年级时，正是卢沟桥事变"七七"抗战爆发，正当北平、徐州、南京相继沦陷。在这三个城市沦陷时，学校组织旗行列（游行）。我们手中拿的是日本小国旗，口喊"日本帝国万岁""天皇陛下万岁"的口

日本民众在街头手持日本国旗庆祝侵华战争中的胜利。

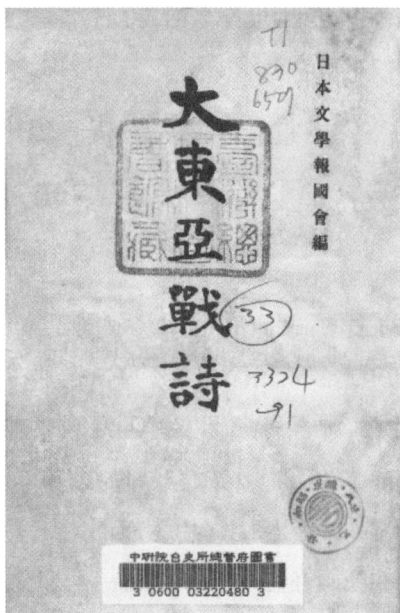

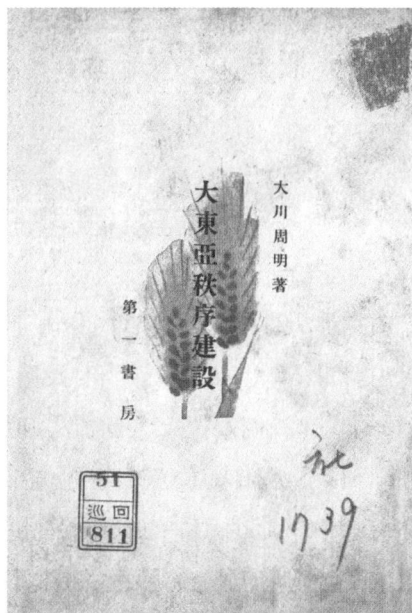

日本出版的宣扬侵略战争的书籍:《大东亚战诗》《大东亚秩序建设》。

号,列队环绕皮口镇转一圈,同时还唱着"爱国(日本)行进曲""英勇出征报国"等歌,都是日语歌。当时也都兴高采烈,没有人感到这是羞耻,都是糊涂麻木。老师让我们写作文要写上将来为天皇陛下尽忠报国,服服帖帖地接收着奴化教育。

报考"宣抚班"

1937年,日本统治当局到公学堂招了一批16岁以上的大年龄的同学,到关里日本军队里的"宣抚班"搞宣传工作。我们班里有三四名同学报名参加,只进行体检不用考试都被录取,在学校里一共招了多少名不详细。当时都是在北平,因为这批同学和在校同学互相写信,有的寄邮北平的名胜风景照片给我们才知道的。在日后的年月里,我们听说他们都在日军占领区"宣抚班"里工作,可以说那都是日伪的帮手,残杀自己的同胞,群众都叫"二鬼子"。所以有人说,到公学堂读书,学几句日本话,在日本人跟前能混个差事,可见一斑。这都是受日本奴化教育的影响。

画日、德、意三国友好漫画

1937年,纳粹德国和意大利由于政治上的需要,在欧洲结成同盟国,以后亚洲的日本也加入了。当时我们只知道这三个国家相互友好。老师在图画课上,让我们发挥个人创造力和想象力,画象征三国友好的漫画。有的同学画了一张日满德意"四国"小朋友,在运动场上做游戏、跳绳;有的画在一起拍球游戏;还有的画分苹果吃。画的人物身上,用国旗图案或头发用土黄色显明起来,老师把一些比较好的图画在各个班级轮流展出。

学校每逢纪念节日,都举行庆祝和纪念仪式,如天长节(天皇生日)、明治节(纪念明治天皇)、新年元旦、靖国神社祭等,在仪式上唱日本国歌

日军"宣抚班"写在山西代县雁门关上"感谢日本"的标语。

日军"宣抚班"成员教中国儿童日语和画宣传画。

日军侵占华北之后，"宣抚班"利用儿童的天真，对其施以小恩小惠，加紧奴化教育和宣传，自认为收到满意效果。图为山坡街完全小学儿童。

日本军队印制的"投降票"，瓦解中国军队的斗志。

后，堂长"诲告"（训话），随后唱纪念节日歌，都和日本小学校一样的行动。

接受日本化的教育

1939 年我 15 岁，考入旅顺高等公学校师范部，是完全日本化的教育。该校是日本在"关东州"进行殖民地奴化教育比较早的唯一的一所中等师范学校，创立于 1914 年左右，当时是三年制，可能在 1930 年左右改为四年制，起先为旅顺师范学堂，后改为旅顺高等公学校师范部，还设有中学部、女子部（师范），还设有旅顺高公附属公学堂（为教育实验和教学实习用）。学校除汉语（满语）外全是日本教师担任，课程有数学、日语、理化、史地、生物、美术、手工、体育等，在一二年级每周二节英语课，三、四年级外加心理学、教育学等师范生的专业课。学校对学生生活管理，在老师监督下，学生自治管理，按日本中学校管理模式，下级生在外行路、坐车遇着上级生都行举手礼，宿舍生活管理、寝室、自习室都是最高年级当长负责，伙食上，班级选一名代表上级生负责定每天伙食，月末结账，伙食费及学生一切用费交在事务室专职事务员统一管理。学生统一服装、衣领上配有年级领章，以示年级区别。二年级每周有一节军事训练课，聘用日本中学军事教练官担任。形式上学校管理很严，在外纪律很好。

学校制度上规定三、四年级每月官费13元，一二年级全自费。学校规定每到三年级开学前到日本内地修学旅行三个星期的制度，到四年级有"满洲"旅行一个星期的制度，都是老师带队，经费由校方负担。1941年，由于战局关系考虑海上不安全，正是我们到三年级时停止到日本内地，改为到"满洲"。四年级还有一次，时间共为17天。

我们学习用的教科书除汉语外，全是日本文部省审批的日本中学生和师范生用的教科书。我们升到四年级时，每周有一节修身课（道德品行），课本的第一课是"教育敕语"，是明治天皇向全民发布的"教育敕语"，主要内容是"我皇祖皇宗立国弘远，我皇国臣民必须遵守的道德规范"等，不但要懂其内容，还让我们把全文背诵起来，就是叫我们做一个皇国忠实臣民。

学习环境教室布置，正面挂有日本国旗，走廊里挂有日俄战争的军事家乃本希典大将和东乡元帅的大型照以及广赖中佐、橘中佐等战斗"英雄"人物的照片。大礼堂内正面悬挂着"一德一心"的横匾大额，是郑孝胥的笔墨。学习用的日本读本有很多课文内容都有日本古代的人物、现代的军事家、战斗"英雄"人物记事和轶事，以及日俄战争等记叙文，来感染着我们。

"大诏奉戴日"

1942年12月8日，日本向美英宣战，太平洋战争爆发，日本叫大东亚战争。昭和天皇颁布诏书，向日本全民进行战争总动员令，与美英决一死战，为大东亚共荣圈共存共荣。事后于每月 8 号，为大诏奉戴日。学校每逢每月 8 号这天举行大诏奉戴日活动。内容：全校师生在运动场升国旗（号队吹号），东方遥拜默祷三分钟。再转到讲台正面，教头首席教师在室内，双手捧出诏书，递给在讲台上的校长宣读诏书，事后同学列队到旅顺白玉山去参拜日本神社后，回校上课，同时每人一分钱捐献，这也是日本全民活动。这是一个制度，每月必须执行。

1942 年，日本神武天皇开国到昭和十七年为开国纪元 2600 年，全国举行庆典活动，校长训话后，到白玉山上参拜神社，学校放假一天。

在太平洋战争开始，由于日本海空军偷袭瓦胡岛珍珠港得手，战局发展很快，相继日本陆海空军占领东南亚诸国（当时都是英、美、法、荷等国的殖民地），特别在侵占新加坡时改为照南岛，取得一时的胜利。校长在各种集会的训话和老师在课堂上结合教学，特别是地理教师，在世界地图上大讲大东亚共荣圈的地理位置及势力范围以及日本在这一地区领导地位和作用。但在日后的几个岁月里，战局急剧变化，日军节节败退，报纸、广播自己也不得不承认某某岛全军全民覆没的消息。尤其日本本土被美空军轮番空袭轰炸，特别是在太平洋前线，山本五十六总司令在空中被击毙，很感到日本人对战局的暗淡情绪，在报刊画报上看到组建敢死队来挽救战局，就是出战前战士站在飞机前拿天皇赐给的酒杯喝天皇赐给的御酒，宣誓、上机、出征的照片，来炫耀大和魂精神和必胜信念。此时我们感到日本末日的来临。

迎接汪精卫来旅顺参观访问

1942 年 11 月里的一天，天气比较很冷，午间吃过早晌饭，我们整队，手中拿着有日本国旗，有拿着青天白日满地红旗，上方还镶有黄色长三角的"反共建国"四个字样，老师告诉我们迎接中华民国维新政府主席汪精卫

1942年日本于大东亚会馆召开的第一回"日满华兴亚团体会"合影纪念。

汪精卫投降后去日本访问时参拜明治神宫。

来旅顺参观访问。我们师范部的同学是太阳沟东头到往火车站的一段路，我们两列横队站在行车方向的左侧，直等到午后三点多钟，车队来到我们跟前，汪精卫乘着车，开着车窗点头向我们致意，脸上沉沉的，我们也无声只摇摆着小旗，大家都觉得很冷清。

由于战争的深入，生活用品极度匮乏，城市的住民粮油都是配给制度，也都不能满足最低限度的需求，日本人也不例外，有时日本商店里分配一点点心和衣物出售，商店门上挂有"满人不卖"的标牌，我们同学异常愤慨。

天皇"バガ"（蠢货）标语

有一天晚上，学校发生这样一件事，校长室在二楼中间，三楼是学生宿舍，因为便所在楼下，上下楼走廊都有灯光亮着。某某同学趁夜静在校长室门前走廊的地板上，刻上很深的字迹"天皇バガ（蠢货）"四个字并涂上红色。早晨起床后多数同学看到，起床半点钟后，舍监老师要点名，大礼堂是在二楼上，舍监老师也看见了，命令工友临时用报纸遮盖着，事后地板裁去，换上新板。这时同学们都考虑宪兵一定会调查此事，可是以后也就无声无息了。这件事出现，是同学们一时民族意识的提高？还是一时的思想冲动？

在金州城南公学堂当教师

我是1943年3月毕业的，我们男女生共有六个人被分配在金州管辖区，我和其他两名同学（一男一女）被分配在金州城南公学堂任教。金州城内共两所公学堂，男女分校，城南公学堂是女子学校（初高合校），高小班和初小班共为二十二班，教职员共是28名左右，中国人有15名。高小班教职员都是日本人担任的，初四年级由日本人担任，其余初小班都是中国人担任的。校舍各种设备在关东州内都是比较一流的，二层红砖楼上有能容纳 1500 人的大礼堂，操场宽阔。

我是初三三班班主任，和日本人在一个学校工作觉得没有什么隔阂，但没有和中国同事那样融洽。学生用的教科书和我在普通学堂和公学堂读书时基本一样，对学生要求顺应形势执行着奴化教育政策，叫学生学好日语，日语课堂上师生一般不说中国话，问答、提名等都用日语，担任初级班的老师也都是这样做的。每月 8 日也都举行"大诏奉戴日"活动，用扩音喇叭唱日本国歌升日本国旗、举行东方遥拜默祷，校长读诏书。不过，没有参拜神社活动，同样有一分钱捐献活动。宣读诏书时老师站在学生后面，有时我注意班里学生听诏书时不认真，我经常批评学生。

1944 年，日本当局颁布《关东州人教育令》，也就是给"关东州人"提高待遇。学校规定，即使中国人教师值日向学生讲什么问题时，也要求我们必须用日语向学生讲话，也就是对中国人进行皇民化教育。

金州城内有张作霖时期王永江的公馆和家庙，还有几家是伪满洲国大臣闫传绂、韩云阶、卢元善的公馆，他们都是金州公学堂南金书院毕业生，当官之后家眷都没有离开金州。可能是在 1943 年的入冬季，闫传绂的母亲病故，殡礼 14 天，闫传绂戴孝参加里外活动时，有日本中佐级宪兵带队护卫闫传绂，亲眼看到这个汉奸当的多么威风神气。

由于战争，城市居民口粮完全是配给制，中国人给的像面人根本无法吃，连喂猪都不愿意吃。可是日本人也不好过，配制大米不足，用大豆代替，日本同事午饭盒里夹杂着大豆，问他们好吃吗？他们的回答是意味深长："克服吧，没有办法。"也流露出不满情绪。

1944 年里，美国 B-52 型轰炸机经常到大连地区，在高空盘旋。有一天共来了两架，学生提前放学，我们教职员在空袭时都躲避在校前芦苇塘里，看到日本人很惊慌，高射炮射击无济于事，只是在机身下爆炸冒烟。我们中国人看炮不响了，不见飞机了，都出了芦苇塘，日本人都等到空袭解除鸣笛后才爬出来。在那天，鞍山钢厂驻大连的办公楼被炸坏一部分。

1945 年 4 月，我由金州调回家乡，被分配在我读初小时的学校。由于

《关东州人教育令》的颁布，普通学堂的名称，都改为公学校。学校共有五名教员，四个年级四个班，除校长外每人都担任一个班，我担任四年级。学校在每月8号，如同其他学校一样，都要举行"大诏奉戴日"活动，因为我是学校的首席教员，由我高举着诏书递给校长宣读，在双手高举诏书时，心里也没有什么崇敬之意，但也没有什么怨恨，学生在静听，什么也不明白，校长也不做讲话，念完了就算结束。也没有一分钱捐献活动，大概农村学校都是这样做的，来执行着日本统治者的奴化教育政策。

1945年"八一五"那天，因为学校早已放暑假，没有上班，我在城子坦街上，在同学家里吃过晌饭，走到街面时听说警察派出所在院里焚烧各种账簿和文件，有人说日本投降，这真是振奋人心的消息。人们走到派出所门前的马路上，都是好奇地望一望，可是都很平静，没有骚动。现在回忆当时的情景，如果是当前，在这种民族仇恨下，尤其是对警察，一定会把他打成肉泥。可是那时由于被日本统治时间太长，反抗心理早已熄灭，甘当亡国奴，思想不能马上解放。

当"二鬼子"的人很多

在我们接受奴化教育过程，普通学堂和公学堂时代，根本不知道什么国家民族观念，只知道我们和日本人不一样，日本人有文化，我们落后贫穷，将来念好书尤其学好日语能当差，看到一些人和日本人说话很自然羡慕他们。在师范读书时，知道有中国和日本在打仗，造成生活物资极度匮乏，可是中国在抗战，大片土地被占领，山东河北不少劳苦人来旅大地区谋生逃荒。蒋介石的抗战能承受多久？耳闻关里城乡人都是民不聊生，将来还不是第二个"满洲"？有人说汪精卫的维新政府还是日本人说了算，有人说这是他的曲线救国。当时人们对中国形势都胡言乱猜乱听，尤其对共产党敌后抗战，更是一无所知，日本老师经常透露宣传共产主义可怕，说斯大林是个野心家、独裁者，要赤化世界。在报刊上知道有延安政府是共产党领导，重庆政府是蒋介石国民党领导的，对这些情况，当时也不愿多加了解，尤其都是日本报纸登的，只认为蒋介石是中国唯一代表，共产党是匪徒不能救中国。这些都是一些糊涂观念，在1941年、1942年里，学校组织到承德、山海关两地修学旅行，晚间老师和旅店里的老板警告我们不要外出，因为有游击队抓人，白日观光长城不让我们走得太远有危险，所以这些道听途说的事，对共产党就没有好感。

当时也不知道在接受奴化教育，不知道日本是奴化我们，是让我们成为他们统治殖民地的助手和驯服工具。所以在伪满傀儡政府中当汉奸走狗、特务的特别多，以后在汪精卫的政府中也不少，因为懂几句日本话，依靠日本主子势力，在群众面前作威作福，丧尽天良压榨群众，所以群众称他们是"二鬼子"。我们从事教育工作的，也是协助日本贯彻奴化教育的帮手。

我在金州城南公学堂当教员时，1944年春，学校由大连商业学堂调转来的一位老教师，他是旅顺师范学堂毕业的第一届学生，那时他已有五十多岁。在中国人同事中，大家很尊崇他，他的整个生涯是教学工作，他常说我愿意搞这项工作。他对我说："有位同学在新京（长春）工作，邀请我去作客，这个同学和其他几名同学，在新京车站迎接我的到来，有的乘着机关轿车，有的是高位的警察，都是威风十足，一般群众都认为是今天迎接高位大官的。但当车进站时，下站的竟是我这个平民百姓。当大家都喊老师时，我觉得心情异常兴奋，看到学生的身份我觉得很光荣，愿意当一辈子教员。"当时听到这些，我也觉得很羡慕他。现在回忆这不是他在赞扬自己，为日本帝国主义培养的爪牙而感光荣吗？多么卑鄙可笑，丝毫没有感到帮助日本进行奴化教育是自己的罪恶。

访谈人：齐红深、陈丕忠、刘潮争、李伟、李昕。访谈时间：1999年12月25日，2004年8月9日。地点：大连市桃源小学。

张本昌:

靠父兄供养我当上了教员

张本昌,男,汉族,1925 年 1 月 1 日出生。籍贯:山东省潍坊市。离休时所在单位:大连二中。职务:教员。日本占领时就读学校:大连青年会小学、明德公学校、旅顺高等公学校师范部讲习科。日本占领时工作单位:秋月公学堂。

1935—1941 年就读于中华青年会,后改称大连青年会明德公学校;1941 年就读于旅顺高等公学校师范部讲习科;1942 年就职于老虎滩普通堂;1944 年调转于秋月公学堂至"八一五"解放,改称第三完小;1946 年进建国学院学习;1947 年就职于第二完小,后改组为实验小学;1949 年调到第九完小;1951 年调转于北岗街小学;1956 年调转于第二中学;1962 年被精减;1969 年下乡;1984 年平反返校,当年离休。

我出生不久,正值家乡军阀混战,搅得民不聊生。我家是房无一间、地无一垄的城镇贫民,为谋生,父亲带全家闯关东来大连定居,所以我一直到 12 虚岁才到校读书。父兄深受文盲之苦,所以勒紧腰带供我读书,后来我竟当上了教员。

在大连青年会小学——明德公学校上学

1935 年，我就读于大连青年会小学，因为它原名叫中华青年会，当时人们还习惯的叫它中华青年会，校址在今东关小学，该校由傅立鱼所办，赵晋如任校长，是一所私立学校。学生的帽徽有的是"中青"，有的是"大青"很不统一。到二年级时（1936 年）原有的一些老师逐渐不见了，如教唱歌的王可玲，教体操的、教图画的……也走了，最后只剩下张立仁、谭凤元二人，却又来了几位新老师，如张文举、陈仁山、朱善福。这些人都能教日语课，还来了几个日本人，如木村、小河原、三浦冈内、柳原（任校长）。三年级时（1937 年）将校名正式改叫明德公学校。记得当年柳原勘次郎校长还把改名明德的原因做了说明：《论语》上说"大学之道，在明明德……"柳原勘次郎原是优见台公学堂第二任堂长，后来到南金书院待了几年。在家休闲一段时间后张本政把他请出来到该校当校长，自他来校后把本校改革的一点中国味都没有了。我入学时班级名称叫初二十四级（中华民国二十四年届初小）一班，柳原来校后，班级名改为"三の一"（三年一班）。过去四年级以上才上日语课，每周只上两节课，一个杨老师就能教全校的日语课。现在改为从三年级、二年级最后提前到一年级就开日语课了，课时也由每周二节、四节、六节，最后增加到八节，而且把本来是外国语的日本语改称"国语"，相比之下，本民族语言汉语却称"满洲国语"，竟成了外国语了，课时也由原来的每周十节逐渐减少为每周四节了。

其他课程有修身、算术、理科、体操，这些教材的内容——特别是修身、满语、日语的内容以及教师平常灌输给学生的不外乎是：日满亲善、日满同文同种、日满一德一心、大东亚圣战、友邦日本——后来竟恬不知耻地改称亲邦日本，其目的旨在泯灭中国人的民族意识，愚弄中国人民以便于压迫和统治中国人民。我们被叫作"满洲国"人，我常常想，我在家里听父亲说，咱们是中国人，怎么到了学校就变成"满洲国"人了呢？"满洲国"是怎么回事？"满洲国"就是中国吗？因为没接触过中国近代史，对国内情况一无所知，从来没听说过共产党、国民党、毛泽东这些名字，只听说过八路军这个词，却不知道是怎么回事。有时听母亲说，中国人有三害：苍蝇、老鼠、日本鬼。当我问大人时，父母再三叮嘱小孩子不要多问，不许在街上说，因为在当时"反满抗日"思想犯是很重的罪名。

日本教员在教学中极力宣扬大和民族是世界上最优秀的民族，是神的后代，日本天皇是天照大神的嫡系子孙，是活着的神，日本有万世一系的美丽国体。小河原甚至说，大陆上的中国人、朝鲜人、蒙古人都是从日本群岛移来的，根据是中国古代有"日出扶桑"一说，扶桑就是日本。这样宣讲的目的在于使学生相信日本是大陆各族人民的发源地、老祖宗，应该把自己的一切奉献给日本。但是学生们背后却说，日本人是徐福去取长生不老药时带去的童男童女的后代。

日本殖民者推行奴化教育的一个重要方面就是以政治手段推广日本语，不只是在学校，在社会上也是不遗余力地推行，而且强迫与奖励挂钩。大连有所语言学校，名义上是讲授外国语，但是以日语为主，另外还有不少日语补习班。社会上找工作会日本语是先决条件，特别是公司职员、会计、护士等工作更是这样。

我当教员的第二年（1943 年）正赶上全市教员考核日本语，我考取了二等合格证，此后我每月可得奖金 10 元，记得当时我每月工资只有 18 元 5角，这样就增加了近一半。社会上主要交流工具是日语，到小衙门（派出所）等地方办事，不会日语就得请人帮忙。各种文件，一律是日语，自己不能写，只好请"代书所"写。当时，大连市有六所公学堂（小学），教学上都是以日语为主，另外还有为数不少的私塾馆（也叫书屋），这里过去以讲授《三字经》《百家姓》《四书》《五经》为主，但到日本占领后期，这里也得开日语课，不然就勒令停办。1944 年，我的朋友姜伯萍（18 中离休教师）在一家私塾应聘教日语课，因为教学上不得法，他认为我已有两年教日语的经历了，找我去看了他的三四次课，让我给他提意见，以求改进教学。

大连忠灵塔。

在老虎滩普通学堂、秋月公学堂当教员

我小学毕业后，因无力升学，腿又有残疾，不能干重体力活，当时小学教员人数不足，日本殖民者为推广日本语，就从小学毕业生中选一部分人送到旅顺高等公学校师范部培训半年，就可上讲台。我读书时因知道全家省吃俭用供我读书不容易，所以学习上较努力，我被送去了，这里叫作第三种教员讲习科。

1942年毕业，送往老虎滩普通学堂（初级小学，校舍在今老虎滩小学）当教员。这里全是中国人，没有被日本人鄙视的目光，心情比较舒畅。但是第二年（1943年）调来一个日本人眼中的红人程显和任堂长，并且来了一个名字叫作宫田二三子的日本姑娘，实际上是殖民者安插的监视员。新堂长提倡日语课要用日语讲授，不准用汉语讲，他自己每天朝会也用日语讲话，我们开始受拘束了。

203

1944年我被调到秋月公学堂（现女子职高校址）。当时太平洋战争正值激烈阶段，日本殖民者对中国人的管制更变本加厉了。堂长今永茂大力推动日语教学，多次举行日语示范教学课，以强化日语教学，并明令课堂除"满洲国语"外一律使用日语。每天朝会背诵明治的短歌（诗词），大喊加强皇民化教育。中国教员只好与"狗头"们（中国教员对日本教员们的"尊称"）装模作样的用日语交谈和对学生讲话，"国老"们（对中国人的自称，因不敢自称中国人，也不甘心自称"满人"或"关东州人"）之间照旧用中国话交谈。今永茂还有个怪毛病，每次在走廊巡查各班教学情况时，穿一双拖鞋，来时鸦雀无声，往回走时却故意踢踢踏踏地弄出响声。有一次我被叫到堂长室，被训斥说："你不知道算术课也得用日语讲吗？你怎么用满语讲呢？"我只好说："有几句日语我不会说，所以……"今永茂说："那么你得好好学习才行啊，不然怎么推行皇民化教育啊。"并貌似和蔼地拿出一册日语课本说："这是我最近出版的，送给你好好学习吧。"我拿回来看了一下，只记得第一课是：这里也是战场、蝌蚪等，据说当时全市公堂堂长中，今永茂在推行皇民化教育方面是最积极的一个。

今永茂对中国教员的思想管制也很严，动不动就把手伸向电话，以要通知宪兵队相威胁。有一次为分烟卷不公平（战时物质缺乏，各种生活用品差不多都实行配给制），我们几个人到堂长室质问，他大概问了一下情况，就说："你们先回去。"我们不肯走，他就严厉地说"回去！"一面把手伸向电话报警，我们只好走了。

日本殖民者对中国人的统治善于用分化政策，把教员分为正式教员和代用教员，把大连的中国人分为民籍和寄留两大群。我父母因怀念家乡打算年老后重归故土，因此报了寄留。半年后我发现工资比上个月少了，我到有关部门询问，回答说：因为你是寄留，不是"关东州"人（日本人），不但工资降一级，职位也由正式教员改为代用教员——我虽不是师范正规（本科）学生毕业，师范讲习科毕业也属正式教员（第三种教员，本科生毕业为第二种教员），要想恢复，就得改寄留为民籍。因为我的工资是家庭生活的重要来源，只好找关系贿贪官，改为民籍，这才把职位工资恢复了。有的日本人公开宣称大和民族是日本的一等国民，台湾人是二等国民，朝鲜人是三等国民，"关东州"人是四等国民。如果第二次世界大战不是日本战败，东北三省的中国人恐怕要划分为五等国民了，还有的日本人公开写道"大日本帝国殖民地关东州"，真是狂妄之极。

终于盼来了 1945 年 8 月 15 日，日本投降了，我们欢喜若狂，但还不敢在语言上表露出来，有的人摘下了战斗帽，脱下协和服，穿上布纽扣的对襟小挂或对襟大挂。第二天朝会时，今永茂大发雷霆，吼道：你们忘了你们是天皇的臣民了吗？怎么穿上中国人的衣服了？日本为建设大连花费了大量人力财力，整整 40 年，你们这样做太忘恩负义了（以上不是原话，大意如此）。此事刘富源（大连三中离休教员）、尹兴汉（原香炉礁小学教员）可以证明。这些讲话充分显露出帝国主义分子的狼子野心，第三天（也许是第四天），街上、电线杆上、墙上出现了署名八路军的标语，并有一些人手拿木棍维护治安秩序。今永茂一下子改成假惺惺的面孔，向大家道歉说：前几天的话说错……他说话中把对中国的称呼也改正过来了。

我因学历浅，不得不注意提高自己，平日爱看书，曾从朋友处借到一本鲁迅先生的《呐喊》，有人提醒我说，这是禁书，只能在家看。上班等电车

日本发动全面侵华战争后出版的"七七事变"画报。

的时间我也得好好利用，只好把书包上皮，封面上写上"速成日本语"以掩盖真相，有人走近时，就把书合上。

　　不管殖民者怎么美化自己，但是人们在现实生活中看到的是中国人和日本人在政治待遇上、经济生活上的巨大差别，自然就能醒悟到日本统治者在大力泯灭我们的民族意识和掩盖民族矛盾，在愚弄我们，不久的将来将会像对朝鲜人那样，禁止说本民族语言。所以大家在背地里都诅咒说"日本话不用学，再待三年用不着"。

　　访谈人：齐红深、杨乃昆、蔺长武、陈文艳。访谈时间：2000 年 11 月 2 日。地点：大连市教育志编纂办公室。

薛殿会：
我的成长和变化

薛殿会，1926 年 11 月 25 日生，籍贯：山东省。离休前工作单位：大连市教育科学研究所。职务：研究人员。日本占领时期就读学校：大连土佐町公学堂。日本侵占时期工作单位：大连"东亚誊写堂"（油印社）。

幼年上私塾。1935 年入土佐町公学堂初等科，1942 年从高等科毕业后在日本人开的"国际运输株式会社"当临时工、在"东亚誊写堂"（油印社）当誊写工。1945 年 11 月在大连市人民政府工作，先后任教科书编委会编委、高中教师、小学校长、教育局干部；1958 年被错划为右派分子，送劳动教养，旋即因错案入狱；"文化大革命"中，被遣送下乡；1978 年改正错案，平反，恢复工作，参与筹建大连市教科所，为研究人员。离休后返聘任《大连教育》主编。出版儿童读物著作《宇宙旅行》《黑人岛上的圣火》，教育学、心理学著作《小学生的心理》《中小学生学习指导》等。

要说我在日本统治时期的情况和我的经历、见闻、感受和思想变化，不妨把话题扯得远一点，从我受到的中华文化的熏陶谈起。这样，可以深刻一些，而不是只停留于表面的或者肤浅的。

"思源巷"里的左邻右舍

大连这个地方最初只是一个渔村，叫"青泥洼"。1897 年，俄国强行把我国的辽东半岛"租借"了去，打算把这个半岛建成一个以旅顺为军港、以大连为自由港的"黄色俄罗斯"进出门户。1899 年正式在这里开工建港口，同时快马加鞭地开始了城市建设。几年的工夫，车站、码头修起来，电厂建起来，城市地下管道、道路规划设计出来，大桥北出现了一个俄罗斯式的街区。但是，5 年后的 1904 年，日俄战争爆发。一年后，根据战后的《朴次茅斯和约》，日本人从俄国手里夺得了对辽东半岛的租借权，承接了俄国的城市建设规划，继续建设大连这个新城市。

这个期间，山东农村连续几次闹蝗灾，农民成批逃荒"闯关东"移民到东北。开始时大批落户到长白山区开荒种地，后来赶上大连建市大量用工，就陆续有闯关东的逃荒农民在这里搭盖窝棚住下来。山东半岛北部的一些商人也看好这里有钱可赚，纷纷渡海来做生意。据说，我们住的房子就是一个大家叫他"贺老板"的人，在原有棚户基础上盖了灰木结构的简易二层楼房，租给前来落户的农民工们住的。我父亲 1922 年从山东过来，就在这里落了户。

凭借"思源巷"里的一个楼院遗迹，我还能模糊地回忆起当年的样子——走进过道门，里面是一个方形的"大院"，院子南、北两面都是木楼，东边是一座简易平房，都很破旧了。西边北半是另一个院子的房屋后背，南半是一堵高墙，与那个院子隔开。院子当中有一盘大家共用的水磨，因为这里的住户大都是从山东沂蒙山区过来的，都"摊煎饼"吃，水磨是推"煎饼糊"用的。院子四周靠墙除了一些用木板、油纸、薄铁片等材料临时搭建的棚厦之外，到处堆放着一些破麻袋包和废旧杂物。西侧的墙下是共用"茅房"和共用自来水管，还有一块支"鏊子"摊煎饼的小块空地。鏊子是一种圆形铁制平板烙盘，摊煎饼时用砖块支起来，摊煎饼的人盘腿坐在前边，底下烧柴火，摊煎饼时用一个笤板似的"煎饼匙"把煎饼糊平摊在鏊子面上烙，这是沂蒙山区人常用的方法。有的地方不用煎饼匙，而用一个小耙转着圈刮，叫"刮煎饼"。

我们家从我父亲和我母亲结婚起就住在北楼，我也生在北楼。由于这边的楼房过分破旧，有一天被大风刮倒，幸好事先发觉危险，都搬到了南楼，一直住到我7岁。我记得我们住在楼上，是用木板隔成"一明两暗"三间套房里的西间屋。我家对面屋住的一家是年近五十的老夫妻，身下三个姑娘一个小子，大姑娘出嫁了，二姑娘和三姑娘一个叫"大乙"，一个叫"小乙"，小子叫"狗剩儿"，岁数都比我大。老公姓陈叫陈元，是拉洋车的，好喝酒，每天交了车回家来，就一边抿着酒，一边眯着眼睛没来由地骂老婆。当中的一间是做饭和出入用的"外屋地"，但除了进门两面是锅台之外，靠里还夹出了半间小屋，住着一家姓蔡的，主人叫蔡秀袍，大概是干零工的，平常很少在家。夫妻俩两个小子，大的叫"秃子"，小的叫"壮儿"。我每天早晨还在梦中就隔着板壁听到他家孩子"爷啊，爷啊"地唤爸爸声音，这叫声成

1927年薛殿会全家与同乡大爷两家合影。左起：大爷之女、大妈、大爷之子、薛殿会和母亲、大爷、大爷之子、父亲和哥哥、大爷之女。

了我的起床号。楼下院子里住的人家，有打零工的，有拉洋车的，有送报的，也知道一些孩子的名字，如"憨蛋儿""大丫""小嫚儿"等。但我当时很小，除了我母亲半月十天一次到楼下摊煎饼时偶尔把我带下去让我坐到她旁边之外，平日很少到楼下院子里，所以具体情况不很清楚，只知道东边的破厢房里住着一个可怜的豁嘴老婆，丈夫死了，天天一手拄着棍子，一手拐着破筐，带着叫"大棉"和"小棉"的两个女儿出去挨家要饭；还知道过道门旁边住着一个年轻的女人，天天又擦粉，又抹胭脂，打扮得花枝招展，人们说她是"半掩门儿"（暗娼），我只看她好看，也不知是干什么的。这些人虽然大都是山东过来的，但既不是同村同乡，又不沾亲带故，平日很少和我们来往。

常来往的是住在通向前街那条南北巷西侧的"嬢嬢"家。这家比我家来大连早，主人为人忠厚，叫薛士忠，和我父亲同宗同辈，但老家隔了几十里，过去彼此都不认识，见面后才以"本家"相认，父亲称他为哥哥。当初父亲来到大连找不到活干，正好他租的洋车没人拉夜班，就让父亲和他合租这辆洋车，轮流交替拉白班和夜班。特别是这家女人别具一副侠义心肠，父亲在这里安家，结婚，全仗她的操办。母亲来到后一些持家之道也多亏她的指点和帮助。据说我和哥哥出生时就是她给接的生。"老嫂比母"，父亲常这样说。实际上我父母都把她当成自己的亲嫂子，因此我们也特地叫她"嬢嬢"。她有两个女儿，大女儿得痨病死了，二女儿叫"小翠儿"，还有一个儿子，叫"关东"，都比我大七八岁，在我眼中他们都已经是大人了。平日"嬢嬢"和小翠姐经常在前街支摊儿给人补破烂儿。另外，在那条南北巷东边一个小杂院里还住着我父亲的远房姐姐，我叫她姑的。姑夫姓李，叫李界庭。他们身下也有一儿两女，儿子叫李泰福，天天上私塾念书，大女儿是哑巴，小女儿叫"小纹"。我们和他家只是偶尔走动，但姑夫每到我家来总要带一包炒花生，所以我们这些孩子都很欢迎他们。在那个小杂院里还住着两家姓赵的弟兄——赵长发和赵长兴，他们是父亲同村老乡，前者还是和父亲结伴来大连、下地后又同时到码头打"卯子工"（零工）的。但比起"嬢嬢"和姑姑两家，来往要少些。

这就是我儿时记忆里"思源巷"的环境和社会关系情况。可见，那时这里基本上是一个从山东沂蒙山区来寻求生路的农民工聚居的地方。当然，这里也不是没有其他人居住，比如，这条"思源巷"的西半部丁字路口北面有一块比较规整的平房区，住着一些日本人，看来都不是富裕人家，最多是下级雇员或工头之类，但是比我们这边当然不能同日而语。每年到阳历5月，从我们住的北楼上向大墙外看，还可以看到他们房顶支起的花花绿绿的鲤鱼旗。日本人叫"鲤帜"，是有男孩子的人家在5月5日男孩节日悬挂的，很令我们这些孩子艳羡。可是不用说，虽然算得上街邻，互相还是老死不相往来的。我们称他们"小日本鬼儿"，有几个儿歌几乎不离嘴边。

> "小日本鬼儿，
> 喝凉水儿，
> 搭拉嘴儿。"

> "八个牙路，
> 七个少（日本骂人话），
> 你的房子我知道。"

其实彼此并没有什么接触。另外，在通向后马道的南北巷东侧有两个瓦房院落，过道门两旁摆着夹竹桃之类的花卉，里面住的是做买卖的中国人，不少都是在"浪速町"（现在的天津街）夜市摆摊的商贩，他们和我们同样没有来往。实际自然是瞧不起我们。我们去"后马道"路经他们门口时，如果没有大人，他们的孩子常常对我们围追堵截。别看小小"思源巷"，也是民族矛盾、阶级矛盾一应俱全呢。

父辈闯关东到"思源巷"落户

我原籍湖广岳州府慈利县。民国初年，据湖南族人谈，那里宗族繁盛，人口众多，居住分布达七个县，家谱流传已三四十代，历史悠久。明永乐帝北迁时，有兄弟三人即山、海、能三祖，世袭武职，随军北迁。山祖居灵山卫薛家岛（即胶东薛家岛）；海祖居安东卫，后移莒沂；能祖居河北天津卫。我们属于其中"海祖"一支。再往前溯，推及唐朝，源出山西一宗。

根据《族谱》的记载，我们的始祖（海祖）原来是一位随明成祖朱棣北伐，屯田在莒南山角沟屯的武官，至今已经 600 多年。其间从第 4 世开始，薛家由山角沟屯迁居东北 13 里的薛家寨，世代务农。后来薛家寨分为赵家庄和杨家庄两部分，薛家也随之分为两支，我们一支在赵家庄。这一支从第 12 世开始，取名时按世代文字标志排辈，经族人共同议定。这套标志定为以下 60 字：

采芹惟秀士会燕喜俊儒复宗诚可效述亚实言师
本善宜修立材高广学思心传精一道敏宪礼文词
忠厚家声远磊落常相知济世至大同绵续共天期

根据《族谱》，我的曾祖为第 14 世，是"惟"字辈，叫薛惟林，是第 13 世薛成芹的独子；祖父薛玉秀是第 15 世，他排行老大，两个弟弟，依次叫薛枝秀、薛德秀；我父亲薛士进，相当于第 16 世，他有一个哥哥薛士忠（不是前节所说"孃孃"家那个薛士忠，他们重名），一个弟弟薛士修，还有一个妹妹，就是我那个姑妈杨薛氏；我们这一辈是第 17 世，就是"会"字辈了。

我从小听说，是父亲在 1922 年的"蚂蚱市"（蝗灾）那年，赤手空拳独自离开祖祖辈辈住了 600 多年的鲁南农村，漂洋过海把家迁移到异地大连，在城市里繁衍下来的。这确实是我们家系中值得大笔特书的事。记述这段具体情况已经非我所能，只能根据父亲和母亲生前零星对我们讲的和其他熟人零星介绍的一些故事作一个综合复述。

父亲从小心气高，性格倔强，又聪明好学。过去祖上多少辈子没有人读过书都过来了，可是他不安分，自己常常背着大人到学馆窗外偷听先生讲书；看牛时一边放牛吃草，一边在河滩以沙当纸以指当笔练字。后来他索性跨过门槛进门听，清早去了又扫地，又生火，还给学馆挑水，一来二去感动了先生，就收他做了一个不收学费的徒弟。附近玉皇庙有一个道士鲁颐公，看他如此好学，也经常给他指点。很快地，他不但能识文断字，而且居然能写两首"诗"与鲁颐公互相酬答了。当时家里租种杨家庄"杨老八"的地，父兄一辈不分男女，下地的下地，当雇工的当雇工，没日没夜地干，还是经常吃了上顿没下顿，结果父亲的二叔薛枝秀和哥哥薛士忠先后夭亡，我奶奶给人做佣妇，也累得吐血而死。后来赶上"蚂蚱市"，地里颗粒无收，人们纷纷出外逃荒，父亲也要求全家走，但穷家难舍，父辈的人不但不走，也不准父亲自己走。有一次父亲偷偷离家出走，可是才跑到高密便被家人寻了回来。

这次出走不过几天，但对父亲来说是难忘的人生一课。他本相信凭着自己的两只手怎么也能在农村挣口饭吃，没想到别说挣饭，就是讨饭也找不到门。小户人家不好意思张口，大户人家不等张口就放出狗来咬。有一次来到一个高门楼红漆大门的人家门前，从晌午站到日头偏西，最后出来一个穿长袍的人朝父亲斜睨了一眼，说了声"要饭，不害羞，没有！"转身回去"咣"的一声把门关上。父亲受了这顿羞辱，下定决心，今后永远不向这般人低声下气，无论如何要干出一个名堂来，争回这口气。

过了两年，又闹了一次蝗灾，实在是没了活路，家人不得不答应父亲的要求，凑了点盘缠，让他与同庄的赵长发等人结伴"闯关东"。他们步行近200里路到石臼所，然后搭船来了大连。在大连下地后，他们首先在码头打"卯子工"，拼着体力装船卸船。在这里，父亲认识了同是"卯子工"、后来成了我姥爷的王起新。

我姥爷是带着全家逃荒来大连的。据母亲说，姥爷在沂南家也是租别人地种的佃户，东家据说就是那个有名的"庄阎王"。传说，因为一个农民打死了他家的一只鹰，他硬逼着这个农民口称"鹰祖宗"为死鹰披麻戴孝送殡。这个事曾经载入大连解放初期小学语文课本《平鹰坟》一课。我姥爷是第一次"蚂蚱市"时"闯关东"过来的。当时我姥爷姥姥有三个女儿，老大当时15岁，后来成了我母亲，另外两个一个5岁，一个还不到2岁。来到大连后，姥爷一家住在寺儿沟一个废弃的砖窑里。因为姥爷一个人挣的钱无论如何养活不了这么多家口，只好由姥姥领着两个、抱着一个到街里挨门要饭。第二年姥爷干活扭坏了腰，躺倒在家，偏巧姥姥腋下生疮，引起败血症，也躺倒爬不起来了。我那个十五六岁的母亲只好一个人领着妹妹到街里乞讨。有几天赶上连阴雨，要饭要不来，全家没了饭吃，我那个两岁的小姨最后饿得爬到门后把姥姥洗疮的艾蒿水端起来咕咚咕咚地喝了下去，结果半夜就断了气。后来听说街里精米所雇零工拣大米，我母亲就跟着别人去干零工，帮扶着姥爷姥姥，日子才勉强过了下来。再后来姥爷在码头干活时相中了我父亲，就把我母亲许配给我父亲，让他俩在常陆町小巷（就是现在的思源巷）成了家。这年我母亲19岁，我父亲27岁。

我母亲聪明勤快，性情温和，除了做饭、缝补、清扫等家务之外，还到处干零工。我还清楚地记得我小时母亲经常到外面干零活——不是去麻袋庄缝麻袋，就是去苹果庄包苹果，再不就是去烟草公司贴烟签。没有零工干时，就从附近成衣铺那里接些缭缝之类的活儿干，抽空还出去拾"柴火"（垃圾箱里的废纸、木屑之类）。这期间，我父亲的职业也很不稳定：码头打"卯子工"的活儿劳动强度太大，收入还保证不了生活，他就和人一起租洋车拉洋车；后来一个坐车的日本人看他诚实、肯干，就雇他到自己开的洋行拉"包月"、吃劳金（干佣工）。再后来又辗转雇给日本洋行打零杂，先后干过"水野洋行""东海生命保险会社"；还给一个叫寺田的人放过"印子钱"。为谋生还去过"奉天"（沈阳）。洋行搬迁，还跟着洋行去过"热河"（承德）。结果不是洋行倒闭失去工作，就是工作不合自己的心意辞掉不干。记得那时父亲常常自我解嘲地说自己："拣花的，拣丽的，一拣拣了个没皮的。"在我记忆里有个情景至今不忘：那年，父亲去了奉天（沈阳），母亲出去缝麻袋时，就把我们关在家里。有一天外面刮起大风，顶棚纸被刮得呼啦呼啦响，楼板房刮得晃晃悠悠，6岁的大哥抱着不满周岁的四弟，我和三弟偎缩在一旁，大家饿着肚子一声不响地听着外面的风声等母亲回来。从天黑等到深夜，我们几乎都要睡着了，直到很晚很晚母亲才回来。原来这天母亲临时加班。她一进门看我们平安无事，抱过四弟，哭了。就在这天半夜，北楼被大风刮塌了。

在这当中，父亲开始自学日本话。闯关东的人们有句顺口溜：

> "来到青泥洼，
> 先学日本话，
> 吃饭叫米西，
> 骂人叫巴嘎。"

但父亲是认真的，他在实际生活中体悟到，同日本人交流的能力与为人勤劳、正直的品质同样，都是在这里求得一个稳定而有尊严的工作的重要条件。据说父亲在水野洋行干活时，有一次日本掌柜要求我父亲和我母亲到他家去给他们包饺子吃，吃过以后掌柜和掌柜娘们夫妻两个一起向父亲和母亲鞠躬道谢；还有一次，柜上几个年轻的"小鬼子"想拿我父亲寻开心，其中一个蹑手蹑脚转到父亲背后要揪他的辫子。那时，父亲和其他从山东农村过来的男人一样，都还留着辫子。岂不知我父亲在山东学过功夫，他转身一个扫堂腿把那个小子撂了个仰面朝天。父亲原以为日本人吃了这个亏不会善罢甘休，可是那些"小鬼子"却向父亲伸出大拇指。

不久，山东家我大爷和我奶奶先后亡故，我爷爷失去了最后的依靠，也退了地，扔下破家，带着大娘和刚成年的我三叔投奔到了父亲这里。这样，我们薛家这一支终于全都离开祖祖辈辈繁衍生息的农村，开始在城市落地生根。

但是这个"移植"过程在家庭内部并不是一帆风顺的。我爷爷虽然万般无奈来了大连，但是他蛮不情愿，一心指望父亲在这里攒些钱，回沂南置办土地家产，振兴家业。可父亲的志向正相反，他铁下心来要在城市里求发展，他在一个个的工作历练中也越来越认识了发展的希望和自己的能力，就坚持自己的选择。这样，父子之间就有了矛盾。冲突波及日常生活的各个方面。爷爷反对父亲学日本话，坚持说"日本话，不用学，再过三年用不着"。有一个时期洋面跌价，做馒头吃又便宜又省事，可是爷爷却闹着非吃高粱煎饼不可，嫌馒头不是庄户饭。平日爷爷最看不上我母亲，嫌她不懂庄稼活，认为父亲不愿回山东就是因为恋她，三天两头逼父亲给母亲气受。开始时父亲一来不好违拗，二来被这个"糊涂老的"闹得心烦，就经常对我母亲发脾气。可是母亲却始终逆来顺受，不声不响。后来父亲也学会了这种以退为进的办法，任凭爷爷嘟、骂、唠叨，我行我素，和母亲一起经营家庭。爷爷没有办法，只好蹲到一边去，小胡子一撅一撅地生闷气。年复一年，慢慢地他也就承认了现实。就这样，我的家终于在大连这个城市里扎了根。

我的童年

我生于1926年11月25日（阴历十月二十一），乳名"东洋"。但以后慢慢地没有人叫我这个乳名，而叫诨名"闷子"了。这个头衔是我们叫她"嬢嬢"的那个大娘送给我的。原来我是老二，我哥哥叫"小东"，比我只大一岁（实际是大20个月，将近两岁），可是我们的性格却截然相反：他急，我慢；他机灵，我迟缓；他话多，说起话来像爆豆，而我则成天没有一句话，偶尔说一句，半天吐一个字，听的人都要急死。"真是个'闷子'！""嬢嬢"这么一说，立刻得到我父母和周围人们的认同，于是它就完全代替了我的乳名。

按说我这样一个慢性子是不会讨人喜欢的，可是相反，据说我小时还颇受大人喜爱。因为我听话，信哄，不论对谁都充满信任，从来没有哭着闹着向大人要求什么或者表示什么抗议之类的事，大人叫我怎样我就怎样。我还模糊地记得妈妈摊煎饼时我怎样按照她的吩咐，老老实实长时间坐在一边，望着她手里煎饼匙一翻一翻的动作，望着她头发上、衣服上落满鏊子下面飞出的纸灰草灰的情景；还记得妈妈做针线活的时候，我老老实实坐在一旁听她边做活边哼小曲儿，或者欣赏妈妈拾来的柴火中夹杂的带画纸片的情景。不仅对大人如此，在同伴之间我也是一贯担当听从者和追随者的角色。哥哥骑着小板凳当火车头，我就骑上另一个小板凳跟在后面当"烂帮子（车厢）"；哥哥用木块、罐头盒盖"大楼"，我就在一旁给他递这个、递那个，从不表示异议，也不跟他争抢。但是老三就不同了，他乳名"海洋"，但生来"混"、愣，什么事都得依着他的意，动不动就发脾气大喊大叫，所以大家常叫他"三愣头"，大哥也要让他三分，我就更不用提了。

由于我对任何人都充满信任，所以人们常拿我寻开心。那时候，香烟盒里常常夹着一张纸牌，上面印着一些京剧脸谱啦，"上海大美人"啦，连环画啦等等不同的图画。有一次，一个来串门的大人拿出一张印着"上海大美人"的纸牌，指着另外一个人对我说："他有的是纸牌，你拿这张牌告诉他'我就看中了她'，他就会再给你一张。"我信以为真，就拿着这张牌走到那人面前，指着牌上画的大美人说："我就看中了她"，惹得在场的人哄堂大笑。还有一次，我三叔结婚，好多人去"闹房"，有一个人告诉我："你到新娘子跟前说'三婶子，给我块点心吃吧，'她就给你点心吃。"我乖乖地走到新娘子跟前，刚说了一声"三婶子"还没说下文，新娘子羞得满面通红，又引得大家哄堂大笑。

大哥懂事很早，5 岁左右就跟着大乙、小乙等几个大些的孩子到"浪速町"（现在的天津街）一带垃圾箱前拾柴火，或者到"日本桥"（现在的胜利桥）邮局后院炉灰堆上拣煤茧。有时我也跟去。那时的"浪速町"号称大连的"银座"（日本东京最繁华的一个街区），是一个不夜城，太阳一落，这里就格外热闹起来：忽明忽灭的霓虹灯变幻出五颜六色的广告；从料理馆和吃茶店里一阵阵飘出甜蜜蜜的香气和软绵绵的音乐；一排排瓦蓝的汽灯下，密密层层的货摊前的摊贩们拼命吆喝着"什么什么（都是）一毛钱，什么什么（都是）一毛钱！"……第二天早晨天一亮，这里又变得沉寂了，街上冷清下来，我们便拐着筐或提着麻袋到这里拾废纸。在胡同深处料理馆背后的垃圾箱里，还常常有顾客们吃剩的炒饭、烩饭，被好心的店员用纸包起来，放在一边，我们拾回来可以美美地享用。

冬天拣煤茧是一件苦事，可是我们也能苦中寻乐。每天早晨，邮局后院总有一筐筐炉灰从锅炉房抬出来，在灰场堆得像小山一样。吃过早饭我们就拐着筐篓，带着小铁钩去扒、拣那没有烧尽，但已经炼成焦炭的碎煤渣。不到一个小时就能拣上大半筐。其余时间我们就在那里拣"嘎斯"玩。这是锅炉里石灰渣炼出的一种白色的粉块（碳化钙），滴上几滴水或吐上口唾沫它就咝咝地泛白沫，冒白汽，还发出烫人的热气。于是大家就笑着、嚷着把冻得像胡萝卜似的小手伸过去取暖。平日母亲不舍得让我们出去拾柴火、拣煤芯，但是哥哥知道拣些来家对家里是个帮助，不仅经常去，而且常常不拣满筐不回家。可是，我照例是"玩玩"而已，哥哥也不苛求我。

比起左邻右舍的孩子，我们还是幸福的。父亲在家期间，下班以后，全家在一起经常是乐乐呵呵的。父亲自己买了一张"大正琴"经常练习弹奏，还常教我们唱《苏武牧羊》《姐儿》之类的歌曲。父亲爱新鲜事物。据说我们出生不久，万国博览会在大连举行，他兴冲冲地把辫子梳得溜光，换上一身新衣服，一连参观了好几次。我们会走会跑以后，遇上假日好天气时，他还经常和母亲一起带我们到马栏河、水源地、台山前（后来的"星个浦"，就是现在的星海公园）郊游。这是全家最快乐的时候——带着凉席，找一个凉爽的树荫下、草地上铺好，让我们尽情地玩，玩累了就睡。有一次在马栏河，父亲带哥哥下水捉鱼，我也牙牙叉叉不知深浅地走过去，走到没胸深的地方，站不住一头栽到水里。父亲远远望见，连蹿带跳地跑过来时，我已呛够了河水。

再一个幸福的时刻是过年。每年到了腊月二十三，只要父亲在家，他总要带我们到西岗子赶一次年集。这里是大连当时最热闹的中国商业街，比起浪速町来又是另一番景象：大街上绸缎庄、鲜货庄、南货庄、茶庄，到处悬挂着形形色色的招牌、悬旗；小巷里饭馆、烟馆、戏院、妓院，门窗描绘得五彩斑斓；街道上挤满了货摊，水果、干果、年画、对联、香烛，应有尽有；人群像潮水一般涌来涌去，里面还夹杂着"叫街"的乞丐：缺腿的瞎眼的，呼天叫地。有一种乞丐，蓬着头，脸上鲜血淋漓，从一个货摊走到另一个货摊。父亲告诉我那叫"开头的"。只见他左手拿一把剃头刀子，右手擎着一块磨石，每到一个货摊跟前就把刀尖对准自己的头顶，右手的磨石比画着要往下打。货摊主人怕他真打下去鲜血溅到货摊上，就连忙拿出几个铜板打发他离开此地。赶年集时我最怕看到这些乞丐，可是每次我还非要跟着去不可。

在每次年集上，父亲除了买一些干鲜果品、香纸碗筷之类的年货之外，总是照例买一些年画，回到家里一贴就是一满墙。赶上父亲手头充裕时，还买一些鞭炮和"二踢脚""钻天猴""滴滴金"之类的花炮给我们。

我们家不请财神。但三十晚上，"天地棚子"还是照搭不误——里里外外每个角落点上香，屋内供上象征祖先神灵的龛位。一时香烟缭绕，配着花花绿绿的年画、挂钱和到处贴着的大红春联，浓厚的新年气氛使我们一样兴奋陶醉。前半夜大人们忙着包素馅饺子，包完后从箱子里给我们取出只有过年时才穿的马褂大褂换上；半夜"发纸"放鞭炮、吃饺子，给长辈磕头。然后，我们弟兄几个就通夜不眠地出去拣小鞭儿。那时候，每年除夕附近奥町（现在的民生街）、监部通（现在的长江路）的"德泰公司""政记轮船公司"都放长鞭，一放就是将近半个小时，地下落的"哑芯子"鞭，拣不一会儿就能装满衣服口袋。拣回家我们就找个纸盒把它盛起来，以后随时拿出来，一个一个地掰开，用香头点着露出的火药"刺花"玩。玩的时候我们想出许多花样：摆成一对点着其中一个，可以引着另一个，双方对着"刺"；摆成一圈点着其中一个，还可以引起连环式"刺花"，等等。一夜拣的"哑芯子"鞭可以玩到正月十五。过一年长一岁，我们就这样慢慢长大了。

我受的家庭教育和文化熏陶

我小时的家作为一个由世代贫穷的破产农民流入城市后不久组成的家庭，绝对谈不上什么"诗书门第"，但在那些同是海南家过来的左邻右舍中却算得上是一个"异类"——父亲和母亲尽管过去都没有读过书，却都特别看重读书。记得那时家里的书有《四书集注》《千家诗》等，那是父亲从山东带来自己学习用的；还有《三字经》《百家姓》《千字文》《日用杂字》等，那是父亲用来教母亲，以后又用来教我们的。父亲自己还格外地买了几本《日本语读本》《交际会话》等。家里天天都有琅琅的读书声。

早在我 5 岁、大哥 6 岁的时候，父亲和母亲就给我们规定了每天两小时的"熟书"（温习功课）时间，用来练习和诵读父亲所教的内容，母亲的任务是督促和监督。一到时间，我和哥哥就得老老实实坐到一起，捧着同一本书从头开始齐声诵读。那时，父亲教我们书既不教字形字义，也不注重写字下笔画，更不讲解句段的意思（实际《百家姓》只是一些姓氏，无所谓句段含义；《日用杂字》都是大白话，无须讲解；而其他《三字经》《千字文》中很多内容父亲实际上也讲不下来），只是教我们用手指着字，一句接一句地仿照他读的复述一遍。反复读，反复复述。那么所谓"熟书"也就只能是"小和尚念经"，死记硬背唱秧秧了。不用说，这种"学习"对于我们来说毫无兴趣可言。但是父亲严厉，我们不得不勉强做出"熟书"的姿态，当看到只有母亲在旁的时候，我们便一再地流露出受不了这种罪的样子，指望母亲开恩放我们去玩，可是到了这个时间母亲也一反平日那种温和慈祥，变得冷若冰霜，丝毫不肯通融。没办法我只好拼命从枯燥中寻意义，譬如读《百家姓》里的"奚范彭郎"就想着"稀饭澎浪"；读《千字文》里的"律吕调阳"就想着"绿驴跳羊"；等等。但是，能想出这类意义的寥寥无几，两个小时的罪还是得受。好不容易挨到钟点，才像遇到大赦一般地跑开玩去了。

父母所以如此不肯通融，当然是出于对我们的期待。现实生活使他们在头脑中把"种地"和"受穷"画了一个等号。他们自己好不容易摆脱了那种生活，满心期望走出一条新路，也希望我们能有更好的出息。当时在我们这样的城市贫民阶层里，考虑孩子的职业出路，比较现实的途径就是学点手艺。那时候中国人的行业大部分都实行艺徒制，一般都是在三年学徒期间店主人只管学徒吃住，学徒跟着师傅干活，任凭师傅或主人管教，有的甚至在契约上明写上"打死勿论"。前街有一家成衣铺，我母亲和邻居的闺女媳妇们经常从这个成衣铺里接一些需要缝、缭的活儿来做。这家成衣铺收了一个 10 岁左右的学徒，每次活计都是他来接送。这孩子特别老实，也不笨，可是让师傅们管教得见了人大气不敢出，问话也不敢吭声。因为他性格像我，母亲和女伴们叫他"大闷子"。在他剃得光光的脑袋上常常看到有一道道被尺棍儿打得肿起老高的血印。母亲心疼得不得了，时常偷着给他一些好东西吃。女伴们把他叫成母亲的"干儿子"。学手艺苦，在"大闷子"身上看得清清楚楚。母亲不止一次地把我拉到怀里说："俺'闷儿'长大了可不能让他学手艺！"这一点当然是与父亲的看法一致的。

学买卖也不对我父母的心思。我常记得一提买卖人，父亲就鄙夷地说声"买卖鬼儿"。他认为做买卖就难免欺诈哄骗，损人利己。他常说，人生在世，总要走得直，站得正，不坑不骗，诚实做人，这就不能学买卖。至于出大力，那就更不符合父母的期望了。记得我七八岁的时候，父母曾问我将来干什么。那时，三叔在一个叫"铁同志会"的一家日本铁材代理商那里当工人，住在一个仓库大院里。我去三叔家时曾看见劳动现场上工人们装卸铁材的情景，他们吆喝着号子，扛着一丈多长的工字铁、人字铁走到指定的地方，伴着撞击的巨响把它扔下来齐刷刷地码成垛。我觉得再没有比这更豪迈的事了。当父亲问我将来干什么时，我不假思索地脱口回答："抬大铁！"父亲听了把手一挥，失望地说："唉矣，没出息！"

父亲和母亲打定主意要我们读书，显然是选定了这条与祖上所走截然不同的路子，以他为始，并把更大的希望寄托在我们的身上。

除了教我们读书，父亲还随时教我们学着说一些常见事物的日语单词，譬如耳朵叫"米米"，鱼叫"撒各那"等等。还有糊墙的报纸上有些日本字和汉字，父亲也时常指着叫我们认读。说对了自己快乐，大家高兴，既不觉得是负担，又觉得好玩。虽然有一搭无一搭，没有系统地学到什么东西，但确实引起了我们对语言文字的兴趣，消除了疏离感。记得我们和住在对面房的大乙、小乙姐妹二人还就报纸上的"味の素"的读法进行过一次争论：她们坚持念"味四素"，我们则坚持念"阿吉挠毛桃"或者"味挠素"。她们的理由是"の"字就是"四"，我们的理由是"の"是日本字，读"挠"。双方争执不下。后来找父亲断官司，才知道读"四"也对，因为"四"的草字就写成"の"。但是在这里它是日本字，读"挠"。结果是双赢。从那以后我们对报纸认字更有兴趣了。这看起来似乎不是什么正经家教，因为它既无

计划又无系统，甚至可以说是在有意无意中进行的，但它的效果远远超过了那种死记硬背的"读书"。

在行为性格的教育上，父亲也是不遗余力的。他要求我们听话，守规矩，但同时要求我们要有骨气。他常跟我们讲他自己在山东家，财主家孩子欺负他时，他怎样对着和他们打，直到把他们打得说"不

日本为了侵占中国，下大气力调查中国国情、物产、政治、经济、文化等各方面情况。图为南满铁道株式会社编印的满洲事情案内丛书之一《满洲农村民谣集题》中的图片：农村收获、骑毛驴回娘家、少年与毛驴。

敢了"为止。为了让我们不受欺负，他曾几次教我们练拳，让我和哥哥天天"扛胳膊"，可惜由于忙于奔波，终于没能坚持到底。结果我这个生来的怯懦性格也始终没能得到矫正。有一次，父亲给我和大哥各买了一双小胶鞋，我俩美得不行，把新鞋穿在脚上，肩并肩地揽着脖儿眼睛瞅着脚上的新鞋，在巷子里用力踏着脚步走来走去。走到东边通"后马道"的巷子，一个比我们大的哥儿迎面走上来，用膀子使劲撞了我们一下，又蛮横地向我们挑衅示威，像要打架的样子。大哥迎上前去和他面对面地瞪起眼睛来。我看局势紧张，赶紧朝那哥儿说了一声"对不起"，那哥儿也就顺势下了台，斜着脑袋走了。父亲听了非常失望，朝我无可奈何地叹了一口气。

跟所有孩子一样，我爱听故事。那时候父亲每年春节买年画时，几乎年年都要买《薛仁贵征东》《白蛇传》《天河配》《二十四孝》这几套四条屏年画。母亲年年都讲其中的故事内容给我们听，我们几乎是百听不厌。我们特别喜欢那个百战百胜的白袍小将薛仁贵，为我们薛家有这么一个同姓的忠臣英雄而自豪，恨奸臣张士贵一次又一次的冒功、陷害行为。"忠臣"和"奸臣"成了我们心目中好人和坏人的代名词。我们在一起游戏时也常常明确指定谁当忠臣，谁当奸臣。后来母亲回忆说，有一次她正在烧火做饭，我和哥哥在床铺上玩着玩着，忽然若有所思地停下来，问她：妈妈，咱们家是忠臣还是奸臣？说明我那时对忠臣已经有了一种认同。

小伙伴们在一起互相传习儿歌也是我感兴趣的事。这在过去更不在家教的范畴之内，但现在想来，给孩子提供这种机会同样比"读书"有效而且重要。当时和我们一起传习儿歌的，除近邻的孩子大乙、小乙和壮儿等之外，还有我的小姨"当儿"。我之所以特别提到她，是因为她常常是传授者。她教的儿歌大都是从山东老家带来的，生活气息很浓，有的还很幽默。例如：

> "小狗汪汪咬，
> 亲家来得早，
> 床头摸花鞋，

裤子穿倒了，
嘣登一个屁，
这待怎么了?"

"地瓜干儿,上东街,找老弯儿,
老弯儿在家蒸饽饽,
狗烧火,猫掌锅,
老鼠坐在炕头当婆婆。"

"秃子秃 (在山东家'秃子'指男孩),上南屋,
南屋漏,锅里熬着兔子肉。
大秃子吃,二秃子看,
三秃子馋得啃锅沿。"

"呱嗒板儿,唱刘海儿。
刘海儿带着花兜兜,
谁做 (音 zòu) 的,娘做的,
娘的小脚怪臭的。"

"呱嗒板儿,门上挂,
狗咬俺,俺害怕,
给俺一个煎饼俺走吧。"

"东西街,南北走,
回头看见猫咬狗。
拿起狗来打砖头,
又被砖头咬一口。"

"稀奇稀奇真稀奇，
麻雀踏死老母鸡。
蚂蚁身长三尺六，
老翁睡在悠车里。"

"从南来个张果老，
腰里挟着什么呀？
——破皮袄。
怎么不穿啊？
——怕虱子咬。
怀里揣着什么呀？
——大干枣。
怎么不吃呀？
——没牙咬。
吾给你煮煮啊，
——那更好。"

"小红车，白马拉，
一拉拉到丈人家。
丈人出来往里让，
小舅子出来往里拉，
她倚着门框羞答答。
丈母娘去摆肉，
丈人去端酒，
她一个转身往里走。
也没吃饭，也没喝酒，
一气去往家里走。
回家告诉她，

明年去接她，

看她还羞答不羞答。"

那时，我对画画还有着强烈的爱好。父亲用过的或是拣柴火拣来的不管是一片白纸、一支铅笔头，我都如获至宝一般地收起来，一有空就躲到一边儿去，默不作声地画。画小人儿，画房子，画火车。年画、商标画我都喜欢临摹。有时晚上全家都睡着了，我还在电灯下把薄纸铺在母亲扯布头带回来的《三友图》《寒山寺》商标画上面影着描。常和我一起画画的还有大哥，我们有时画起来饭也顾不上吃。记得有一次我们共同创作了一幅相当复杂的"组画"，有人物，有故事，楼上楼下，天上地下，成了后来我们美好的回忆。隔壁老蔡家的"壮儿"是我另一个画友。他岁数和我差不多，可是他画起画来很多地方比我高明。我画火车，冒出的烟好像乱毛一般，他画的却是一咕突一咕突的。我特地到后马道看了一下真正的火车头冒烟情景，还是他画得像。于是我怀着敬意学了他的"表现技巧"。对面房老陈家的"狗剩儿"也会画画，但是他比我大七八岁，经常上私学馆，和我们搞不到一起，偶尔他来我家时我央求他画些小人儿给我看，谈不上什么画友。

东街《泰东日报》社有一个工人薛连城，也是我们本家，属"燕"字辈，我们叫他"三侄儿"。他常来我们家玩，对我们画画特别支持。每到我家他总带一些印报裁下的纸边边给我们画画用，是我们最欢迎的客人之一。还有两个年轻人，一个叫季长禄、一个叫林光明，他们都是我们的老乡，又是"嬢嬢"家关东哥的朋友。这些人（还有薛连城）显然都受着当时进步社会思潮的影响，会唱很多新歌，如《大路歌》《渔光曲》《可怜的秋香》等，有时来我们家玩，就唱给我们听，教给我们唱。林光明还经常教我们用纸叠一些小燕儿、乌纱帽、宝塔、宝船儿、小狗、衣服、裤子之类的玩意儿，丰富着我们的幼年生活。

这一切，都深深地印在我的脑里，无疑就是我难得的"学前教育"了。

1942年"满洲帝国道德会""关东州大房身分会"成立全体职员合影。

读"私学馆"那段时光

我8岁那年，也就是我家搬离"思源巷"那个大院的前两年，父母供我们读了将近一年的"私学馆"（私塾，我们叫"书房"）。9岁的大哥因为需要他在白天帮家里干些活，让他读晚班，我读白班。

其实，当时在大连早已经有了为中国人办的免费学校——"公学堂"。但是我们这一带住的海南人都宁愿花钱让自己的孩子上私学馆。原因除了长期因循下来的传统习惯，认为只有读私塾才是正经之外，大概觉得公学堂是日本人办的玩意儿，学不到多少中国人有用的东西，何况听说孩子实际上大部分时间在学校里玩儿。迎合这种心理，当时离我家不到200米范围内就有两三家私学馆：一家在我们住的"思源巷"西半部丁字交汇处，叫

"国民学房"，塾师姓韩；另一家在东街路东，塾师姓毛；还有一家是专门教"官话"（普通话）的，在"思源巷"东半部"嬢嬢"家附近，塾师姓刘。我去的是"韩先生"的"国民学房"。

韩先生叫韩仙瀛，也是山东沂南过来的，是我本家一个侄辈薛燕松的"磕头弟兄"，对我父亲也称"二爷爷"。这位老先生当时五十来岁，长了一脸大麻子，但是身材魁梧，举止威严。他是我家乡的一个落第秀才，随"闯关东"的移民潮来到这里，向日本人请了许可，开了这么一个学馆。

入"书房"那天，是三叔带我去的，那时父亲在奉天（沈阳）打工。我清楚地记得那天的情景：我穿着过年时才能穿的坎肩大褂，跟着三叔穿过一个厕所走上楼去。这里是一个由两个房间打通而成的大屋子。几排木板钉的长桌边围坐着二十多名男男女女的学生，大的十四五岁了，小的不过七八岁。我们进得门来，屋子里嘈杂的声音立刻变得小了下来，大家偷眼看着我们，窃窃私语。师父从屋角一张桌子旁边站起身来和三叔寒暄。我看见师父的桌后墙上供着"孔圣人"的画像，桌上整齐地放着一些线装书和一些笔筒、文房四宝之类。我特别注意到，笔筒后面靠墙立着一条打手心用的板子，上写着"单打不用心学生"七个字。这些字我差不多都认得，只是把"心"字误认作"身"字。我心想：这"单打不用身"莫非是不打身子，只打脑袋吧？想到这里不由毛骨悚然。我偷偷抬起头来朝师父瞥了一眼，只见他大麻子脸上两道浓眉下两只眼睛炯炯发光，更是大气不敢出。

拜罢了孔圣人，又拜师父。行过大礼以后，我站到三叔身旁怯怯地听师父问话。

"你叫什么名字？"师父把水笔在墨盒里顺了顺，问道。

"叫'东洋'。"

"嗯？"

"他小名叫'东洋'。"三叔替我解释道。

"你大名呢？"师父问我。

"……"我避开师父的目光，抬头望望三叔。我回答不上来，因为我还没有大名。

"他还没取大号。"三叔说着脸红了。

"哦，"师父沉吟了一下，接下来说，"这样好不好？我先给他取一个。"他听三叔说了声"那敢自好"，问了问我的排行，然后满有信心地说："'金殿玉玺，文武满朝'，他排行老二，就叫薛殿会吧。他哥哥叫薛金会，老三叫薛玉会，老四叫薛玺会，再往下排，就是薛文会、薛武会……"

三叔先表示满意了。因为他一年前正好有了一个儿子，排行该是老五，没有取大名，这样就该是薛文会了。后来当父亲从沈阳回来时，跟父亲一说，父亲也很满意，除了第三个"玉"字因为犯爷爷薛玉秀（名字里也有一个"玉"字）的讳，从而改为"双"字之外，我们弟兄取名都采纳了师父的建议。

于是从第二天开始，我就成了这个"书房"的学生。

这个私学馆称得上是复式教学，不，应该说是个别教学：近三十名学生有的学《四书》，有的学《诗经》《千家诗》，有的学《论说》，是一种学习议论文的教材。我们新入学的孩子学习中华民国新编写的"共和国教科书"——《新国文》《新修身》等。同是学一种课程的，进度也不一样。师父讲课时一个一个地叫到自己跟前，个别传授，个别检查，其余的学生各自温习自己的功课。不过我们大部分时间是做样子，实际在偷着玩。每周有一次共同课——"写大仿"（书法）。每天还有一个半小时的全体统一活动——唱歌或讲故事。体育课当然是没有的。

在这里师父教学也要求熟读、背诵，但比在家里父亲的"教学"多了师父的讲解，这对于我来说是求之不得的。在私学馆读书强调"诵读"，就是朗声读，读起来扯着悠扬的声调，像念经，又像唱歌。这腔调未必是师父教的，而往往都是相习成然。越是资格老的学生越能发挥尽致。至于古诗，师父教的时候就带着腔调，非常具有音乐感，据说这叫"吟"。要是学生单个地"诵"或"吟"也许很可欣赏，但二三十个学生各唱各的调，结果就乱成一片，吵得人头发昏。

我读的《共和国新国文》第一册开头是"人，手，足，刀，尺，山，水，田，狗，牛，羊……"这些我已经会了，所以第一册基本上没用师父教就通过了；第二册也没费事，两三个月就学完；正经学习是从第三册开始的。我很清楚地记得，第三册的第一课中讲道：

> "中华，我国之国名也。自我远祖以来，居于是，衣于是，食于是。世世相传，以及于我。我为中华之人，岂可不爱我国耶？"

这是我第一次认真地认同自己的国家。学了这一课，心里确乎有了一种庄严、自豪的感觉。还有，在这一册书里我还第一次学到了"革命"这个字眼儿。这一课的课文中讲道：

> "国家政治，拂逆人民之公意，人民不得以，以武力颠覆政府，谓之革命。"

讲这一课时，我感觉得出师父有点紧张兮兮的，没有给我细讲。以我当时的年龄，理解这些道理也确实不易，不说"过耳东风"，也是看作了他人的事。但是大概的意思我还是明白了一些，就是衙门办事应该照老百姓大伙儿的意思办，如果反着大伙儿的意思，大伙儿逼急了，就起来造衙门的反，这就叫革命。还有，大概是这一册书的最后一课，有：

> "诸生，汝等见青天白日之国旗乎？青示自由，白示平等，红示博爱。凡我同胞皆当知其意义，而敬此国旗也。"

又是"自由"，又是"平等"，又是"博爱"，全是陌生又深奥的字眼儿，还有"青天白日满地红"的"国旗"。这些同样给了我虽然模糊但却算得上深刻的印象。这篇课文至今保留在我的记忆里。

当然，从学习中，我这个"蒙童"所得到的受益不只是政治思想启蒙方面的，在知识方面也丝毫不亚于政治思想方面。譬如，从课文"如向东而行，久之必回原处"等论证，我知道了地球是圆的；从课文"三过家门未遑一入"的事迹介绍，我知道了"大禹"这个了不起的英雄；甚至还懂得了诸如"造屋之法,屋基宜深,沟道宜广,厨房厕所宜隔远"等这些对我来说没有什么现实意义的东西。

在学习《共和国新国文》第三册的同时,还加了一门道德课,教材是《共和国新修身》。这门课兴许是符合师父的育人理念的缘故,讲解格外刻意。有一些符合我性情的内容,我接受得也格外快。例如,学了"黄香九岁,事父至孝,夏则扇枕席,冬则以身温被"。这一课,放学回家以后,我真的在父亲和母亲睡觉之前,先躺到他们的被窝里,母亲奇怪地问我:"这是怎么了?"我回答:"'冬则以身温被'不是吗?"还有一课,课文是:"冯异偕诸将出征,每战必身先士卒。及还,论功行赏。诸将争功不已。异独退立大树下,默无一言。时人称为大树将军。"学了这一课我很感动,觉得我就喜欢做冯异这样的人。但是对于不对自己心思的,我就保留自己的看法。例如有这么一课:"宗悫年十四,有盗至,悫挺身拒之。盗十余人,不得入室。"我觉得这种危险的事还是不干的好,一个十多岁的孩子硬去抵挡十多个强盗,不是找死是什么。还有"王戎七岁,与众同观虎。虎忽大吼。观者皆惧,戎独不动"。我想,这有什么了不起?老虎在笼子里,那些吓倒的观者也太没头脑了。

还有一课,课文是:"庄子出于山,舍于故人家。故人喜,命竖子杀雁而烹之。竖子请曰:'其一能鸣,其一不能鸣,请奚杀?'曰:'杀不能鸣者。'噫!雁以不材,遂先见杀,人可不自儆乎?"学了这一课,我真有些"自儆"了,觉得不学点本事是不行的。

在学习期间,因为是复式教学,别人上课时我还可以在一旁"偷"学到不少东西。譬如,学《千家诗》的同学上课时,他们反复读一篇诗,我听几遍也就熟了。师父给他们讲解,我也领会个八九。像李白的《秋浦歌》,王维的《竹里馆》,孟浩然的《春晓》,王之涣的《登鹳雀楼》,杜牧的《清明》,贾岛的《寻隐者不遇》等十几首我不但都背了下来,而且能想象出每首诗的意境。特别使我感动的是杜甫的《茅屋为秋风所破歌》,听师父讲"安得广厦千万间,大庇天下寒士俱欢颜,风雨不动安如山"这一句和"呜呼,何时眼前突兀见此屋,吾庐独破受冻死亦足"的时候,我听得出了神。联想到被大风刮塌的北楼，觉得杜甫实在伟大，像他那样想着别人的人才是值得尊敬的好人。类似的，我还隔三岔五地在别人上课时听和记了《论语》《诗经》的一些句子，但是因为文言难懂，又没有书，背下几句，也不过是"小和尚念经"，至多像《诗经》"国风"里有一些短而上口的如《关雎》《桃夭》《木瓜》等，不但合辙押韵，其中的意思还可以感受到七八。

我还喜欢那每天只有一个多小时的统一活动。在这个时间里我学了好多歌曲，如《渔翁乐》《春花》《秋夜》，还有苏武调的《反对缠足歌》。那时候从山东过来的中国人中还沿袭着妇女缠足的陋习，大概有一些接受了新思想的年轻人通过歌曲、演讲的形式反对封建，反对妇女缠足。就在这些日子里，小姨、小乙姐等女孩子先后都把已缠的脚放了。师父有时还在这个时间里给我们讲故事，讲笑话。有一次还请了一个年轻人教我们英文字母。除此以外，平日在师父给别人上课时，我们完成了自己的温习任务后，只要不影响别人上课，可以在自己的座位上自由活动。我在这个时间里常常画小人儿给前后左右的同学看，有时还和同桌的女同学（师父的女儿"小妮"）做小人儿"过家家"等。对于我们这些纯粹个人的活动，师父都是"睁一只眼闭一只眼"。看得出，这位韩先生在这个"书房"的经营中无论课程选择还是学生管理，不但不那么墨守成规，而且也并非那么不通情理。

在这种情况之下，很长时间我对"上书房"确实表现得十分积极。那时候，一大早就要到"书房"读书，除上午和中午各有一小时回家吃早饭和午饭外，直到天黑。早晨天刚亮全家人还在梦中，我就起来自己穿上衣服，洗一把脸就夹着书本往"书房"跑。有时到了"书房"师父还没起床。这当然主要源于我守规矩的性格，但我对学习的爱好是不容否认的。

然而，毕竟这里是鸟笼般的生活环境，从日出到日落，除了回家吃饭之外不许走出"书房"一步；一年到头，除了过年过节放假之外没有一天休息。这对于一个七八岁正在发育的孩子来说，是绝对适应不了的。开始一个时期有兴趣的支撑，还可以克服枯燥的感觉，但架不住天长日久，慢慢地，我心里越来越长起翅膀。特别是春分那天是日本人的"春季皇灵祭"，这天日本人总要举行一些飞行表演、水上表演等活动。还有阳历5月10日日本人的"大连神社祭"。这天，日本小学生到街上举行"抬轿子游街"。就是把神社的神位"请"到一个叫"神舆"的小轿子里，由小学生们抬着满大街串。这天又是"广告祭"，各大商家都为自己制作各种模型、花车，到街上游行展示。过去在这样的日子里，父亲或三叔曾带我们出去瞧过几次热闹。可是现在我不能去了。还有一次父亲和母亲领哥哥、三弟等到西岗的"新世界电影院"看电影，我也没能跟他们去。这都使我对自己不得不"上书房"，而享受不到应有的乐趣的事产生了极大的怨愤和委屈。

还有几件事使我对"上书房"失去了已有的兴趣。有一次，师父要我自己出题目写一篇文章。这是我第一次写成篇的东西，而且师父从来没有教过我怎样写文章。我本来想随便编出一个猎人打猎的故事，可是胸无成竹，东一句西一句，写得没头没尾，语无伦次。师父看了无名火起，

1944年薛殿会和兄弟姐妹们。

1944年戴"战斗帽"、着校服的薛殿会和兄弟姐妹们。

把我叫出来，照后背打了两教鞭。还有一次，那时候我对学习已经有了厌倦情绪，有一课书我没背得下来，放学时被师父留下来，什么时候背下来什么时候回家。记得这篇课文是："徐原，字德渊，慷慨有才志。吕岱钦其为人，遂与订交。原性忠壮好直言，岱有过失原辄谏诤。及原死，岱哭之甚哀，曰：德渊吕岱之益友，今不幸而死，岱复从何闻过乎？"这对我来说本不是多么难背的东西，可是我这时已经没有了以前那种积极性。结果我被留下来。师娘可怜我，替我说情，没有用。赶到哭着背下来，已经晚上8点多了。

过了些日子，据说父亲发现师父在学费上耍心眼儿，又赶上"公学堂"进行招生动员，就决定改送我们进学堂读书。这样，我就离开了这个私学馆。

向往"公学堂"

"公学堂"，是日本帝国主义统治"关东州"（我国辽东半岛）的那个时期，根据他们对殖民地人民的同化政策，对中国人子女实行奴化教育的地方。

在20世纪20年代到30年代初，大连原有的中国人学校除了私塾之外，还有一所"中华青年会学校"和几处"道德会慈善学校""平民学校"等。日本人占领大连以后，在开办他们自己子女的学校同时，也为中国人办学堂，以便把中国人的子女培养成他们未来的顺民。我上学前后，在大连市内已经先后办起了"伏见台公学堂""土佐町公学堂""沙河口公学堂""西岗子公学堂"和"秋月公学堂"等五所"公学堂"。中华青年会学校也改称"明德公学堂"。这些学堂都分为四年制的"初等科"和两年制的"高等科"两级，入学都要经过考试。与此同时，在农村地区除一些大（城）镇设立一处"公学堂"外，普遍设立了四年制的"普通学堂"。

"公学堂"建立之初，许多中国人都不愿意送自己的孩子到那里去，入学率只有25%左右。日本人只好派出人力四处宣传，劝学。他们标榜的是"有教无类"，不论贫富，一视同仁，上学一律不收学费。这对于我们来说，当然是一个莫大的诱惑。父亲首先就是根据这一点决定让我们离开私学馆，改而去公学堂读书的。除此以外，公学堂学日语，也是很对他心思的事。对他来说公学堂只有一点不足，就是每天"只上半天课，玩的比学的多"。而我，向往进公学堂读书恰恰就是因为这里有秋千、滑梯，还教画画，做手工，唱歌。

大哥是早我一年入学的。每天看着他夹着书包（我们的书包只是一块包袱皮）回家来，滔滔不绝地讲说学堂里的各种新鲜事，做那些引人入胜的纸工泥工家庭作业，唱那些好听的歌儿，我早就心痒得不行了。

这前后，我们在"思源巷"住的房子已经破旧得不能住了，再住下去随时有倒塌的危险，不得不搬出去。正巧"思源巷"东部南北胡同"嬢嬢"家北面那个教官话的刘先生不教了。那个地方靠街是一个胡同式的门道，穿过门道是一个小小的露天天井，迎面是楼梯，楼梯后面有一间屋子做教室。教室楼上就是居室。上了楼梯可以直接进入这间楼上居室的房门，楼梯旁边紧接南院"嬢嬢"家的屋顶平台。平台上除了堆放的杂物之外，还搭了一间小屋，住了一家寡妇母子，丈夫是送报的，在雨中送报路上被高压电过死了。现在刘先生楼下的教室锁了起来，楼上的居室要出租。父亲就决定把它租下来。

这房子，比旧家好不了多少，而且光线比旧家要暗得多。但是许多人抢着要租，后来只好把这间屋子隔成四个小间，住了三户：内侧两间我家一户，大娘（父亲的大嫂）母女一户；外侧两间除一间做过道外，另一间住了一个寡妇和她的一个五六岁的小女儿，她丈夫薛燕松（就是私学馆韩先生的那个"磕头弟兄"）好像在东北军当兵阵亡了。我们三户每户平均不到6平方米。我家那间小屋住了我们全家七口（父、母、四个弟兄，搬进来又生了一个妹妹）。虽然挤一些，但这已经不错了。生我妹妹时我被安排到南院新结婚的三叔家睡了几天，那时我三叔家和另外一家同住一间屋子，两家中间只挂一道布幔。现在自己家有一个小屋，比起他们，应该满足了。只是这屋子开门就是下楼的楼梯，几乎是直上直下，大人上楼还得紧紧抓住扶手小心翼翼地攀缘，何况孩子？果然，在我们搬进去的第二年春天临近上学的时候，有一天听见天上飞机声，我开门一边仰头望着天上的飞机，一边跨向旁边的小平台，不料一脚踏空，滚下楼来，额头撞到门道墙角石头上。母亲慌忙下楼来招呼邻居一起把我抬到东街"仁和医院"缝了四针，到现在额头还留着一个伤疤。

但是这样阴暗窄小的家并没有使我对当时向往上学的那种特殊回忆减色。大哥一放学回来，我就一刻不离地跟在他身旁，学他唱的《丁零零》、日语歌《时钟响》，又学他朗读课文的腔调。那时我们一直说着山东方言，大哥上学后读课文都要用本地口音。我想：这大概就是刘先生教的"官话"了。有一天，我看见一个我猜想是刘先生的人走到我家胡同门道前，我故意在他身旁转来转去，嘴里用大哥读课文的腔调卖弄地背诵一篇课文里的一句话："小鸟在地上拾到一粒麦子"，眼睛睃着他，一遍又一遍地念着，期待他会惊讶这孩子怎么会说官话。岂不知我说的并不是什么官话，"麦子"读成"秣子"，是地道的海蛎子味儿的大连话。当然，他理会也没理会，走过去了。

我渴求接触新事物，学习新事物，可是这个时期除了大哥放学回来，自己接触的事物都是单调的。到后马道看火车，这是我们从小经常享受的乐趣，但是现在伙伴们都上学了，三弟又小，我一个人不敢上后马道。人们传说后马道"闹鬼"：水楼子下面常有吊死鬼勾人。三叔也说，他曾看见那里灯影下一个披头散发的女人向他招手。我更不敢去了。因此我很希望有大些的孩子带我出去玩。有一次，机会来了。韩先生的儿子韩固举和一帮孩子遇到我，答应我跟他们出去玩，我跟着他们顺铁路往西，过了日本桥（胜利桥）还往西，边玩边走，走了多远，走到了什么地方，我也不知道。半路上我想回家，但一个人找不到路，只好跟他们走下去。眼看天黑了还没回家。当时父亲在奉天，母亲见我出去一天，吃午饭晚饭时都没回来，急得不行，托人到南山、东沟、西岗四处寻找，没有下落。直到天黑，我才回到家里。母亲第一次发了脾气，把我狠狠骂了一顿。

在孤独寂寞中终于盼到了有希望上学的时候。那是 1936 年 3 月的一个天气转暖的日子，学校招生，从奉天刚回来的父亲领着我到位于朝日广场（三八广场）北面的"土佐町公学堂"接受入学考试。那时候的公学堂不是义务教育，志愿入学的要接受遴选考试，及格率 70% 左右。

那天，我第一次看到了土佐町公学堂那美丽的校舍和宽大的操场。操场边沿排列着一圈秋千、滑梯、攀登架、沙坑等等，这些都是过去梦想过多次，但是连摸也没摸到过一下的游戏设备。考试之前，作为对未来新生和家长的展示，学校让我们这些应考儿童和家长参观了全校早操场面——只见号令一下，大片整齐的队伍散开，刹那间疏散成为横成排、纵成列的散开队形。接下来，随着先生的口令全场一个动作：手一举，整个一片活树林；腰一哈，又变成一望无际的羊群。后来全场又有节奏地跳跃起来，每跳一下，双手在头顶"啪"地拍一下，声音在全场回荡。我感动，骄傲，心里激动地想：我就要成为这里的学生啦。

考试地点在学堂的大讲堂（礼堂）。讲堂里安放着几排桌子。先生们拉开一定距离分别坐在各自的桌后，各人面前放着一些纸和本本。一根长长的绳儿在桌前拦成一条通道，应试的孩子们由家长领着，一个接一个地依次从这张桌子走向下一张桌子。第一张桌子后的先生问过我的姓名、年龄、住址以后，把本本传给第二张桌子。从第二张桌子开始进行测验。一个身穿褐色西服的先生在我面前摊出一些红的、黄的、绿的、蓝的纸牌，逐个问我："这是什么颜色？"我强振作起精神——小心地回答出来。先生把结果记到本本上，再传给下一张桌子。下一张桌子后面一个女先生在我面前摊出一些图样，让我从中选出两个同样的图样。我一下子选出好几对。

还有的先生一张张取出写着大字的卡片，让我认。这更难不倒我，可惜这些字都太简单。每个测验的评定结果先生们都记到那个本本上，传给下一个。我觉得，我答得很好，回家的路上，我讲给父亲听，父亲也很高兴。

果然，几天后新生揭晓，父亲到学堂看榜回来告诉我：我被录取了。

公学堂的新生

1936 年 4 月 1 日是学堂开学的日子，我打扮一新，和附近一个与我同时录取的孩子薛燕春一起，由他父亲薛交会带领着来到学堂。因为那时父亲又去了奉天，所以上学的时候母亲就托这个远房侄子在送自己孩子上学时把我也捎带送去。其实学校离我家并不十分远，从监部通（今长江路）经过敷岛广场（今民主广场）和山县通（今人民路），穿过一个市场，不远就到了学堂操场门口，步行走去花不上 20 分钟，只是因为开头路不熟，两条大道车又多，才需要大人送上两天。

我被分到一年一组（班）。学堂在班级门口贴了一张黄色的纸，并且给我们一年一组的孩子每人一个黄色的布条别在前胸，担任先生（班任老师）也在前胸别着一条黄布，免得我们找不到自己的教室和先生。其他班级用其他颜色做标志。薛燕春分到一年三班，是红颜色。我的担任先生姓张，叫张义魁。其实他就是我来应试那天看到的那个穿褐色西服的先生，20 多岁，个子很高，脾气也很好，说话非常和气。他问我：

"考试那天是谁带你来的？"

"俺大大（鲁南方言，即我父亲）。"

"你大娘？"他好像没听懂。

"……"我摇摇头，脸红了。我知道我说的不是"官话"。

他大概明白了，笑着摸摸我的头。我很快就不怕他了。

这天，有一个姓韩的先生来到我们班级跟我们讲话，还在黑板上画画给我们看，他画的男孩、女孩特别像，而且笔画简单，我佩服得五体投地。

后来知道，他叫韩树梧。还有一个教唱歌的先生，叫王新志，他带我们到大讲堂里弹钢琴给我们听。钢琴的声音神奇极了，他把两手乍起来只那么一按，一股洪亮和谐的声音响起来，听了就觉得好像到了另外一个世界。

第二天，先生给我们发了教科书、笔记本和铅笔、蜡笔、橡皮、小刀，还有上算术课用的一袋漂亮的小石子儿。这全是我很早就梦寐以求，甚至有的是从来没奢想过的东西。我小心地把它们包到母亲给我准备的包袱皮"书包"里。一年级每天只上半天课，功课有国语、算术和日本语，还有唱歌、图画和体操，体操只练习排队、走步，口令都用日本话。这些课程我都感到轻松有趣。

第一次收作业本，先生检查完作业后，把我和我已经认识了的王克海等几个孩子叫起来问："你们在红万字会念过书，是吧？"我猜想他大概是看我们作业里的字写得比较熟练，不像是初次写字，才这么问的。这"红万字会"是中国人的一个慈善团体，在寺儿沟贫民窟附近。那里经常向附近住的穷人施舍粥，施舍衣服，还办了一所像私塾又不像私塾的贫民学校，而土佐町公学堂的学生很大一部分就住在寺儿沟一带。

果然王克海等几个孩子点头了。而我当时还不知道什么叫"红万字会"，所以就摇了摇头。

功课进行得很顺利。因为无论国语、算术还是日本语，没有一门是难的：所有生字我都早就会了，其他我在家也早就跟哥哥学过。而守规矩则更是我的强项，与同班同学从不打架，大家都愿意跟我玩。不久，我被先生指定当了这个班级的"级长"（班长）。其实，在一年级所有事情都是先生自己干的，所谓"级长"实际是一个"荣誉称号"而已。

几天后，我们一年生（一年级学生）也加入了每天早晨全校的"朝会"，和大家一起在堂长小泽康之助的带领下齐呼"堂训"（校风）——"诚实，勤勉，亲和"，唱日本国歌《君之代》，然后一起做早操。

清明节来到了。天上下着似有似无的毛毛雨，操场四周小草儿露出了新芽。放学后我坐在秋千上小声哼着"清明时节雨纷纷，路上行人欲断魂……"诗句，等待哥哥放学一起回家。我喜欢上了这个学堂，喜欢上了学堂的生活。

越学下去，有趣的事情也越多。有一个日本先生叫泽木，他每星期五都来给我们讲一次日本故事，什么《桃太郎》《浦岛太郎》，什么《切舌雀》《抓瘤子爷爷》……我们听得如醉如痴，每到星期四，大家就开始兴奋地提示"明天日本先生（上课）！"谁听到都高兴得鼓掌雀跃。

还有，日本国家规定每年有"四大节"，就是元旦、纪元节（日本"开国"日）、天长节（日本现"天皇"生日）、明治节（日本"明治天皇"生日），要求普天同庆。到了这一天学堂放课一天，全体师生一早到学堂"举式"

日本占领大连时期，市民学习日语使用的入门教材。日本东亚学校 1935 年编写发行。

（举行庆祝仪式），唱日本国歌《君之代》和这个节日特定的歌，然后每一个学生分给一份"果子"（软点心）放学回家。每到这些节日来临，我们一个个兴高采烈，喜气洋洋。尤其是我们这样的穷家孩子，在家里成年也难得吃上一次这种点心，一分到手，赶紧小心翼翼地捧到家里，和弟弟妹妹们共同分享。

高高兴兴地学日本话，听日本故事，唱日本歌，过日本节，我们几乎谁也没有意识到自己做了日本人同化或奴化政策的牺牲品。而确保这个目的成功的当然是他们的教育对受教育者的强烈吸引力和感染力。

除了上面说的日常学习生活之外，最令我神迷的还有课外的活动。特别是"学艺会"（文艺汇演）。在会上，全校每一个班级都要排练一到两个文艺节目向全体学生演示。我们班级演出的是《老鼠会》，内容就是那个脍炙人口的寓言故事——几只老鼠开会商量怎样对付可恶的猫。它们纷纷发表意见出主意，都不可行。最后，一只聪明的老鼠提出一个可行的办法：在猫脖子上挂一只铃铛，如果猫要来了，远远听到铃声就可以躲开。可是，讨论到谁去挂这只铃铛，却没有一个敢的。正在这时猫来了，老鼠们一哄而散。这出剧的台词全用日语对白。一个同学叫徐德礼，他母亲是日本人，日本话说得最好，他扮演《老鼠会》的主席，我扮演那只聪明的老鼠。一个日本女先生辅导我们排练了好几天。我这是第一次登台，台下一千多双眼睛瞅着我，后面还坐着上百位家长代表，我们终于成功地演了下来，赢得了全场的掌声。我那份成功感觉就不用提了。

不过这次"学艺会"更令我激动的还是看其他班级的演出。如五年生（五年级学生）演出的话剧《包公审石头》、三年生演出的哑剧《有趣的漫画》和二年生演出的歌舞剧《麻雀与小孩》等都使我痴迷不已。特别是《麻雀与小孩》，当大幕一开，两个扮演一大一小两只麻雀的女孩儿身披闪闪发光的纱羽，随着那么好听的音乐翩翩地舞上台来的时候，我激动得浮出泪花，频频回头望着后排的家长，心里自豪地对他们说：这就是我们的学堂！

除了"学艺会"，学堂春秋两季还举办"运动会"。操场扯起花花绿绿的万国旗，四周围上红白条的帐幔，全体学生不分年级高低都分成红、白两军，男生每人发一顶小红帽或小白帽戴在头上，女生每人发一条红色带子或白色带子扎在头上。赛跑的、挣绳（拔河）的、跳高的、扔铅球的、投篮的、滚大球的，赛得热火朝天，四周的观众欢呼鼓掌。这场面每每让我激动好多天。

在学堂里，我越来越成为先生们另眼相看的学生。有一次上日本语公开课，上的是新课，担任先生指名叫我用日语讲一幅挂在黑板上的挂图，目的是检验我们应用学过的语词的能力。挂图上画着冬天农村的风景。我不但一一说出了山、树、房子的名字，还用从哥哥那里听来的二年级才能学到的语词讲"烟筒骨突突地冒着烟"，先生们一个个惊讶得赞声不绝。我画画也在先生中出了名。教画画的那个女先生常把我带到教员室，拿出很多图画纸，叫我坐在一个空闲的椅子上独出心裁地画这画那。好多先生都围拢来看，看完了都仔细端详我的脸，拍拍我的肩。

可是，我有我的缺点。这缺点父母最清楚。每次学堂有什么活动，有堂长（校长）或教头（教导主任）讲话，回到家里父亲总要叫我们说说他们讲的内容。哥哥一问到头上就能滔滔不绝地复述出来，可是我就是说不出。越问越没有话。"真是个闷子！"每次总是以父母的失望告终。还有一件事母亲常提起：有一次她要我到巷子西边的杂货铺买东西，找了零钱（我记不准了，也许是学堂发制服收钱时找零钱），往家走时一枚铜子儿（分币）掉到地上，滚进路边下水道铁箅子的缝隙里。回家母亲一看少了一个铜子儿，自然要问我，我回答"掉了"，"怎么不拣起来？"我只说了一句"我没拣"。其实哪里是没拣，而是没法拣了。可是我不愿意或者更确切地说，不屑得为自己剖白什么事。这个毛病后来一辈子也没改好。

不过也有些做了之后感到特别羞耻的错事，我却改得特别彻底。就在这个时期，我做了两次感到羞耻的事。一次是我入学两天后，跟着薛燕春的父亲薛交会往学堂走，走到加贺町（今贺龙街）"福昌仓库"一带，经过路边一个食品摊儿，看见摊儿上摆的干鲜果品，馋得不得了，仰起头看着交会哥哥的脸，伸手抓了一粒榛子，心想他要是没看见，我就把它填到嘴里，要是看见了，他兴许就买两个铜子儿的给我们吃。不料他不但没买，反而狠狠瞪了我一眼。我连忙把手缩回来，臊得一路没抬头。

另一次是学校要每个学生回家告诉家长，收一毛钱的"保护者会"（家长会）会费。我回家后忘记了，第二天到校后先生收钱时，我没敢说忘了，而是撒了个谎，说父亲放印子钱没收回来（那时父亲从奉天失业回来，又给叫寺田的日本人放印子钱），明天再交。岂不知父亲放的钱是寺田的，收回来都得交给寺田，这样幼稚的谎言先生当然不会相信。可是先生没说什么，叫明天再带来。结果第二天又忘了。本想承认是自己忘了，却又撒谎说，还没收到钱，幻想先生还会被我骗过去。不料先生说"忘了就说忘了，不要撒谎"。我立刻又满面通红，臊得恨不能地下有条缝儿钻进去。

这两件事在我心中好长时间一直内疚不已。其实我应该庆幸，因为由于有了这两件事，以后我再没有妄取过一分钱财，也没有为逃避自己的责任而说过一句谎言。

"卢沟桥事变"

我在公学堂读二年级那年夏天的 7 月 7 日，发生了卢沟桥事变，中国反对日本武装侵略的抗日战争终于开始了。

在那不久之前，我家搬到了寺儿沟千代田町（现在叫学士街）一个叫"忠兴福栈房"的大杂院里。顾名思义，这里本是一家油坊的栈房，拱形门洞，一个大院，除北面的房前有一个成年锁着的地下仓库之外，其余四面都是可住人的房屋以及露天的茅厕、公用自来水龙头等。后来油坊倒闭，栈房便租给需要房子住的人当住房，成了一个大杂院。住在这个大杂院的人家确实很"杂"：有在工场做工的，有推车做小贩的，有挑担收破烂儿的，有沿街给人打扫烟筒的，有受雇给人开汽车的，也有当经纪人（买卖中介人）的，干"代书"（替人写信、写诉状）的，还有一家拿名片、当暗娼的。可以说三教九流无所不有。我父亲那时已经在"关东地方法院"找到了烧锅炉兼杂役的工作，几年之后又当了那里刑事法庭的"廷丁"（法庭杂役）。

卢沟桥的炮声响了，送报的腰里挂上串铃，满街跑着送"号外"（临时增刊）。杂院的居民们交头接耳，每个人脸上露出不寻常的神色。晚上父亲下班回来和母亲也一脸严肃地小声讲着。现在看来大家显然是又兴奋又惧怕，兴奋的是从"九一八事变"日本军队侵占东北，中国政府步步退让，今天终于开始了武装抵抗；惧怕的是自己住的这个地方在日本人手下，中国和日本打起仗来，日本人说不定会对中国人怎么样。我一个十来岁的孩子当然不了解这些情况，只知道中国和日本开战了，有点怕。实际上，从"九一八事变"以至成立伪满洲国以后，日本人在"关东州"这个地方就不停地加紧"同化"的步骤：从大哥入学时，学校的《中国文》就改成了《满洲国语》，删除了所有按第一人称介绍有关中国的知识内容，改而宣扬"满洲国"的"王道乐土"；到我升入三年级的时候，又把《满洲国语》的"国"字删除掉，改为《满洲语》，进一步贯彻了"大日本"中心。

卢沟桥事变发生的第二天，学堂"朝会"时，堂长向全体师生讲话时说了这件事。"昨天，"这位叫山口实的小胡子堂长挺起肚子用中国话讲，"昨天日本军队在北京卢沟桥演习，中国军队开炮打了日本军队。"

全场学生喊喊喳喳地交头接耳起来。

"雅静！"不知哪个先生喝了一声，台下静了下来。

"日本军队在那里演习，是为了保护那些在中国帮助中国人过和平幸福生活的日本人不受坏人欺负。可是中国军队和坏人在一起，不希望中国老百姓过和平幸福生活，所以他们要打日本军队。日本军队决心和中国军队开战，消灭那些不义的坏人。"

学生们又喊喊喳喳起来。那时候，"自己是中国人"这个归属感在我心里已经有了，"日本人不是自己人"这个异类感也已经有了，因此，在日本和中国打起来了这件事上，对堂长讲话的直接反应自然是反感、不信。但作为一个二年级的孩子，这个反应远谈不上什么强烈，事后该上课还是一样上课，该玩时还是一样玩。那时候日本人给大连中国人的定位是关东州"州民"。需要和日本人区别时，就叫"满人"（满洲人），但我们没有一个愿意说自己是"满人"，更不愿意称"满洲国人"而宁愿称中国人。

从这时开始，为了宣传侵略"战果"，学堂正门的迎面墙上增添了一个阅报栏，连续不断地把登载有日本"皇军"如何取得"大捷"或"赫赫战果"之类消息的报纸张贴到上面。不到一年的工夫，保定、太原、上海、南京相继沦陷。报纸一幅幅地刊登着日本占领军高喊"万岁"的大幅照片。看到这些，心里确实感到不是滋味。最令人触目惊心的是占领南京两三天后，阅报栏里张贴了一幅"'百人斩'杀人竞赛"的报纸照片——两个手拄军刀的日本兵，提着砍下的中国人头颅，趾高气扬地站在那里。报纸上说这两个"优胜者"砍下的中国人头都超过了100个。我们一个个看得心惊肉跳，回家后一想起这幅照片还心有余悸。当时只以为这是战斗中杀的中国兵，如果知道这是进城后对手无寸铁的中国老百姓的大屠杀，而且连续屠杀三天，杀死的男女老少超过30万人，学生们肯定就不是单单心惊肉跳的问题了。他们怎敢把真相公开出来呢？

日本军队每次占领一个大城市，机关团体、学校都停课一天，组织学生上街搞祝捷"旗行列"（持旗游行）——每人发一面纸制的小日本国旗，跟随机关团体人员沿街游行。在游行中先生喊一声"板哉"（万岁），学生跟着喊一声"板哉"。战争开始后，日本人专为兵员"出征"创作了一个歌曲，歌名忘记了，记得歌词第一句就是给这场侵略战争编出的冠冕堂皇的"理由"："天に代りて不義を討つ"（译义：替天讨伐不义）。每次"祝捷"游行时都要和着步子，摇着小旗，边走边唱这首歌曲。对于我们这帮孩子来说，学校停下课来，一面甩着小旗，唱着歌，一面串大街游行，毕竟是一件开心

宣传军国主义英雄人物的儿童读物《世界伟人传·乃木大将》。

的事，但对于为日本人占领中国城市而庆祝，又不心甘情愿，大家就故意把小日本旗狠劲儿地甩。三下两下就把它甩得只剩一根小竹棍儿了。还有当先生领头喊"板哉"的时候，队伍中有人跟着喊"腔眼哉"，我们觉得这样喊起来既好玩又解气，再喊时就有越来越多的人夹杂着喊起"腔眼哉"来。

当时，关于日本帝国主义侵略中国的问题，很少有人站在中国人的立场上把真相告诉给我们。后来听说学堂里确实有中国先生私下里向学生们表露过反对日本侵略的话，但一般听到这种声音的机会非常难得。我们平日经常听到和看到的是日本政府当局的欺骗宣传。那时当局面向公学堂小学生曾发行一种活页刊物，叫《新阳》，内容有故事、童话、诗歌等。这是当时能看到的唯一的中文读物，我们非常爱看。从战争开始后，《新阳》开始不断地刊载一些关于宣传日本军队的小故事。记得有一篇写的是日本兵在华北如何"爱护"中国孩子的故事，文中还有一幅插图，画着一个日本兵从自己的衣兜里抓出一把牛奶糖分给几个中国孩子。这不过是我们接受欺骗

宣传的九牛一毛。

日本全国有大量为孩子出版的书报读物,定期的有《少年俱乐部》《少女俱乐部》《幼年俱乐部》等,各种漫画、画册更是数不胜数。日本孩子们看过不要的,他们的家长大都把它卖给挑担收破烂儿的中国人,或者扔到垃圾堆里。我们班级里有不少同学从收破烂儿商人那里买这种书看。看了之后也经常借来借去地传给别的同学。这类书报杂志里关于侵华战争的片面宣传更多。这里面画的日本"皇军"每每都美化成装备精良、"正气凛然"、战无不胜的样子;而画的所谓"支那"兵则无不被丑化为蓄着八字胡,身背大刀片,临阵逃跑,怯弱无能的形象。

可是就像《韩非子》里说的那个卖矛和盾的人,当讲到他的矛时,吹牛说他的矛什么样的盾都无法抵挡;而当讲到他的盾时又吹牛说,有了他的盾什么样的矛都无能为力一样,日本人在讲自己如何战无不胜,中国又如何怯弱无能的同时,又拼命地宣传上海战役中的艰苦卓绝,结果是自己打自己的嘴巴。例如,在应时歌曲《上海来信》里,描绘上海周围的碉堡、堑壕和水塘等防御工事如何使他们在进攻中寸步难行,特别是拼命宣传三个日本兵一起用胳膊夹着一根爆破筒冲进中国碉堡进行自杀式爆炸的"肉弹三勇士"事迹;还有在各种杂志刊物上宣传在一次战役(大概是台儿庄战役)中,日本部队被中国军队全歼,只幸存了两个人,一个失去双腿,另一个失去双眼,共同演出了一出"瞎子背瘸子",好不容易才逃回部队的事。每次看到这样的报道或故事,父亲都对我们说:"管保日本鬼子又吃了大败仗。别看日本鬼子硬,将来怎么样还不一定呢。"

这个时期日本人着意宣传的还有所谓"王道乐土"的伪满洲国,把它宣传成与日本"共存共荣""一德一心"的样板。那年傀儡皇帝访日经过大连,日本人还组织全市的学生在大连火车站到码头戒了严的道路两旁夹道"欢送"。我们站在山县通(今人民路)路南,透过全副武装列队警戒的警察,目送"皇上"的车队走过。欢送队伍要求唱《"满洲国"国歌》:"天地内有了新满洲,新满洲便是新天地……"很多学生嘴里唱的却是"天地内有了新馒头,新馒头便是发面的……"

就在这前后，我四叔薛士梅一家，还有我三爷爷薛德秀和我六叔、七叔，从吉林长白山区迁来大连。他们是在我父亲之后闯关东到长白山区落户，但因为缺少壮劳力，养活不了一大家人，才又举家迁来大连，在"山前"（转山屯）找到一个地方开荒种地的。从我四叔与我父亲的谈话中，我听出在长白山的深山老林里有一支散在的抗日队伍（大概就是东北抗日联军的前身），他们在缺衣少食的环境里神出鬼没地出来袭击日本关东军，教训那些为非作歹的伪满汉奸走狗，日本人组织了专门的讨伐队，也奈何不了他们。我那时小，家里有规矩不能参与大人谈话，具体情况无从得知，但确实知道了所谓"王道乐土"的伪满洲国并不像日本人说得那么"太平"。原来还有这样一些了不起的中国人，他们冒着被"讨伐"、被杀头的危险，离开自己的家，在山林里和鬼子干着。

还有一个信息来源，就是我上四年级的时候班里从山东烟台转来的一个插班生，叫任庆忻。他家在大连开了一家买卖，叫"中和仁记油坊"。他在烟台读的是中国的小学，学的是中国的知识。他来到我们班以后，我们很快就成了好朋友。他经常把他知道的事情告诉我。他悄悄跟我说，中国的国父是孙中山，中国的领袖是蒋介石，他们都是国民党。他说，蒋介石领导抗日实行的是"焦土抗战"，别看现在中国军队步步后退，其实这是蒋介石的计策，到了一定的时候就要来一个大反攻，把日本人赶出中国去。这些是我第一次听到的站在中国立场说的话，我虽然听不大懂（大概他也不是很懂），但是我确实感到了振奋。

那时候，我还不知道共产党，不知道共产党领导着敌后抗日。关于大连的共产党组织，后来从地方共产党党史资料中了解到，早在20世纪20年代就有共产党人来大连建立了秘密党组织，并且成立了工人组织"中华工学会"，发动了"福纺大罢工"，在一些中国青年中传播了先进的革命思想。后来由于叛徒出卖，遭到日本人的镇压，党组织活动转入地下。据此回想起来，我幼年时期的几个大哥哥如林光明、"嬢嬢"家的关东哥薛福会，以及后来和小翠儿姐结了婚的杨凤桐，还有薛连城等，他们在一起谈论时，好像有一些不寻常的表现，大概受到过先进思想影响。后来随着官方控制的加紧，都不再谈论这方面的事了。我对这一切只是朦朦胧胧感觉到，但不知道是怎么回事。

就在这个时期"嬢嬢"回了一趟山东家。回来以后对父亲和母亲讲了家乡八路军敌后抗日的事。这是我第一次听到"八路军"这个名字，理应从她的话里得到一个对八路军的客观认识，可是从她口中得到的却是一个不那么好的印象。原来我"嬢嬢"闯关东来大连之后，和我爷爷有同样的想法，一心想攒一些钱回山东家买房置地，振兴家业。这些年来，她和小翠儿姐二人没白没黑地在前街缝破烂儿，省吃俭用地攒了一些钱，寄回家里买下十几亩地，暂时租给别人种着。结果她家被当成了"小地主"看待。当时山东家是敌占区，八路军刚到不久，积极利用晚间发动抗日。租她家地种的自然是筹粮筹款的重点对象。所以她对八路军没有好印象。回来对我父母说："八路军是属'夜猫子'的，晚上出来筹粮筹款，白天就不知躲到哪里去了。"

在这前后，日本人开始对中国进行"反共、和平"政治攻势，大连街头也突然出现了一些反共宣传画。有一天早晨我和哥哥上学，路上看见一个个街口张贴着醒目的图画，有的画着一只披着人皮的狼在敲门，上写着"共产党人面兽心，专会用巧言骗人"；还有的画着一口大棺材，上写着"抗日是祸，容共是棺"等等。这是我们第一次听到"共产党"这个名字。什么是"共产党"？什么叫"容共"？问任庆忻，他说现在国内是有这么一个党派，好像是主张平分财产的，他们也主张抗日，八路军就是他们领导的。过了一些日子，街上又出现了一件怪事：许多门口挂起了"青天白日"旗。这不是中国国旗吗？是不是中国打赢了？不像。仔细看，上面还加了一个黄色的布条，上写着"和平建国"四个字，有的写的是"反共和平"四个字。看了学堂宣传栏的报纸我才明白：这是中国国民党上层一个叫汪精卫的人与日本人订了反对共产党和答应日本人许多特权条件的协定，另立了不再抗日的政府。对此，身边的中国人大都默不作声，谁也不加评论。我问父亲，父亲小声说，他这就是投降日本，当了秦桧。

这就是日本人打进中国以后的日子里我所接受的国家大事。当时对我来说，这些国家大事好像是很遥远的事，实际并没有引起多么强烈的关注。

我的小伙伴

"忠兴福栈房"杂院的房子比起常陆町那个小巷里的房子宽敞多了。我们住的是东厢房一个一明两暗三间套房中的一间半——一间做全家七口人的居室，当中的一间与"对面房"王庆常家共用做厨房。王庆常是油脂工场工人，济南东阿县人。夫妻俩有一个儿子，比我哥哥大一岁，叫王吉顺，也是土佐町公学堂的学生，但是很少和我们一起玩。我们搬来第三年他15岁时从山东家娶了一个16岁的媳妇，那以后就更少和我们来往了。

我们刚搬来的那年，同院住的一些人跟我们还有些生分。我家在窗外围了一个四五平方米放柴火的板障小院（那时候大院里家家都在门前夹小院，是潜规则，无所谓违章不违章之说），对着东厢房当"代书"的人家门前的小院，他硬说占了他家门前道路，仗着认识"小衙门"（警察署派出所），领来一个巡捕（无警衔中国警员；日本人警官有警衔，俗称"大金线"），骂骂咧咧地踹着我家的板障，限令我们马上拆掉。他不知道我父亲已经是"法院"的人。我父亲上班后也领来一个人，用尺测了一下留出的空地，当着院子的人们骂那个巡捕"想酒喝了"，告诉我家："别听他的，不用拆！"这时那个"代书"才知道这家"杆子比他们硬"，一声没敢吭。从此再没有对我们欺生的了。按说，"法院"在当时确实算得上是个大"衙门"，在那里不管差事多么低，要想捞点什么并不是难事，可是父亲不干，他宁可挨饿也不肯讹人诈人，相反和母亲一样处处与人为善，讲究睦邻友好，因此很快就赢得了左邻右舍的好人缘，好声望。

搬进大院后的那几年我们正当结伙疯玩的年龄，在心理学里好像把这个年龄叫"团伙年龄"。特别是我虽然是孩子当中属于老实规矩的那种，但到了这个年龄也没能例外，游戏时也开始热衷于结伴结伙，只不过"文明"一点罢了。

我们的伙伴主要有同院住在左邻的周培鉴、周培钦哥俩和住在上屋的迟连珊。他们都是土佐町公学堂与我同年级或上一个年级的学生，而且品行都比较好。周家父亲据说是经纪人，但天天在家躺着。他已经 60 岁了，留着长长的白胡子。他有两个老婆，大老婆不能生育，小老婆据说是他赌钱赢的，为他生了两儿两女，最小的女儿才三四岁。迟连珊的父亲也是个经纪人，40 多岁，看起来是个很有教养的人，可惜我们搬到这个大院不久就生病死了。迟连珊的母亲独自抚养着四个男孩儿和一个女孩儿。他家可能有一些积蓄，所以生活还过得去。但老二迟连瑚从小"生瘘"（脊椎结核瘘）不能站立，成了残疾，我们搬来四年后也死了。我们五个人中，迟连珊长得比较胖些，我们叫他"西洋大胖子"；后来他们听说我小名叫东洋，就给我起名叫"东洋小瘦子"（其实我并不是那么瘦）；接下来因为周培钦的皮肤很白，就叫他"南洋白脸子"；我大哥长得比较矮，大家叫他"北洋地豆子"；剩下一个周培鉴，他岁数最大，长得也最高，就叫他"中洋大个子"。

我们这一伙儿大都在院子里玩，那时这个院子还比较宽敞，当中有不小的空地可玩。比我们小的孩子喜欢跳绳、跳方、踢毽儿、老鹰捉小鸡、编花篮、钻城门等，我们则喜欢在一起"打尕儿"或"打穷神"。我们玩的这两种游戏现在已经不大有人玩了。"尕儿"是用木块儿削成的 10 多厘米长的枣核形的东西，另外再做一个一尺半左右的刀形木板，玩时先在地上画一个框子当"家"，把"尕儿"放在框内，然后从一个人开始，轮流用刀板向"尕儿"的一个尖端砍下去，它跳起来时顺势用刀板把它打到远处落下，最后让我估计落下的地点离"家"多远，再用刀板实地测量一下。只要估的不差一尺就赢分，差多了的不给分。我很喜欢这种游戏，因为我估计距离常常八九不离十。兴奋时口创顺口溜："一把刀，一只镖，黄天霸，逞英豪！"惹得大家哈哈大笑。

"打穷神"是"打瓦"游戏的一种。先把几块废弃的砖头摆在一定距离的地方做靶子，靶子有容易打中的，有不容易打中的。然后轮流投掷石块打靶，按中靶难易定出角色：依次是"阎王""判官""小鬼儿""嘣登鼓"，最后剩下的是"穷神"。角色定好后，阎王和判官高踞一处，小鬼儿揪着穷神的耳朵，嘣登鼓"敲锣打鼓"（用嘴模仿）跟在后面来到阎王和判官面前。接下来判官判案，喝问："好事不干，单当穷神，给我上搋！下搋！里勾！外连！"随着判官的口令，小鬼儿揪着穷神的耳朵上拉，下拉，前拉，后拉。"惩罚"完毕后判官回头请示阎王："请大王定夺！"阎王可以按自己意愿，高兴了，命令"嘣登鼓敲三下"，结束审问；不高兴就命令判官"再审"，于是再重复上面的判案过程，直到阎王改变主意为止。现在看来这种游戏显然渗透着封建等级和特权观念，但是当时我们个个都乐此不疲。

我们热衷的游戏还有"干侦探"。实际是捉迷藏游戏的高级化。就是先指定一个人偷走一件"珍宝"，人和宝分别藏到两个秘密的地方，其他人分头寻人，找宝。或者暗地里跟踪另外一个人，把他的行踪记录下来，如果跟踪被对方发现拆穿即为输；如果对方浑然不觉，第二天把记录下的行踪告诉对方，对方确认了，即为赢。在这方面我们还差一点对大人干起了真格的。大院西厢房住了一家据说是当"腿子"的（给便衣警察当暗探的），他老婆还是一个"半掩子"。平时男人很少露面，大家只把这家叫"半掩子"家。这家有一个儿子，20多岁了，成天打扮得油头粉面，在外面游逛。迟连珊家对面房住了一个拣字工人姜叔，为人很好，姜婶20多岁，公认也是老实正派的人。这些日子听说姜婶出门时，西厢那个小子常常跟在后面，好像不怀好意。迟连珊对我们一说，我们就注意了这个小子，每当看见他乘姜叔上班到姜婶门前转悠，我们就走到跟前大声咳嗽一声。有一天迟连珊听他母亲说，西厢那个小子礼拜那天竟约会姜婶逛"星个浦"（现在的星海浴场）去了。后来，姜婶再就很少出门，那个小子也不见了。

过了不久，西厢房那家"半掩子"又成了大家关注的话题：不知从什么时候发现他家有了一个不到10岁、蓬头垢面的小丫头。这丫头不知什么时候来的，只看见她早晨天亮后畏畏缩缩地出来到公共下水道刷便桶，见人就低着头匆匆忙忙跑回家。她家邻居的大婶悄悄告诉我父母，这孩子是"半掩子"不知从哪里买来使唤的。"半掩子"三天两头用鸡毛掸子抽她，打了还不许她哭。我们就商量怎么干预一下这件事。还没等商量出办法，又发现"半掩子"几乎天天半夜关起门来用大烟扦子扎她，用香烟头燎她。我母亲听了以后，一天早晨堵住小丫头，让她捋起袖子，掀起衣服，看到她那惨不忍睹的满身伤痕，掉了眼泪。她要我父亲想个法子救救这个可怜的孩子。我们这一帮孩子更气得不行，经常偷偷到那家窗前朝里面喊"坏蛋！"过了不多日子，那个小丫头不见了，大家猜想是那家见风声不妙，把她转卖出去了。

我们这一帮孩子中有我大哥和迟连珊，可能还有我家对面房的王吉顺，也曾计划与别的"团伙"打群架。事情不知是怎样挑起来的。他们双方约定第二天下午一点钟在西边"大和染料"前面路口"开火"。我胆子小，他们不让我参与，但是我替大哥担心，就把这事向母亲说了。母亲一听大发雷霆，告诉了迟连珊的母亲和对面房，一齐把孩子训斥了一顿，并且第二天下午又把孩子看在家里不让出去。这就避免了一场"战祸"。

在家里，我和大哥、三弟哥儿几个也称得上一伙儿。我们除偶尔结伴穿过南边日本人居住区到不远的山上捉蚂蚱、摘桑葚之外，平日主要是上三叔家。原来这个时期，三叔家也搬到了离我们住的忠兴福栈房南面不远"山手町"的"铁同志会第二仓库"大院里（我三叔就在这里当"过秤员"）。这个大院除了西边有一排简易住房之外，基本上是一个大露天库场，里面堆放着望不到边的铁材、木材，还有一座经常锁着的长长的大库房。大库房边上有一道连着大烟筒的壕沟。夏天壕沟里长满半人多深的芦苇野蒿。我们搬到忠兴福栈房不久，父亲得了一场伤寒病，病中受惊吓，七天不省人事，母亲让我们暂时到"铁同志会"姊子家住着。在这里我们发现了这个"别有洞天"的探险"圣地"，玩起来一发而不可收。我们钻到高高的木材、铁材堆的空隙里穿来穿去，创立基地，开辟路线；钻到大沟里披荆斩棘，探胜寻宝。我们还真有所发现。原来这里可能是染料厂的废弃厂房，大烟筒下草丛里埋着一些五颜六色的"泥"（染料渣），我们便用一些火柴盒分别盛起来，连同在别处拾到的小玩意儿一起，分门别类藏到木材空隙的一个"藏宝洞"里。赶上装卸工人上班，我们还可以观看他们那惊心动魄的装卸场面。休息时工人们常常把我叫到跟前给他们画"杨香武""黄三太"。他们大都是我们的老乡。其中有些人如"刚儿""馀儿"这些大哥哥都成了我的朋友。

从此以后，"上婶子家"成了我们最感兴趣的事。母亲怕我们去得频繁了给三叔三婶添麻烦，便经常限制我们去。我们心痒得不行，就千方百计瞒过母亲的眼睛偷偷溜走。我们不敢公开邀约，便想出一个暗语，用日本字母在纸上写一句"オモンデイッショシンズジャラ"（读音"奥毛恩呆，依西样，西恩自即呀啦"，即"我们待上婶子家啦"）递到哥哥弟弟面前，互相知会。母亲看见了还以为我们在练习日语。乘母亲不备，我们便先后纷纷溜出门，撒腿跑向婶子家。

另外，我们平日还经常在放学后奉命带着五六岁的妹妹到北面电车道看车。这条电车道上除了普通电车之外，还跑着一种专供中国工人乘坐的黄色电车，通常叫"黄皮子"，票价比普通电车便宜两分钱。说是照顾，实际是一种歧视。电车道路旁有许多商店，有些绸缎庄橱窗里布置着一些戏曲假人，有的还会摇头点头。

这里尽管繁华，热闹，但我们不喜欢这种执行看孩子"任务"的方式。我们宁可自己偷偷跑出来逛。尤其爱到电车道终点以东称为"大桥"的一带（实际那时已经没有什么大桥）去串。那里经常有许多说书的、设赌的、唱小戏的、卖各种小吃的，到处搭着棚厦，张着布篷，下班的、休班的中国劳工们往往都要聚集在这里找乐子。到了快过年时，电车道两旁路边还有年集，设摊卖年货、年画、对联等。

为了过"探险"瘾，我和哥哥还常到东边不远的棚户区去，就是当时称为"穷汉岭"和"狼窝"的地方——那是"大桥"东面的一条南北山沟，沟两旁以及东面岭上"红房子"劳工宿舍往南，直到"大庙"的一大片地区。那里住着一些没有房子住的农民工或其他穷人。他们在这里沿沟边山岭，用碎砖头、破木板、旧铁叶搭建了一座座棚厦在里面安身。一旦山洪暴发，这些棚厦随时有被冲到北边海里去的危险。有一年刮台风，我们亲眼看见这里有几十家搭的棚厦在暴风雨后就这样冲到海里，从世界上消失了。这里棚厦间的小夹道曲曲折折，时断时续，我时常跟着哥哥到这里转来转去，把每一条小路、石级、小桥都走熟了，回到家里把它绘成一幅幅地图。

我们出去串街走巷，母亲一般都是睁一只眼闭一只眼。有时"大桥"有

日本侵占时期大连市内中国人居住地。上图：石道街。下图：王家屯。

年集时，她知道我们爱看年画，总会特别开恩，准许我们去看个够。只有一次，我去"大桥"看年画（那时哥哥已去了长春），回到家里，弟、妹们也不在家。母亲气冲冲地把门反插上，拿起笤帚疙瘩：

"上哪儿去了?!"

"上'大桥'看年画去了。——你'让'（允许）去的。"我连忙辩解。

"我叫你顶嘴！我叫你顶嘴！"她一连打了我好几笤帚疙瘩。

母亲那天如此反常，实在令人匪夷所思。我没有问为什么，心想她一定是受了什么委屈，迁怒于我的。后来提起此事，母亲只是不好意思地说了声："打错了。"

公学堂的学习生活

我在公学堂读书的那个年代，学生在先生眼中的地位往往受这个学生家长的财富、地位所决定。到了二三年级以后，我也逐渐地感觉到了这一点。有些孩子格外得到先生照顾就是由于他们的家庭有钱有势。比如任庆忻，他父亲是"中和仁记油坊"的东家；王凤泰，是有名的"群英楼"饭店的少爷；井树溪，家里开"仁和福"绸缎庄；还有曹长顺，他父亲曹正礼是"万和洋行"东家，大连数一数二的富翁。先生看了这些同学不笑不说话。要说他们也都属于聪明好学的好学生，那么，"齐云楼烟馆"的少爷杜希圣，还有大财主迟子祥的一对公子迟良佐和迟良功，学习都属于"大米包"之列，可他们也都是先生偏爱的对象。这就更不能不说是他们父亲的力量。有一次我到先生宿舍帮先生搬家，屋子里到处放着一筐一筐的鸡蛋。显然都是家长送的。我回家对父亲一说这事，父亲笑着说："你'大'不会这一套，人好坏凭本事，不能靠别的。"我觉得很对。因为我自信我就是凭学习得到先生喜爱的。

在三年级，有一天先生下一节课有事，他事先把我叫到教员室，问我："《恤贫》这一课生字你都会吗？"

"会。"我回答。

"生词都会讲吗？"

"嗯。"我点点头。

"先生下一节有事不能上课，你替先生上这一课好不好？"

"好。"

于是，这一堂课我当了先生。

也许担任先生对我已经有了偏爱吧，可是不久，一个新来的先生也一下子对我刮目相看起来。这是一个临时来代图画课的日本先生。他让我们写生一架飞机模型，画完以后自己再随便加上个背景。我在飞机下面画了一个大地球，地球上画了一幅欧亚大陆地图。那时我们当中谁也没有学过世界地理，我是在日历牌上看到这个地图把它记到脑子里的。他在课堂上看到我画的欧亚大陆地图，用他本国语言自言自语地说了一番话，我没听懂，但我知道他是在吃惊。还有一次，一个日本先生来代日语课，讲的是《新闻》（报纸）这一课，书中只提到"世界各国"，没有提到国名。先生问我们谁知道有哪些国家，别的同学只回答了中国、日本、"满洲国"，我一口气用日语说出了英国、法国、美国、德国、意大利等六七个国家名字。那个日本先生深深地吸了一口气，然后重重地吐出了一个字："要——西！"（日语，好)。

我之所以能做到"举一反三",主要是由于我求知欲旺盛,在课外也喜欢学习,特别是在玩中学习。这一点应该首先归功于大哥的影响和带领,以及父母对我们"玩"的宽容。

那时父亲下班时常常从法院背回成麻袋的废纸,给母亲用来引火烧饭,摊煎饼。一背回来,我和大哥就把它倒在小板障里翻来翻去地找。找什么?找好看的书报,特别是幻想从里面能找到一种我们梦寐以求的杂志——《小学生的科学》。我俩都想得痴迷了。

原来我们从小就喜欢看书。上学以后大哥常从同学那里借一些书来家看。我读三年级的时候就已经看了《薛仁贵征东》《薛丁山征西》《说唐》《西游记》《封神演义》《济公传》等章回体小说。除了这些,凡能到手的也什么都看。不管日本人看的书,大人看的书,什么《王冠》,什么《福尔摩斯探案》,只要我们能看得懂,一下子就投入进去。偶尔借到一本《儿童世界》之类,我们更是惊喜若狂。有一次我们从日本人的垃圾堆里拣到一本日本国内出版的杂志《小学生的科学》,里面图文并茂地介绍着显微镜和望远镜里看到的世界,还有高速连续照相下子弹穿过肥皂泡的过程,以及奇妙的生物世界照片等,有引人入胜的科幻小说,有妙趣横生的科学漫画。我们完全为它着了魔,看完这一本,梦想着能再看到一本。一个不短的时期,白天想着的,夜里梦着的,几乎全是《小学生的科学》。这以后,每看到一堆废旧纸本,每遇到一个收破烂的,总要巴眼上前望望会不会有《小学生的科学》。

我们从废纸堆里翻找《小学生的科学》没有结果,但每次都有可能翻出一沓的片面字纸,如打字印刷的活页情报资料《满洲国通讯》之类。这些东西对我们也是宝贝,因为它的背面没有字,可以用来写字画画。我们用线把它订成一些本本,在哥哥的带领下,遇到有用的知识、材料,就分门别类记到本本上,如"世界珍闻""小常识""世界第一"等等;还用它画各种各样自己想象出的古代兵器、宝岛地图,创作成本成套的连环图画等。过年的时候我们到处走街串巷,搜集各家大门贴的春联记到本本上。比如,"向阳门第春常在，积善人家庆有余""丹桂有根独长诗书门第，黄金无种偏生勤俭人家""父子协力山成玉，兄弟同心土变金"等等，回家把它们分门别类整理出来，慢慢研究，欣赏其中的对仗、声韵。有时自己也在本本上写一些文字游戏。

除此以外，我们这个时期的课余游戏中也自发地增添了一些科学的内容。例如在一起利用纸筒制作"可扩大60倍的显微镜"；利用鞋盒制作"洋片电影"；每年春天到"南山大湾"（现在的植物园映松池）捉蝌蚪养在瓶里观察它们的成长发育变化等。这时候我们早已不用大人督促做功课了。父母在房间的一头专给我和哥哥搭了一张床铺，每天一吃过晚饭我们把电灯往床铺这边一拉，把小饭桌往床铺上一放，就自觉地开始用起功来。我们不但复习，而且预习，把第二天要学的生字生词查出来，抄在笔记本上。不但做学校课程的作业，而且学习其他到手的材料。一本拣到的《常识手册》、一个印着世界地图的日历牌，我们也在这个时间反复不断地看、记。我们的课业之所以能够取得好的成绩，能够受益到以后终生，我想在很大的程度上就得益于这些积极自发的课外的学习。

在学校里我也遇到过挫折和无奈，那主要是在三年级的下学期我们班级"分班"之后的事。分班的原因是我们的担任先生张义魁辞了职，学校没有多余的先生接任这个工作。原来张先生是旅顺师范学堂毕业分配来土佐町公学堂的。师范学堂是"官费"制，学生一律免费学习，但毕业后有义务在公学堂里从事三年以上的教学工作。而来这里学习的学生有很多人实际不想从事教学工作，只是为了不收学费才到师范学堂学习的。他们毕业后在公学堂尽过三年义务之后，就按自己的抱负另寻高就。张义魁先生就是其中的一个。他去了"满洲映画协会"（长春电影制片厂的前身）。

我们的班级一分为四，分别插进了其他四个班级。我被分到三年四组（班），担任先生叫韩冈永（就是现在大连大学师范学院的退休老师韩镇先生）。这位先生当时特别爱体罚学生，打学生时他总是面带笑容，一个耳光下去，学生往往要趔趔趄趄摔出四五尺远，当这个学生爬起来时，十有八九不是鼻孔流出血来，就是脑袋碰到什么地方碰出血来。有一个经常挨他打的学生宫恩钧，竟被他打傻了，先生一喊他的名字他立刻就缩在那里。有一次先生用火钩子朝他脑袋敲了一下，登时血顺着他的脸流了下来。这位先生还有些体罚的方法闻所未闻：有时叫两个学生对打耳光，你打我一耳光，我打你一耳光，不到先生叫停不准停止；有时作为集体惩罚，叫学生一字儿排开，第一个出来挨个儿打每人一耳光，打完后排到最末站下，第二个学生再出来挨个儿打，打完到最后站下，第三个再出来打……他在一边笑眯眯地看着。但是我看出，对于特别有钱人家的孩子，他很少体罚，顶多叫过来轻轻弹一下这个学生的脑壳，或者翻一翻他的衣兜，嘴里说几句奚落的话了事。

我分到这个班级时，以为和在原先的班级的情形一样，可以凭自己的学习和品行赢得先生的承认。先生怎么爱体罚，体罚也不会落到我的身上。可是我想错了。

有一天，在国语课上，先生叫我身后一个同学姚嗣义起来读课文。他读到一个地方遇到了不会的生字，卡了壳。我怕他挨打，在前面小声给他提示了一下，不料被一个富家子弟牛正民听见，下课后他到先生跟前告了我的密。结果在下一节上课时，先生把我叫到前面：

"听说姚嗣义读课文你给他提示了，是不是？"

"是。"我承认道。

"好，把手抬起来！"先生从黑板旁拿出他打手心用的椴木板子。

打第一下我的手就好像被开水烫了一下。接着，第二下，第三下。手心已经失去了知觉，立刻红肿了起来。这一课，我手痛放射到胳膊、全身，觉得好像屁股底下坐了钉子。一下课，我抱着被打的那只手跑到自来水龙头下，打开水阀用凉水浇了半天。这手一宿也没消肿。

这是我在公学堂唯一一次挨打的经历。幸好我们分班分到这里只是几个月的时光，四年级开学时我们的班级重新恢复，担任先生换了一个日本人——外号"秃老美"的酒井毅一郎。我继续当这个班级的"级长"。

那时候，公学堂实行日本学校的管理制度，这种管理制度带有等级服从的法西斯性质，先生可以打学生，上级生可以打下级生。那时当"级长"

的每人发给一枚铜片制的"领徽"，有权拿教鞭协助先生维持纪律。说句不好听的，是给先生当爪牙。按说我生性懦弱，心肠软，不是胜任这个角色的料，别说管人，就是向先生告发别人，也狠不下心。例如，我的"老对儿"（同桌）王国栋，无论作业，考试，总是抄我的答案。我告诉他这样不好，他不听。我几次想告诉先生，终没告诉。有不守纪律批评不改的，我也曾往本子上记过名，但对方一央求，我就软下来把名字擦掉了。其实大家当时正是调皮好动的年龄，无论是过去的张义魁先生还是现在的酒井先生，都知道我这些短处，所以对我的失职也没有苛求。但是班级里同学们有时"作"得不像话，我有几次气得没法，就把"领徽"摔到一边表示不干这个"级长"了。这时总有一些同学出来帮我把那些管不了的同学喝住。有一个同学李书盛爱恶作剧，谁喝也喝不住，我在同学们的支持下拿起教鞭抽了他一下，才老实了。记得还有一个班级里的头号大个子许永荣，我也用教鞭打过他。不过那是他故意闹动作，逗我打他，一边挨着打一边笑，愿打愿挨算不了数的。

总的来说，我在同学当中还是很有"人气"的。我老实、心善是原因之一，但更主要的也许是我念书好，而且有求必应。凡是求我画画的我从来不拒绝。我还经常把自己在家里"创作"的连环图画拿到学校给大家看。到了休息时间，我的座位常常被同学们围得水泄不通。

与我最要好的同学当然是任庆忻。他懂的事情多，学习成绩也很好，特别是他性格豁达，自信，像一个大人。因此，他转到我们班级之后，我们很快成了要好的朋友。我们在一起编故事，谈知识，他从烟台带来的《儿童世界》使我饱尝了眼福。有时我跟他也闹意气不说话，这时彼此都感到莫大痛苦。和好以后感情倍增。长了，他就约我到他家去玩。

第一次到他家去，我好像《红楼梦》里刘姥姥进大观园。他家在"朝日广场"（今三八广场）南面住了一座小洋楼。一进大门，门厅、走廊、楼梯都铺着大红地毯。任庆忻自己就有一间卧室和一间书房。屋子里髹漆的家具，古瓷的花瓶，还有沙发、风琴……我惊叹世界上竟有这样阔气的家。我突然感到有些自惭形秽，拘束起来。他有意挑逗我和他玩闹，可是我始终没有放松得下来。有一个礼拜天，他又带我到"东广场"（今二七广场）北面他家开的油坊里玩。我跟着他到各个车间看工人们干活，到"前柜"与伙计们打哈哈，最后又到后院金鱼池边、丁香树丛里做各种"科技活动"：他一会儿从柜房拿来一些试管和我一起搞"土壤测定"，一会儿从仓库拿来一些木条和我一起做"走马灯"。玩得热了他又领我到不知谁的卧室里洗脸。洗完我刚从脸盆架上取下毛巾擦脸，他一把夺下，给我换了一条新的。这里好像一切都属于他的，他愿意怎样就怎样。在这里我见识了一个富家少爷的生活。

其实，对于我与有钱人家孩子之间的反差，我早就意识到了。别的同学都背着那么神气的书包，有单肩背的，有双肩背的，唯独我用的是包袱皮；别的同学远足（郊游）时都带着那么多牛奶糖、"甜不辣"（日本人吃的油炸丸子），我却一无所有；别的同学在学校都订牛奶喝，中午带炒饭、炸鱼，我只带玉米面馒头和咸菜……有时我也感到不是滋味，但自从在任庆忻家开了眼界之后，我感到了命运的不公平，也对有钱人家的孩子产生了一种无形的隔膜。

有一天，那已经是进入高年级的事了，这天是一个礼拜天，我正在吃早饭，任庆忻约了我们班"仁和福"绸缎庄掌柜的儿子井树溪和"齐云楼烟馆"掌柜的儿子杜希圣来到我家门前招呼我。我放下饭碗出去，问他们"什么事？"任庆忻把我拉到一边吞吞吐吐地说："跟你商量个事。"说时频频回头看那两个同学。"到底什么事？""拜……兄弟。"他最后终于说出来。听了这话我愣了愣神，然后笑着对他们说："咱们都是好朋友，我看这就够了，不是吗？"任庆忻红着脸还想说服我，井树溪也不自然地瞅我笑着。"走吧。"杜希圣在后面拉了一下任庆忻。他们终于怏怏地走了。

不过在他们面前我并不是自惭形秽，因为那时我的家庭经济社会地位还是比上不足比下有余的。

那时候日本人的国家经济每况愈下，"非常时""战时总动员"等口号越来越响地喊了出来。学校里三天两头动员学生拣废铁烂钉交给国家，"浪速町"（今天津街）那望不到头的拱形跨街路灯也扳倒拉走炼钢造枪炮去了。粮食和日用品都实行了限额配给制，大米只卖给日本人，中国人只给玉米和高粱米，后来就给一些橡子面和冻土豆。在这种情况下，人民的生活越来越困难。街上中国人拣破烂的，要饭的，一个接一个。有一个时期，在我们住的"忠兴福栈房"大杂院门洞里，每天晚上都睡着无家可归的人，不知是逃难者还是流浪者，有的拖儿带女，怀抱吃奶的孩子。三九天，门洞挡不住凛冽的北风，我们半夜常常在睡梦中听到被冻的凄惨号叫声。第二天早晨我们走过门洞时，往往就看到有冻僵的尸体蜷伏在那里。就在那些日子，我们在路上还曾不止一次地看到有人推着拖车，车上牙牙叉叉横竖不分地堆放着一些僵硬的死尸。我们猜想这也都是冻饿而死的无家可归者。

在这个总体情况下，我家尽管同样受时局的影响，但父亲在法院干的工作犹如一把保护伞，使生活得以保持着相对稳定的水平。特别是父亲为人正派，又爱帮助穷乡亲，不管在同事关系上或者亲友近邻关系上，都有了一定的声誉。我记得 1941 年祖父去世，殡葬那天，法院同事和亲友送了十几对花圈，送葬队伍足有 100 多米。这种情况在当时当地中国人中并不是很多的。

考入高等科以后

1940 年，我从公学堂的初等科毕业，考入了高等科。说"考入"是因为公学堂的初等科和高等科实际是两级学校，从初等科升入高等科需要经过一番淘汰。当时的淘汰率是 60% 上下。因此，班级就不能像过去几个年级那样原班不动地升上来，而是重新组成了新班。我编进的班级是五年一组，班级同学来自本校原先初等科的四个班级。我原来的好朋友任庆忻回了烟台。担任先生是日本人，一个性格非常温和、从不多言多语的先生，叫安藤政吉。

因为经过了一次淘汰，同学中成绩差的少了，成绩好的多了。像刘志基、井树溪、王凤泰、高连兴等，他们的领会能力都不比我差，考试分数也与我不相上下，我觉得自己已经不像过去那样能轻而易举地跑到别人前面了。特别是刘志基，我总感到他的眼睛时刻在一旁盯着我。于是在我心中一种危机感油然而生，不知不觉地跟他们较起劲来。有一次，大连市举行"日、满、独（德国）、伊（意大利）"学生座谈，学堂让刘志基参加了，没有选我去，我心里还感到了很大不高兴。可是毕竟我在更多的方面超过了他们：在整个五年级和六年级，我仍然一直是"级长"；每次大考，我还是名列第一。还有，我的一篇日语作文《发展中的我们学校》被选送刊载在市里小报上；我的一幅水彩写生画《街景》被选送全市小学生美术展览会展览。

进入高等科，课程加重了。如果说初等科基本上只培养初步的读写算能力，那么高等科就进一步教一些自然和社会的常识。这里的课程除了"满洲语"、日本语和算术以及修身、图画、唱歌之外，又加进了历史、地理、理科（自然）、商业、珠算。随着日本人对中国人奴化和同化政策的加强，在历史课和地理课中，关于中国的内容全部取消，历史和地理主要讲日本的和"满洲"的，中国的只在世界部分里提到一点，而且不叫中国而叫"支那"；在日语课和修身课里提到的榜样人物当然也全是日本人、日本事。

在这些课程里我最喜欢的是理科。那时的理科课一个突出的特点在于它不是单纯地灌输知识，而是重视培养学生对自然科学的兴趣、科学的态度和观察实验的方法。比如，学习《鸡和鸭》这一课时，教科书要求先让学生回家观察鸡和鸭，列出一个比较表，回答它们的嘴有什么不同，脚有什么不同，爱好有什么不同等，然后在课堂里交谈。尽管担任这个课的田中先生没有充分发挥这方面的特点，仍然按照他省力的方式滔滔不绝地讲他肚里的知识，但我还是从教材中体会到研究的方法。教材中的一幅水泵结构图解，我可以三遍四遍地临摹，思考，不厌其烦。学了"呼吸"一课，我就回家用信封套在鼻子上一遍一遍地试验，证明呼吸几次之后，尽管信封里还有空气，但越来越憋得不行，这就是因为消耗了"酸素"（氧气）的缘故。

由于求知欲望的进一步增强，我和大哥从这个时期开始，在端午节或中秋节放假的日子里，征得母亲同意，到"日本桥"（今胜利桥）北的"满洲资源馆"（解放后先后改为"东北资源馆"和"自然博物馆"，现已搬迁）去参观，或者到"中央公园"（今劳动公园）、"小村公园"（解放后先后改为"鲁迅公园"和"大连动物园",现已搬迁)看动植物,等等。

这时,我们早就产生的寻找《小学生的科学》的欲望越来越强烈,也越来越现实起来。有一次我们在"常磐桥"(今青泥洼桥)的"大阪屋号书店"确实找到了这份梦寐以求的杂志。一看到它,我心里猛地跳动起来。但是我们身无分文,无缘入手。后来我们又三番五次回到这个书店,在这份杂志旁远远看看,伸手摸摸,终因旁边有书店店员盯着,没敢翻看内容,只好频频望着印有鲜艳"日珥"照片的封面,怏怏地离开那里。

不久,这个愿望得到了满足。这天我们去"小村公园"玩,无意中发现公园里有一个面向日本小学生的图书馆,叫"小村侯图书馆"。我们看见许多日本小学生随便出出进进,就试探着闯进去。管理人抬头看了一下,大概没看出是中国人,没有阻拦,于是我们就混在日本小学生中间到各个阅览室小心地翻看货架上的书。《小学生的科学》没有找到,问管理员我们也不敢。但在书架上却发现了不少有趣的书,什么童话呀,历史故事呀,科学读物呀,还有《三国志》《水浒传》的日文简写本,语言通俗,图文并茂。从此以后每到星期天,只要没有别的事,我们就到这里看书,而且一看就是大半天。我读了希腊荷马的《奥德赛》《伊里亚德》,以及大仲马的《基督山伯爵》、雨果的《悲惨世界》(都是日文简写本)等,还在科学读物里接触了"有趣的星空"等科学知识。根据这些知识,夏天夜晚我躺在窗前放柴火的小院里仰望夜空,认识了大熊、小熊、天鹅、天琴、天鹰、武仙、天蝎等许多星座;入冬后到街里广场上不但认识了猎户、双子、狮子、金牛等一些更美丽的星座,还找到了火星、木星等行星。我感到自己的眼界一下子扩大了。

相比之下,我的历史地理知识却很可怜。现在我只记得历史课一开头是日本"天照大神"向她的"天孙"、日本开国的"神武天皇"交代任务说:"丰苇原之瑞穗国,乃汝可君之地也,汝可往治之……皇威之盛可共天壤而无穷"(直译)。于是这位"神武天皇"就在日本从天而降,在"金鸥"(金色的乌鸦)的帮助下平定"虾夷"等"野蛮民族",实现了"八纮一宇",建立了"万世一系"的日本国,云云。想以此欺骗人民,说明日本是一个按照"神意"派"天皇"下来建立的"神国",实在可笑。不过后来日本人迫使"满洲国"

在"新京"（长春）修建"建国神庙"，并且重新创作"满洲国歌"，第一句为"神光开宇宙，表里山河壮皇猷"，从而让"满洲国"的开国也和日本的开国合而为一，从这个宗教同化措施中倒还可以看出这种"历史"教育的又一个险恶目的。

但对我这样一个十多岁正开始探索如何做人的孩子来说，教育环境的潜移默化力量毕竟是可怕的。我不但有意识地认同教科书里"二宫金次郎"（日本江户时代的农政家）的苦学、"森兰丸"（日本战国时代大军阀织田信长的侍童，后成为武将）的细心等优秀品质，并引为自己的榜样，而且在无形中接受着周围的熏染。过去看到日本人那么彬彬有礼觉得好笑，慢慢地我也变得彬彬有礼了，甚至看见日本学生路过自己学校时对学校行"最敬礼"，我竟然也虔敬地照着干了起来。

但是这时对于先生讲的话我并不是盲目地听到什么就是什么。当时教我们"满洲语"的先生叫李士玖。他讲课爱炫示，听起来好像无所不知。有一次一个同学读新课文，读后我举手指出这个同学把人名"阿不都剌合蛮"中该读"la"的"剌"字读成了"ci"。可是，李士玖先生说他读得对，是"ci"。我当场和先生辩驳，说读"la"的"剌"左边的"束"是堵口的，而读"ci"的"刺"是开口的。李先生脸色难看，但嘴上未置可否，把课继续进行了下去。我想，原来先生也不是无所不知的。

另外，在精神生活方面我也和别的同学一样，有着自己的天地。我们下了课在一起爱谈的是电影。那时候大连中国人的电影院有奥町（民生街）的"宏济电影院"（后来的公安俱乐部）、西岗的"新世界电影院"、寺儿沟的"东明电影院"等，放映的电影既有"满映"（满洲映画协会）出品的电影，也有内地沦陷区"联华""艺华"等影片公司出的电影。我家本不属花得起钱看电影的阶层，但父亲在法院有一张几个人轮流享用的"帕司"（免费卡），轮到父亲使用时，就让我们兄弟拿去用。借此我们看了《木兰从军》《鸾凤和鸣》《千里送京娘》等不少电影。偶尔还能看到《十字街头》《王老五》等进步影片。那时同学传说公家组织了一个"保导联盟"（"保护"未成年人免受"不良影响"的组织）专抓看"坏"电影的学生，因此我们看电影常常要提心吊胆。即便如此，大家还是都爱看，特别是爱谈论电影明星，学唱电影插曲。我们常唱的歌曲有《何日君再来》《秋水伊人》《四季歌》《天涯歌女》《十字街头》《满洲姑娘》《王老五》等。

自习或先生不在时，我也和其他同学一样离开座位乱闹，到黑板前乱写乱画。刚进六年级时，安藤先生调换了工作，新来了一个担任先生，叫土川卓郎，长得像卓别林，性格也挺幽默，我们就叫他"贾波林（卓别林）先生"。他有事不上课时就叫我们自习。有一次他不在，我上黑板画画给大家看，画的是一个斜歪着身体坐在座位上的孩子的漫画，并仿照挂图把扭曲的脊柱骨骼也画了出来，逗得大家哈哈大笑。正巧这时被隔壁班级担任先生田中看见，进门看了看，叫我不要擦掉，就走了。我心想：糟糕！这下被捉了。但随后田中先生把他班级的级长田德忠领到这里，指着黑板和我，对他哇里哇啦说了一通，我听出他的意思是要田德忠学习我认真负责，管理班级纪律不靠压制，靠讲科学道理教育同学们。没想到我"歪打正着"，不但没挨批评，反倒拣了一个表扬。

在家里，我和哥哥除了自己的活动之外，家务劳动主要是到公共水龙头抬水，以及每当家里要摊煎饼吃时，到三婶子家推磨，等等。1940年，大连遭到历史少有的大旱，"水源地"干了。院子里的公共水龙头关闭，住户用水定时要到几百米以外街口的水亭前领水。到时水筲排成长龙，每户一天只给半担（一筲）水。早晨洗脸时，全家七口人共用小半盆水。后来听说住在"铁同志会"仓库院里的三婶子家房后日本邻居后院浇花用的水龙头没有关闭，我们就常常到那里偷水抬到家里用。直到后来被那家日本老婆看见不让，才不再去了。过了两年，母亲生了我第二个妹妹素琴。

在我即将升入六年级的时候，大哥薛金会毕了业。他在六年的学习中成绩也是佼佼者，但是这时家里生活困难，供不起他继续读中学的费用了。听说"满洲电信电话株式会社"（简称"电电"）办了一个技工养成所，不但不要学费，学习期间还免费供给食宿，发给津贴，就决定去那里学习。他的担任先生木村听说后特地到我家来，说我哥哥是他不曾见过的优秀学生，劝说我父亲无论如何也要省吃俭用让他读中学，不要辜负了这样难得的苗子。父亲不是没有这个愿望，可是如果供他读中学，自己一个月40元左右的薪水交了这个孩子的学费和杂费之后，一家七口的生活就很难维持。木村先生理解了我父母的处境，遗憾地走了。

哥哥学习的"养成所"是初等技术学校性质，坐落在"大连运动场"（体育场）南（现在的高尔基路）。"养成生"一律寄宿，学习期限为一年。在这期间主要学习一些初级的电信电话技术，另外还设了日语、代数、理化常识等基础文化科学知识。果然如养成所承诺的，"养成生"不但由校方供给食宿，还发给夏、冬两套制服包括鞋帽，每月发给二十几元的生活津贴，毕业后由校方分配做技工。当时这种有技工培训设施的企业，这是独一无二的一家。父亲从没想到有这样的好事。每到星期天哥哥穿着一身体面的制服回家来，我都羡慕得不得了。

看得出，父亲有意让我毕业后也到这里学习。可是我总摆脱不了读中学的诱惑，相形之下我觉得读中学更体面。那时候在大连实际上只有两所日本人读的中学。中国人读的"中学"如"协和实业学校""大连商业学堂"，实际都是职业学校。另外，在旅顺有一所为中国人办的"高等公学堂"分"中学部"和"师范部"，但是一方面我们不了解详细情况，另一方面学校不在大连市，母亲不大主张我们到远离大连的地方上学，就没有多考虑。我这种动摇不定的态度也使父亲犹豫起来：祖上世世代代没有一个读书人，也许在这一代能靠读书发起迹来，在社会上"露露鼻子"？就这样直到我临近毕业也没有能够做出最后选择。

事到临头了，父亲决定叫我两头都报下来。升学这一头报"大连商业学堂"，如果这里考不成，就入"电电养成所"。实际是升学优先。父母下决心要省吃俭用供我读书了。

可是结果事与愿违，我两头的书都没读成。

"大连商业学堂"考不上，是原先预料到的。当时上中学淘汰学生除了考试之外，还要检查有无"沙眼"。因为那时沙眼流行，小学生中有很多人患轻重不同的沙眼。如果是中度以上，就不能录取。判定的权威是有专业资质的眼科医院医生。我们在读六年级下学期时就听说眼科医生实际掌握着"生杀大权"，如果做入学检查的医生是你恰好在他的医院治沙眼的，有重沙眼他也会让你通过。我的沙眼是在"王仁眼科医院"治的，经过手术，已经转为轻度。但毕业前有同学向我透露：商业学堂的眼科检查医生是"光明眼科医院"的，建议我给他拐个"小筐"（送礼的意思），或者赶快转到他那里去治眼睛。我知道自己既拐不起"小筐"，也不会挖门子，心里依仗还有电电这条后路，就没在意。果然，负责检查的医生是光明医院的医生。检查时他先端详了我一会儿，然后把我的眼皮一翻，对身边的助手说了一声"踹"（意思不明，可能是暗语），结果就把我"踹"下来了。

"电电"没及格，这倒出乎我的意料之外。这里没检查眼睛，考试后的自我感觉也挺好。我蛮有把握能尾随大哥到"电电养成所"学习。那时大哥已经在"电电养成所"毕业，分到承德工作了。谁知竟落榜了。后来回忆考试时的情景，我恍然找到了问题所在：这里考试除了文化科学知识之外，还有一项"适性检查"（性向检查），就是考查一下考生的兴趣和特长是否适合学电工。在考试时他们发了一张表格，要考生填写。上面有"兴趣爱好"一栏，我填了画画。填写后觉得不够，又想了一下，不知怎的，鬼使神差地觉得饲养小鸟、金鱼挺有意思，就又填上了"养小鸟，养金鱼"。旁边监考的日本人看着直发笑。当时我不明白什么是"适性检查"，如果知道，我写上爱好理科，爱好科技制作，岂不就万事大吉，而且也没撒谎。

就这样，我尽管当了六年公学堂的"优秀生"，结果还是阴差阳错地落了个"半途失学"，一生学历定在了"高小毕业"上。不仅如此，处在当时年龄条件下，就业也成了问题。就在这种状态中我结束了自己的少年时代。

到"国际运输株式会社"干勤杂

从公学堂毕业之后，我一时成了闲人。

父母劝慰我，在家里趁空闲再好好用用功，把沙眼治好，来年继续考中学。可是，一个16岁的半大汉子在这样一个并不富裕的家庭里吃闲饭，我实在不能心安理得，心里老是觉得有一种负债感。我要找一个"应身"的地方填补这个空虚。

住在大门洞外不远的王克海是我从一年级就在一起的同学，学习成绩也很好，进高等科时他分到三班去了，但我们还有来往。他是码头工人的儿子，因为家穷无力供他升学，经学校介绍，到一家叫"国际运输株式会社"的企业干活去了。他看我在家闲着无聊，就跟我讲他们那里还用人，如果我愿意去和他一起干，他可以跟会社里说说。我当然愿意。跟父母一商量，他们也同意了。

"国际运输株式会社"是日本人办的一个大企业，当时已经几乎垄断了出入东北的货运事业，总店在大连"日本桥"（今胜利桥）附近"老三越"那个地方，东北的南部关东州的各大小车站都有支店或分店、"出张所"（办事处）。大连支店在"山县通"（人民路）东头"港桥"（港湾桥）附近，这里分了输出、输入、保险、会计、公用、庶务等七八个"系"（相当于"科"）。从业人员分为职员、准职员、雇员、佣员、准社员、"给仕"（勤杂）、"常佣夫"（固定工人）等六七个等级。中国人大部分都在"佣员"以下。"给仕"和"常佣夫"几乎全是中国人：青少年干"给仕"，成年人干"常佣夫"。"给仕"的任务主要是办公室的清洁、服务、传递、复印等，每月工资20元左右，一年发两季制服，冬季每两年发一次呢料大衣。那时候货币票面价值和20世纪五六十年代不相上下，20元勉强可以维持一个人的最低生活水平。当时父亲在法院一个月工资也不过40多元，20元钱对家庭也是一个相当的添补。一个刚刚读完小学的16岁孩子，还要求什么呢？

我到"母校"担任土川先生家，请他给我开具了学业证明，又到"长者广场"（人民广场）附近的"赤十字病院"（现在的医科大学附属第一医院）做了健康检查，填写了入社"愿书"（申请书），王克海代我递了上去。不多几天，社方叫我去面试。

跟我谈话的是"庶务系"管人事的山口。他面前摆着表格和我的证件。我们的谈话是用日语进行的。

"你叫什么名字？"

"我叫薛殿会。"我用的是日本语里的"敬语"体。

"不必说'敬语'了，用普通会话吧。"

随后他问了我的年龄、住址、籍贯、父亲的职业，然后又问：

"自行车你会骑吗？"

"会。"实际上那几天我刚开始在父亲的帮助下练习骑车。可是我相信，两三天内我就可以会了。

他在表格上填写着。我瞥了一眼，上写着"皮肤黝黑，额上有疤……温和，寡言……"

看来他对我印象不错，我当场被决定采用了。第一个月试用，工资按日薪6毛计算。第二天我就上班。岗位最后确定之前暂时跟着王克海在"保险系"干。这个"系"在前大堂的右边，一共七八个人，只有王克海一个中国人。他私下向我介绍了每个日本人的脾气，教给我早晨怎样擦抹桌椅，怎样给每个人刷洗烟灰盘，给每个人的橡皮印戳换日期，大家上班后怎样到后楼打水、冲茶，给每个人送茶水……事情确实不多，一天大部分时间没有事。在空闲时间里我就坐在一边学习。起初我很拘谨，对日本人就像对学校的先生。时间长了我发现他们虽然工作时严肃认真，不苟言笑，但待人和气，包括主任岩崎在内，都很平易近人。

过了十几天，我被正式分配到后楼的"输入系"。每天除了扫地抹桌、倒茶水之外还得骑着车子到码头、海关或火车站后的"青果市场"来回送"俩纸"（货运证件），办理货运手续等。这里人地两生，虽然有与我同龄的"小鬼子"（从日本招来的青少年"准社员"）带领我干，但他毕竟不是王克海。我偏偏又是个"闷子"，乍出社会，成天怯生生的。有时小鬼子有事，我自己去办，总在门口徘徊半天才硬着头皮进去。为此小鬼子不免嘟嘟囔囔，或者到系主任永井那里发牢骚。这时别的日本人往往都是冷冷地看着我。我第一次感到，饭是不容易挣的。

有一天，我骑着车子跟小鬼子到"青果市场"送"俩纸"。来到"日本桥"（今胜利桥）前交叉路口时，斜刺里驶过来一辆载货摩托。我一下子手足无措，忘记了捏车闸，慌乱地叫着，眼睁睁向摩托车后车厢撞去。只听"咔嚓"

一声，我连人带车翻倒在地。幸好这是自行车撞摩托车，而且撞的是摩托车的后屁股，没出大事故，只把自行车的前车圈撞歪了一点点，否则后果不堪设想。

回到系里，小鬼子当然又是向永井主任一阵牢骚。永井眯起眼睛问我："怎么回事？"

"……"我什么也没说出来。

他嘟嘟囔囔嘀咕了几句，显然是埋怨庶务系为什么派了这么一个人给他们。

回家以后我对母亲说了这件事。说着说着掉出了眼泪。

"明天就不希（不屑）去了。"母亲看我难为的样子同情地说。

可是待在家里决不比干活好受。第二天我还是去了。

过了几天，庶务系的山口把我叫了去。

"原来你不会骑自行车。"他带着埋怨的口气说。可是看来他还不打算取消我的试用资格。"你到'调度'去吧。"说着把我领到楼下大堂左侧一个供给业务用品的部门。

这个部门属庶务系，只有四个日本人：两个中年人，老一些的叫寺东，是组长；白净一些的叫道下；一个青年，叫樱田；还有一个将近60岁的老头，叫东海林，管消耗品仓库。仓库在往后楼走的过道上。我的工作除照例的清洁卫生、倒茶水这一套之外，还让我接替樱田的一部分工作——干一些抄抄写写的活；每星期带洋车夫到"日本桥"（今胜利桥）的总社拉一趟"社给品"回来；定期去总社取钱到"飞驒町"（今新生街）的"货物自动车组合"缴纳一次汽油款等。

这个"国际运输"每年从日本国内招一些小学毕业的小鬼子来，白天工作，晚上到会社自办的青年学校接受培训，随着培训和工作成绩的提高，从准社员依次提升到佣员、雇员、准职员和职员。这些小青年大都是农民的孩子，为生活所迫不得不背井离乡，远渡重洋到这里殖民。他们开始时大部分也是送信，打杂，只是不干清洁卫生和倒茶水伺候人的这一套，除非没有干"给仕"的中国人。在"输入系"带我的那个小鬼子就是，现在这个樱田也是。他们在我们面前当然不免有一些优越感，但相处长了，彼此也常常无话不谈，甚至有的还背地里对我们讲"东条（当时的日本首相，发动和执行侵华战争的战犯）'死了好'"。或者向我们伸出大拇指说："中国，这个一样。"

但是有一些成年的日本人就不同，他们民族优越感很强烈，在中国人面前作威作福。道下就是其中的一个。在他面前干活，一天不挨他三遍五遍的剋是稀罕的。茶送晚了，骂；给他买烟回来晚了，骂。另外那个寺东还好些，每逢道下对我凶，他就在一旁制止他。可是寺东的好心也不是平白无故的。他常常让我给他干私活：替他上"镜池"边的"消费组合"（消费合作社）买东西送到位于"葭町"（在现在的白山路）的他家；春秋两季"大扫除"（全民清扫卫生）时要我到他家帮他家打扫卫生（搬"榻榻米"到外边晾晒、抽打等）。但每次干完活他总要给我几毛钱小费。还有那个老东海林，骂人更厉害，但他实际是刀子嘴豆腐心，而且并不是专门骂中国人。处久了还能感觉出他对我还满爱护的。另外，到总社领社给品时，那里那个凭手续分发物品的松田也是个孬种。不知他是和我们支店调度有矛盾还是什么别的原因，我每次去，他总是朝我施威风：不是《请求书》开得不对，就是请求的数量开多了，我常常糊里糊涂就被他骂个狗血喷头。我只有用力咬住下嘴唇不让眼泪流出来。旁边的日本人知道我在受夹板气，朝我龇牙笑笑，我才宽慰一些。

不久，我在"国际运输"领到了第一次工资。我心里充满了自豪和快乐，回到家里红着脸把它一股脑儿塞到母亲的手里。母亲也抑不住地笑着，眼里浮出感动的泪花："呐，这些留着你自己零花！"她从中取出几块钱说。我摇着头把它推回去。

我从小身上没带过一分自己花的钱，也没妄花过一分钱。到"国际运输"干活以后，中午带饭没有菜，母亲给我5分钱到摊贩那里买一包咸花生米当菜，这是我唯一花钱的事。自己留钱"零花"，既不可想象，留了也不知怎样花。后来每次给寺东干活挣来小费（一般都是3角到5角钱），我也全交给母亲。母亲看我实在不要，就决定把它格外放到一个小箱里，告诉我说给我攒着。几年以后我用它买了一把"吉他"，这是后话。

我到调度以后不多日子，日本人看我为人老实，认真负责，又很快熟悉了自行车的结构，画得细致准确，就让我负责给需要修理自行车的社员开"修理票"，以便让他们持票到指定的修理店"友轮社"修理。这是个"办公桌活"，持《请求书》来开票的年轻人既有中国人又有日本人，我有权检查决定是否给他开，怎样给他开。我真想让家里人到这里来看看我坐在办公桌旁给别人开票的情景。有时候我没事了，还到消耗品仓库里帮助东海林老头给来请求东西的人发发东西。我把为别人服务，让别人得方便当作自己的满足。有些和我一样的中国勤杂工来开票或领东西时，想起自己到总社松田那里领东西时受刁难的滋味，我总是对他们殷勤痛快，因此很快赢得了人们的信任和友谊，交上了不少如"浪速町荷扱所"的张树君、"输入系"的李景禄等等新朋友。

但是在这方面我有时也遇到矛盾：对于我开票时的"好说话"，日本人慢慢有所察觉，为此曾不止一次受到道下和樱田的责备。而有些中国人也不自觉，车子没坏也来要求换新车架、新车胎或新车圈等。在这种情况下，我不得不适当地进行检查控制。这当然就引起对方不高兴。有一次"吾妻驿荷扱所"（大连东站货运办事处）有一个姓马的（后来我曾随"国际运输"的一帮中国同事游凌水寺，看到他在庙门旁刻下"马大仙到此一游"，才知道他姓马）来要求换车架。我要看他的车子，他不肯，我坚持要跟着他出去看。他动了火，出得门来，猛然一个绊子把我摆倒在地，骑上车子跑了。原来他的车架并没有坏。旁边有人看到这个经过，撺掇我告诉日本人，我没干。我想都是中国人，还是息事宁人为好。

在这个时期，我还曾跟一帮"准社员"和"给仕"被抽调到就近的一个临时"兵站部"执行临时货运任务。那个"兵站部"大概是因为日本关东军紧急增加兵员的需要而设的，地点就在我的"母校"土佐町公学堂。在操场临时搭几个帐篷，就是工作地点。我们的任务是帮助装卸军用卡车上的军用品。间歇期间没有事时，我们就在帐篷下休息。有一次我瞥见我原先的担任先生土川在帐篷附近走来走去。显然他已经看见了我，想跟我说说话，问我的近况之类。可是我感到了一种莫名的羞愧。作为一个他教育出来的"高材生"，现在竟以一个"苦力"的面目站到他面前，我没有脸。因此我装作睡着了，躺在长凳上一动不动。他徘徊了许久，因为帐篷里还有包括管事的日本人在内的许多人，终于没有过来叫醒我，只好走了。

工余的自学

在"国际运输"每天工作 8 小时，那时在这个时间内我几乎有三分之一的时间是空闲的，而且午后 4 点下班以后也再没有什么事。这个条件提供了我自学的好机会。

从公学堂毕业以后，我经过了一个学习上的空虚苦闷时期。原先的同学们好多都进了中学，戴着锃亮的新帽徽，背着厚厚的新书包，又读上了英语、物理、化学等等我久所向往的新知识。我又妒忌又难过。门洞外一家油漆店的孩子韩祥深，在公学堂时曾和我同班，成绩很差，可是现在进了"协和实业学校"，还参加了学校的"喇叭队"，一放学回到家里就抱着号筒吹。每听到他的号声，我心里就像针刺一般。我下决心自己学习，和他们比比，他们到底是不是超过了我。

可巧大哥薛金会有一天从承德给我寄来一份日本函授中学的资料。这所函授中学名叫"大日本模范中学会"，办公地点在东京。资料除详细介绍了这所学校的课程、讲师、学校章程之外，还列举了许多经过他们函授教学的学生如何取得中学毕业资格，如何又考上"文官"或"早稻田大学"之类名牌大学的事例。实际这也是一种商业化的"教育行业"，只要按照他们的要求寄钱去，他们就按时陆续寄书给你。说是有面授辅导，但对"关东州"这样的海外殖民地根本就是空话。连书面辅导和考试也都略掉了。可是我不管这些，我看了资料，一下子就受到强烈的吸引。我跟父母一商量，他们当即同意我参加这个函授学习。我马上填写好资料附的报名表格，与第一"学年"的"学费"一起寄往东京。不过半月就收到了第一部综合函授教材

《中学讲义录》，同时寄来的还有学生证、帽徽等。于是，我当上了"通信中学生"。

这所函授中学课程有"国语"（日本语言文学）、"汉文"（日本人的古汉语课）、英语、算术、代数、平面几何、立体几何、三角、物理、无机化学、有机化学、动物学、植物学、矿物学、博物通论、日本史、东洋史、西洋史、日本地理、世界地理、地理通论，还有修身、诏敕（天皇诏书选读）、经济通论、法制大意等，另外还有一些附属的课程，如作文、英语作文、几何画等。每门课程不分阶段，都直达高中毕业程度。单看这些课程名目，就够我兴奋的了。

我到"国际运输"就业之日就是第一部《中学讲义录》到手之时。工作时间的宽松给了我充分的自学时间。开头，我确实按函授学校的安排各门功课交替配合着学习了一个时期。按我当时的日语阅读能力来说，阅读这套教材还能领会八九。我买了一套笔记本，自己列提要，摘难句，演算习题，不管在下班回家后或者工作空闲时，有空就坐下来读、写。就是工作时，我也常常是一边刷烟灰盘一边背英语生词，一边冲茶水一边记代数公式。对于我这种行为，日本人大都不干涉，有的还颇为赞赏，连道下这样的孬种也睁一只眼闭一只眼，樱田更不用提。他不久也参加了另一个函授中学，也挤时间学了起来。许多其他系的小鬼子们走到这里都向我们投来钦佩的目光。

当时日本人有一个"专门学校入学检定试验"（简称"专检"）制度，不论读没读中学都可以报名参加这个考试，及格者可以获得专科学校入学的资格。开始时我曾一度把这个当作目标。但这个函授学校对于不在日本本土的学员既没有面授，又没有考试。学习没有考试的约束，自然就容易自流下去。这样学了将近一年左右，我开始感到函授学校安排的课程不合我心思了，学着学着就越来越流入兴趣主导，我对课程越来越有了自己的偏好。修身、诏敕等干脆扔到一边；自然科学、史地知识等感兴趣、理解快的学科进度快，数学、英语等比较吃力的学科进度就慢。前者感到吃不饱，读了上部迫不及待地想看下部；而后者则举步维艰，譬如代数，到了二次方程式，就越来越吃力，由于没人辅导，到该学完的时候学不完，干着急。正在这时，函授校方来信说函授中学面临困难，准备停办。如果需要学到底，可以一次订购全部教材，否则只好停止学习。我一看可以订购全部教材，正求之不得，于是就征得父母同意和支持，买来了其后的全部教材。教材到手以后我立即把它们拆开，按学科门类分别重新装订成册，想读哪一学科，随时可以读哪一学科。喜欢学的，一直往前赶，不管消化没消化；不喜欢学的，常年扔在一边。结果就夹生的夹生，荒废的荒废。最后，什么"专检""中学毕业资格"，全扔到九霄云外去了。

不过，现在回想起来，还是不能否定这一段学习对我以后学习和工作的助益。且不说了解了各门学科的大致内容，也不说数学、英语等一些难啃的学科总算跨入了一个门槛，单举一个小小的例子：我最近受托为一个参加国际会议的同志把他写的一篇引用许多古汉语的论文翻译成日文，如果没有 60 年前在这个函授学习的"汉文课"里学到日本人读汉文的那些特殊规则，是很难完成这个任务的。

谈到学习，不能不提到系统学习之外的读书。我这个时期的读书在很大程度上受益于当时在"国际运输"结识的一个新朋友潘东瀛。他是"输出系"的"给仕"，比我大一岁，乐观，好学。他自幼父母双亡，与弟弟两人由一个卖烧饼的叔父抚养长大。"输出系"与"调度"相邻，就在大堂中间。同在"输出系"的中国人"给仕"除他以外还有孙长德和李仁连。他们的座位与我的座位恰好在一起，因此彼此熟识。特别是潘东瀛与我最有共同语言，因此我们很快成了朋友。他爱好音乐，爱好文学，买了不少新小说。那时国内出版的书籍还没有绝对禁止在这里发行，他先后买了巴金的《家》《春》《秋》激流三部曲和《雷》《雾》《雨》爱情三部曲，老舍的《骆驼祥子》《二马》《赵子曰》《老张的哲学》和他的短篇小说集，还有鲁迅的《呐喊》《彷徨》等。我几乎是一本不漏地借来读了。我那时候读这些东西虽然有年龄阅历的很大局限，但在朦胧地认识国内社会、接受人道主义和民主自由思想方面，不能不说有着很大的启蒙意义。其中给我印象最深的有《家》中觉慧、觉民等对封建礼教和封建大家庭的反抗。在阅读中，我和书中的这些主人公一起喜、忧、同情、愤懑，对他们产生了很大认同。再就是鲁迅的《药》《阿Q正传》，读了以后我和潘东瀛一起慨叹中国人的愚昧落后，也隐约地察知到"革命党"和革命烈士以及投机分子的存在，但基本上像局外人的隔岸观火，没有看《家》时的那种认同感。

那时候也读了一些无聊的东西。当时，市面上的中文杂志有《新满洲》和《麒麟》。前者偏重政治时事，属于宣传物，我们不喜欢看；后者偏重生活趣味，潘东瀛订了它。我从而也成了读者。其中一些内容当然也常常是我们闲聊的资料。记得有一期，一篇小说里写有个妓女触摸嫖客的鼻尖，说软骨完整的是"处男"，分瓣的就不是了。看了这段话我们便互相触摸对方的鼻尖加以验证，结果我们都摸出是分了瓣的。难道我不是处男？怎么会呢？其实所有人的鼻软骨都是分瓣的，只不过小孩子的摸不出而已。我们的摸出了，说明我们已经不是小孩子了。

这个时期，我们还在一起办过自己的"刊物"。

"国际运输"大连支店后楼"公用系"有个叫姜学敏的"给仕"，高高的个子，朴实憨厚，心肠好。有一次我们几个小同事共同骑自行车去金州游大和尚山，我腿累得有些蹬不动车了，他便一手抓住我的车把，挽着我的车往前走。这个人和潘东瀛一样，也爱好音乐和文艺，是潘的好朋友，很快也成了我的朋友。我们三个，加上"保险系"的王克海，谈得投缘，就商量着办一个手抄的"同人杂志"，互相传阅。由我来设计版面，抄写成册。我们给它取名《跃进》，意思是大家通过这个"刊物"交流知识，锻炼写作，共同大踏步前进。编了几期之后，经姜学敏等提议，又改名《艺文跃进》。从内容看，姜学敏和潘东瀛写的稿件比较有文艺气息，内容多是青年爱情悲剧方面的故事，反映他们更关心社会和生活，而我写的稿件则偏重于科学知识、童话故事、谜语笑话之类，说明我还没完全脱离孩子气。但在互相的交流中，我的孩子气在慢慢消退着。如果继续出下去，我在精神生活方面成熟的过程无疑会加速。但出到第四、五期，远近各个分店、"荷扱所"的中国青年人有的听说后纷纷要求加入这个"同人团体"，特别积极的如"西岗荷扱所"的孔繁良，他积极主张刊物改为油印，大家分发。但这时不知谁提出，现在不能随便办刊物，向当局申请也不会批准。谁要是私自办刊物，宪兵队抓去不杀头也要坐监狱。我们听了，吓得连抄写的刊物也不敢办了。

跨入青年期

太平洋战争开始以后，日本人在"关东州"开始强化了对中国人的"皇民化"政策：公学堂干脆把"日本语"改为"国语"，要求学生天天高声背诵《国民信条》，它的第一句就是"吾等乃天皇陛下的御民"；在社会上实行"战时一体化"，成立"兴亚奉公联盟"，中国人一律编入半军事化的"兴亚奉公班"里，全体男性"国民"一律戴"战斗帽"（与日本兵的军帽一个式样的帽子），穿军绿色制服，扎腿绑，女性社员戴船形帽，穿军绿色西装套裙。"国际运输"早在这之前就先在日本青年中组织了"青年队"，现在又在"满系"（中国人）青年中也组织了"青年队"。青年队一律佩戴臂章——日本青年的臂章是绿底红色社徽（成年为绿底黄色社徽），中国青年的臂章是紫底倒三角当中一个黄色社徽。这么一打扮，自己觉得还蛮神气的。

青年队的队员在平日下班之后隔日参加一次"国际运输青年学校"的学习。所谓"学校"实际是一所夜校，借用"松林小学校"（解放后的民生小学）的校舍上课。学习内容有日语、珠算、业务知识等。每周星期一的课前，在暮色中全体集合到操场举行一次"周会"。会上进行"东方遥拜""默祷"和简单的列队走步训练。

参加了青年队，我们劲头十足。这年夏天，"学校"组织了一次自愿报名的 50 公里"夜行军"。路线是从旅顺市中心出发，凭借夜色沿旅大南路东北行，一直走到大连市中心的"大广场"（中山广场）。我和潘东瀛、王克海、姜学敏等都兴致勃勃地参加了。去的时候有二三百人，可是一旦走起来，不断有日本小鬼子掉队，走了一半路程，越来越多的小鬼子坐上了随队卡车。第二天早晨坚持走到终点的剩了不到一百人。我们这些平日日本人没瞧得起的"满系"青年却一个不少地走到了终点，确实感到了扬眉吐气。就在这次夜行军中的半夜时分，我看到了一次极其难得看到的天文现象——

"天开眼",就是大流星。起初我以为是月亮,可是月亮明明在另一个方向的天上挂着。我再仔细看,那是一颗两头尖中间大的发光物体,还伴有隐约的雷声,大约不到十秒钟的工夫就熄灭下去。我很快意识到,这就是天文学中说的大流星,这种现象在《水浒传》"英雄排座次"一回里也有生动的描述。可惜那时没有相机,没能把这个千载难逢的奇观拍摄下来。

从这年开始,"国际运输"又分批组织"满系"青年轮流离职"讲习"(培训)。每批为期一个月。我参加的是第二批,时间正赶在暑期,地点在黑石礁海岸临时搭建的两座简易棚厦里。棚厦下半截是1米左右的木板壁,上半截是木柱,没有窗扇,看起来简直就是两座供游泳者用的换衣场。晚间我们学员集体睡在其中一座棚厦的地板上。另一座棚厦里,一半用木板搭了一些长桌长凳,供我们上课和吃饭用,另一半做厨房和教员的住地。

在这里,生活和学习自然是军事化的:早晨天一破晓,哨声响起,我们便一骨碌爬起来,洗漱5分钟后集合,点名。最有趣的是吃饭:大家坐好以后,先合起掌来齐声祷念:"举起筷箸,让我们体味天、地、君、亲和时代的赐予,体味父母和众生的恩惠!"然后喊一声"いただきます(我要领受了)!"然后才能够吃。一天三顿,顿顿如此。可是我们"领受"的却是发了霉的高粱米和水煮青菜,一整月也没见荤腥。

"讲习"的主要活动是上课和军训。最难熬的是军训。教官松田大家都叫他"阎王爷",整天铁青着面孔,让我们在烈日下跑步,爬山。为了训练绝对服从的精神,他常常下令要我们排着队朝大海里走,走进海里,没有他的号令不准停步。每次我们都不得不穿着衣服,扎着腿绑走进齐腰的水里,谁要是有半点迟疑,教官就把他叫出来,轻则辱骂,重则扇耳光,然后继续往水里走。受训的人来自东北各地的支店,其中不少人没见过大海,在风浪下站不住,有一个从昌图来的学员,就这样一下倒在水里,差点没有爬上来。

上课的内容除了日语、珠算之外还有每周一次的时事课,讲课的还是那个松田。在这里,他讲的一般不外乎"大东亚共荣圈""枢轴国""同盟国"以及战争形势这一套。我从他那里第一次听到了关于共产党的事。他说共产党是一些主张共产的人结成的党派。苏联的执政党就是共产党。他们强迫把私人的土地工厂等一切财产收归共同所有，谁不愿共产就对谁实行"赤色恐怖"。松田说"支那"也有共产党，想夺取政权，实行苏联那样的政策。"要想不致变成赤色恐怖的世界，就必须对共产党严加取缔。"这些话，当时我们都不大懂，只是姑妄听之。我们感兴趣的倒是下午晚饭前一个多小时的自由活动，一到这个时间我们就解放了。许多人找到一起闲扯"荤段子"取乐。这时，我不是钻到海里跟"吾妻驿荷扱所"的程谟芳学游泳，就是跟"甘井子荷扱所"的惠月清谈论明代学士解缙的诗，对句子，再不然就是倚在行李上读我的《中学讲义录》。

"讲习"结束时，在测验中我得了第一名，随即在给哥哥的信里报告："弟已执'牛耳'。"如果说这还够不上炫耀的话，有一件事倒是流露了我的虚荣：在这期间晚上熄灯后，我们轮流放哨，值班的每人抱着一杆练习拼刺用的木枪。我回家告诉父亲，我们放哨时还发了一条"枪"，父亲问："真枪吗？"我回答："真枪。"

"讲习"结束后不久，我和潘东瀛等一起被提升为"国际运输"的"佣员"，工资也涨到30多元。这个时期"调度"从"庶务系"独立出来，改名"用度系"，办公地点搬到支店主楼的西侧，人员也有所增加，新来了一名"给仕"叫石发源。我自己"账桌活儿"越来越多，就慢慢把勤杂事务交给了他。以后我的主要任务是处理各地送来的《请求书》，支店不能供应的转送总社，落到账上。此外还负责查收新购备品，帮助抄写呈文等。这么一来我真的干起了"账桌活儿"。可是干了没几个月，我发现这种工作不适合我的脾性。本应当天处理的表册我常常拖拉积压。我对这样的事感到了厌烦，我的梦想是干一些文化教育方面的工作，比如做个编辑或教师等。

这中间，我开始明显地长成大人。首先，我的身体不知什么时候开始出现了一些变化：身高蹿了一大截，说话声音变粗了。这倒没什么，倒霉的是脸上长了粉刺，并且开始出起浮油来。我正开始为自己黧黑的容貌发愁，偏偏又出了这些问题，这使我非常苦恼。我不顾周围小鬼子笑话，从进货的药局订购了除青春痘用的"美颜水"；在家吃饭也开始拒绝吃油脂类食物(我以为不吃油可以消除溢脂),以致父母担心地误以为我入了什么"会道门"。另外,可能和我的"闷子"气质有关,我变得更加不苟言笑,态度举止也变得更加沉稳。我发觉周围人对我的态度也在变化:道下不知从什么时候开始改变了过去对我那种居高临下的样子,跟我说话越来越客气了;东海林老头也开始有事找我商量;"庶务系"新来的小鬼子池内竟把我当成了他的偶像。甚至有一个正在搞恋爱的小伙子安藤,有一次礼拜天约女朋友到金州郊游也拉我一起去,事后还征求我对她有什么评论,对他俩相好有什么意见。"用度系"还有一个新来的日本女子中野,有一次屋里没人,竟凑到我身边向我卖弄起风情来。可惜她其貌不扬,性情粗鲁,不然我兴许会动心呢。

说来那时我已经18岁。那时候兴早婚。潘东瀛18岁时已经结了第二次婚。我自己已经不是孩子了,记得在高等科毕业之前我就曾有过罗曼蒂克的梦想,梦想自己有一个恬静的花园,我坐在花荫下弹琴,一个我喜欢的女孩在我身旁倾听。这个女孩是谁?好像是同院姜婶的妹妹——一个来给姜婶伺候月子的乡下小姑娘。她的大眼睛长睫毛曾使我心跳,脸红,但不久她随姜婶搬走了。到"国际运输"以后,遇到的中国女孩子不多。楼上的"社员会"有一个女的,穿着日本女社员一样的制服,我原先以为她是日本人,但后来注意到她戴的臂章是紫色倒三角,才知道是中国人,好像姓韩,但这个女孩并没有令我倾心之处。还有一次我到"货物自动车组合"缴汽油款,这里有一个女职员,长发披肩,脸上抹得像戴着面具。进得屋里她正在和男同事嬉闹,男同事用纸剪了一串乌龟提给她看,她咯咯笑着说:"王八还能成亲呢!"我心里一阵恶心。

这个时期我对特定的女孩子动情,或者往结婚方面想过的有两次。实际这两次也都是没有说出口的单恋。一次是:我每天骑车上班,路经港湾桥南一家麻袋庄仓库时,正好遇到那里的女工们也成群结伴上班。其中一个留着一根长长辫子的姑娘,尽管穿着打补丁的衣服,但是举止温文尔雅,在女工群里显得格外"出眼"。我想象她一定是一个勤劳贤淑的姑娘,就暗恋上了她。后来她可能也觉察到我对她的注意,我们一碰面她便满面通红地低下头去。从她跟女伴们谈话的口音中听出，她是我的同乡。父亲和母亲说话时曾经提到，山东老乡韩固成有个很体面的女儿在这个麻袋庄缝麻袋。我想很可能就是她，几次想向父母吐露我内心的秘密，终于没能启口。后来这个麻袋庄停了工，再也没有碰见她，我为此痛苦了很久。

另一个叫姚惠兰，她是父亲一个同乡的女儿，从小没了母亲，父女二人闯关东去了黑河。她在黑河嫁了人。可是不久丈夫死了，她父女又来到大连，借住在"铁同志会"我三叔家。这个女孩子聪明，大方，也很美丽，但也许是由于自身的不幸，显得有些多愁善感。我非常同情她，很想给她一些安慰，甚至想娶她，但是我始终也没有同她一对一地接触过。这个时期，父亲和母亲也曾联想到我们的婚姻问题，谈到这个不幸的女孩子，说她不论年龄、样貌、人品都没说的，只可惜是个"回头"（寡妇再醮）。我在一旁听了暗暗着急，心想正因为她是"回头"，我才同情她，娶"回头"我不嫌乎。可是嘴里说不出口。后来不久，过年到三叔家拜年时，她和我弟弟妹妹们打趣，把桌上待客用的香烟抽出一支，点上火抽了起来。我看在眼里，不由涌出一阵反感。不久他们父女搬走了，我再没看到她。

这个时期我的读书生活也意外地得到了一个扩展的机会：在承德工作的大哥薛金会凭着刻苦自学，考上了"电电"在"新京"（长春）设的"专修科"。他是考上这个专科学校的唯一中国人。据说在承德的单身宿舍里，每天熄灯以后，他还要在被窝里用手电筒照着读书直到过半夜。他既爱读书又爱藏书，工作期间挣的工资，除去生活的花费之外，余下的钱全买了书。现在要到"新京"（长春）学习了，书太多无法带走，只好装到几个木箱里寄回家来。这些书涉及文学、科学、古典、现代方方面面，既有中文书籍，又有日文书籍。科学有法布尔的《昆虫记》、狄茨的《科学故事》、山本一清的《天文学讲座》，还有《科学百科事典》《少年少女的科学》等；小说既有老舍、茅盾的，又有黄庐隐、张恨水的；古典的除《红楼梦》《镜花缘》之类以外，有《宋人小说》《唐宋传奇》等。至于《基督山伯爵》《天方夜谭》《金银岛》之类日文翻译小说和《怪盗二十面相》《所罗门岛探险》之类的日本科幻小说就更多了。还有一些笔记散文，如《两般秋雨庵随笔》《小窗幽记》

等,以及老、庄、墨家及颜习斋、戴东原、龚定庵等思想家的文集,还有郦道元的《水经注》、宋应星的《天工开物》等。历史方面也是一样,既有《廿四史》《纲鉴易知录》之类中文史书,也有《西洋二千年史》这样的日文史书,总共不下千册。

在随后几年的时间里,我从中选择几乎所有自己感兴趣或读得懂的部分,手不释卷地读了一本又一本。至于那些难懂的学问,就像读"函授"时的一些课程那样,常常不得不浅尝辄止或知难而退。我在《昆虫记》序言法布尔小传中读到:法布尔自己没读中学,不懂代数,有一次有人请教他一道代数题,他告诉那人第二天回答,他利用一个晚上自学了这部分代数知识,第二天果然教会了那人。这个故事给了我攻克自学中困难的极大信心。以后每遇到困难,想一想法布尔就增添了力量。有很多硬啃的知识,结果确也啃出某些味道。如赫拉克利图的"万法流转"、爱因斯坦的"四维空间"和"质光定律"等等,经过反复思索,都使我感到开窍。每当大哥放假回来,我就和他交换心得,互相切磋,便更加豁然开朗了。可惜这情况很有限,多数还是吃了"夹生饭"的。

这时我在音乐美术爱好上也开始有意识地摆脱自己的稚气:在音乐上越来越不满足于唱唱流行歌曲,读读歌本。那时候,潘东瀛和姜学敏都到南山一家"三木曼陀林吉他传习所"分别学习吉他和曼陀林的演奏技艺,约我一起去。我没有钱买乐器和交学费,向父母要又不好意思张口,只好看着眼馋。有一次到潘东瀛家,他拿起吉他给我弹了几个曲子,我一下子被吉他那种富有魅力的音色迷住了。于是又引起我学习这种乐器的欲望。

不久,他们传习所在"协和会馆"(后来的"铁路俱乐部")举行了一次汇报演出会,我听到他们演奏的吉他、曼陀林的独奏、合奏、齐奏以及用吉他和曼陀林伴奏的独唱合唱节目,恍若进入了一个神奇的世界。我再也克制不住了,终于鼓起勇气向母亲提出,结果她痛快地答应说:"你开了饷全交到了家里,挣的零花钱我也替你攒了不少,买吉他、交学费你尽管用!"于是我开始了每周一次的吉他学习。画画也是一样,我开始不满足于画"小人儿",提高的门路一时没有找到,就自己摸索着画水彩写生,创作连环漫画。1943年初，我创作了一本新编《孙悟空》的第一卷《水帘洞之卷》，内容情节全是想入非非地胡编出来的。给周围同事一看，颇得好评。潘东瀛还特地以"寒彧"为笔名写了一个"序言"，说"满洲文坛形形色色，但这种形式的作品却寥若晨星"云云。

就这样，我长大成了青年，不再是孩子了。

到誊写社当"誊写工"

1944年，我离开"国际运输株式会社"，到一家叫"东亚誊写堂"的油印社里当了誊写工。

这家誊写社老板是日本人，叫谷直治，据说以前当过军官，现在复员了。誊写社坐落在现在延安路一座公寓楼里，占了二楼两套三居室的单元房，一个做车间用，一个是老板一家的住宅。车间当时有七个工人：三个刻蜡版的誊写工，三个油印工，还有一个是杂工，主要负责闯纸、装订、送货等。住宅里住着老板、老板娘和三个女儿三个儿子一家人。平日里老板负责生产管理，老板娘负责对外联络。活忙时老板也亲自参加刻蜡版或油印装订的工作，老板娘则帮杂工干些送货、装订等零活。所以这个誊写社基本是个小生产作坊，算不上工厂企业，但既有雇工，剥削还是存在的。

为什么我竟来到这个地方干起来？这里不能不先提到一个人——陈士杰，就是我小时在常陆町那个小巷（思源巷）里"贺老板"南楼住时，对面屋陈元家的那个"狗剩儿"。这个人从小也好写好画，后来在"泰东日报社"以及其他地方高不成低不就地辗转了一个时期，一直没有固定的工作。父亲不喜欢他这种不定性的毛病。

有一个星期天，他带了一本小册子到我家来找到我父亲。

"二叔（他习惯地称我父亲'二叔'）你看，我们准备出刊一份这样的东西……"

我听说"出刊"二字，连忙凑过去看。这是一份油印的刊物设计样本，上面用方体的蜡版字印着将要编辑出版的刊物的栏目、虚拟标题、版式等等。从虚拟的栏目、标题看，有童话、故事，有谜语、常识，显然是以少年儿童为对象的。

"这是用尺比着写的吧？"父亲对那种方体字赞叹不已。

"不，这是在钢板上用铁笔刻的。刻起来又快又好看。你记得蔡秀袍家的'秃子'吧？他就干这个。"

我也记起来了。他就是"壮儿"的哥哥蔡吉田。

"真出息了！学这门手艺也不容易。"

"这不难。我也在学。我就打算用这种刻印的方法出刊这份刊物。我已经到一些公学堂征求订户了，要订的有的是。"

我一听，编辑出版这样的刊物，我有志于斯者久矣，只是不得其门而入。如今这个机会却自己飞到面前。可是他的目的不在征集编辑人才，他不了解我。他来的目的是到这里筹集资金。而对此我们是爱莫能助的。

"我在家也画了一本漫画。"我把我画的《水帘洞之卷》画稿拿出来给他看，指望他能有办法出版。或者，如果他出刊物需要编辑人才的话，能想到我。

他拿过去一看，喜出望外，要求借回去看。我同意了。

过了 10 天左右，他又来了。

"你的漫画让人家看好了。干印刷的这家老板正要给你印，还想请你到他那里干。一个月给你 100 元薪水。这样的机会你可别错过了。"

"我到那里能干什么？要让我干蔡吉田干的那种事，我这笔字可不行。"

"他看好的就是你这笔字。你要是想学蔡吉田写的字体，我担保你一个月超过他。"

"那你们的刊物呢？"

"那个吗？能不能办成还不一定。"

实际上，那个"刊物"不过是陈士杰灵机一动想出来的生财之道。当初油印出来的那份设计样本原来是他用来征求订户和资金的试探工具。现在看来试探的结果没有成功，舍弃了。

到"东亚誊写堂"干的事,我答应到老板那里谈谈。我觉得比起在"国际运输"干那些我不喜欢干的事务,干誊写似乎更有"文化"味。更不用说100元的工资对家庭来说是多么大的帮助。它比过去父亲和我工资的总和还要多呢。

这个星期天,我随陈士杰来到"东亚誊写堂"。

这是一个典型的油印社。工人们放了假。印刷半成品一摞摞地摆在地上,发出一股刺鼻的油墨气味。工作台上放着几架油印机,全是用木框木板自制的。里面套间是誊写室,靠墙有五六张学生桌,上面杂乱地放着大大小小的钢板、汽油瓶、酒精灯。墙上横一道竖一道地抹着蓝色或黑色油迹。有两个人在加班,一个刻的,一个印的。刻的那个人是朝鲜人。

老板是日本人中少有的魁梧汉子,四方脸盘,鼻子下留着一撮小胡,戴着细边眼镜,颇像是鬼子部队的军官。

"啊,欢迎欢迎!请坐。"他异常客气地说着,并招呼老板娘沏茶。

"怎么样?来帮忙吧。"应酬了几句之后他直截了当地提出了问题,"工资暂时给你100元。以后熟练了再给你涨。"

"我没刻过蜡版,恐怕刻不好。"

"没关系的。你来试试。"

他取出一篇新接来的活。这是一篇新开业豆腐店的广告单。我拿起铁笔一鼓作气刻起来。刻完后,一张蜡纸连图带字正好刻满。老板叫那个加班的油印工当场印了两张。效果出乎意料的好。

老板满意地端详着。那个正刻着蜡纸的朝鲜人也凑过来看。

"这字有特殊风格。"老板评论说。

"漫画家的字嘛。"朝鲜人附和说。

"那么,今天就请你给我们干一天好不好?"老板得寸进尺。

我一口气给他刻了6张蜡纸。中午他家管的饭。老板娘她一个读中学的儿子都过来看我刻。老板娘不停地啧啧称赞。

在他们的和平攻势下,我给他们干了整整一天8小时的活,回家时天已经漆黑。在大广场等电车时我看见,猎户座已经从"东拓大楼"(现在的银行大楼)顶上露出了它的姿容。

第二天,我到"国际运输"递了辞呈,简单地交代了一下就悄悄离开了那里。我不愿意张扬这件事,连"身元保证金"也没取,几乎是不辞而别的。

"东亚誊写堂"的誊写工,除我小时候认识的蔡吉田以外,另外两个人一个叫金城,一个叫金谷,都是朝鲜人;其余的工人一个叫张学海,大个子,一个叫彭福堂,大家叫他"彭儿",一个叫谷澄,老板一家呼他"すみ"(读"斯密",是"澄"的日本叫法),开头我还以为他是日本人呢。还有一个杂工,姓王,大家都称他小王。我去了,他们远远朝我笑笑,表示欢迎。看得出,老板对誊写工比较客气;对小王最苛刻,不但老板老板娘成天到晚"唧唧"他,就是油印工们也常常对他呼来喝去。

来到这里不多日子我就因这里工作的单调,产生了厌倦情绪。这哪里有什么"文化"味? 我有些失望,曾向老板流露说这工作不适合我。他千方百计地设法笼络我,当眼前没有其他人在时,偷偷打发孩子给我送一碟点心或水果吃,有时夫妻两个当着我的面评价我"たちがいい"(品质好)。我知道,他们怕我走。他们不但看重我老实,成天不言不语地埋头苦干,更看重我能写会画,技术掌握得快。上工不到半个月我就学会了刻细线方体字,描粗体美术字,而且出活快,差错少。这样的工人对他们来说是打着灯笼也难找的。而我看他们这样,也就不好意思再三心二意了。

实际上刻蜡版确实不是轻松的工作。从一上工就蜷着身子伏案刻写,直到放工,中间只是偶尔直一下腰,上上厕所。刻第一天我的手指就磨出一道红色的血印。几个月后,右手中指的第一关节就变了形,成了不可恢复的畸形。直到60年后的现在还可以看出这节指头有点侧弯。但是在日复一日的钻研中,我还真练出一些"绝活"。有一种钢板叫绘画钢板,它的板面纹路不是一般钢板那样直线斜交或直线直交,而是由很密的凸细点排成的,一般用它画"网目粗线",使用圆头铁笔抹;也可以用它画大片"网面",画时使用"匙式"铁笔抹。无论是画"网目粗线"还是"网面",都可以按需要使它显出浓淡效果——把蜡纸翻过来抹,印出来就是淡的;在蜡纸上再盖一层辅助蜡纸,抹过以后把辅助蜡纸揭掉,印出来就是浓的。我试验用这种控制浓淡的技巧画照片，果然有效。老板看了我试验成功的这个新技艺，大胆地接了一个设计印刷"宣传海报"的活。那时候太平洋战争已经到了后期，美国 B–29 轰炸机在轰炸日本本土之后又开始光顾作为"关东州"重要城市的大连。老板当时兼任大连市警防团的团长，他接的活就是设计和印刷一幅向市民宣传防空的宣传画。我设计的画面是以一架 B–29 轰炸机的照片为背景的一句防空口号，套色印刷。尽管比不上胶版、石版鲜艳，大致还像那么回事儿。印成以后，这幅宣传画贴遍了大连市的每一辆电车。

老板兼任大连市警防团的团长，还借职务之便给我们"东亚誊写堂"的全体中国员工取得了免除抓劳工的"资格"。原来那时日本"关东军"面临军事危机，在东北到处疯狂修筑防务工事，在中国人的"闲散"青壮年中抓劳工给他们服役。本来凡是持有"劳务协会"发给的"劳动票"的，不算闲散人员，可以不抓，但是现在由于劳工供不上需要，有"劳动票"也不行了。为了防备我们被抓走，老板想到有警防任务的可以不服劳役，就决定做个假，把我们的名字都写到市警防团员的大账上，做个不担负警防任务的"警防团员"。可见干弄虚作假是不分哪国人的。看来老板也确实靠着剥削我们的剩余劳动赚了不少钱。我来这里以后眼看着他的营业在扩大——车间里添置了裁纸机，还增加了员工：蔡吉田介绍来一个罗文蔚，我介绍了"嬢嬢"的女婿杨凤桐和远房哥哥薛亭会。从老板家的景况也可以看出，他越来越富了。

老板有一个女儿叫谷静，刚从神明高等女学校毕业在家。看来，他这个女儿爱好音乐，起初只听见她在家练习弹曼陀林，这时又买进了一架钢琴叮叮咚咚地练着。

这个女孩长相一般，但很文静，我来这里后和她很少接触。有一次车间里修缮房屋，老板安排我搬一张小桌到他家里去刻写一天。正巧谷静自己一个人在家，她主动和我攀谈起来。

"薛桑（'桑'是日本人互称的'敬语'），爱读书吗？"

"我很爱读书。"我回答。

"石川啄木的书你读过吗?"

"我听说过这个人,他是个诗人,可是他的书我没读过。"

"他的诗很好,大都是同情劳动者的。我很喜欢他的诗。"

"对诗歌我看的太少,我喜欢读小说。"

"你读过谁的小说?"

"我不久前读过夏目漱石的《我是猫》,很有意思。"

"我也爱读他的作品。我有不少他的书。你要不要看?"

她从书架里挑出一本《坊っちゃん(哥儿)》说:"这是他的代表作之一,你拿去看吧。"

我把书接过来,两三天的工夫就把它读完了。这是一部批判现实主义的小说:一个小家出身的正直青年,出社会以后处处受排挤,受欺凌,他多次企图反抗,结果还是没有抵得过邪恶势力。读了这本书,我对主人公产生了一些共鸣,就写了一张条子,夹在书里让她弟弟把书还给了她。记得我在条子里是这样写的:"这是一本好书,我很同情书里那个'哥儿',可惜他没有战胜环境的恶势力。我对他的失败感到惋惜。这样的书,我还能再借一本吗?"

过后她又让她弟弟送了一本书来,里面也夹了一张条子,上写着:"你是一个很有头脑的人。我看了你的感想,很高兴。我觉得我们有很多想法是共通的。现在再借一本给你,希望你多多的把你的想法告诉我。我很愿意我们成为读书的朋友。"

这本书还是夏目漱石的作品,是他的一部散文集《道草》(路边草)。可是我没有平静地读下去。我草草翻过以后又给她写了一张条子。我说:"看了你的条子,我感到很幸福。记得好像莎士比亚说过:'人是感情的动物',这是很对的,我确实产生了一种神秘的感情。我这样写,也许很不礼貌。请你不要见怪。"说明我想入非非了。但问题不在这里。我一个单身青年,有权向女孩子表达自己的感情。问题在于我想得太简单。第二天我就发现老板娘对我的态度不大对劲了:这个女人平日对员工爱甩脸子,但对我总是不笑不说话,可是今天却板起了冷面孔。显然她知道了我对她女儿的不安分。果然，我一打开自己的抽屉，里面赫然摆着她女儿的纸条。上写着："请你不要再写给我了。你是很有前途的人。'满人'中有不少好姑娘，你可以从她们当中找女朋友。"我知道这是老板娘教给她的。我这才发现自己的幼稚可笑。

日本要投降了

1944年下半年，日本军国主义到了穷途末路的时候。在致命的物资匮乏、粮食短缺下，日本人进一步剥夺或压缩了中国人的生活必需品。中国人要吃，没了食物来源；要穿，没了衣料来源。"配给"到的粮食是橡子面、烂土豆，衣服是"麻袋皮子"（一种粗劣的"更生布"），商店、市场里到处挂着"满人不卖"的牌子。

有一天傍晚，"劳务协会"在寺儿沟南山根召集中国老百姓开大会，我和王克海也去听了一下。天上下着蒙蒙细雨。讲话的是一个日本军官。他故意装出幽默的口气喊道："今天，天气很好！"这实际上正暗示人们：下面接着将是一派无聊的胡说。果然他讲的是吃饭问题。

"吃饭，七八分饱就行了。日本人有句老话：'鹤活千年，龟活万年'。仙鹤和乌龟为什么长寿？就是因为它们从来不吃饱肚子！这是科学！"听到这里，下面人们一阵哗然。有人骂："妈个×的，你乌龟王八蛋吃几顿橡子面试试！"日本人旁边几个狗腿子大喝："你们想干什么！找死啊？"

"你看，"我对王克海说，"这就是他们的'科学'！"

那时候中国人地下的抗日活动开始活跃起来，街头不时出现"打倒日本帝国主义"的标语。特别是码头军用品仓库连续两次起火。其中一次我曾跟随人群从寺儿沟的"大桥"一带向码头仓库方向望，只见那里一片滚滚浓烟直冲天穹，几乎遮盖了半个天。大家纷纷议论着，猜测着，知道这大火一而再地恰恰烧的是转运军需品的仓库，必定是抗日活动放的火，每个人都不由心中暗暗称快。

从这前后开始,刑事狗腿子格外活跃起来。"穷汉岭""狼窝"一带,当"密探"的,什么齐世升、石以魁,腰里别着小绳,手里提着棒子,趁机借搜查抗日分子之名,挨门逐户地敲诈勒索,遇到不顺眼的就抓到小衙门或"黑屋子"(私设的刑讯室)灌凉水,灌辣椒面,折腾个半死不活。许多好人、无辜者被牵连进去或者成了刑事狗腿子的敲诈对象。父亲在法院工作,听到的这种事例多,常常慨叹:"这年头,小人得志,好人遭殃。"他知道,惩治小人他无能为力,但他还可以利用在法院工作的方便,帮助遭殃的好人做些力所能及的事。因此,穷乡亲中有摊上事的来求父亲疏通关节,传递信息等,父亲总是热心帮忙;有在警察署里被屈打成招,转到法院的,父亲就帮助介绍律师或出主意让当事人到法庭上翻案。我所知道的就不止一人翻案成功,被宣布无罪释放回了家。

不但对无辜被捕的人如此,对于受欺压的贫弱者他也帮助。"南山区"有一家肉食品商店老板,依仗有几个"联络员"(密探)做后台,作威作福,买了一个10岁左右的丫头做"童养媳",成天凌辱虐待,打得遍体鳞伤。这个丫头的父亲也是闯关东来的同乡。一天晚上,一个熟人带着这个老乡和他女儿来到我家。只见那个女孩蓬头垢面,身体被折磨得成了畸形。一进门,扑通跪倒在我父亲跟前,哭求"二叔救命!"父亲问清原委,听说那家有"联络员"撑腰,气不打一处来,当即应承下来。他亲自带那老汉走官府与商店老板打官司。具体怎样对簿公堂的我不知道,只知道最后那个老板不得不无条件地让那个老汉把女儿领回家,卖身钱一分也没能要回。

但是对于真正献身国家民族的爱国者不幸落于日本人的鹰犬手中、被日本官方视为"要犯"而秘密监禁并严格封锁消息的,父亲知道时就为时已晚,完全无计可施,爱莫能助了。1944年末,大连地方法院审判了一桩人们称为地下"放火团"的"铁血救国团"案,开庭时才知道,他们就是策划和执行码头军用品仓库纵火的爱国者。他们都是品格高尚的知识分子,不少是留学苏联回国的。他们为了断绝日本侵略者的物资供应,化装成装卸货物的"卯子工",把定时燃烧弹包在玉米面饼子里带进码头"卡子门",趁人不注意放到军用品仓库的货堆里,成功地引起了两次大火,烧毁了大批军用物资。父亲说，在开庭过程中，这些人面对法官、检察官和在场所有人员慷慨激昂，义正词严地揭露控诉了日本帝国主义侵略中国的罪行，宣称自己的行为是爱国的，正义的。说得那些法官们张口结舌，匆忙宣判这些爱国者绞刑，送旅顺监狱立即执行。父亲传来的这个信息对我们无论在认识上或情感上都是一个极大的震撼。这些人才算得上真正伟大和忠烈的英雄，中国人的真正优秀分子。而为侦察破获这个案件立了"功"的刑事狗腿子，如罗天一之流才是万恶不赦的民族败类！

这个时期，日本人好像感到了在这场战争中自己命运的岌岌可危，一方面厌战情绪像瘟疫般开始蔓延，一方面官方宣传机器则反复叫喊"这一战，这一战，无论如何要战到底，战到底！战到底！"当时歌曲《此の一战》（这一战）的全部歌词就是如此。从年初开始，官方号召（实际是强迫实行）所有机关企业"日曜返上"（为了支援"大东亚战争"，礼拜天不放假，照常上班）。为解决兵员不足，又决定在全国实行适龄外的扩大征兵，超龄的老年和未成年的孩子也成了征兵对象。为了挽救太平洋战争的失败，又诱骗未成年的孩子当飞行员"预科练习生"，组织"神风特别攻击队"自杀式地撞击美国航母军舰。在这种情况下，"磨洋工"自然是日本殖民地的中国人促使日本人加速失败的好办法。可是我偏偏没有这个觉悟。有一天吃过午饭没事可做，我照例拿起铁笔干活。一个叫罗文蔚的同事看不惯了，说："歇着吧，给人干活还有这么干的？"我笑了笑，没放笔。因为我相信大家都知道，我从小秉性如此。

"常言说'磨洋工''磨洋工'，给洋人干活能磨就磨嘛。"

我对他这句话产生了反感，于是回答了一句："吃人家的饭，就该好好给人家干，磨洋工，我对不住良心。"

"好好，你给老板当干儿子吧！"

"你这是什么话？"旁边薛亭会听出这话味道不对，指着罗文蔚问。

"好啊，"罗文蔚说，"过几天'东亚誊写堂'该姓薛了！"

正争执间，老板来了。争论就此收场。

过后不久，有两件事促使我回想了这件事，觉得罗文蔚的话不是没有道理。对于老板,我确实有为他的"知遇"之情所蔽,看不到他资本家真面目的问题。

第一件是关于取消"日曜返上"(星期日休息)的事。在"日曜返上"将近一年之后,大概是由于广大职工的反对,许多行业陆续恢复了星期日休息的制度。"东亚誊写堂"归属的"印刷同业公会"也下了取消"日曜返上"的通知。但是老板有意地把这个通知压了下来,不让我们知道,显然是想通过拖延的方法继续让我们为他多干这一天的活。先是张学海和彭福堂听到其他印刷行业已经取消"日曜返上"的消息,回来跟大家一说,一时议论纷纷,让我代表大家问老板这是怎么一回事。我一问,老板连忙佯称通知刚刚接到,还没来得及告诉大家。于是就此恢复了星期天放假。大家没有进一步追究。

第二件是关于"配给品"的事。那时候,作为劳动护具,各同业公会规定,企业对工人一律要发给"军手"(军用白手套)和"军足"(军用白袜套)。可是我们谁也没有见到,肯定是老板私自留下了。这个信息也是从其他印刷企业听说的。大家一听说后,个个怒不可遏,又推我为代表质问老板,并向他索要应得的"配给品"。我走到老板面前时,除那几个朝鲜人外,所有印刷工、誊写员都停下工作,站到我身后。老板吓得面色煞白,听我讲罢连说"有,有!"即刻去家里抱出一包"军手""军足",还有警防团发给团员的皮腰带,一一分给了我们。皮腰带是老板主动"交代"出来的。

通过这两件事我才认识了老板的另一面。但是在这同时,看到老板的可怜相,我又感到几分怜悯。不过从此以后我和老板之间明显地生分了。

不久,老板在一次扩军中以近50岁的老兵身份应征入伍,老板娘不得不独自背着不满一周岁的孩子上班维持"东亚誊写堂"的经营管理。可能是老板出发前做了交代,朝鲜人金城出来担任了老板娘的辅佐角色。他们在一起背着我们商量大计。后来才知道,老板娘和他们商量着要把"东亚誊写堂"盘出去,第一步先考虑搬出公寓楼,迁到大连市场。

这时候美国B-29轰炸机的空袭越来越频繁。在一次空袭时,我们躲在"东亚誊写堂"公寓楼的地下室里,只听紧跟空气撕裂声之后天崩地裂的一声爆炸，后来看到，山县通（人民路）的"昭和制钢所"大楼齐刷刷地被削去一半。从此以后人们越来越无心工作了。

在这前后，我家从寺儿沟的"忠兴福栈房"大杂院搬到了"鹿岛町"（今丹东街）码头东部13号门附近的另一个类似的杂院，这里原先也是一家叫"达昌油坊"的栈房，叫"达昌大院"。这个大院一个门洞中分东、西两院，中间一条巷道，到南头还有一个南院。每个院落住了六七户人家，各户门前都用木板夹着小院，连在一起，公共空间只剩下一条窄窄的小道，因此显得拥挤而缺少人气。这里的住户多数也是工人。父亲决定搬到这里，是因为我们都已经长大。特别是我的大哥已从长春的"电电专修科"毕了业，分到大连的电话局做技术员，父母给他说了一个媳妇，准备结婚。原先那个"忠兴福栈房"的一间半房子不够住了。正好听说这里有一家码头工人要搬走，倒出了一明两暗三间房，就毫不犹豫地接着租下，搬了过来，一间给大哥做新房，一间父母带我的四弟和两个妹妹住（三弟于1944年考入了旅顺高等公学堂的师范部，住校去了），另外又把当中一间让出两面的锅台，把里面的一半夹出来给我住。父母住的房间还搭了一个吊铺。另外，门前的一个现成的板障小院里还搭着一座小棚厦，平日可以放置杂物，收拾一下也可以住人。这样，全家居住就不成问题了。

大哥是这年阴历腊月初八结婚的。新娘姓石，叫石英序，是父亲的同乡、在寺儿沟开小车行的石以起大爷的女儿。据说从小一直读私塾，是个知书达礼的姑娘。她来到我们家以后，我还看到过她读的《女诫》《女儿经》和用蝇头小楷抄写的"行不摇裙，坐不露膝；笑莫露齿，怒莫高声"等《女儿经》内容。结婚这天花轿迎娶，吹吹打打，大院里许多邻居都来看媳妇，着实热闹了几天。

这个时期我在业余时间里除读书、学琴之外，又给自己加了一项锻炼项目：每天早晨跑步经南山脚下一所学校操场，在单杠上做30个"引体向上"，再顺"镜池"（明泽湖）向西跑到位于现在原大连外国语学院旧址的"大连神社"，从"神社"后登上南山山巅，休息一会儿再顺原路跑步回家，然后吃饭上班。冬天天短早晨没有时间，就在每个星期天干。我这样做的原因是发觉身体给了我一个警告信号：半年前我得了颈淋巴结结核，在大连铁路医院住院手术摘除后刀口长期没能愈合（这就是到现在我左侧颈下一道疤痕的由来）。我考虑这很可能和我成年累月伏案刻写，身体得不到锻炼，抵抗力下降有关。恰好当时父亲工作的"地方法院"打算成立"少年裁判所"，父亲有意求人把我安排到这里工作。我想这未尝不是一个离开誊写工作的机会，遂向老板预先下了"毛毛雨"。但不久成立"少年裁判所"的计划取消，我只好在誊写堂继续干下去，同时找时间加强身体锻炼。

另外这个时期我还变得越来越孤僻清高。有时站在山巅，四望喧嚣的城市，联想到人生，就无形中产生一种悲悯的情感，觉得楼间、路上的人们都在为了生存、为了名利而疲于奔命，此时此刻说不定在眼前的哪一所房子里还发生着罪恶事件和悲惨的故事。由此又同时体验到一种"超然世外"的感觉。在家里，自己还曾信笔写过这样一段话："一个巨大的旋涡在无情地转着。每一个人都被卷在这个旋涡之中，互相争夺，倾轧，又浑浑噩噩，糊里糊涂地任凭这个旋涡带到一个不知道的地方。"这反映了我面对当时的社会由无知、无力而产生的消极逃避倾向。

但是说超脱也好，逃避也好，毕竟都是不可能的事。路还是要走，而且要靠自己摸索着走。我和大哥都知道，开拓自己的出路可依靠的唯有学习。这年4月，我们获得一个信息：有一所大连唯一的私立高等夜校"满洲法政学院"，地点就在"满铁本社"（现在的世纪街铁路学校）附近的"大同高等女学校"校舍，离家很近。我们得知信息时这所夜校正在招生。我俩看到这所夜校的招生简章上写的课程有政治、法律、经济、哲学等，很能满足我俩的求知心，便毫不犹豫地报了名。学校的讲师几乎全是外聘的兼职教师。可是等到学校即将开课时，8月6日美国飞机在日本的广岛投了一颗原子弹，紧接着8月8日苏联对日宣战、并闪电般地把军队开进东北，学院不得不宣布暂时停课。过了一个星期，日本天皇宣布投降。这么一来，"暂时"的停课就变成了"永久"。

1945年8月15日中午12点，日本天皇裕仁通过电台广播正式宣告：他已通知美、英、苏、中四国，接受7月26日关于促令日本无条件投降的《波茨坦公告》。这对于我们来说，不但意味着中国人民抗战取得了胜利，而且意味着在日本统治下，当了40年亡国奴的大连人民回到了祖国的怀抱。

这天恰恰是我们这个"东亚誊写堂"刚刚搬进大连市场二楼，把一应设备安置好，第一天坐下来开始等待顾客的日子。上班以后大家发觉日本人一个个失去了往日的常态，说是中午有"重要放送"（广播）。到了中午12点，广播一反往常，播送起日本国歌《君之代》。老板娘和新来准备接手的一个日本人惶急地跑到外面走廊的广播喇叭前，我们也跟出去听。果然，这是日本天皇在宣读《为停战告日本全体臣民》的"敕语"（诏书）。语音呜咽，听不清楚，但那些日本人一个个早已涕泪滂沱，泣不成声。我们一听出确实是日本投降了，立刻一个个眼睛里闪出兴奋激动的光彩。

日本要完了，这个征候从很早就越来越清楚地显露了出来。从年初派"神风特别攻击队"自杀飞机撞美国军舰开始，收音机早、午、晚的开始曲就换成《海行かば》（赴海）。歌词意思是："如果我赴大海，让水浸泡我的尸体；如果我赴山野，让草遮埋我的尸体。死在天皇身边我义无反顾。"但曲调听起来绝望无力，倒像丧歌。8月6日美国在日本广岛、后来又在长崎投了原

日本投降后，薛家搬进日本房。

子弹以后，报纸广播的声音也失去了往日的虚张声势的调子，只顾宣传一旦看到飞机扔下带降落伞的炸弹，怎样迅速钻到水泥地洞里，怎样披盖白色的布单，以减少"原爆"（原子弹）受害。8月8日苏联红军打进东北迅速攻占哈尔滨、"新京"（长春）之后，日本人更是蔫头耷脑，惶惶不可终日。可是谁也没有想到他们全面垮台垮得这么快。

因为这个变化来得这么突然，这么大，我一时竟感到一阵不知所措。当然，工作是没有了。老板娘回来有气无力地对大家说："请先回家去吧，这誊写堂怎样办，以后再说。"我回过神来，想到还是应该马上回家去和父母兄弟妹妹们共享胜利和回归祖国的欢乐。工作不工作，见鬼去吧！

大街上，中国人民喜气盈盈，奔走相告，不知哪里传来了锣鼓声。回到家里，全家人都在兴奋，他们也已经知道了这个喜讯。

——日本终于投降了！

家国的重新认同

8月15日这天中午，在新搬进大连市场二楼的"东亚誊写堂"门外听完了电台公共喇叭播出的日本天皇裕仁宣告投降的录音之后，老板娘回到屋里沮丧地告诉大家买卖也不能干了，我们都知道日本投降了，就各自带着异样的兴奋心情纷纷回家。

这几天，天很热。我把小院里的小仓库收拾了一下，用木板搭了一个小床，铺上凉席。待在这里比在屋里凉快。平日我下班一回到家，就到这里坐在小床的床沿上练习吉他，这天回来后，把吉他扔到一边，仰面躺到凉席上驰骋起自己的冥想来。

——啊，从今天开始，身边的世界就变啦：常磐桥、浪速町、码头、火车站，所有的一切都不再是日本人的，而成了中国人的；官厅、学校、工厂、商店，发号施令的不再是日本人，而将是中国人自己。中国人受欺压、刑事狗腿子耀武扬威的日子过去了。这一切来得这么快，这么突然，真好像做梦。

接着我又想到，这个胜利依靠的是坚持抗战的祖国将士和抗日爱国人民。我想起了不久前为了今天的胜利而付出了生命的"铁血救国团"的成员们，想起了在东北深山老林里打日本的抗日联军英雄们。我很惭愧自己生长在日本帝国主义统治下，近20年浑浑噩噩地当日本人的顺民的事实，为自己不但无功于祖国，甚至没有努力去了解祖国而感到羞耻和遗憾。

想到这里，我突然记起在大哥带回来的书籍中有一本孙中山的讲演集《三民主义》，当初听说这是禁书，藏在吊铺上的旧书堆里没敢拿出来看，当时实际对这方面也没有太大的兴趣，慢慢就忘记了它的存在。现在一想起它兴趣突然高涨起来，我何不趁现在暂时没有工作，好好读一读它？于是我一骨碌爬起来，进屋爬到吊铺上把这本书找了出来。

这是我第一次接触有关祖国方面的政治书籍。书里有许多名词也是我闻所未闻的。比如"马克思"，我竟以为就是那个物理学家迈克尔逊。我问大哥，他也咬不准。可是尽管这样，书中明白如话的反帝国主义、反对清朝统治、争取民权、平分土地的主张深深地开启着我懵懂的思想。我恨自己为什么不早看这本书。

接下来两三天，听说外面全市交通瘫痪，店铺关门，工厂停业，学校停课，街面混乱得厉害，我就干脆整天在家里的吊铺上读这本《三民主义》。常常饭也顾不上吃，觉也舍不得睡。记得在书里孙中山把人分成三种：先知先觉者、后知后觉者和不知不觉者。革命党人就是先知先觉者，他的任务就是启发后知后觉者觉悟起来，和自己一道干革命。而不知不觉者就是广大的老百姓，他们要争取自己的解放不能没有革命党的带领。革命党人就是老百姓的公仆，为老百姓的解放而鞠躬尽瘁地服务。他打了一个比方，说革命党人好比是一个熟悉道路的司机，只有他们才能够沿着最便捷的道路走向人人幸福的大同世界。车上的人可能因自己不熟悉道路而对司机产生某些误会和不满，但他们终会了解到司机是他们可以信赖的带路人、幸福生活的开拓者。这本书重新唤起了我小时曾为杜甫的诗激起过的向往——"安得广厦千万间，大庇天下寒士俱欢颜"，我认为我虽不是先知先觉者，但我应该、也"会"作为一个后知后觉者而参加到司机的队伍里，拉着人们走向大同世界。

由此我一反此前出现的那种消极避世的态度，内心产生了一股莫名的冲动，渴望能为"三民主义"事业、"大同"事业尽自己的力量。

——等着吧，等"中央军"来，这梦想就有可能实现啦。

在这前后，听说本地的伪商会会长张本政，副会长资本家迟子祥、邵慎亭等纠集一些原来的汉奸、工头等成立了一个"中国人会"（后来换汤不换药地改为"治安维持会"），组织了治安队，把持了各个权力部门；一些人打着"八路"的旗号到处耀武扬威，也有一些可能是胶东解放区过来的人组织力量同他们针锋相对，一时真假难辨。与此同时，工人领袖唐韵超等也组织一些工人骨干成立了工会、纠察队。各机关企业的不少中国员工纷纷回单位保护资源设备免受抢夺破坏，等待"中央"来接收。为此，父亲和哥哥也经常回原工作单位轮流值班。我也回大连市场的"东亚誊写堂"看了看。大连市场上上下下每家商号都铁门紧锁，我们的"东亚誊写堂"也是一样，只好怏怏而归。

又过了几天，"奉公班干事"（日本投降前的居民邻里单位，相当于今天的居民组，"干事"相当于组长。日本投降后沿袭了一段时间。不久"奉公班"改称"间"，干事改称"间长"）挨户通知：每户出一个人参加清理街道垃圾，在十字路口扎"松门"，准备欢迎"中央军"来。所有住户没用得着督促，参加得十分踊跃。我家因为父亲大哥都到原单位"护厂"去了，主要由我参加。记得那天我穿着背心，把一直戴着的"战斗帽"拆下前面的遮阳盖，只留下帽头儿戴在头上，手执铁锨走出大院门洞，样子惹得大院的姑娘们捂着嘴笑。在劳动中我干得疯疯癫癫，汗流浃背，虽然从没有出过大力，但一整天刨、铲、抬、攀，竟没有觉得累。回家写了一篇主题日记，题目为《欢喜之力》。好像只有"中央军"来了，才算是"投入了祖国的怀抱"，反映了当时长期的顺民生活造成的"不可一日无主"的政治文化心态。牌坊扎成了，组织者配上了对联：上联是"尊中华、中山、中正"，下联是"崇民族、民权、民生"，这本身又成了影响我思想的格言，使我盼"中央"的思想有了明确的内容。

有一天，我换上一身中国对襟小褂，头戴新买的礼帽，因为戴没了帽盖的小帽头确实有些不雅观,一身"中国"打扮,到浪速町逛街。走到大广场北"大连市商会"门前,只见门旁赫然悬挂着"中国国民党大连市党部"的牌子。后来知道,这是国民党的"东北党务专员"派一个姓汪的来打着党部的旗号发展党员,组织"维持会",准备欢迎"中央军"来接收大连的。看到这个牌子,当时我确实感到一阵惊喜,欲进又止地好一阵子,终于没能鼓起勇气走进去。

这天,浪速町似乎比过去还要热闹,但多是街头摊贩和临时租店铺的"门头商贩",大街上买的、卖的,万头攒动。路边到处有日本老婆,有的手里端着满是香烟的盘子,有的眼前摆着"馍吉"(日本打糕)的箱子,有的则用胳膊夹着五颜六色的衣服在叫卖,招揽着顾客。与兴高采烈的中国人相对,她们一个个都掩饰不住萎靡不振的样子。

在这些日本老婆中,我碰到了原"东亚誊写堂"的老板娘。她用布带把最小的孩子兜在背后,眼前摆着几个"馍吉"箱子。

"掌柜回来了没有?"我问她。

"从走后连信也没见一封。日子真没法过。"她红着眼圈回答。随后她忽然想起什么似的指着对面一家店铺对我说:"我的小孩,在那里。"我一时没有明白过来。她又补充说明:"我的姑娘,静。"

原来她的大女儿谷静在对面店铺里卖东西。我心里涌出一阵同情。但让我去找她跟她交往已是不可能的。当初我只是和她递递条子,你老板娘瞧不起我中国人,不让你女儿与我来往,现在你又这么殷勤地把我往你女儿那里推,真是"何前倨而后恭耶"?

我只苦笑着"啊"了一声,没有到对面店铺里去,朝老板娘点了点头,走开了。

旅顺师范学校停课,学生解散。三弟在师范学校读书期间显现了他优异的音乐天赋。从学校回来后,教育界的人发现了他的音乐才能,吸收他到原土佐町公学堂做了音乐教师。公学堂准备在秋季不管"中央"来与不来,先以中国学校的新面目把学校开起来。三弟从师范学校带回一些在同学们中已经流传开来的国民党歌曲,有国民党党歌《三民主义》,有《总理纪念歌》《双十节纪念歌》等等，不下 10 首，准备作为学校开课后的音乐课教材。现在，这些歌曲在我们中间也代替了此前不离嘴边的《凤凰于飞》《渔家女》等流行电影歌曲，成为我们盼"中央"的兴奋剂和安慰剂。

大连市政府成立后，教育局把"大连高等女学校"（现在的二十一中）用作局属临时事业的办公地点。从延安过来担任副局长的卢正义在这里领导。当时这里除了"教科书编委会"之外，还开办了培训中小学教师的"师范讲习所"。我们去时，这两项事业刚刚结束了筹备阶段，正要开始工作。由此，我结束了四个多月的失业生活，跨入了"参加工作"的历史阶段。

访谈人：穆云舫、薛燕红、齐红深、袁宝莲、蔡毅。访谈时间：2012 年 3—7 月，2014 年 9 月。地点：大连市老虎滩新区口述者家中。

张福深：

在"关东州"上学记

张福深，男，汉族，1926 年 11 月出生。籍贯：辽宁省大连市旅顺口区。离休时所在单位：辽宁省铁岭师范专科学校。职务：主任。职称：教授。日本占领时期就读学校：旅顺龙塘黄泥川普通学堂、大连金州商业学校。

小学四年在黄泥川普通学堂读的；高小二年在龙王塘林沟屯民众学校读的；中学在金州商业学校读的，1944 年毕业；1944 年秋考入北平（北京）中国大学法律系，1948 年秋毕业；当年冬，在通县参加革命；1949 年初调到大连金州二中任教员；1951 年调大连工农中学任教员；1958 年调入辽宁省教育学院任研究员；1962 年下放到铁岭高中任教员；"文化大革命"后，调入铁岭三中、县教师学校；1984 年调入铁岭市教育学院；1990 年并入铁岭师专。1989 年离休。

我于 1926 年出生在大连市旅顺口区龙塘乡的黄泥川。当时的大连地区叫"关东州"，是日本的殖民地。我的小学六年是在家乡的农村读的，从一上学就开始学日语。中学四年上的是金州商业学校，学生是中国人，而校长及先生（教师）除几位教汉文的外，全是日本人，教科书也是日文的，在课堂上都必须说日本话，实行的是军国主义的奴化教育。下面的几件事情都是我亲身经历的。

唱"君ガ代"

我的小学四年是在我的出生地旅顺龙塘黄泥川普通学堂读的,全是中国老师。每年三月学校都举行毕业典礼,毕业典礼很隆重,是把两个教室中间的活动板壁打开,当成一个小小的礼堂。前边用几个木讲台搭成一个主席台。参加典礼的首长是黄泥川的"小衙门"(警察派出所)一个日本警察和一个中国人的巡捕。他们每年都是威风凛凛,穿着大马靴,戴着大洋刀,坐在上座。另外有出生在本地的豪绅。因此,在毕业典礼的前几天便停课专门排练,如什么时候唱歌,怎样起立行礼,谁代表领毕业证,等等。作为典礼的第一项也是最重要的,就是唱国歌。唱什么国歌?当然是日本国歌。可是在排练时,我们有位刘先生(当时也只有二十多岁,长得瘦小)做主持人,每当宣布唱国歌时,他都高声说:"唱'君ガ代'!"原来"君ガ代"是日本国歌的头一句。后来才知道,他是不想让我们唱日本国歌,所以才这么说。不过到了正式毕业典礼那天,由校长主持,还是"唱国歌"。可是后来不久的一天,放学后我跟同学在"小衙门"外玩。这"小衙门"门前是旅大南线的汽车站。这时刘先生正好要回旅顺的家,在这里等车。没想到巡捕从"小衙门"里出来,直冲刘先生走过来,不由分说,就是"啪、啪"几个大嘴巴,打得刘先生左右摇晃,嘴角流血。接着,又把刘先生拖进"小衙门"里,一脚把他踢倒,让他跪在日本警察的面前。这时我们一帮同学扒着窗户往里看,但把我们赶跑了。后来听说校长曾去"小衙门"说过理。但不久,刘先生就永远离开了我们的小学。乡亲们都说,刘先生得罪了日本人。

真像鬼子兵

一进金州商业学校,首先是发统一的校服及学习生活用具。校服是黄绿色,如同日本军装;帽子是有檐的黄绿色学生帽,帽徽是"金商"两个铜字。太平洋战争后，学生一律改戴"战斗帽"。上衣的领子上，左边有表示年级的罗马数字：Ⅰ、Ⅱ、Ⅲ、Ⅳ；右边有表示班级的英文大写字母：A、B、C。这些标识就像日本兵的军阶。衣服的扣子也是铜制的，日本统治后期改为黄色铁皮，上面压制有"金商"两个字。下衣要打裹腿。此外，统一发的还有斜背的书包，一条帆布制的腰带，上面也有"金商"的标志。还有一个小背包，叫"杂囊"，一只背壶，为军训课和校外活动用。这真像鬼子兵。

学生不论在校内校外，首先必须做到"绝对服从"。如在每天上学的路上，一年级学生见到二年级以上的学生，不管认识与否，都得举手行军礼，口中还得说："才——ス！"（是早安的日语简化）。当然，二年级的见到三四年级的也得这样，只有四年级的，才算熬到了头。如果有意或无意疏忽没行礼，这就有可能被当场叫住，也有时到校后把你找来，轻则斥责，重则一

金州商业学校"皇民化"训练的每日行事：朝礼、宫城遥拜、裸体体操、徒步远行。

太平洋战争爆发后，金州商业学校开展军事训练和体育锻炼，培养学生的军国主义精神。图为《金商2603》。

顿大嘴巴。这是日本先生所特别欣赏的。我在一年级时就有一次见到一名四年级的学生，他长得矮小，我便装作没看见，可是到校后，立即便把我喊去，问我为什么不行礼，我说没见到，"啪"的就是一个大嘴巴，打得我只好立正，认错。但我到了二年级后也开始接受一年级的行礼，觉得也很好。这样，同学间变成了上下级的关系。在校外如果见到先生，也有规定，如果是单人，要原地立正，敬礼；如果是几个学生，得由其中的一个学生喊："立正！敬礼！"大家便原地站好，同时行举手军礼。

日语先生中村

"金商"的校址在金州，金州是日俄战争的主要战场之一。我们的班主任兼日语先生叫中村，我们给他起外号叫小罐，因为他矮而胖。他给我们讲课时总要联系日本的历史，宣扬大和民族和日本"伟人"。在一次的课上，他说日本有一位伟人曾在金州指挥日本部队在这里战斗过，他就是乃木希典，乃木大将。这在当时我们都知道，四分邮票上的半身像就是他。可是中村先生又说，他曾在金州写过一首汉诗，于是便把它写在黑板上，是一首七言绝句：

> 山川草木转荒凉，
> 十里腥风新战场。
> 征马不前人不语，
> 金州城外立斜阳。

接着他用日本特有的腔调做了朗诵。现在看来，这首诗反映的只是战争的残酷和乃木内心的哀愁。中村先生又说，日俄战争日军伤亡很大，乃木大将回国后想剖腹自杀，天皇知道后对他说："不得我的允许，你不许死！"这不仅美化了乃木，也美化了天皇。

另外，这位中村先生教书很认真，也很会进行思想政治教育。记得汉字繁体的"壽"字我们总写不正确，不是丢笔就是缺划。一天在课上，他又给我们讲了故事，说的是日本幕府时代内部的你争我杀。幕府中都养活大批的武士，有一次的夜间偷袭中，这些武士全凭武士头目小小哨子声音的指挥，战胜了对方。讲得十分惊险，我们听得也很紧张。快下课了，中村先生说："'寿'字怎样写？记着，'武士的哨子一时长。'"原来，繁体"壽"字的头是武士的"士"，中间是个"请帖上'壽'字中间的符号"，这是日文片假名"フエ"，是哨子。下部的"一时"指哨子的长度。于是，只要写"寿"字，便想起"武士的哨子一时长"这个故事，同时把日本的"武士道"精神也无形中渗透到我们的头脑中。

"东方遥拜"和参拜神社

我在"金商"读书的四年，所有的学习生活，都明显地反映了日本军国主义的侵略野心。比如每天早晨上课之前，全校学生都得在小操场上举行"朝会"。"朝会"的第一项便是"东方遥拜"，即全体师生面向东方（日本国土的方向）向日本天皇进行礼拜，要弯九十度的腰，而且这时学生军乐队要吹小号，直到小号的曲子吹完，约有二三分钟，才喊口令站直。在这中间要是有一点不严肃的表现，都会挨军事教官先生的打和骂。

到了 1941 年 12 月 8 日的太平洋战争（日本当时称为"珍珠港事变"）开始，这种奴化教育更加厉害。每月八日的上午，全校的师生都要到金州的南山日本神社去参拜。这一天，整个学校变得十分严肃，所有的日本先生都穿着"礼服"到校。全校学生一律都按军事要求，服装整齐，纪律严明。这天，先是在小操场开会，由铃木校长向全体师生宣读日本天皇诏书。诏书的内容已记不清，唯一还有印象的是把他们发动侵略中国的战争说成是"支那事变"，把中国政府称作"重庆政府"（他们只承认汪精卫的伪中华民国）。有一次，宣读完诏书后，在出发之前，军事教官松山先生（外号叫"松山大把"，因为他后脑袋特别突出，所以我们给他起了这个外号）要检查全校学生的装束。检查完之后，说："凡是未穿皮鞋的都到队前来！"我马上想到我未穿皮鞋，穿的是胶鞋。原因是，我的日语不算好，前一天班主任先生在班上宣布过，明天要穿"カワクツ"（皮鞋）来。而日语的"カワ"有两个意思，一是指"河"，一是指"皮革"，而我把它理解成"河"，便认为要在水里行进，就穿了胶鞋。我出队到了队前，同我一样穿胶鞋的还有七八个同学。这时，松山教官让我们排成一字，面对我们，他的两眼像机关枪子弹，一边大骂"パガ"（混蛋），一边把腰上佩戴的大战刀"嗖"的一声拔出来，闪着寒光，高高地举起，朝我们这几个同学的头上砍来，我吓得两腿都发软。还好，他是把大战刀放平，向我们每个人的头上，不太重地拍打了一刀，才算完事。从此，只要一听到参拜神社，我就本能地想起那把不知杀过多少人的大战刀。

"支那人"与"协和语"

在日本帝国主义侵略旅大期间，不论是在学校或社会，他们都不准说我们是中国人，也不称我们是中国人，而是叫"支那人""满人"。例如日本商店常见这样的牌子，"只限日系，满系不卖""支那人不卖"。在学校的课堂里，也根本听不到"中国"的字样，把侵略中国的战争叫"支那事变"。他们很怕"中国"这个词会引起中国人的国家观念和民族意识。他们很知道语言文字是构成国家的要素，具有很大的凝聚力，所以他们在中国的语言文字上进行了种种破坏，妄图瓦解或同化中国。当时在旅大地区流行的所谓"协和语"，就是他们图谋按照日本语改造汉语的一种手段。他们极力用日本语词汇代替汉语词汇。如用"勤劳奉仕"代义务劳动，用"远足"代郊游，用"试验"代考试，用"合格"代录取，用"卒业"代毕业，用"万年笔"代自来水笔，用"配给"代供应，用"出张"代出差，用"出荷"代交公粮，等等，不胜枚举。同时，在对待汉字上，更是十分蛮横。首先他们强行推广日本语里所用汉字的日本写法。如"这些书総价十円,很実用,応好く読"。其中有些字只能说是日本字,而不是汉字。如把"总"写成"総",把"价"写成"価",把"元"写成"円",把"实"写成"実",把"应"写成"応",把重叠号"々"写成"く",把"读"写成"読"。此外,有些汉字给改得似是而非,流毒甚广。如"步"字,他们硬是要我们写成"步"。本来,"步"是个会意字,上下各由一个"止"(脚趾)字合成,意思是两脚一前一后,各迈一下叫"步"。如果把下边的"止"加上一点,就完全破坏了这个字的文化内涵,不称其为汉字。

"大东亚战争"少国民诗和学生活动。

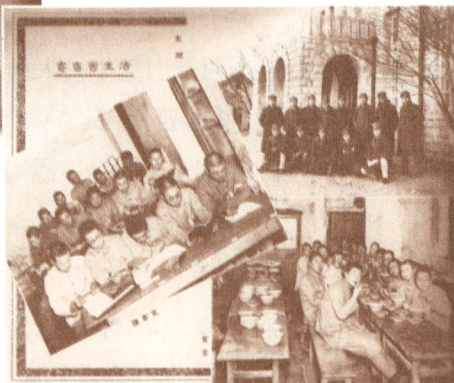

金州商业学校珠算比赛。

金州商业学校住宿生的生活。

和"金农"学生打架

金州商业学校（金商），校址在金州火车站的东北角。金州还有一所金州农业学校（金农）在城北，学生全是日本人。另外还有一所女子高等学校，在南山。当时，我校有很多学生家住在铁路沿线，每天乘火车上下学。而"金农"日本学生的家几乎都在大连，上下学也都乘火车。所以这两个不同学校的学生每天早晨晚上都要在金州火车站相遇，也就经常产生摩擦。因为日本学生总以大和民族的优越感瞧不起中国学生，认为中国人是劣等民族。可是，我们"金商"的活动总是在他们之上。如每当参拜神社两校队伍在路上相遇时，我们的军乐队有五十多人，鼓号响亮，而他们的质量则很差。在全旅大的马拉松比赛时，我校的孙永久、罗正瑞年年得冠军。但他们总是不服。这都是表层的原因，最根本的还是侵略与反侵略的斗争。例如我们总在不平，为什么日本人吃大米而不许中国人吃？日本学生的校服满足供应，而中国学生的只能定期分配？我们总是以斜眼看他们，以表示不满。

一天下午放学，我们住宿生已经回到东门外的宿舍。这时，突然跑来一名同学，气喘吁吁地说："我们在火车站跟'金农'打起来了，快去。"于是，我们有一二十人立即跑向金州火车站。站前有个广场，远远就望见广场里全是两个学校的学生三五成群在撕打，石头横飞，军训用的腰带（有铜制成的头）乱甩。还没等我们动手，便看到日本警察和便衣"刑士"到场，双方停止了撕打，但双方都没有伤害对方。于是，我们这些声援的便悄悄又跑回宿舍。可是不久，舍监伊藤伊五郎先生便通知我们要全都回到学校。到了学校，分班级开会，这时天已黑，各教室灯火通明。级任先生逐个调查都有谁参与了打架，为什么打架，是谁引起的……非常严厉，我们都知道事情的严重性。直到快半夜，才放我们回去。这期间，学校跟警察方面怎样研究的，谁都不知道，但结果是严厉的，凡是参与这次打架的，都受到了处分，我虽然只是去现场而未动手，也给停学一周。而"金农"的学生倒成了受害者，一个也没有受到处分，我们的心里更加气愤。

金州商业学校修学旅行在"新京"（长春）神社前留念。

金州商业学校昭和十五年（1940年）修学旅行。背景：首都协和义勇奉公队司法部分队。

金州商业学校昭和十五年（1940年）修学旅行在"新京"儿玉公园。

金州商业学校昭和十五年（1940年）一年级的全体学生于旅顺修学旅行摄影。

金州商业学校昭和十五年（1940年）一年级全体学生于旅顺修学旅行摄影。

毕业旅行

日本侵略者在旅大为了实施奴化教育，中等学校毕业前都要有一次出国旅行，目的是通过观光来进行"日满亲善""共存共荣"教育。按惯例，都是去日本本土。但我们是1944年春毕业，而这时日本的侵略战争节节败退，日本本土经常遭到美国空军B-29的轰炸，形势很紧张，于是就改为去"满洲国"旅行。我们毕业班有两个，近80名学生，由两名教师带领。从金州站夜里上火车，先去的是抚顺，参观露天煤矿。接着到沈阳，最后是长春，所谓伪满首都"新京"。在这里游览了四五天，参观了伪满建国十周年的博览会。

记得有一天的早晨，中村先生通知我们，说"满洲国"的文教部大臣卢元善是金州人，要接见我们，大家都挺兴奋。于是把我们带到伪满的八大部之一的文教部。这是一座很大的楼。进去后，让我们在一间很大的空屋子里休息，但没有凳子，全都坐在地板上。我们等了好久，大约有一个小时，我都睡着了，只听一声"起立，立正！"的喊声，我们立即站好，这时有人陪同一个穿着"协和服"的大官进来，做了一点寒暄，然后向我们训话。所讲的不外是"日满亲善""共存共荣"，勉励我们毕业后要为"大东亚圣战"效力。

我们的旅行终点本是所谓的"新京"，但又决定去哈尔滨。为什么要去哈尔滨？主要是为了看哈尔滨火车站。因为哈尔滨火车站站台上有一座日本人伊藤博文的全身铜像。中村先生向我们介绍说，伊藤博文曾是日本首相，非常伟大。他使日本吞并了朝鲜。可是有个朝鲜人叫安重根的，非常痛恨，决心要杀害他，但没有办法，后来便为此而参加了日本军队，千方百计地进了卫队。一次伊藤博文从哈尔滨火车站下车，安重根便开枪把伊藤博文打死。接着中村先生又深情地说，安重根当场被捕，在审讯中，他大义凛然，感动了法官，本想让他认罪不死，但被安重根拒绝，终于为朝鲜而死。显然，中村先生也很欣赏安重根，话里话外，这也是大和民族的精神。由此可见，日本的奴化教育，可以说是无孔不入。

访谈人：齐红深、袁跃、赵丹。访谈时间：2000 年 7 月 15 日，10 月 1 日。地点：铁岭师范高等专科学校。

王静波：
从"满洲国"来到"关东州"

王静波，原名王庆余，男，汉族，1927年1月14日出生。籍贯：山东省东阿县。离休时所在单位：吉林省邮电管理局。职务：干部。日本占领时就读学校：牡丹江育英国民优级学校、大连电电社员养成所。日本占领时工作单位："关东州"大连电报电话局。

1937年3月入读牡丹江育英国民优级学校；1943—1944年进入大连电电社员养成所，毕业后在大连电报电话局工作；1945年抗战胜利后参加革命，在牡丹江抗日联军政治部属下《牡丹江日报》工作，具体负责收发新华社通电；1946年末转密山县《东安日报》；1947年报纸合并，转到哈尔滨新华社东北总分社；1950年调到哈尔滨电报局；1950年末调至长春邮电高级职业学校，担任学生教导工作；1952年进入吉林省邮电管理局，在邮电工会任文教干事；20世纪60年代，在反右倾运动中，由邮电管理局支局长变为科员；1980年平反，回到吉林省邮电管理局工作，先后在局长办公室负责信访工作，后调至后勤部门；1983年又任职局史志办公室，负责撰写解放前邮电史志；1986年离休。

我还记得我入学的学校在牡丹江的长安街北侧，叫"育英国民小学校"，一年级共有甲、乙两个班，我分在乙班，全班有四十多名学生。

我们的启蒙老师姓王，是一个四十多岁的老学究，他很重视语文，对学生的语文讲得头头是道，批改作业非常认真。我语文好，他喜欢我，也经常在全班同学面前夸奖我。他教了我两年，很少打我，我们师生感情很好。

可是，第三年学校迁到了南边叫"泡子沿"的新校舍，而王老师由于不会日本话，不能完成日本人的教学目标，被革职了。日本人用他们亲自培养的师道学校毕业生，替换了一批老教师。他们把国民小学校，改为国民优级学校，把中学改为国民高等学校，把师范学校改为师道学校。他们完全按照日本的学制设立课程，把日语改成国语；篡改了祖国的地理，将东北三省改为二十一个省，牡丹江作为"东满"的中心省，辖"东满"四个省；篡改了祖国的历史，让我们供奉"天照大神"和万世一系的"天皇陛下"，培养绝对服从的武士道精神。接替王老师教我们的是师道学校毕业不久的霍老师。这个人二十多岁，高高的个子，白白的脸上长满了青春痘，显得丑了一点。他会一口流利的日本话，不仅上课时教我们日语字母，说"早安、再见"也是我们听不懂的日本话，甚至连骂人也离不开日语。日语每周要上十节课以上，被提到比算术、语文还重要的位置。他是法西斯教师的典型，他说什么你就得听什么，明明是圆的，他说是方的你就得说对，否则就要挨耳光。在这里，日本人打中国人，先生打学生，高年级打低年级都是天经地义、理所当然的事，至于为什么就不需要知道了。同学们都说，霍老师有三勤，就是手勤、嘴勤、衣服换得勤。他最爱打学生，只要他看见有一点不顺眼，打耳光、打手板就令你防不胜防。有一次我去问他"甩"字念什么，他不由分说，就左右开弓打了我几个耳光，我懵懵懂懂地待在那里，他却圆瞪两只鼠眼，怒气冲天，同学们也惊吓得不轻。可他也有一点与众不同，就是对校长，或对来校视察的日本主子，一个劲儿"是、是、是"地鞠躬，真是奴颜婢膝，卑鄙无耻。说他嘴勤，就是日本话说得勤，不仅上日语课时总说日本话，就是骂人也说日本话，"库拉""八戈"不离口。在他看来，学生似乎都是畜生，只有他是人。另外就是衣服换得勤，今天穿协和服，明天换制服，后天换西服，头发总是油光锃亮的，美得要命，也许是因为他做了日本主子的门生，自己掩饰不住心头的得意吧。

我们每天晨操前，要向东方（日本东京）遥拜，行九十度礼。据说，我们每日三餐，是"天照大神"和人间神仙——"天皇陛下"赐予的，要表示

王静波（右四）的父母和兄弟姐妹。

伪满洲国制作的纪念"九一八事变"五周年宣传画，宣传安定和谐幸福的新生活。

感谢。然后再来个向后转，面向"新京"，向"满洲国"的皇帝，再鞠一躬，据说这是表示忠君。每当节日（三月一日建国节、"九一八事变"纪念日等）举行大型庆典时，总要集合了全校员工，穿上校服聆听校长训话。这时校长先生，披上带黄色流苏的绶带，套上白手套，毕恭毕敬地从神龛里捧出个黄匣子，打开了取出诏书，极其严肃地宣读："大满洲帝国皇帝诏曰：朕自登基以来……"对日本帝国主义歌颂一番，对国民教训一顿。

我上高小第一年换了个关老师关崇云，这个人三十多岁，高个子，写得一手好

1942 年牡丹江育英国民优级学校二年级师生合影，第二排右第二人王静波。

1942 年牡丹江育英国民优级学校毕业纪念合影，第二排右第四人王静波。

字，音乐、体育都非常好，是篮球比赛的市级队员，也是一个非常严格的法西斯教师。他不像霍老师，肚里没本，说话没准，而是胸有成竹，无理也能辩三分。我挨打往往是上体育课的时候多，他口令喊得洪亮，虽然喊出日本话口令，不太够味，可尾音拖得特别长，听起来特别好听。他总喜欢喊立正，往往是在解散后，同学们三三五五，正在玩游戏的兴头上，突然喊"立正！"不管你面向何方，马上就得一丝不动的直挺挺地站在原地，同学们管这叫"突然袭击"。有的同学三三五五正玩得高兴，没注意到就会被他袭击，耳光、手板就响了起来。记得有一次，我和几个同学玩单杠，正在杠上旋转，来不及跳下来，动作慢了一点儿，被关老师袭击上了，挨了一顿耳光。

我高小毕业前夕，日本帝国主义为了庆祝"满洲国"建国十周年，从3月1日（建国节）开始，在首都"新京"（即长春）举办"大东亚博览会"。把侵占十年中掠夺的战利品和在太平洋战争中，从东南亚各国夺来的战利品，集中在这里，显示"大东亚圣战"的"辉煌战果"。这年9月，这个博览会闭馆前夕，为了对被奴役的儿童，强化奴化教育，扩大精神侵略的战果，使我们成为没有思想的奴隶，他们"大发慈悲"，免费从各地组织学生到"新京"参观"大东亚博览会"。

我是这年高小应届毕业生，结合修学，组成修学旅行团。9月24日，我们二百多名学生，在四位老师的带领

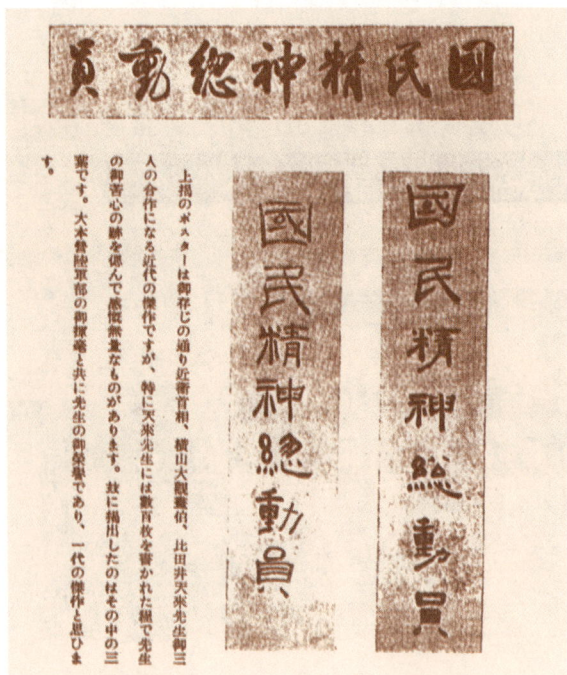

日本首相近卫文麿、横山大观、比田井天来的书法"国民精神总动员"（《书道艺术》1937年第4卷第10号）。

下，向首都"新京"进发了。次日到了哈尔滨，哈尔滨是"北满"的大城市，人口五十余万。在这里停留一天，参观了孔庙，游览了市容，当晚又继续前行，26日早上，便到了首都"新京"。我们在这里参观了两天，当天上午我们到了爱新觉罗·溥仪的宫内府（即皇宫）。我们在皇宫广场前，毕恭毕敬地行了九十度的礼，表示对"满洲国"皇帝的忠心。然后，老师带我们到了忠灵塔，让我们为侵略中国而死去的日本军人默哀。下午又来到国务院，在外边照了相，又去南岭参观和参拜了供奉天照大神的"建国神社"。除了看到各种不同规格的建筑物外，就是听解说员宣扬日本人的丰功伟绩，伪满洲的建国历史。

第二天，我们集中地参观了位于大同公园的"大东亚博览会"。博览会规模很大，共有三十多个展览馆：什么"工业馆""农业馆""水产馆""电电馆""电业馆"等等，真是五光十色，琳琅满目。其实我们当时不知道，这是日本帝国主义的自我吹嘘。这里陈列的展品，除了一些殖民地工、农业产品外，都是从被占领和被压迫民族身上榨取和掠夺来的所谓"战利品"。

这一次修学旅行，在我们儿童心里，得到的体会是：我们的"亲邦"日本大和民族所组成的军队，是一支攻无不克、战无不胜、武运长久的部队。只要以死效忠天皇陛下，就能战胜一切敌人，就能实现"大东亚共荣圈""共存共荣"和"东亚新秩序"。一句话，日本人在我们儿童心灵上进行进一步的摧残和奴化，想使我们由不自觉的亡国奴进一步奴化成自觉的亡国奴。他们的所作所为，可谓"用心良苦"哇！1943年，日本帝国主义发动的太平洋战争进行到最激烈阶段，为了推行殖民主义，称霸全世界，为实现"大东亚共荣圈"的"共存共荣""东亚新秩序""优秀的大和民族"，青壮年都被迫出征了。他们的膏药旗已经插到了东南亚各国，并拼命向全世界扩张。由于所谓"一切为了必胜""一切为了大东亚圣战"，在东北和全中国各地，经济上实行物资配给制度，把粮食、布匹等生活资料和生产资料控制在定量供应上；政治上实行"强化治安"，加强了特务、宪兵队的活动，各行各业都派进了特务，"满洲"各地成立了矫正局，在酒楼、茶馆、影院、戏院等公共场所到处张贴"勿谈国事"的布告，无数的所谓"反满抗日分子"被抓去矫正局严刑拷打后放血处死。这是日本帝国主义的一种酷刑，即将人逮捕，送矫正局拷打后割手腕上动脉放血处死，白色恐怖笼罩了整个东北。

牡丹江这个所谓的"东满总省"省会，"九一八事变"后，经过日本帝国主义的破坏，已经是个典型的殖民地了。日本向整个城市大批移民，在不到二十万人口的牡丹江，日本人占了一半，日本的商品、工业品、药品占据了整个市场。

日本人对"满洲"不仅输出商品，而且早已输出资本了。他们把鞍山钢铁厂叫作昭和制钢所，东北铁路改为"满洲"铁道株式会社，东北的电报局改为"满洲"电信电话株式会社，电力、石油等均变为株式会社。株式会社的总裁都是日本的大财团的头子，日本帝国主义不仅操纵着"满洲"的政治、军事，而且掌握着整个东北的经济命脉和文化事业。为了"圣战"，日本内地和在"满洲"的日本青壮年都远征南洋。日本大财团掌握的满铁株式会社、电电株式会社等，这些完全是由日本人为社员的垄断企业。企业

"满洲"电信电话株式会社。

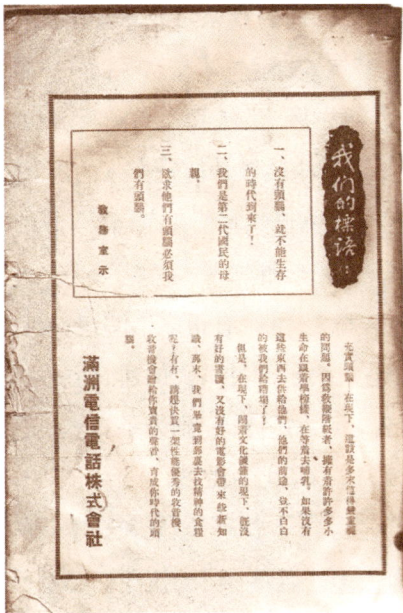

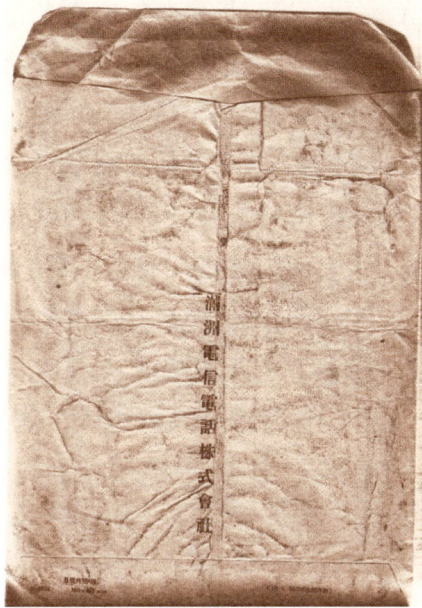

"满洲"电信电话株式会社的宣传广告(《建国教育》第 7 卷第 9 号。1941 年 9 月 1 日发行)。

"满洲"电信电话株式会社的函封。

中的在乡军人（退伍的日本人）也奉调充实前线，使得企业员工严重不足。他们不得不在各地招工，用免费速成的办法为他们培训一批廉价、忠实的劳动力。

1943 年初就在牡丹江市各小学的高小毕业生中招考一批徒工。我家境贫寒，高小毕业后，家里无力再供我上学，我就报考了株式会社的招工，考取了电电株式会社。那时被奴化教育六年的我刚十五岁，觉得能进日本人的电报局做工，是莫大的光荣。

这年 2 月通知我去电报局报到，先叫我们在局内当信使（即勤杂工），就是做在屋内传递电报、搞卫生、扫厕所的活儿。两个月后通知我们入学了，地点是大连电电社员养成所（技工学校）。

我告别了妈妈，和一块考上的同学朱玉深、王兆文三人乘车南下了。一个十五岁从未离开母亲的孩子，背井离乡远去千里之外的大连，那种感情，无以言表。我喜欢念书，学校给了我儿童时代的欢乐。我念小学四年级时父亲不幸去世，母亲就不让我上学了，我哭着、闹着才又念了两年。高小毕业本应再念国民高等（中学），可是父亲去世，没有了经济来源，做寡妇的母亲承担不了我的学费，我们这些穷孩子不花钱做学徒是唯一的出路。

4月10日晚，我们一行三人抵达了我们羡慕已久的"关东州厅"所在地——大连。就这样，我们从"满洲国"来到"关东州"。

我们走在大连市区，发现"关东州"地区与"满洲"有很多不同：行政属于大日本帝国，所有街道，不是叫"町"就是叫"通"，日本式的建筑屹立街头，墙上到处是画着两撇胡画像的仁丹广告，到处是神社，到处是日本的膏药旗在飘扬，警察穿黑色制服，腰间带小短刀，帽子上有红圈。

这里有三多：穿木头鞋的"大和民族"显得异常多，会说流利日本话的二鬼子举目皆是，警察、特务、宪兵比普通人多。这些景象，使我们感觉已经到了异国他乡。

大连神社。

4月12日，我们开学了。电电社员养成所设在桔梗町120号大连南山下，面向桔梗町，背靠南山，二层楼，有一个大礼堂，二十几个教室和实验室，有个五百平方米的大操场。学校共分二十一个班，每班50人；电信十四个班，机务七个班；东北各地来的学生和本地学生分别编班，因为本地学生都精通日语，"关东州"地区生源单独编三个水平不同的班以区别对待。

1000多名学生在两个大宿舍住，我们分在鸟町寮（即宿舍），另外几个班被分在站前寮，宿舍距学校都在5000米以上。鸟町寮，是个长50米，宽30米的三层楼，刚竣工，脚手架还没拆；一楼是大食堂、浴池、收发门卫，二到三楼是宿舍，每室住18人，都睡在两侧草垫子上。

学校有40多名教职员，除两名二鬼子外，全是日本人；有两名日本教官，老教官是中尉，小教官是上士。我们分到电信十一班，教我们的日本老师叫森川，40岁左右。说养成所是学校，不如说是集中营，我们说话不自由，行动也不自由。从表面上看，发给我们战斗服，带上日本的战斗帽，衣着整齐彬彬有礼，揭开这个面纱，可以看到我们是亡国奴，不如日本一条狗。这是一个日本人做教师，"满系"人（中国人）做学生的集中营，是一所为日本的垄断资产阶级日本军国主义财团培养廉价奴隶的场所。他们要求要快、要好，所说的快，就是速成培养的时间短，所说的好就是法西斯奴化得深，为了这个目的他们不择手段。我们共有十门课，除了通用日语外，设有收发报、地理、历史、英语、电磁学、代数和军体课。每天要上七到八节课，晚上有自习。老师和同学、同学和同学之间，都必须说日本话，老师发现谁说中国话，就会打耳光，这下可把我们这些"北满"入学的学生难坏了。日本老师上课时用日语，讲代数、英语、电磁学我们是丈二和尚，摸不着头脑。地理学的是北海道、九州、四国、东京、大阪、神奈川等日本的地理；历史课学的是明治、昭和等万世一系的皇统天照大神，武士道精神；上政治课，每周集中在礼堂，听日本校长作形势报告，讲"大东亚圣战"的大好形势；每周有几节军事训练，在日本教官带领下，练冲锋爬山，拼刺刀，磨炼战争必胜信念，吹嘘日本人的武士道牺牲、绝对服从精神，"是！是！是！服从！坚决服从！"成了我们的口头语。

我是"北满"来的学生，日语水平低，除了会日本语的 50 个字母和"早安、再见"外，什么也听不懂。日本人上课讲英语、代数、电磁学……我一窍不通，我爱读书，坦白地说从小学一年级一直到六年级，从没有落后过，没有因为学习不好而挨过打。这回可把我难坏了，日本话我不懂，尽管我精神高度集中，只是听懂一两句，还是不能明白。我听不懂当然也无法消化。上课我提心吊胆，我最怕演代数题和上英语课，在夹杂着 A、B、C 等字母的代数课上，我除了认识"+""–"号外，什么也不知道。教我们这门课的是一个胖胖的 40 岁上下的日本人，课讲得很快，可是我总是盼下课，至于作业我只好照别人抄了。

一天老师出了几道题，叫同学们在课堂演算，我呆呆地坐在那里，无从下笔。这个日本胖老师，看出了我的心思，他一声令下，把我叫到黑板前，给我一支粉笔，叫我在黑板上演算。这下可坏了，我根本不懂，怎么能算出来，我瞅着那些"+""–"号和字母发愣。手哆嗦得不知如何下笔，愣了半天，先生看啥也没写，就用生硬的中国话问我："你的不明白？"他看我似懂非懂的样子，就发火了，用不成熟的中国话说："你的，什么干活，猪的一样，死啦死啦的有！"骂过后，拿起粉笔在黑板上指着"+"号又说："你的，不明白？死了死了的有！"说完就气冲冲地下课了。这一天我到宿舍就哭了，我不是不愿学习，也不是不专心学，在学习上我一向是努力的，但是这回可把我整住了。

还记得有一次上英语课，一个有些白头发的日本老师，教英语说"这是一本书"，他让用日语回答是什么意思，我不懂，我只是一遍又一遍念这句英语。念了一遍他说，不对；念了一遍他又说不对。旁边同学小声告诉我，老师是叫我翻译成日语，这时我才恍然大悟，总算躲过了这顿毒打。为了听懂课，我不得不专心学日语。晚上寮监（即值宿老师）查过各寝室后，走廊熄灯了，寮监室灯也熄了，我就偷偷地爬起来，手持速成日语本，在楼梯灯光处，悄悄地学日语，天快亮了，我再偷偷地回到寝室躺下，起床时和同学再一块起来。有时白天上课打瞌睡，下课就到水槽旁，用冷水浇浇头，精神一下。

经过几个月的坚持和在同学们的帮助下，日本话这一关算闯过来了。

除了这些繁重的文化课外，最折磨人的就是法西斯的军事训练。我们最怕那个二十多岁的日本军人上士小教官。这个法西斯匪徒，打人最狠。上军事课，他教我们劈竹剑，互相砍杀、刺枪、冲锋、卧倒、打靶，把我们都要弄死了。我们学校南面的山叫大佛山，他经常训练我们爬山、冲锋、卧倒，往往我们正在冲锋时就命令卧倒，匍匐前进。不管前面是水沟、粪堆，还是石块就一直爬行，不管遇到什么情况令下如山倒，面前就是刀山火海也要卧倒或冲上去。训练结束，我们身上到处是伤。我记得我们有一次和电十二班在一起上军事课，正值三伏，太阳晒得我们汗流浃背。小教官为了培养我们的武士道精神，他在讲台上喊了个立正，一百多个十四五岁的孩子就直挺挺地一动不动地站在强烈的阳光下。他走在每个同学后面，矫正着立正的姿势，一会儿踢踢这个孩子的腿肚，一会儿碰碰那个的脚跟，发现谁身体弯曲，站得无力，就给几个耳光打肿了脸，你还得说"是"。两个钟头过去了，我们的汗从头流到脚跟，衣服裤子全都湿透了，站的同学腿发麻，眼睛冒金花，体格弱的人渐渐支持不住，相继晕倒了。上军事课许多同学被打得鼻青脸肿，如果上军事课没挨打，那真是破天荒了。

每天第二节下课后，都要集中在操场做课间操。一千多名学生，整齐的在操场上做操后，被命令都坐下，命令全校学生脱光衣服找虱子，找到后要卡出声来。日本先生总是捂着鼻子站得远远的，用高傲的口吻说"你们这些劣等民族和猪一样"。在这些"优秀"的大和民族眼里，"满系"人和畜生没有什么区别，他们瞧不起我们，讽刺我们，骑在我们头上作威作福，用埋汰虱子侮辱我们的灵魂，培养儿童们的自卑感。为了控制这些"满系"人的行动，规定除了周日放假，可以请假外出外，平时严禁外出。每日起床梳洗完，统一排队进食堂吃早餐后，在寮前，各班集合成长队，由值宿老师带队，奔向十里外的学校。他们在宿舍、在学校门口设警卫和岗哨，谁也不准外出自由行动，大连中学以上的学校，都在校服肩上戴上标明所在学校的校章。特地成立一个监督中学以上学生言行的校风校纪校外监督队，这些穿着便衣的特务散布在大街小巷。星期天外出必须穿校服和经值班老师批准，门卫才能放行，有的学生犯了纪律，特务们知道后，就通知所在学校，轻者挨教师耳光，重者关禁闭反省。我们的言行在校内不自由，在校外也不自由了。

他们推行新经济政策，把用武力在农村强征的"出荷粮"（公粮）中的大米、白面、大豆定为甲类，把高粱、玉米、小米等杂粮定为乙类。法律上明确规定，甲类粮（细粮）只供给优秀的大和民族，乙类粮（粗粮）供给劣等民族（"满系"人）。在伪满政权下，全国实行了粮食配给制度，给日本人发红皮的粮本（通账），规定红粮证每人每月供应大米、面粉30斤，黄豆10斤，给"满系"人发绿皮粮本，规定每人每月供给高粱米或玉米面24斤和部分杂豆。他们从农村强征的大米、面粉，除了大批运往日本东京、大阪等城市，供给大和民族外，就是供应东北的关东军和移民到东北的日本人。大米、白面等细粮，成为日本人的专用，严禁"满系"人食用，发现"满系"人食大米、白面，就是经济犯，就抓进笆篱子或出劳工。我们入学后，一天三顿都是玉米饼子。我们鸟町寮，共住700多名学生，这个宿舍的一楼是一个大食堂，食堂很大，长约50米，宽约30米，一次可容700—800人进餐。我们早晨起床一小时后，听见铃声，舍长在走廊集合好本班学生，有秩序地进入大食堂，在自己固定的位置坐下。每张桌子八个人，面对面坐下，桌子和桌子之间放个木桶，里面是开水，每人面前放一个搪瓷盆子，盆内是一碗大酱汤，盆上摆一个玉米饼子，这就是我们全部的早餐了。在开始吃饭前，教师喊口令，让我们先低下头默哀，然后说"依它它克马斯"，意思是说，这顿饭是日本皇军流血牺牲换来的，是"天皇陛下"赐给的，要感谢他们。然后就狼吞虎咽地将大饼子吃完，把汤喝光，再一起说"狗其哨沙玛"，表示感谢天照大神。中午在老师监督下，也照样念完早上那套"经文"，集体午餐，里边仍然是一个饼子，和一些日本海带咸菜或萝卜咸菜。一日三餐千篇一律，头两个月我们还能吃饱，两个月后就变了。随着学校法西斯训练的加强，饼子日益缩小，饥饿感就逼近了，每顿都是像拳头大的饼子，只能吃半饱。没有办法，早餐前就先喝一肚子水，然后再将大饼子吃下算能撑饱了。可是到课间撒了几泡尿，肚子就又空了，饿的滋味真难受，五脏六腑闹翻了天，肚内像吊个东西，发空的厉害。"大东亚共荣圈""共存共荣"，为什么不让我们吃饱呢？黄种人团结、"日满一心一德"，可是为什么人家吃大米，而我们连玉米饼子还不能吃够呢?

　　这些我们想不通,肚子饿了,不允许我们想这些莫名其妙的事情。饿得实在挺不住了,刚下第二堂课,几个同学就把午饭吃了。吃了大饼子虽暂时稳住了神,可是到了中午倒霉的事就发生了。这天中午,我们像往常一样,坐在自己的位置上,怕被老师看见残缺不全的午饭就故意用盆子盖住,企图蒙混过去,可是老师好像事先知道一样,突如其来地喊了一声"立正"!我们马上都侧身到桌旁边的空道上,然后又叫向后转齐步走,把我们调开自己的桌子。先生挨个检查每人桌上的饭盒,他发现有的是空饭盒;有的是剩半个饼子,全班五十多名学生,事先都动了午饭,这可非同小可,他立刻命令都到走廊集合。他先骂"混蛋""畜生",然后就对每个人左右开弓地打起耳光,打得我们晕头转向,两眼直冒金花。这场暴行之后,对全班同学训起话来:"今后谁再敢违反纪律,提前动午饭,严加惩办!"这顿耳光打得我两腮肿得像两个馒头一样,疼得吃不下饭去。老实说我不是有意违反纪律,实在是肚内空得厉害,饿得忍无可忍。从此以后,我们也只好下课后到水龙头处,喝一肚子水,坚持一下,中午饭再也不敢提前吃了。

　　饿,这是一种比什么都难受的感觉,但只是饭前多喝水,或是把裤带紧了再紧仍是无济于事的。又过了几天,饼子不但在量上缩小而且在质上也变差了,往往是用发霉的苞米面做的,吃到嘴里又苦又辣,被沙子硌得难受,可是仍然填不饱肚子。饿了什么办法都想,为了吃饱,我和同学们不得不利用礼拜天到西岗子破烂市去卖东西,我来时穿的唯一的一套协和服当作破烂卖了。当时大连苹果最贱,我们花了4元2角买了一扛(10市斤)青苹果,肚子饿了偷着吃几个,却仍然是杯水车薪哪。东西卖光了,苹果吃光了,山穷水尽,无计可施了。

　　我们同来的朱玉深同学提议,周日外出时去星个浦海边抓点儿海物充饥吧。礼拜天,我们三人在寮监那儿请了假,带上发给我们的桶式饭盒,兴致勃勃地来到海边。我们从落潮后沙滩上的小洞里掘出小螃蟹,装入饭盒,放上水,架上树枝煮起来。我们幻想能填饱肚子兴高采烈地美餐一顿,哪承想小螃蟹并没有肉,去了壳和五脏之外,只剩下那股特殊的咸味了,我们

大连街头小吃。

本来天真地以为可以饱餐一顿，结果是一场空欢喜。

饿，我们找不出用什么词句去形容它好，那滋味让我深深地铭刻在心：饿得六神无主，抓耳挠腮，胡思乱想，昏天黑地。我们总是天真地幻想着："大东亚圣战"能早日完成，我们的期盼是日本人能从太平洋彼岸给我们带来粮食、胜利品，让我们吃饱肚子。希望虽寄托在皇军上，可是日复一日仍然只吃发霉的玉米面饼子，不仅仍然吃不饱，还经常拉肚子，许多同学得了肠炎，跑厕所，结果又有人为此而遭殃。

记得是端午节的前夕，在站前寮发生这样一件事情：一个同学在半夜拉肚子，憋不住，就在楼梯拐弯处便了。第二天正好是端午节，学校大发慈悲，早饭食堂摆的是黑面馒头，学生们排队到食堂去准备吃顿饱饭，日本寮监在楼梯口突然发现有一泡屎，立即火了。他把全体同学集合起来，训话道："这是谁屙的？你们如果不承认，今天早上都不要吃饭！"说完老师就进屋吃饭去了。

这天是端午节，我们站在食堂旁，眼睁睁地看着每人面前发的两个黑馒头，望眼欲穿。馒头凉了，菜汤凉了，水也凉了，心里饿得直闹腾。一个钟头过去了，两个钟头过去了，从早晨一直站到十点多，仍然没人承认。有个闹肚子的同学，忍不住拉了一裤子。

老师从室内出来，看看这个，瞧瞧那个，突然一股刺鼻的气味被他嗅到，他立刻把这个湿了裤子的同学从队伍里拎出来，不由分说就是几脚，手上左右开弓，把这个同学打得鼻青脸肿，打完后带出食堂命令他跪在大便前，然后转过来对大家又怒斥一番，才命令大伙用餐。后来知道，这个跪在大便前的同学一整天没给饭吃，晚上又把大便打扫干净，才算了事。

饿！它照样日日地威胁着我们，左思右想也想不出来办法。忍耐吧，吃不饱，腹内无食，怎么能安下心学习？饿！那是难以忍受的，它支配着人们的思想和行动，只有两条活路，不是去偷就是逃跑。偷，这又是多么可怕而又无可奈何的事情呀！每提起这些我就会想起一件事情，令我的仇恨和愤懑之情难以平息。

这是开学两个月后的一天，放学之后，我们鸟町寮六七百名学生进食堂吃晚饭。刚坐好，一个同学起立向老师报告，他们有三个同学桌前的小盆里没有饼子，日本寮监走过去一看，果然少了三个。查问炊事员，得知并没有漏摆后，三四个寮监回到大厅中央，大声地谩骂，逼问"饼子是谁偷了"。他们骂了一通，逼问了一会儿，仍然没有结果，于是就大为光火。寮监逼问各舍舍长，舍长的脸都吓白了。恐怖的气氛，笼罩着数百名孩子，因为大家知道日本人对待这种事情的残酷。谁都知道犯了这种错误，就是不死也要扒层皮，每个人的心都紧张地跳动着，每个人的眼睛都露出恐惧的光芒，年龄小的只能拼命地压制着不敢哭出声来，寮监用那种几乎要吃人的眼神盯着每一个人，整个大食堂静静的连个大喘气的声音都没有。这天是日本上士教官山下值班，这个人打人最狠，只听他一个人走来走去愤怒地谩骂。二鬼子王老师，破例用中国话说："是谁吃了，快出来承认，不然你们谁也别想吃！"这么多的人，是很难查清的，但找不出又怎能罢休？一个小时过去了，仍然没有结果。山下按捺不住了，他的武士道精神，终于要发作了。他开始用竹剑点名：他手持竹剑，两手举过头顶，使出平生之力从桌子一端抡起，在同学们的秃头上"点"起名来。不偏不倚地每人一下子，六七百个同学谁也没有躲过这一劫。打了之后，每个秃头上都起了个血泡，我们不敢哭，也不敢去摸，只是含着泪水，仍然胆战心惊。难道他们不是爹娘养的吗？为什么这么没有人性呢？

这个竹剑点名像暴风雨般地过去以后，事情仍无结果。是谁偷的呢，有的同学心里明白，但谁也不愿意出卖同学。这么多的人，他是不会有特殊处理的，但不找出来，他们又怎能善罢甘休！鬼子继续在咆哮，他们叫舍长到前边集合，逼他们说出偷饼子的人是谁，可是仍然一无所得。后来他们叫舍长按顺序排成一行，自己带着教师到寝室进行大搜查。在搜查到电信九班寝室时，在自习桌里发现了半个饼子。这下匪徒有了主意，回到大食堂命令电信九班这个寝室的同学全到中间来，排成两行，并严厉指责道："你们中间是谁偷的，快站出来！"大家默不作声。于是法西斯教官喊了"前排向后转"的口令，两行同学变成了面对面。他命令前排同学打对面同学的耳光，谁也不敢不打，可又不忍心去打一起受罪的同学，"啪"的一声打在同学脸上，被打的同学难过，打的同学更难过。鬼子看到同学们都不使力气打，就火了，立刻把打人的同学拉到面前，照他脸上就是一耳刮子，一下就把人打倒了，打完了后，又威严地训斥道："看见了没有？你们就这样打！"打人的同学含着泪，又回到原来的位置上，他们面对着同班同学，仍然不忍心下手。被打的同学终于说："同学，你狠狠地打吧，不然他们不会饶了你的。""啪、啪"的耳光声又响了起来。打过一阵又命令被打的反过来再打打过人的同学。

正在同学们互相殴打的时候，一个高个子同学突然从互相殴打的队伍中挺身而出，大义凛然地说："不要打他们了，是我偷的！"

这个高个子、黑脸膛的同学，是"北满"横道河子考来的，叫陈景文，是电信九班中个子最高的一个。他身体好，爱运动也爱打抱不平，大家都熟悉他。的确，他身体好，个儿又高，但也和我们一样，每日三餐吃那么点儿，这不要命吗？在饿得锥心刺骨的情况下，偷了几个饼子，又是多么无奈的呀！

寮监看有人站出来承认，点了点头说"腰西"（"好"的意思），把陈同学叫到跟前，大声号叫着："饼子是你偷的吗？"

"是，是我偷的。"陈同学直截了当地回答。

"为什么偷饼子？为什么偷饼子?!"鬼子像连珠炮似的逼问。

陈同学默不作声，可寮监处理这类问题，向来是残酷的。三四个鬼子围上他，不顾头脚地打了起来，打过一阵似乎觉得不够劲儿，几个匪徒又举起了竹剑，"呀！呀！呀！"地砍杀起来，显然他们是用活人当靶子，在演习"军事训练"。竹剑是日本人头戴铁笼，身穿竹衣，上军事训练时练习砍杀的，陈同学既没穿竹衣又未戴上铁笼，只穿单衣服，怎能受得住呢？不一会儿就皮开肉绽，鲜血直流，躺在血泊中，奄奄一息。大家红着眼睛看着，血脉膨胀，可所有的怒气和屈辱只能强忍着往肚子里吞咽。饿！这是我们能仇恨的敌人吗？发霉的饼子少了几个，对于学校的状况有什么损伤？我们的一条命，还不如三个饼子值钱！

寮监看陈景文已只剩下一口气，这才罢手，开始训话："你们听着，打死一个两个没关系，你们看见了吧，谁要再偷，和他一样！……"

就在这天晚上，陈同学咽气了。人死了，汽车拉出去，就完事大吉。在那个被称为日本本土的"关东州"，死几个中国人，那是再平常不过的事了。

这起令人发指的残杀事件的结果毕竟让人无法接受，同学们得知了陈景文的死讯，忍无可忍，再也不愿眼看我们的同学被任意屠杀，也不能在这儿等着饿死。我们商议后，派出学生代表和校长谈判，提出：不挨打；外出自由；要求吃饱饭，不吃发霉的饼子，允许从家里补充食品。但是日本人对我们这些维持生命和起码尊严的正当要求，根本未予理睬，我们的生活状况仍然是日复一日地恶化。主食饼子，不仅没有增大，而且在发霉的苞米面里又掺进了橡子面，吃到嘴里，又苦又辣，难以下咽。同学们再也无法忍受，一个普遍要逃跑的思想气氛和其后大规模的逃跑行动出现了。每天早上点名都发现少了几名同学，寮监严厉地逼问着各舍舍长，有的舍长因为这事挨了耳光，寮监在门前加岗，严禁外出，派人到车站去堵，几个同学被抓回来挨打，关禁闭，但仍然无效。同学们逃走的方法更多，反正他们不能一个人看着一个人，夜间从三层楼上，从没拆完的脚手架上，用绳子将行李送下来，有的同学索性连行李也不要，逃出来绕道走，步行到小站上车。学校采取许多办法威胁、处罚、监禁、加岗，仍然不能防止大批大批的减员。几天的工夫，学生跑了三四百人，学校完全束手无策了。

由于学校大批减员，他们的上司愤怒了，严厉地批评了校长。减员，大批大批的人员流失，打乱了他们的培训计划，使他们大伤脑筋，迫使他们不能不考虑实际问题。他们在全校同学逼迫下，终于答应了两项要求：大饼子不再分发霉的，个儿尽量大些；允许同学由家里寄食品，补充不足。

学校答应了这两项要求，逃跑率才慢慢降了下来，可是这一斗争已经给了他们沉重的打击，原来一千多名学生，只剩下五六百人，打击了他们补充劳动力的计划，迫使他们在第二年底在当地成立养成所，采取现地培训以解决燃眉之急。"新京"养成所、牡丹江电电养成所应运而生。但是时间上已经来不及了，这批学员学到一半，东北就光复了。我所在的电信十一班，开学时五十人，毕业只剩二十五人，减少了二分之一，从此学校的法西斯教育不得不由硬的办法，改为软硬兼施。虽然发霉的大饼子不吃了，食物仍然不足以应付那严格的军事训练。我知道家中同样靠配给制生活，每月入不敷出，年迈的寡母，在千辛万苦中熬煎，哪有余粮寄给我，能忍心叫苦心操劳的妈妈挨饿吗？过了几天，许多同学寄来了钱或食品，可我仍然完全靠学校的那仅够半饱的粮食。饿，仍然威胁着我，逼得我无路可走。不是伸手向家要，就是想办法逃走。走，没有路费，上千里行程，怎么回去，而且一个十几岁的孩子回去能干啥？不能走，只有往家里伸手要粮了，想到家中困难的情景，真不忍心啊！面临着饿的逼迫，左思右想难下决心。同学们看见我左右为难，有时从他们寄来的食品中给我分点儿，但这也总不是长久之计。最后我终于下了决心，给妈妈寄了一封信："妈，我刚提起笔，眼泪就止不住了，我不愿意告诉你，这里生活太苦，吃不饱，请家里想想办法……"写完信一看，似乎太让妈妈担心，但这铁一般的事实，我无法不实说。就这样家里那年迈的妈妈，把配给家里还不够吃的苞米面、高粱米面，炒成炒面加点盐，一批一批地寄给了我，我饿得实在难受的时候，用开水泡成糊糊填饱肚皮，就这样好歹在饼子加糊糊粥中度过了上个学期。

下半年世界形势发生了巨大变化，轴心国之一的意大利被世界反法西斯联盟打垮了，德、日、意法西斯主义国家企图独霸世界的战争已开始走下坡路。为了在南印度洋和珊瑚岛等地进行着的海战，从远隔几千里的日本本土，大和民族的青壮年们几乎全部出征了，国内只剩下妇女和老弱残兵。为了培养"二鬼子"做他们的帮凶，我们学校的军事训练也更加残酷。他们组织了两次强行军，一次是距大连几十里的旅顺口东鸡冠山。在炎热的阳光下，全副武装，背上十几公斤的背包，爬山越岭，披荆斩棘，一会儿卧倒，一会儿冲锋，从满天星斗的时刻出发，中午到达途中的凌水寺。到这儿我们以为总该休息一下了，我们刚躺下伸伸腰，日本教官就吹起集合号，命令我们急行军向旅顺前进。我们又困又累，脚下无力，东倒西歪，不是跑就是爬，可把这些孩子折腾死啦。到旅顺行军是有它政治目的的，因为旅顺口是日俄两个帝国主义国家争夺殖民地的主战场，这场在中国土地上的战争，日本战胜了俄国，占领了辽东半岛。日本教官带我们爬上了东鸡冠山。在北炮垒俄国少将战死的地方，他大肆吹嘘了日本乃木大将的丰功伟绩，讲了日俄两个帝国主义狗咬狗战争的经过；又领我们参观了海口要塞和日俄战争纪念馆，讲了日本军人以死效忠天皇的武士道精神，无非是吹吹牛皮而已。第二天晚上坐火车返回了大连，这不是学校当局发善心，而是这帮孩子累得病得实在走不回来了。

不久又举行一次耐寒行军。十一月末，东北已进入冬季，给我们发了一套冬季服装。这套黄呢子冬服，说是呢子的不如说是多缝了两个袖筒的麻袋，根

日本新闻会召开新闻记者会，研究"大东亚圣战"形势下的新闻宣传工作并进行培训（《世界画报》第18卷第9号，东京国际情报社1942年9月1日发行）。

本不御寒。大连虽说是海洋气候，冬季早晚也是滴水成冰。这天学校组织了耐寒行军，地点是金州大和尚山响水寺，距大连七十里。天刚亮，就把我们折腾起来，吃过早饭全副武装进行长途跋涉。寒风从海面吹来，身上冷得要命，同学们只好互相依靠，挤着走才感到温暖些。突然一个跑步前进的命令，我们加紧脚步奔跑起来，不一会儿，我们就气喘吁吁，汗流浃背了。有些同学掉队了，有些同学倒下了，几次折腾后，命令就地宿营，埋锅造饭。吃过饭，累得两眼一黑，就进入梦乡。鬼子故意拿我们开心，说有情况马上集合，跑步前进。教官说山上有敌人，命令我们向山上冲锋。大和尚山是个很高的山，我们举着木头枪，汗流浃背地一会儿卧倒，一会儿前进，衣服刮破了，手脚流血了，可是命令如山，谁敢不执行。训练结束，老教官作了报告，他举例讲了袭击珍珠港的经过，偷袭胜利就是因为日本空军将士有为天皇陛下以死效忠的忠心，就是因为训练出一支武运长久、具有武士道精神、训练有素、攻无不克的军队。日本的每一个军人都必须具备为天皇陛下以死效忠、自我牺牲的精神，都应当训练成勇猛无比、攻无不克、战无不胜的勇士。无非是灌输他们发动的太平洋战争必胜信念，增加我们"二鬼子"服从命令、甘心当奴隶的性格。的确，有些中国人，被他们奴化的时间长了，自然变成"二鬼子"。经过日本统治三十多年的"关东州"，许多青壮年只知有日本，不知有中国，忘记了自己是中华儿女。就在这年中秋节的晚上，在站前寮发生了一个可气又可笑的故事。

有一个卖花生粘的当地小贩，大约40多岁，会一口流利的日本话。每晚在站前市场摆一个卖花生粘的摊床，对日本人说日本话，对中国人也说日本话，硬装日本人。站前寮二班有几个同学熄灯后溜了出来，凑了几分钱，去小摊买花生粘，这个"二鬼子"不说中国话竟说日语，用日语说："滚！滚！滚！不卖！"而且用日本话骂他们，和日本人一样，歧视和污辱中国人。这下可把这帮孩子惹急了，大伙一合计围上了摊床，一个同学喊"一、二、三"，一齐动手将摊床掀翻了，花生粘撒得满街都是，几个同学每个人拣一些就跑了。这个"二鬼子"记住了同学肩上的符号，第二天就找到了学校。接待他的是日本老教官，这个小贩用流利的日本话反映了情况，老教官愤怒了，把这个"二鬼子"带到各班辨认肇事者，有个大个子同学被认出来，日本人对于敢违反纪律的同学，从不迁就，把这几个人叫到前面，左右开弓打了顿"协和耳光"。在这个划入日本版图的"关东州"，中国人冒充日本人对中国人说日本话，硬装日本人，不以为耻反以为荣，这种事例太多了。日本帝国主义的文化侵略、精神侵略，已经渗透到青壮年的灵魂深处。

下半年我们的生活依旧是半饥半饱，妈妈接连不断地给我邮炒面，我过着饼子加糊糊的日子。

这年的中秋节后，发生了这样一件事，为了满足"满系"人过节的习惯，日本统治者发了善心，在定量供应的粮食中，按人口每人配给一斤面粉一个月饼。我家领了五斤面粉、五个月饼，妈妈和家人舍不得吃，把面粉炒成油茶面和五个月饼打包寄给我，我高兴极了，认为这回可以饱餐一顿了。我高高兴兴去老师办公室取包裹，接过已拆开的残包，却立刻傻眼啦，五个月饼不翼而飞，油茶面只剩一半，月饼和炒面已被鬼子分吃了。手捧残包，我愤愤地走出办公室，我恨他们——日本鬼子！他们天天吃大米白面，为什么还从孩子们口中夺食，我们同学偷吃几个饼子，他们就把人活活打死，他们偷我们的怎么就是天经地义的行为呢？这不是只准州官放火，不准百姓点灯吗？

下半年为了配合他们的"大东亚圣战"，进一步加强了法西斯统治，特务活动更加猖獗了。各行各业都有特务监视，所谓中学生校外风纪队，名义上说整顿校风校纪，实际上是进行特务活动。正是他们提供了情报，有的同学受了处分和失掉了自由，有的同学下落不明或被杀害。

我们在战争、恐怖、人身安全毫无保障的状态下度过了下半年，一年的学校法西斯生活，究竟杀害了和逃跑了多少人，至今仍是个谜。我只知道我们班开学五十人，毕业只剩二十五人。

1944 年 3 月我们毕业，去电报局工作，直到一年半后日本人投降。

访谈人：齐红深、徐雄彬。访谈时间：2002 年 6 月。地点：长春市邮电管理局职工家属楼。

陈丕忠：
接受日本精神训练

陈丕忠，男，汉族，1927年1月26日出生。籍贯：山东省安丘县。离休时所在单位：大连市第十二中学。职务：督导员。职称：中学高级教师。日本占领时就读学校："满洲"法政学院。日本占领时工作单位：大连岭前公学校傅家庄分校。

1934年6月—1941年12月大连明新学社私塾肄业；1942年12月—1944年3月大连私立明德公学校高等科毕业；1941年4月—1944年4月大连语学校日本语科毕业（夜学校）；1944年5月—1945年8月大连岭前公学校傅家庄分校代用教员；1945年8月22日—1946年3月旅大解放，组织开学工作；1945年10月，被推任为傅家庄小学校务主任；1945年12月—1946年3月大连师范讲习所第一期毕业；1946年3月—1949年3月历任西岗区中心小学教导主任、市立二完校长、实验小学教导主任、副校长、代校长；1949年3月—1958年3月历任大连教育工作者文化馆副馆长、馆长、旅大市教师进修学院小学教师进修部副校长兼旅大函授师范学校校长、旅大市教师进修学院小学教师进修部主任；1958年3月—1985年4月历任大连市教师进修学院教研员、大连市第十二中学生物教员、图书管理员；1985年4月后任大连市第十二中学校级督导员、大连市教育志编纂委员会副主编兼办公室副主任。

在私塾大连明新学社学习

　　我在日本殖民统治时期的"关东州"，1934年至1941年间，在沈正山先生开办的私塾大连明新学社读书。当时这所私塾有学生60多人。开始几年主要学习中国传统的启蒙课本：《三字经》《百家姓》《千家诗》和《朱子治家格言》、古文选读等等。后期，教学内容发生了变化。大约在1939年前后，把传统的启蒙课本换成日本殖民当局编写的各册《满洲国语读本》和增设算术课。我分到的那册"满语"不记得是第几册了，第一课是"满洲"国国歌，字不是印刷体，是伪满洲国总理大臣郑孝胥的字体。开头是"天地内有了新满洲，新满洲便是新天地"。私塾实行复式教学，老先生要年龄大的学生读《四书》的同时自学这个新课本。

　　此后，我从中知道了伪满皇帝溥仪（有照片）访日活动和"日满亲善""共存共荣""一心一德"之类的说教。因为没有学过中国近现代史，也没有这类的课外书可读，对伪满洲国成立的来龙去脉、性质，一无所知。当时思想统制很严，爱国反帝言行动辄被加上"思想犯""政治犯"的罪名遭到迫害，私塾先生肯定是十分清楚的，从我从没有听过老先生讲日本人的好话和揭露日本侵略东北的真相可以证明。虽然在我们学生中间流传着把伪满洲国国歌歌词读成"田地里有个新馒头，新馒头还是甜兮兮的，昏天黑地有苦有忧，没有幸福只有怨仇"，对伪满洲国抱轻蔑态度，但并不理解其原委。奴化教育就这样扩展到私塾里来了。"九一八事变"，日本把东北当作馒头一口吞掉，炮制伪满傀儡政权，使千千万万人沦为亡国奴，以"王道乐土"欺骗世人，是后来慢慢才认识到的。那时，"关东州"虽不属于伪满洲国，但中国居民却被称为"满洲国人""满支人"。我怀恋我的故乡——出生地山东，私塾的教育、父母的影响，幸好我还知道自己是中国人。

　　算术也是私塾的新课程，由老先生的侄儿小沈先生教。他大约是1938年至1940年间教过我们。1941年时，又增加了日本语课，老先生先后聘请过大连大同文化女学校毕业的殷先生和鹿先生隔三岔五来上课，使用的课本是公学堂初等科一年级教科书。因为私塾入学退学很随便，多是念二三年退学，外聘的老师有时也不来上课，教学效果并不好，但教日语对私塾来讲是破天荒的事，很新奇，我还和学友李荣芳（离休前任大连第三十七中学干部）上夜学校大连语学校补习日语。就这样，作为日本帝国主义灌输"日本精神"的手段、同化的桥梁，与"国家的发展有着不可分割的关系"的"普及日语"，"普及"到了私塾。

生活在殖民统治下的大多数中国人，处处会受到日本人的鄙视、欺压和不平等待遇，自然而然地萌生一种对抗的思想，言行谨慎的私塾先生也难免流露出抵制情绪，和曲折隐晦地教育学生做一个堂堂正正的中国人。老先生就曾教过我们唱《苏武牧羊》，教导学生要做一个有民族气节的人，学古文《爱莲说》时，教育学生在污浊的环境中要坚持操守，"出淤泥而不染"。小沈先生时时有不满现实的情绪流露，有一天放学后我和一位同学留下清扫，就听到他在酒后与他叔父谈话中，愤愤地喊出"打倒小日本！"的话。那时，中国人对日本的殖民统治虽然心怀不满，但公开地表示反抗却是极少见的，这使我感到惊异。同学悄悄对我说，他从山东来，说不定是"八路"，当时我不知道什么是"八路"，也不知道他的来历，但我和小沈先生一样憎恨欺压我们的日本人。1945年旅大光复后，听小沈先生的同乡（山东莱阳）说，他原在南京读军校，在探亲期间南京失陷，后来确是参加了八路军，当队长，不幸牺牲。

1941年底我结束了私塾的学习。这以后私塾的情况听朋友姜伯萍（大连海星学院毕业，离休前任大连第十八中学教师）说，他曾在1944年临时给寺儿沟某私塾教过日语课，大连市役所学务课指派土佐町公学校负责检查指导，不设日语课的私塾要吊销许可证，日子很不好过。

在大连私立明德公学校学习

我在上学期间，放学后在家随父劳动。1942年4月，我到"关东州劳务协会"登记（照相、按指纹），办理了"劳工票"。这样可以避免被随便抓了劳工。因我眼睛高度近视，没有合适的地方可去，又想升学谋求出路。同年冬到 1944 年春，经私塾学友李荣芳叔父的帮助，插入大连私立明德公学校（前身是大连中华青年会立中小学校）高等科一年级学习。李荣芳早我一年在同年级学习。

高等科二年级时，学习的课程有修身、日语、满语（中国文）、数学、理科、地理、历史、唱歌、美术、体操。除满语、音乐、体操外，都是日本教师担任，教初等科的是中国教师，但三四年级的日语课全由日本教师担任。我的班主任是冈内先生（女），教日语和理科，柳原校长教修身。另有小河原、木村、三浦三位先生担任其他课。全校共有十四五位教师，日本教师约一小半，学生一千余名。

日语的课时最多，每天都有一二节。历史讲"满洲"古代史，内容是东

日本侵占东北后，在各地修建"忠灵塔"纪念侵华日军死亡将士，并组织中国学生去祭拜。

北一些少数民族的历史。因我在私塾已经知道中国朝代世系是三皇五帝、尧舜禹汤……隋唐宋元明清，所以对满洲历史没有留下多少印象。没学日本史，但听过讲"天照大神""琼琼杵尊""大和民族是神的子孙"之类的故事，完全是当作异国神话听的。地理学过"关东州"和伪满洲国地理，其中讲过满铁的业绩，"大东亚共荣圈"的建设等。总之，历史、地理课没有使我形成对中国整体的，哪怕是一个概略的认识，更不用说形成"热爱中华"的观念了。

日本精神训练

在课堂学习之外，明德公学校和公学堂一样，每天有朝会：升日本国旗；唱日本国歌；向日本皇宫方向致"最敬礼"；祈祷日本的"武运长久"；最后是校长训话。每月8日有日本向英美宣战的"大诏奉戴日"，年内还有陆海军纪念日、始政纪念日等，都要举行仪式，还有参拜日本神社、"忠灵塔"的活动。这些仪式活动，全都是培养对日本的思想情感的，以"归依日本、崇敬天皇"为中心的，虽然是私立的中国人学校，却一点也没有中国的气味。

在日本殖民统治时期的大连，日语是社会交往的工具，求知和谋生的手段。但在日语教科书或读物中，蓄意渗透了宣扬军国主义、忠于天皇的"日本精神"，使中国学生在不知不觉中受到毒害。我在私塾、夜校和公学校的日语学习中，开始了解了日本的一些情况。这里不仅有徐福的故事，圣德太子和小野妹子的故事，阿倍仲麻吕（晁衡）和李白的故事，而且还有不少赞颂日本将帅建立的"军功"，日本对"东洋和平"的贡献，"忠君爱国人物"的事迹，"开发满蒙"的业绩，等等。从日本的文字、古代服饰、绘画、建筑、医学等深受中国文化的影响，而又尊崇孔子，信奉中国的儒学等史实，使我对日本产生一种历史亲切感，日本人不会以怨报德吧？又由于对祖国的近现代历史的无知,对日本的侵华元凶,军国主义法西斯军人的罪恶、反动本质,视而不见、麻木不仁,没有批判的认识。当时,日本帝国主义宣传中日"同文同种""民族协和",以此掩盖民族矛盾,麻痹中国人民的反侵略斗志。而在教育领域,殖民当局则致力于"完善"对中国人的奴化教育方针,大力推行"养成'满洲国'人正确理解日本的观念"和通过学习日本语"了解日本文化"。① 灌输这样旨在泯灭中国人的民族意识、国家观念和革命思想的"理解日本的观念""日本文化",可见其愚弄中国居民,特别是青少年学生的良苦用心。

然而,活生生的社会现实又使殖民奴化教育"精神训练"的效果打了折扣。特别是在太平洋战争爆发后,随着日本侵略战争的扩大,物资紧缺。居民开始实行一切生活必需品"配给制"。中国居民配给的粗粮中有了橡子面,并且规定中国人不准吃大米、白面,要是弄到一点大米、白面,就是"经济犯",大米、白面成了日本人的专用食粮;在日本的大商店里,许多商品标明"满人不卖";更不用说有目共睹的大连最好的住宅、最好的学校、最好的职位都属于仅占人口总数 14% 的日本人。在现实生活面前,课堂上、集会上讲的"共存共荣""一心一德",都变成骗人的鬼语,学生对日本殖民统治离心离德,是"无师自通"的。最能说明这一点的是:我们这些高年级学生,在学校举行朝会、"大诏奉戴日"、纪念日和参拜"忠灵塔"的仪式时,都在私下里把"东方遥拜"说成"东方(指日本)要败",把"默祷"说成"磨刀"。"大东亚圣战""大东亚共荣圈""武运长久"成为诅咒的对象。同学们对殖民统治及其奴化教育的态度,在这里得到真实的表露。

培养"归顺于皇国之道"的"关东州人"

1944 年 3 月毕业,我和李荣芳因年龄大(18 岁),没能报考上师范,级

---

① 《关东州的教育设施》,"关东州厅"学务课,1934 年。

长王茂业（离休前任大连教育科学研究所高级教师）虽被保送上师范，但因是"寄留户"未被批准，待到办成"民籍户"时也晚了。5月，我和王茂业被学校介绍当了普通学堂代用教员，稍后，李荣芳也当了代用教员。当时，正值《关东州人教育令》公布实施，公学堂改称公学校，普通学堂改为公学校的分校。我和王茂业分别被大连市役所学务课派往远离市区，位于海边的岭前公学校傅家庄分校（原岭前普通学堂）和老虎滩分校（原老虎滩普通学堂）。李荣芳派到大连秋月公学校春柳分校（原春柳普通学堂）。

我所在的傅家庄分校是1922年在私塾的基础上设立的，现有5个班，约200名学生，教员连我共8人（女2）。普通学堂的堂长，原都是由中国教员充任的，改成分校后设主任，但在管理上发生了变化。傅家庄分校虽然名义上仍由中国教员担任主任，但实际上实权由本校一位日本教员寒川掌握。他一周来一两次布置和检查工作，主任只是执行而已。王茂业所在的老虎滩分校交通比较方便，有300多名学生，1943年调去一位姓宫田的日本女教员教四年级，教员集会时堂长（校长）得用日语讲话。改为公学校分校后不久，堂长调走，寒川担任主任。这时，要求教员在课内外都要讲日语。李荣芳所在的春柳分校，主任也换成了日本人尾田。

傅家庄分校交通不便，没有派来日本主任和教员，没有多少约束。当时按《关东州人教育令》，日语改称"国语"，即"关东州人"的"国语"，课程设奉公科（修身、国语、满语）、理数科（算术）、体育科（体操）、艺能科（音乐、习字、图画）、劳动科。我教一年级，担任除修身、音乐之外的课。暑假中被调到大连伏见台公学校参加为期一个月的教员"再教育"讲习会，主要讲习日本语教授法和看示范课，目的是强化日语教学。当时规定，初等科每周"国语"（日语）8节，"满语"（中国语）则减少为4节，高等科3节，明目张胆地要改变中国居民的民族语言。

在傅家庄分校，同事们的思想状态给我不小的影响，印象最深的是，提起孙中山都尊称"国父"。当时，我渴望了解关于祖国的史地知识及现状，但思想统制极严酷的"关东州"，在战时体制下，出版物的管制尤其严格，这类书几乎看不到。和同事关系搞熟之后，谁有好书就可以互相借看、传阅了。记得看过《胡适文存》、老舍的《骆驼祥子》等文艺书籍。还悄悄传阅过几本没有封皮、缺页，不知书名的书，写的是帝国主义列强侵略中国，民族工商业凋敝，农村经济破产，战乱，人民的反抗、失败……尽是使人心情沉重的内容，掩卷之后，一个苦难中国的形象，时时浮现在脑际。还传阅过一本范长江写的长篇通讯：《中国西北角》。这本书报道了 20 世纪 30 年代后期中国西北数省在军阀黑暗统治下，社会动乱不安、人民挣扎在水深火热之中的惨象和日本帝国主义侵略势力步步深入的危急形势。书中还透露了中国共产党领导的工农红军北上抗日的壮举……这些书是毕业于大连早苗高等小学校（日本学校）的同事于永伦（离休前任大连第七十一中学教师）借给我看的，而他是从岭前公学校教师张志有（离休前任大连自然博物馆干部）那里借来的。这类书传阅的虽然不多，但使我眼界顿开，对祖国有了一点较为全面的认识。比我年长的同事刘鸿维（大连商业讲习所毕业，退休前任大连第十六中学教师），强烈地反对日本霸占东北和侵华战争。他积极寻找机会出走参加抗战，经他介绍我结识了他在《泰东日报》搞广

1939 年大连市立协和实业学校同窗会"新京"支部。

告业务的同学鞠玉银（鞠永晋，离休前任大连大学教师，已故）。我从他那里听到他从日文中了解到的孙中山学说的概要，和读到他手抄的《五权宪法》。他精通日文，注意战局，经常把中国抗战的情况和日本侵略战争惨败的消息传播给我们。

虽然这些人都受过日本的奴化教育，但都从现实生活中领悟到日本帝国主义是中国的敌人，因而有了共同的议论——不做"亡国奴"的话题，期盼着摆脱日本的殖民统治和祖国抗战的早日胜利。日本殖民当局指望通过这些平凡而没有心死的"奴隶教员"培养"归顺于皇国之道"的"关东州人"，只能是一厢情愿！

1944 年 12 月，美国飞机 B-29 空袭大连港，时局越来越严峻。学校教育早已纳入战时体制，本校高年级学生常常要"勤劳奉仕"，1945 年全市学校已经不能保持正常的教学秩序了。我弟弟陈丕孝（离休前任大连理工大学处长、高级工程师）这年春考上大连商业公学校，一个学期除去"勤劳奉仕"没有上几天课，可以说是学业荒废的最后一届学生。我所在的分校学生年龄小，要好些，但教员也要求绑裹腿、戴"战斗帽"，全市频频进行防空演习，学校也不例外，挖防空壕，校舍所有门窗玻璃都贴上横竖纸条，时时准备疏散学生，气氛十分紧张。记得我在日记上用毛笔写了一个"避"字，记录了这时企望躲避、逃离这一环境而不得的心境。这一年，我和同事们正如光复后大连市第一任教育局副局长卢正义在 1946 年 1 月 6 日第一期师范讲习所开学典礼讲话中说的那样：解放前，"在大连这样的地方，连中国语都列为外国语，公开的反对是困难的。怎么办呢？结果只剩下一个'混'，对于敌人是一种消极的抵制，而教师自己，在精神上是极其痛苦的……"

不久，我们迎来了"八一五"这个令人狂欢的日子，日本帝国主义的殖民统治和为其服务的奴化教育永远彻底地结束了。

访谈人：齐红深、朱天骏。访谈时间：1998 年 8 月 7 日，10 月 15 日。地点：大连市西岗区大胜街口述者家中、大连市教育志办公室。

张金川：
去日本当童工

张金川，曾用名张涛，男，汉族，1927 年 10 月 17 日出生。籍贯：辽宁省大连市金州区。离休时所在单位：大连教育学院。职务：师训部主任，语言文学系书记。职称：副教授。日本占领时就读学校：大连沙河口公学堂。日本占领时工作单位：日本东京冲电气工厂工人。

1935—1941 年在大连水源公学堂、沙河口公学堂学习；1941—1945 年在日本东京冲电气工厂、大连冲电气工厂等当工人；1946 年 4 月—1946 年 6 月在大连师范讲习所学习；1946—1949 年任第四完小教员、教导主任；1949—1953 年在旅大文化宫文宣部、函授学校任通讯主任；1953—1954 年任旅大函授学校教员，大连三中教导主任、党支书；1955—1970 年任旅大函授学校副校长，大连教师进修学院函授部主任；1970—1973 年任旅大师范学校中文教员、报道员；1974—1978 年任大连文艺创作班负责人、教员、旅大师范函授组负责人；1978—1988 年任市教师进修学院师训部主任，语言文学系党总支部书记，曾任市教育志副主编。

母亲生了十六个孩子，我是老大。由于家里太穷，为了生计，我小学毕业后 14 岁就不得不去"三越"（即解放后的秋林公司）当勤杂工。日本人见我长得瘦小，干活无力，总想把我赶走。恰在此时，巧遇同学吕玉明。他得知我的境况后对我说：别干了，活遭罪。我给你找个好方。"管吃、管住、还能学技术"，何乐而不为？我问：去哪里？答曰：好地方，日本东京的一家

345

张金川家住在北沙河口。

沙河口神社。

张金川在沙河口公学堂上学。

大工厂。我略加思考，心想：与其在家挨饿受苦，不如外出闯荡，或许还能挣点钱补贴全家。于是欣然应允。吕玉明答应与日本总管汇报后再通知我。

三天后，吕玉明领我去见了日本总管林一忠德。林一忠德一口标准普通话且说得非常流畅。他上下左右打量了我一下，我意识到考试开始了，他突然从椅子上站起来，猛地朝我胸部就是一拳，我机灵地躲闪过去。他笑了笑又走到我的背后以掌猛击，我又闪身躲过。林一忠德与别的日本人不同，他态度好，都称他为"笑面虎"。

　　1945 年初大连沙河口公学堂初小四年二班全体：前排左起解云汉、邓广祯、于清举、陈锐新、韩玉朝、田有安、日本教师铃木惠子、刘正运、李若桐、刘学海、刘金泉、宋运平、宋晓日。

大连沙河口公学堂毕业生和教师。

此时他点点头笑着问：会讲日语吗？我说：会点。他向我提出几个问题，我回答完后，他客气地让我坐在桌边，说：把你刚才回答的几个问题，加上你的感想决心，马上写给我。我写的大意是：愿意去日本东京冲电气工厂，好好学习技术，听从领导，遵守厂规，学成后定为工厂勤奋劳作。他看了看，叫我签上字，并按上手印。林一忠德微笑着叫我回家等候消息，由吕玉明通知我。

在等消息期间，有两个问题一直使我犯琢磨：一个是这次考试不同于一般技工养成所的正式考试。那些技工养成所招工考试要求严格、考试面广、难度也大，而"冲电气"不仅要的人数少，只取十来个人，而且基本上都是通过熟人介绍，单人联系，我想它们这样录取，可能觉得更可靠吧。另一个是我书面写的那些话，总觉得我"人已归厂"而不属于自己了，好像里边有点"文章"。它后来果真暴露是一张卖身契，一张包身工的签约。

大约过了一周，吕玉明通知我："你被初步录取了。"只是还要经过大连警察署的最后审查和验定。临走时还说：林一总管对你印象还行，认为人虽瘦小点，可挺机灵，日语尚可，字也写得不赖，是个干技术的好材料，将来对大日本帝国是有用处的。

又经过一个多月反复严密的政治调查，大连警察署总算勉强同意"放行"我们13个人（栾新国、刘好祥、刘云滨、高和谦、李治中、吕玉明、刘成充、柳某、史某、奚某……）去日本。

1942年5—6月，我挥泪告别了母亲，乘日本的"吉林丸"在"神户港"下船，又转车到了东京"冲电气"。"吉林丸"本来是一条日本较大的商船，但船上却有不少日本兵，船的四周都有大炮。中午时分我们见到日本军人正在安装炮弹，在太阳照射下闪闪发光。在"神户港"我们还亲眼见到停泊在港里的日本航空母舰，正整装待发。待到了东京，我们已听说军事生产区被美国B-29大肆轰炸，连"横滨港"也未能幸免。（"冲电气"离轰炸地很近）这几件触目惊心的事实，使我们这些孩子强烈地感到震惊，意识到"大东亚战争"已处于紧张阶段，"日本帝国"已处于劣势。大家想：我们是回不了家乡了，只有等死在日本吧。但有一点当时我们还不甚明了：日本人为什么此时此刻不远千里花那么多钱送我们来日本学习"技术"呢？

到了东京"冲电气"后的第一件事，就是林一忠德和一名日本少佐军官领我们到东京警察署接受再审查。审查通过后令人奇怪的是"林"再也没露过面，跟随我们的总是那位"少佐"军官。"少佐"与林一忠德迥然相异，态度蛮横，语言直露。军训前开门见山的第一句话就是：你们从现在起不是"满洲国民"，也不是"州民"而是"皇民""神民"，所以我们每天都要遥拜明治皇宫和"天皇""靖国神社"和"天照大神"，为"大东亚圣战"的胜利、建成"大东亚共荣圈"而牺牲一切。

军训课时间不长，分量也不重，但重点很突出。即除了基础训练外，就是"刺杀"和"柔道"。"少佐"对这两项极为重视，要求也很严格，一直训练到腰酸腿痛为止。他说：这是战争需要也是生产需要，更是自卫手段。"少佐"少言寡语，而且从来不说中国话，但有天晚上，他带点醉意突然闯进我的宿舍，高兴地用中国话说："你们都是我的学生，也是我的朋友，你们挺老实，没出什么事……说真话，中国的我熟悉，大连的我更熟悉，我在大连周水子飞机场待过若干年……"后来，我想：这虽是无意中的流露，但说不定他是个日本军事特务。

养成所的思想政治教育主要不靠课堂，而是随时随地、潜移默化。给我印象最深的就是"克里空"的"战板"宣传。如：侵华战争又取得大的进展，给美军以重创取得了更多的"辉煌胜利"，击沉了多少美军的护卫舰和巡洋舰，日本"神风"号空军"敢死队"如何俯冲美军航空母舰，飞机钻进舰队烟囱共同爆炸。要我们学习日本"敢死队"自我牺牲精神和大和民族的"大和魂"以及"江田岛"精神。"少佐"还特别推崇日俄战争中的"英雄"——乃木大将和东乡元帅，极力倡导"不成功，便成仁"，要我们学习"剖腹自杀"的"典范"，忠心为帝国效力。

养成所的思想教育不仅潜移默化，而且已经形成一种固定的模式。比如：饭前一定要唱一首短歌（"箸取けば"……），之后拍手三下再说一句饭前的话。点头示礼后才能取筷吃饭。而饭后也要拍手三下说一句饭后的话，再点头示礼才能放下筷子，起身离座。问题不在于形式而在于实质。唱短歌也好，饭前饭后嘟噜一句也罢，不管拍手还是点头示礼，其中心意思就是：这都是神和天皇的恩赐，我们不仅要对神和天皇感恩戴德，更要忠于神和天皇。

至于技术教育，这才是养成所抓的重点。它的特点是："重压加速成"，学习内容是："广训加精一"。所谓"重压"就是超负荷的孩子所承受不了的过重训练量（每日12小时到14小时，大约等于一般养成所的两倍半），以达到快速掌握技术的目的。所谓"广训"就是一个孩子要同时学习三四门技术，并钦定一门为精练技术，给我定了三门：仕上（钳工）、锻造和旋盘（车床），而"车床"为精训科目。他们的这种奴隶式的训练牛马的方法是成年人也不能忍受的，更何况尚未成年的少年?! 日本工头的严格监控和过高的规格要求，是很难达到的"标准"。所以日本工头"延时反复"训练。这就势必引起大家的不满和反抗。我本来是个左撇子，但是必须用右手提锤击扁铲，同时站跨姿也不符工头画的脚线，因此格外别扭受累。左手经常被锤子打成紫茄子样，而右手被锉刀磨成许多血泡，血泡破了皮肉粘在手套上也得咬牙练，整天满头大汗，腰痛腿肿，真是苦不堪言。对日本人的愤恨必然体现在劳动及工具上，那就是故意破坏车床小零件或设法停转（争取稍事休息），有时在日本工头上厕所时，把卡钳甚至把卡尺，扔到了楼下的水沟里，以示报复。

由于"大东亚圣战"已处于紧张阶段，日本帝国主义节节败退已露端倪，前线供应非常吃紧（尤其是军用物资），于是我们于1942年9—10月被提前放回大连，进入"冲电气"在泡崖一带新盖的大军事工厂，边安装机器边生产急需的部件。我当了一名真正的亡国奴式的、任日本人压迫的残酷剥削的"牛马""工具"。在大连"冲电气"工厂，不仅劳动量大而且生活待遇也极差。除了白天劳动外，几乎每个晚上都要加班加点，而且星期日不休息，每天的工作量达到12—14小时。我们住的是大土炕，没有任何取暖设备，也从不烧炕。而宿舍又建在半山坡上，冬天的北风吹在脸上像刀子一样，铺盖和衣着又很单薄，晚上只好和衣瑟缩在被窝里。至于吃的则更惨了，每顿不到三两的小窝头，这是一种连猪狗都不愿吃的东西，一部分橡子面，一部分霉苞米面，另一部分则是"观音土"（即白泥），这种硬邦邦的掺和白土的小窝头不仅难以下咽，即使吞下也沉甸甸地下坠得肚子痛。至于菜，那不过是漂上几个菜帮的清水汤而已。

1943年12月7日，这是我永生难忘的日子。我带了三四个小工人，加夜班，但是两个日本工头却在他们暖和的宿舍里饮酒作乐。我们忍饥挨冻，却见不到他们的身影，因为图纸在他们手里，工头不来是无法开机的。几个小工友都吵嚷"不干了"，让我带领他们回宿舍。大家刚要走出厂门，被日本工头迎头碰上。其中名叫黑田（外号"黑驴"）的大骂：张，你带头不干活，领他们"罢工，罪大大的！"我怎么解释，他也不听，吼叫着猛抽我一记耳光，我险些被击倒。接着他大喊"立正！"就这样，被连续抽了三个大嘴巴。待他举起手要抽第四个时，我已忍无可忍，侧身就是一拳，他鼻子开始流血，紧接着我又朝其太阳穴和腹部连击两拳，当时他就晕头转向，眼睛红肿。站在一边的高桥工头这才反应过来，操起铁棍打过来。四个小工友拉住了他的铁棍，我见状大喊：快跑！工友们各自跑回到自己的宿舍。而我是不能回宿舍了，见厨房尚有灯光，我拉了门就闯了进去，大师傅老滕（普兰店人）问明情况，灵机一动，打开大面箱子，卡紧盖子加上锁，让我躺在里面，并说："弄不好你小命就要交代了。"

远处传来阵阵的叫骂声，守卫长"大驴头"带领几个日本守卫说：各宿舍都不见，莫非逃跑了？说着我听见他们进屋，开始四处搜查。大师傅笑脸相陪说："我还有瓶60°好烧酒，一块喝点。""大驴头"说改日吧。于是进到内屋搜查一遍，临走又用铁棍和军训用的木枪捅了捅大面箱子，见有锁，问老滕："来过人吗？"老滕笑问："什么人？鬼才来呢！""大驴头"等人只好怏怏而去。

老滕见鬼子已走，立即打开锁，我从箱子里爬出来，满身满脸都沾满了黄苞米面，已成为"面人"了。老滕说：快逃吧，兴许还会来抓你呢。我寻思：反正是个死，往哪逃呢？正琢磨着，远处又听到叫骂声，"大驴头"带着一些守卫又往厨房走来。老滕说：坏了，又来了……他急中生智说："快躺进我的被窝，靠下点别动弹。"接着他也钻进被窝里，让我蜷曲在他的腿裆

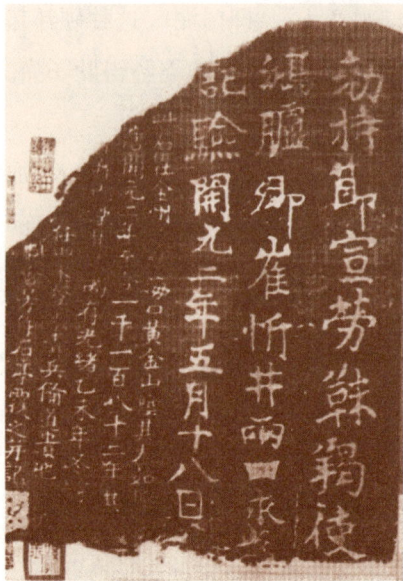

日本盗走的旅顺国宝鸿胪井碑刻。此碑系唐朝开元元年（713年），崔忻到渤海郡完成册封使命回程途中立碑纪念。

处。"大驴头"等推门而入，见老滕躺下，四处坐坐，没发现什么，就到厨房里乱捅乱翻，骂了几句关门而去，但他们绝不会想到我会躺在老滕的身下部。"大驴头"走后，天已蒙蒙亮，我左思右想：门卡出不去，家也不敢回，既然走投无路，不如回厂一拼。

这天是12月8日（是我第二次死里逃生的日子），即"大诏奉戴日"。我若无其事地照例站在队伍中，听读"诏书"和"大东亚圣战"的"功勋"。这时我身后已聚拢了一些日本人，黑田和高桥惊愕地发现了我，黑田带着满脸伤痕指了指我。"就是这小子！"周围的日本人说："一定砸死他！"因为例会没完，大头目正在台上讲话，所以他们不便多说，也不能动作。

会毕，大头目把我叫到车间的大型压力机旁，那里地处宽阔，便于群击围攻，一大群日本人也跟了进去。大头目怒吼：你不是"州民"，更不是"皇民"，你是我们用钱买来的奴隶，要老老实实在"冲电气"一辈子当牛做马。你走不了更跑不出去，你赔得起我们付出的船费、食宿费和多种学习训练费吗？你永远也赔不起，你到了"冲电气"，就做了终身的劳动工具。又喊：你罢工，还打日本人，这就是"反满抗日"，今天不把你打死，也得送进牢狱。砸死你这个胆大包天"忘恩负义"的家伙。他示意黑田、高桥动手，黑田过来就扇了我一个嘴巴，我开始没还手，待他再要出手时，被我冷不丁一拳击倒。周围的日本人一窝蜂似的压过来，对我拳打脚踢，我抱头蹲在下边，因为人多乱打，当然击不中要害处。这时一个叫宫崎的柔道高手，钻入人群双手抓紧我的腰带处把我举到半空，抛出足有五米远。我一看机会来了，立即爬起就跑并顺手关上大铁门。只听锤子、锉刀、钢棍砸得铁门叮当响。在这千钧一发的死活关头，我突然意识到：何不钻出铁丝网越出而逃？这一点日本人果真没有料到，他们把人力都布置在厂路厂门东的大迎道上了。于是我才捡了一条命。

但是，事情并没完结。日本人抓不到我，就找了一个"垫背"的。这个垫背的是"四级员工"（徒工）孙致全（他没去日本）。前几年在路上遇到他时，我们又一次谈到了"冲电气事件"。孙致全说：你跑了，我却倒了霉，当了你的"替身"；日本鬼子硬说我是政治犯（指我）的帮凶，把我关在一个小笼子里让我"交代"，我说：我不懂政治；鬼子说：你不仅跟着"罢工"还用小铁棍打了高桥……说着，一铁棍就砸在我的头上，三个鬼子轮流在我头上打了七八下，打得我满头是包，还有几道长口子，满身是血；我躺在地上，他们说我装死，用皮鞋来回轮流乱踢我的头和身体，那时我已经奄奄一息；他们这才勉强把我送到医院抢救，住了两个多月我才稍省人事……孙致全摘下帽子，指着几处伤疤，不无感触地说：这就是日本鬼子给"亡国奴"留下的铁证，给童工刻下的残酷压迫和剥削的历史印记。日本帝国主义至今还给我留下一生治不好的病——严重的脑震荡后遗症，经常头痛、头昏。

我逃跑后，改名换姓，轮流躲在几个亲戚家中，换了几个工厂，都是充当临时工，直至苏联红军解放大连，日本帝国主义垮台，才重见青天。

访谈人：齐红深、刘茂叙、律清扬。访谈时间：2000 年 11 月 1 日，2013 年 8 月 19 日。地点：大连教育学院。

张 洵：

一个女学生的经历

　　张洵，曾用名张桂莲，女，汉族，1928 年 6 月 4 日出生。籍贯：山东省蓬莱县。离休时所在单位：大连市妇联。职务：副主任。日本占领时就读学校：旅顺高等女学校。

　　1936 年 4 月—1942 年 3 月在旅顺公学堂读书；1942 年 4 月—1945 年 8 月在旅顺高等女学校读书。1945 年 11 月参加革命工作，任旅顺市政府秘书处会计；1946 年 9 月到大连建国学院学习；1947 年 3 月—7 月任建国学院教导处干事；1947 年 7 月—1960 年 3 月先后任关东妇联教育科长、宣传部副部长、部长、中山区妇联主任、大连市妇联副秘书长、副主任；1960 年 4 月—1965 年 5 月任大连二中校长；1965 年 6 月—1970 年 2 月任瓦房店师范学校总务主任；1970 年 3 月—1973 年 10 月下乡插队到复县汗屯公社靴子沟大队当"五七"战士；1973 年 10 月—1977 年 10 月任瓦房店棉织厂革委会副主任；1977 年 11 月—1979 年 3 月任大连针织厂革委会副主任、党委书记；1979 年 4 月—1988 年 6 月任大连市妇联副主任；1988 年 6 月离休。

　　我的原籍是山东省蓬莱县，出生后不久，就随父母来到日本帝国主义统治的殖民地——旅顺，在那里上了小学和中学，接受的是日本奴化教育。

　　1936 年 4 月我八岁时上了旅顺公学堂，开始了小学生活。旅顺公学堂是一所包括初小、高小六年制的学校，每个学年有四个班级。它坐落在旅顺旧市区上沟（即现在的旅顺中学校址），绝大部分学生居住在旧市区。校长是日本人，高年级的教师几乎都是日本人，低年级的教师多为中国人。1942年3月小学毕业后，我考入了旅顺高等女学校，这是一所日本女子中等学校，1910年建校，是日本在旅大地区成立最早的学校之一，每年只招收极少数中国学生。我是该校第35届学生，那年学校招收的中国学生比以往历届都多，共有8人。按学制，我应在1946年春季毕业，1945年8月日

旅顺高等女学校校舍。

旅顺高等女学校寄宿舍立二十五周年纪念章。正面："满洲国"国花——莲花；背面：旅顺白玉山上的"表忠塔"。

本帝国主义投降后，旅顺高等女学校随之关闭，我的中学学业就此结束。

回顾我的中小学时期，正是日本帝国主义发动侵华战争、太平洋战争，不断扩张，对众多亚洲国家侵略的时期。日本帝国主义为了实行和巩固其在殖民地的全面统治，极力推行灌输愚民政策的奴化教育，使殖民地国家的青少年深受其害。其中我印象最深的是日本当局把旅大地区称作"关东州"，列为日本领土的一部分，称在这里居住的中国人是"关东州人"（有一段时间还称为"满洲人"），并强行普及日本语，以图泯灭中国人民的祖国和民族意识，服服帖帖地做日本帝国主义的顺民。

在小学时，日本语是主要课程之一，到了高年级，除了满洲语课外，其余课程几乎都使用日本语，学校的操练号令都使用日本语。旅顺市内的公共汽车的发车、停车用语也都改为日本语。到中学时。因该校是日本学校，全部使用日本语，中国学生之间说中国话受到限制和禁止，每当中国学生聚到一起说起中国话时，就会受到日本教师和学生的监视，记得学校曾在全校聚会上宣布中国学生不要说中国话。在与日本教师、学生的接触中，常听到一些对中国人侮辱的语言，如称中国人为"支那人"（にせあ人）……中国学生带的午餐主食多是粗粮，记得有一次中国同学带的是韭菜，日本教师在班里批评中国学生带的饭有臭味，不要再带。在这种环境下与日本人相处、一起学习，真是感到人格受侮辱，产生自卑和恐惧感。

太平洋战争爆发后，日本当局利用各种场合，采用各种手段美化其发动的战争为"大东亚圣战"，是要建设繁荣的"大东亚共荣圈"。他们将每月的8日作为"大诏奉戴日"，组织学生到旅顺白玉山"表忠塔"参拜，在校内的朝会上宣读日本天皇宣战的诏书，每当举行朝会时要向东方遥拜，每日课间播放歌颂日本武士道精神的"海之魂"歌，每当取得"攻克""陷落""大捷"时，组织学生上街游行以示"庆祝"。记得"武汉陷落""新加坡陷落"时，我被迫参加过学校组织的上街游行。日本当局在学校还组织了"千人针"活动，即发动学生在一块白布上缝上针线，然后把这个"千人针"白布寄给前线将士佩戴，祝愿他们"武运长久"取得胜利，这个活动没有让中国学生参加。

小学毕业后，我报考旅顺高等女学校主要是出于这个学校在旅大地区成立最早并有些名气，想进学校学到一些文化科学知识，可是入学后，随着日本发动的侵略战争规模扩大，学校的正常教学被打乱，文化科学的课程大大减少，"武运长久"、军事训练和"勤劳奉仕"课却大大增加，原来课程有英语课，可仅上了一学期就被撤销，一些课程，由于男教师应征入伍，由班级授课改为上大课。为战时需要，学校增设救护课，做防空救护演习，每个学生都配一个装有三角巾、绷带的救护包，以备空袭时急救用。学校还多次组织学生到军需品仓库搬运军需品和缝补军用蚊帐。学生的校服也由裙装改为国防服——宽裤腿紧口的裤装。1945 年春我升入四年级时，根据当局规定，四年级学生停止上课，作为"学徒动员"分配到邮局、银行、学校等单位做些辅助性劳动，以补充男性应征入伍的劳动力缺额。这样从 1942 年 4 月我入中学到 1945 年 8 月日本帝国主义投降为止的三年半时间里，实际上学习的时间仅有一年半左右，自己原来的愿望未得实现。

大连女学生在做"大日本广播体操"。

大连女学生在朝鲜修学旅行。

大连某高等女学校昭和十二年（1937年）第五回送别会，有的女生着男装。

日本当局在女子学校中，以培养驯顺的贤妻良母为主要目标，设有裁缝、家事、作法等课程，其中最令中国学生反感的是作法课。作法课是教授女子在家庭里如何给男人和客人开门、送茶、递铺垫等日本礼仪。教室是一个铺有羊垫的和式房间，学生跪坐一圈，教师讲学生操作，四十五分钟的跪坐对中国学生实在是活受罪，坐了几分钟后双腿麻木得失去知觉，待上完一堂课后都站不起来，中国学生十分厌恶作法课，但又不得不上，因为不能按标准跪

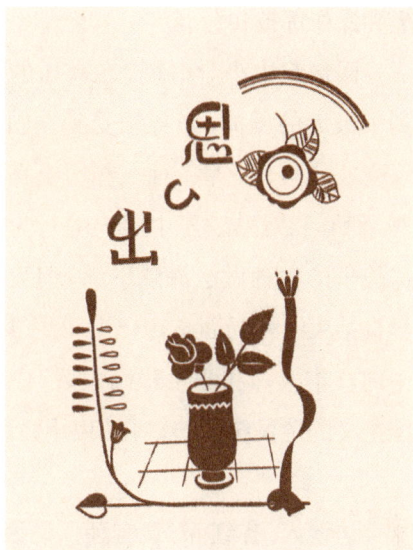

大连女子学校学生制作的表达思念回忆之情的图案画。

大连女子学校学生学习装饰的图案画。这些图案画中充满日本文化元素，如中排右一神社鸟居（门）、右二日本国旗风筝。

坐和操作都被扣分。

回忆起中小学时期，在高压的殖民统治和奴化教育下，自己的精神受到了极大的压抑，亲身领受到亡国奴的悲惨遭遇。虽然那时我年龄还小，又受奴化教育之害，对一些历史真相不太清楚，但看到一些伤害中国人自尊，侮辱和残酷欺压中国人的行为时十分气愤，对日本统治者美化渲染侵略战争的种种做法深感不满，但无可奈何之下只能逆来顺受，心中盼望能早日结束这种局面。1945 年 8 月 15 日，当日本天皇宣布无条件投降时，校中的日本教师和学生悲恸大哭，中国学生则欢喜若狂，欢呼摆脱了日本帝国主义的殖民统治，欢呼结束了亡国奴的生活。

访谈人：齐红深、袁宝莲。访谈时间：2002 年 8 月 7 日。地点：大连市沙河口区连山街 13 号。

李明晨：
从"满铁附属地"到"关东州"

李明晨，男，汉族，1928年4月2日出生。籍贯：辽宁省瓦房店市。离休时所在单位：空军第二航空学院政治部。职务：副师级教员。日本占领时就读学校：瓦房店公学校、旅顺高等公学校中学部。

1934年入"满铁"所办瓦房店公学校，毕业后，考入瓦房店国民高等学校；1943年考入旅顺高等公学堂（中学部）；光复后不久即参加了人民政府领导下的工作；1946年读完锦州大学先修班，考入东北大学学习至1949年北平解放；1949年3月随东北大学遣返回长春转入解放区东北大学（后改为东北师范大学）自然科学院物理系学习；1950年朝鲜战争爆发，志愿参军加入人民空军建设，入伍后学习空军技术，毕业后留校工作；1988年退休。

我的小学——瓦房店公学堂

我上的小学在"满铁"建立的"瓦房店公学堂"，又一度改称"瓦房店公学校"。"满铁"就是"南满洲铁道株式会社"的简称。它在从"新京"（今长春）到瓦房店的铁路沿线，建立了七八所铁路小学，由日本国给中国人办的小学，定下的名字。日本孩子念的小学，就叫"某某小学校"，或是按明治时期叫法，叫"某某寻常小学"。

瓦房店，经过前后两茬帝国主义的经营修建。铁道东部留下了俄国人风格的建筑，当年管理铁路的俄国人都住在那里。配套设施有一座俄式大医院，后来改为日本人的"满铁病院"，设备先进齐全。日俄战争中俄国人败北，来了日本人接着住在那里，在东山修建了"旭山公园"，进而修建了神社。山上有小亭一座。亭前战壕里，能扒得出日俄战争中的铅弹。铁道西部是中国人居住区，我们住在那里紧靠铁路的学校区一带。除了公学校，往南都是大片荒地。再往南是狭小公路经由岗子店通向大连，光复那年，苏联红军就是夜以继日地沿着这条公路向南进军占领旅大的。家乡虽叫瓦房店，显得土气，但它却是个新兴的现代化工业城市。日本人在这里修建了两座大工厂，一叫"南厂"，一叫"北厂"，拉开距离两厂鼎立。南厂当时叫作"瓦房店纺绩厂"（日本名称）。当年生产"马头牌轴线"，远近闻名。"北厂"是当年亚洲最新最大的轴承工厂。其精度、耐磨性能与品种，均为东亚高质量产品之首。它的原名叫作"瓦房店ベアリング工厂"。以这两个大工厂为骨干，周边还有另外的较大工厂，如酿造日本清酒的原田商会，还有用当地的苹果制造威士忌的工厂，用当地的白泥铝矾土制造的耐火砖厂等等。

"满铁"全称是南满洲铁道株式会社，是日本在中国东北进行政治、经济、军事等方面侵略活动的指挥中心。1906年成立之初就攫取了长约1100公里的铁路。从1907年6月开始，把攫取的干支线全部改为标准轨距。在改轨的同时，修建了中朝边界上的鸭绿江铁路桥。从1908年开始，又修建了大连至长春、苏家屯至抚顺等线段的第二线工程。同时，大规模地扩建大连港。

"满铁"火车道离我家很近。四哥告诉我说：两条轨道不一样，靠里侧的发灰，外侧的发红；发灰的是最早俄国人修的，发红的是后来扩大为双轨，日本人修的。红的是锈迹，说明两个国家的炼钢技术，俄国比日本强。后来知道，那时的铁轨全都来自日本九州的"八幡制钢所"（现在的"新日钢"），那时它的技术已经很好了，但还是比不上俄国。那时还没有鞍山的"昭和制钢所"（"鞍钢"前身）。那个年代里的火车头王牌是"亚细亚号"火车头。它在1934—1943年间行驶在大连—"新京"（今长春）区间。

南满洲铁道株式会社大连本社。

家乡有一座非常美丽的大公园。后来知道，这个公园是日本人来后修建的，名字叫"旭山公园"。那是大正（1912—1926年）初年的事。日本打算的倒像是如意算盘，把他们的庙宇——"神社"搬来了。神社前面的通道，入口处修建了两座牌楼，前后两个距离不远。和中国牌楼风格大不同，比较简单，他们叫"鸟居"（とりい）。进了牌楼，走段路，上台阶，再往前有水池，做有铜质龙头，它吐水供人们喝，或是洗手参拜用。再上去，再登台阶，就是"神秘"的神社了，里面放有什么，

南满洲铁道株式会社首任总裁后藤新平。他提出"文装的武备"侵略策略。

不得而知。这是笔直的一条大道，"一"字连接到"神社"为止。光复后，秘密揭底，砸开一看，无非是空空荡荡的，里面放了几把纸刷子等而已！

瓦房店公学校是南满洲铁道株式会社（简称"满铁"）办的。建校时间

363

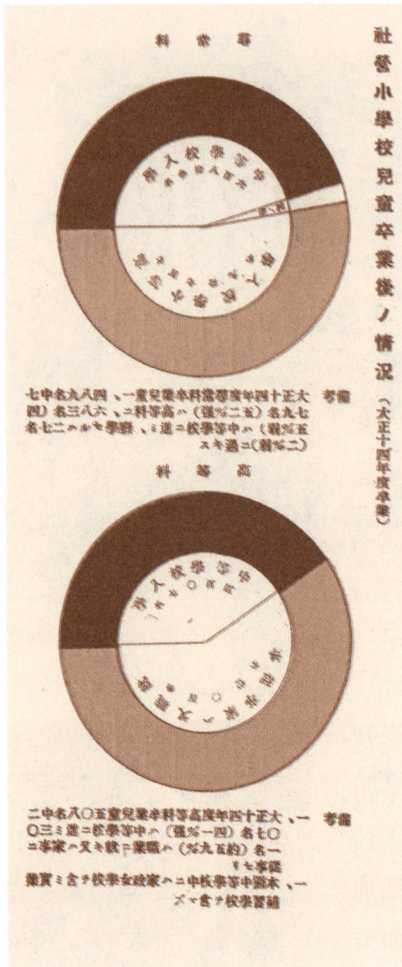

南满洲铁道株式会社以"文装的武备"战略思想经营教育文化事业。图为其举办的小学学生毕业后情况。

是 1914 年 3 月。

"公学校"学制六年，相当于咱们的完小。学校有校长一人，先生每班级一位。"堂役"二人，管上下课打铃，打扫先生合署办公的大房间以及公用教室的卫生，印刷先生上课的印刷品，考试试卷，烧茶水，冬天烧炉子取暖及课间添煤捅炉灰，打烟筒，管桌椅板凳的修理，保管农具，还要烧窑等。有日式板车一辆，还负责采买拉货。另有带家眷的日本工人一名，负责校园美化、种花草、养鸡养鱼和鸽子，修剪树木。他们住宿在特定的房间里，晚上管安全。

1935 年 3 月，我六周岁上了这所学校。新生一年级一个班五十几人。入学考试地点在大礼堂。西墙上面挂有"春风化雨"和"同霑雨露"两块大匾额。在它的下面，"一"字摆开了桌子，校长伊藤德市为首的各参考先生坐在那里，按分工进行考试。

1935 年，是我家兄弟姊妹在这所小学上学最多的一年。四哥六年级，他就在年底毕业；三哥、二姐三年级；我一年级。

本来三哥和四哥同年入学的，那时父亲还在这所学校任教，一年级是父亲教的。要不是不要学费，四个孩子同时上小学，供也供不起。

上学实行的是日本义务教育制，免交学费。课前发了各种教科书：《满语》《日语》《算术》《修身》等，这些都不用交钱。

瓦房店小学住宿的日本小学生。

1935 年底前是三哥、四哥领的头；及至 1936 年，四哥上"奉天南满中学堂"读名校去了，是三哥挑头领我们去看电影，有时也看戏。再后来，是伪满后期了，看京剧。

家乡的电影是 30 年代初期出现的，先是黑白无声电影加字幕的。字幕与活动影片大脱节，放一段影片，停下来出现字幕，顿时，一片读字幕人声鼎沸响了起来。后来，有了有声电影。在我们当时看过的电影中，有《水浒传》《西游记》《三国演义》《火烧红莲寺》、卓别林的滑稽电影等等。

那时看电影票价贵。我们花不起那个钱，自有办法。门口有漏洞，两块板子之间有较大的缝隙，凭着孩子小身子软，从那里硬挤进去的。演出中要查票，那就得机灵地转移到查过票的地方。

电影院和戏园子，是在同一个场所，时而演电影，时而演京剧。看戏也是如法炮制，混进去不花钱。名角也来演出过。其实也看不大懂，无非是凑热闹的成分更多点。有的也留下恐怖，像包公铡陈世美，判官从嘴里吐出红颜色的鬼火，还有他的红脸膛、红眼眉、红胡须，与耸起来的方肩膀，看了很害怕。

瓦房店公学校采用的是"关东州"的公学堂（公学校）使用的教材。后来采用伪满教材加"关东州"的教材。

1935年我上一年级，是我四哥小学毕业那年。四哥样样成绩皆优，在班里名列第一，受到先生们的青睐垂爱。毕业要举行"卒业式"。学校先从日本定做了奖品，其中有银质奖杯，中间刻有"赏"字；还刻有上联奖给某某人的名字；下联落款，有学校的名字。

12月的一天，全校学生都集合在讲堂中央。最前面是应届毕业生。接着先生进入站在左边，打头的是校长伊藤德市先生。而后，父兄接踵来到讲堂，站右边。典礼开始，唱校歌：

> 雲臺山の峰晴れて，
> 大沙の河の水清よく，
> 自然の惠み豊かなるあ！
> 南滿の瓦房店。

中文的意思是：

> 云台山空晴又晴，
> 大沙河水清又清，
> 得天独厚好地方啊！
> 南满城市瓦房店。

然后，校长致辞。他戴着白手套，站在讲台中央，向来宾父兄们行礼后，用日语致辞。考虑到有低年级学生以及家长到会，刘先生做了翻译。校长特别表扬了我的四哥，郑重地给四哥颁奖：奖状和银质奖杯。然后我父亲走上台展开宣纸折子，用古文宣读了致谢词。然后，齐唱"卒业歌"："萤の光り，窗の雪，文讀む月日，重ねつつ，何时しかとしも，杉の门を，明けてぞ，今朝は，分れ行く。"

四哥考上了名牌中学"奉天南满中学堂"。那是伪满唯一的一所"满铁"办的普通中学。招生录取很难。他11岁就考取。瓦房店公学校当年只有他一个人考取。

公学校每年都有一次应届毕业生为时一周的旅行，叫"修学旅行"。日本国内的小学和中学，都沿用这个制度。"满铁"的公学校，也采用了这个制度。"奉天"（沈阳）、"新京"（长春）是旅行目的地。后来改为伪满洲国管辖，经费减少，改为附近的大连。

第一站是"奉天"（沈阳）。主要景点是北陵。第二站到了"新京"（长春）。在那里，活动项目之一是在"满洲中央银行"前面"搬金砖"。一块砖头大小的金砖让你搬，"能搬得了，就搬回家"。但是谁也搬不了！

那时，学校很重视语文课，尤其是古文。早期我的外祖父应聘到校教语文，他本来是个私塾先生。后来从北平请来懂古文的陈辅良来校任教，专教高年级的语文课。他也和我父亲共过事，有交情。

陈先生教学认真，古文功底深厚，板书工整，发音正确；从小习武，打得一身好拳。他不在日本人面前卑躬屈膝。我们的古文就是他教给我们的。古文课有：诸葛亮的《前出师表》，李密的《陈情表》，王羲之的《兰亭集序》，陶渊明的《归去来兮辞》《桃花源记》《五柳先生传》，王勃的《滕王阁序》，刘禹锡的《陋室铭》，杜牧的《阿房宫赋》，韩愈的《师说》，柳宗元的《捕蛇者说》《种树郭橐驼传》，范仲淹的《岳阳楼记》，欧阳修的《醉翁亭记》，苏洵的《辨奸论》，苏轼的《前赤壁赋》，刘基的《卖柑者言》等等。除了古文，还教作诗。韵律是：一三五不论，二四要分明。

学校重视书法，课程叫"习字"。贩卖部卖仿纸，他们叫"半纸"。毛笔、墨、砚台等自备。字帖到文具店买。那时瓦房店共有三家书店，一叫"复新诚"，在宽街与通往车站街道交叉路口西拐角处；一叫"文化书局"，顾名思义位于文化街，他家孙姓女儿，是我们学校的女先生之一；铁道东的一家是日本人开的，叫"白土"，不卖笔墨砚台，图画工具等那里更好。写字除了打分，还用上墙办法鼓励我们好好练写字。

算术是重要课。高年级改为日文"小九九",珠算包含在算术课里。这是到了高年级时开始学的。教我们珠算的是久田久雄先生。他毕业于东京附近的一所商业专科学校。我们使用从日本订购的四珠算盘。不用中国古老五珠的。从五珠减为四珠本身就是一大进步。

从一年级开始天天都有日语课。头三年是深谙日语的先生（那时不叫老师）刘有真从字母开头教起,同时兼班主任,由浅入深、循序渐进。等到了四年级改为日本先生当班主任（叫"担任の先生"）,日语归他来教,同时当班主任,每天和学生（叫"生徒"）朝夕相处全用日语讲话,不大明白的也得听,潜移默化、日积月累。这就不是那种成年人的速成学习法了。前后两个日本先生,前者是山田弥贵,后者是久田久雄。久田久雄不到 30 岁。他是东京人,用标准东京音调教我们日语,告诉我们什么是标准东京音调。那个时代的中国先生也好,日本先生也好,都写得一手好板书,既规整又好看,横平竖直间架结构合书法。久田先生的钢笔字和粉笔字都堪称一流,令人羡慕。看今天的日本人写的字体,也像现代中国人那样,写起字来乱划拉,很不讲究书法。

就是这样,打上小学第一天开始,一学就是六七年!并没感到难不难,就好像是从生下来就从父母兄弟姊妹那里学到汉语一样,潜移默化、不知不觉。其实,那么点的一个小孩子,那时什么也不明白,学校教什么就学什么。长大后明白了,他们那么做的目的,也是像对待台湾地区那样和后来对待朝鲜那样,实行文化侵略征服政策,从小学开始教你日语,使你逐渐忘掉中国话,成为会说日语的亡国奴,以达到消灭一个民族的险恶目的。台湾地区是从 1895 年,朝鲜是从 1909 年,变成只准说日语不准说其母语的日本奴隶了。

由于是日本先生上课,到了小学毕业,多数学生们的日语达到了能说眼门前话的水平。那个时候,极缺会日语的毕业学生,进了社会在与日本人接触的时候,可以进行语言交流了。一些低级口头翻译,就是这些人担当的,就像电影《地道战》等里的鬼子翻译那样。

似乎有一种看法,说起伪满洲国,好像那时那里的中国人很多会日语似的。其实，那是一种很大的误解。那时候小学学制六年，一分为二，前三年是中国先生任班主任，包教全部课程含日语在内。后三年，改换日本先生任班主任，包教所有课程，只有汉语是中国先生任教。分工明确，各司其职，拥有丰富的教学经验，利于教学。

刘有真先生40岁上下，毕业于旅顺师范学校，那里全是日本先生任课，因此他日语说得标准、流利、水平高，在中国先生中他最好，是学校"朝会"的翻译。那时候每天上课前，在操场举行朝会；冬天或是雨天，在礼堂举行，一日不落。校长是日本人，叫伊藤德市，西装革履，端庄地站在台上；礼堂也有高大讲坛，所有先生列在一边，打头的就是兼职翻译。刘先生是校长器重的先生，资格也老，训话时，边训边翻译，这个差事就落在了刘有真先生的嘴上。这是考虑低年级学生还不能听明白校长的全部话语。他的口译声音和神情语调，至今仍清晰地萦绕在我的记忆里。他教学严肃认真，负责又耐心，学生受益匪浅。既然全部课程一个人包教三年，自然很累很累，连上课带批改作业，五十多个学生的分量很不轻松。别的先生也是那样。

教室墙上挂有五十音图，及其标准发音口型图。儿童口舌软易塑造，先生的发音经常影响学生，潜移默化基本定位了发音。

先生强调死记硬背五十音图，横背竖背，背得滚瓜烂熟，一气呵成。至今我仍能快速背得如当年一样绝不卡壳。要知道，对我来说那可是经过了七十四五年的事了。

先生还教我们唱歌，弹着风琴连唱带教的，里面少不了日文童歌，至今仍能唱出数首。这是通过歌唱，学日语。学校校歌，不分年级都得会唱，既有中文歌词，又有日文歌词。毕业歌，也得都会，它们也是刘先生教会我们的。学生很淘气，在礼堂毕业班要毕业时，当唱起毕业歌时，里面有一句"み惠み深き……"，学生不约而同地用相近的谐音唱，使典礼哭笑不得。

我常年坐在前排座。那时候，同一班级里念书早晚悬殊，相差有四五岁之多。我最小，总是和女同学同桌坐在最前排座。不敢大意的好好学，不然就要挨鞭子揍。

三年过得很快，转眼工夫到了1938年开学。教室也随着升级换到了四年级的固定教室。大玻璃窗，木地板，两人课桌，黑板，广播喇叭，电灯等都没变，五十几个同学也没变。还是照样在"玄关"（进教室换鞋的地方）那里，换穿拖鞋进走廊教室。我还是坐最前排，女同学刘道芝还是我的同桌；她家是开木材加工厂的，比我大几岁，总是照顾我，挨打的时候总是为我同情。升到四年级，也并没感觉到心情上有什么大变化，但多少觉察得出晋级的自豪感。

开始新学年第一次上课时，进来了一个大高个子日本先生，面略带雀斑，严肃地站在讲台上。他说，从今天起他就是我们的班主任，名字叫"山田弥贵"，写在黑板上，教我们怎么念。从这一天开始，除了满语、历史课由中国先生授课外，其余都是他来教。也是从这一天开始一直到中学，几乎全都是日本先生任教，在日本先生环境中上的学。

日本也是多方言国家，尽管是日本人，山田的发音不算好听。从他那里受到的影响是，多了词汇，什么"国民党""共产党""八路""毛泽东""蒋介石"等等，都是他讲课或训话中夹带的。无非是宣传他们不好，日本好；大半听不大明白。好在不到半年就换了先生。这人喜欢照相，学校的德国蔡司相机常挂在肩上，拿在他手里，到处照。照相室也是他的了。

大概在三年级时，学校来了个中年的中高个子的日本先生。他十分活跃，操场里经常看得到他的身影，或是跑步或是跳高等等，朝气蓬勃，独特得鹤立鸡群。充分显示了他来到"满洲"异国他乡新环境下的高兴心情。后来都说他和当地一位美丽的日本女子好得发紫，大家以为他们就是一对夫妻。不幸，那位女子死了，他为她在庙里礼拜送行，那日本庙叫"本愿寺"，离学校不远。从此他有点丢了魂似地减少了活动。他叫久田久雄，东京某商业专科学校出身，说一口东京标准日语，打一手四珠好算盘。这时，他的家属来到了学校，带有两个孩子。他为人善良，总是客客气气，从搓草绳那么快来看，是乡下农民。铁东人满，住在学校（在铁西）附近，他的孩子，也是我小时候的朋友。他们念的是日本"寻常小学校"。

一个瓦房店小县城就有一所日本小学，可见来到我家乡的日本人之多了。铁东，是日本人住宅区；铁西，是华人居住区。不过在殖民地里不准叫华人，中国人，得叫"满洲人"，简称"满人"。

除了汉语（那时叫满语）、历史课外，久田先生包教其他全部课程——算术、音乐、农园、图画、黏土手工等等。上这些课的同时，也是学日语的过程。他不会中国话，完全用日语教学。我们到了五年级，已经能听懂全部课程。

他的算数教学采用图解法，将抽象问题变成具体图线量的解析，提高了解题能力。他的珠算教学，事先从日本给学生订购来四珠长算盘，从教加减法到乘除法，背了不少日文乘除法口诀。严格训练指法一丝不苟，要求快而准。还教过"暗算"，凭意念上的脑中算盘打算盘。我们班级曾一度成为"南满"小学珠算教学示范班，引来了许多外地学校组织的观摩团前来参观学习。工欲善其事，必先利其器，先生非常强调精心爱护算盘，规定常擦拭，定期上滑石粉。有的学生不爱护算盘，或是往算珠上擦油，挨了他鞭打。

音乐课，领我们到礼堂，教识乐谱、练听力，强调用腹部运作发出声音。

图画课，领到桃花村农村野外现场写生，或画蜡笔画，或画水彩画。选好的，在墙上展览。

黏土手工课，是教用黏土做人物等，上窑烧制后画上色彩，评分，并展览。校庆时还卖给家长。

农园课，是带领学生上仓库拿工具进农园翻地栽种各种青菜；定时打井水浇灌；成熟后采摘去铁东日本人家叫卖洋柿子、大头菜、小芥菜头等。从"ごめんください"敲门开始，到卖菜的常用话语，一一学会。回到学校把钱交给先生，放学回家。卖菜中，了解到那些日本家庭妇女，生活上也是精打细算。多数人看学生来了态度和蔼，少数的烦我们，表现出那种统治者家属的优越感。她们家里都很卫生，散发出的气味也清新。今天看来，房舍远不及咱们现代水平，但是那时候的，比我们的民房好得多。

非日语课教学过程，实际上，也是提高听力，活学活用日语，提高日语水平和会话能力的过程。

日语教学课程包括日语课本 、"綴方"（作文）、"讀方"（朗读）、"會話"（会话）等。

他一开始训练，修正我们的发音，向东京音靠拢。教我们发"がぎぐげご"浊音的鼻音化，和它的几条限定。改正并不难，过了一段时间就捋顺了。再纠正，无非是外来语场合和浊音出现在单词前面时的偏差而已。纠正，是在课文朗读中逐渐进行的。从此以后，我班同学开始发东京音了。

会话练习是在课堂问答中进行的。结合课文，问大意，问单词含义，问感想等，联系实际进行的。结合作文点评，在课堂上具体对话。我和王振基坐在最前面中央，问答机会也较多。王振基比我稍大点，发音也好，后来他在国民党时期上日本留学，归国后在中央劳动部工作，经常出国。别的同学也都差不多。相比小同学，那些个大同学的转化差点。

专门拿出课堂时间进行朗读比赛。对象是久田先生指定的十几个人，包括我在内，还有王振基。站在讲台上轮番朗读，读后评比，先征求大家看法，最后久田先生拍定。我往往是获奖第一名，得到的是一枚书签等。得奖非常高兴。我们班长于福林，大我四五岁，看得出来很不服气，用手指敲我脑袋，说，你得意什么！这是大同学欺负小同学的常事，不奇怪。

我的朗读，还发展成全校唯一的"朗读冠军"。那时候，午饭规定吃在学校，必得带饭。班班如此，不许回家，农村的不要说，连家在附近的也不行。冬天铝饭盒放在铁炉子上擦起来热。吃饭时，先生坐在讲台上领着大家吃饭。他吃的是日本馆子送来的日本料理，秀丽的小饭桶里装有白白的大米饭，还有一个装几样菜的木盘子，另外还有泡有圆叶子的茶水壶，发出的苦味能闻得到。往碗中倒上水，边吃边把筷子放进去涮一涮，然后喝一口放下再吃饭菜。难以理解日本人的吃饭方法，很好奇。中国学生带的清一色苞米面大饼子加咸菜，个别家庭条件好的带大米饭炒鸡蛋。这说的是早期，后来吃大米饭是"经济犯"，是要治罪的。大米只准日本人吃，后来就连日本人也得掺进"文化米"，就是精制白高粱米。吃饭开始要喊："いただきます！"吃罢饭，又一起喊："ごちそうさま！"有时久田不在，临时换上中国先生领吃。到了饭时，从馆子里抬来了很大的方木饭盒，掀开盖子里面都是一样的大碗面摆放在里面，加了酱油热气腾腾的，上面看得出一层肉丝，好香啊！但是我从来就没吃过馆子里的那样的香气喷喷的大碗面，好羡慕。后来中国先生也吃不上面条了。

我班里有个学生，经常不带饭，眼巴巴看着大家吃。他后来得急病死了，是我小学阶段死得最早的两位同学之一。还有一个基督教徒叫赵忠五，没毕业就死了。

就在这段午饭时间，久田先生要我上广播室去朗读长篇课文给全校学生听，播放完后回来吃饭。我在他接任班主任后的那个暑假里，把几本日语教科书拿出来熟读、背诵，达到滚瓜烂熟的程度。

"缀方"（作文）。久田先生重视作文课。当时，学校一年有两次"远足"（野游）。全校出动，带着干粮和水，浩浩荡荡。春游，上古色古香的"抱龙院"（庙宇）；秋游，去古树参天的"云台山"，那里也有古庙。回来，以"远足"命题，要学生写作文。事先，他就日语作文写作提出要求，包括写什么、怎么写，文字数目定为500字以内。写完，发给方格稿纸，填写好交上去。我写了《远足云台山》，被选中，经过他的修改，再发给稿纸重新抄入，日语这叫"清书"。集中好作文，由他刻出蜡纸，印刷装订成册。

经过几年学习，我的日语水平达到看、听、读、说、写五会。在这个基础上，经过后来看书学习，时隔45年后，我执笔与日本歧府市的大野小次郎先生书信往来长达数年。他在当地大学教中文，曾把我的书信原文，课堂上给学生们传阅，受到他们的好评反馈。

大野先生也是我们当年公学校时的先生。在未恢复邦交时期，曾5次参加日本国国家访华团来中国友好访问，受到王震的多次友好接待。他是代表团的中文翻译，学中文是在20世纪30年代。调离公学校直到光复，在奉天（今沈阳）一所日本中学任教导主任。

到了1944年，日本穷兵黩武、兵员枯竭，濒临崩溃深渊。四十几岁的久田久雄，也应征出征去了。撇下了老伴和两个女儿，"去向不明"。他在上初中的唯一的男孩，也辍学应征当炮灰去了，美其名曰"少年特攻队"。

1945年8月中旬，马路上出现了日本妇女队伍的长列，皆身穿"もんぺ"（一种战时妇女平日必穿的五短便服），肩背手拎，还领着孩子，自北向南来到了瓦房店公学校投宿。周围有持短枪便衣男子护送。这就是他们叫作"疏散"的队伍。

就在这当中，我们吃惊地发现了久田先生（后来，先生调到北方任职）的老伴和他的两个小女儿。此时此刻，她肯定想在围观的群众中极力寻觅"故乡"人。当目光相对时，相互情谊脉脉"互送秋波"，觉察得出欲掩盖的悲凉等复杂情感交织。要知道当时是不准对话的。我们原班长曲庭贤，终于找到了一个暂短机会和她在学校说了几句话。她告诉说久田已应征当兵去了，儿子也当兵去了，他们都不知在哪里……第二天，当我们再想看她们时，岂不知天还没亮，已经进发了，剩下的是地板上的垃圾。我们估计，他们继续向南面的大连方向"疏散"，是否要从那里上船回日本？上了船没有？

小学学习的歌曲和李香兰

音乐课有歌本。内容以歌唱自然景观和民俗为主。在日本，他们的小学歌本里，一百几十年前的好歌曲不变，至今一家几代人，可以同时唱起共同歌曲拍手娱乐。至于那些侵华战争歌曲，也唱，教唱的也是少数几首。像日本国歌和"满洲国歌"，都不是从歌本里学来的。

我记得的歌曲有：

> 苞米苗……四月又十八，
> 伙计们都放工赶庙去了，
> 迎来了四月十八，
> 四月的那个十八，
> 小狗啊，留下你，
> 好好地看家！

我的家乡北边有个小车站叫"王家"，那里有一座在半山腰上的古老药王庙，每年到了阴历四月十八，举行庙会，盛况非常。这首歌就是歌唱这一民俗的。实际上，学校每年都放假一天，还提前联系临时火车，拉去拉回地赶庙会。去的时候，正开；回来的时候，退着倒开。

在校期间，我赶庙会一年不落。非常喜欢"四月十八"："春は南から，杏の花の，冬は北から……歌の，列車がカララン……鳴らして走るよ，南満本線。"这是唱火车行驶在"南满"铁路上呼啸而过的景观。唱了火车一年之内从春天到冬天的气候风景的变化。春天杏花飘香，冬天大雪飞扬。火车一路鸣笛，通行无阻。

"ピィヂアンピィヂアンヂアン，ヂアラヂアン，ピィヂアンピィヂアンヂアンヂアラヂアン，高足舞は，ヂアンヂャラヂアンラヂアン，皆がそろってヂアンヂアラヂアンヂャラヂアン。"这是唱中国踩高跷，他们叫"高足舞"。里面很多的片假名都是拟声词，模仿踩高跷时发出的有节奏的唢呐、敲鼓声和鼓点，"嘣嘣锵"。

教我们学唱歌的是久田，是一个日本女先生。教室在讲堂，那里有一架钢琴，边教，边弹，边唱。从教学简谱开始，后教五线谱。教发声，强调不准凭喉咙吼叫，要发自腹腔的运作。那位女先生威信不高，上课时学生不听她的话，气她。后来她还在"朝会"时尿了裤子丢了人。不久，给日本丢了脸的久田女先生，由伊藤校长宣布，调任到其他学校。

我们会唱很多侵华战争歌曲。反不反动？没有那种意识。时兴歌曲也跟着唱，多数是同学之间相互学会的。

在伪满也和今天一样，唱明星流行歌曲的"追星族"或"粉丝"很多，不过没那个词而已。当时最喜爱的歌手、演员是李香兰。那时候，人们都以为她是中国人。她是日本人一手制造的伪满、伪中国演员，但这些却

伪满影星、歌星李香兰。

375

李香兰在电影《万世流芳》里唱的《卖糖歌》。

不足以抹杀她在艺术上的全部成就。她曾经跟随一位著名的女高音波多列索夫夫人学习花腔女高音。由于从小说一口流利的汉语，又有一副美妙的歌喉，年幼无知的她心中满怀对伪国家的无限希望，在奉天广播电台新节目《满洲新歌曲》中演唱了《昭君怨》等中国歌曲，更以一曲《夜来香》而名声大噪。于是，"歌星李香兰"就这样被推上前台，并且迅速在歌坛和影坛走红，成为家喻户晓的"超级巨星"。大红大紫之后，李香兰还演了一些替日军宣传，或

李香兰唱过的《夜来香》。

者粉饰日本侵略战争的影片。当时谁都以为她是中国人。就这样，李香兰成了推行战争政策中的"糖衣炮弹"。

《夜来香》这首歌，是上海百代唱片公司特邀著名作曲家黎锦光参考中国民间小调为她谱写的，但其中旋律和节奏完全谱成了轻快的慢伦巴，传遍了灯红酒绿的沦陷区。

她的歌声给人们以梦想，她出演的电影也轰动一时。她拍摄了《木兰从军》。在《万世流芳》中她因扮演的卖糖少女凤姑一角而蜚声中国影坛。

第二次世界大战结束，她回到日本重操旧业，再后来成为好莱坞电影演员，大有成就，国际闻名。日后竞选上日本众议院议员，为中日友好做了有益工作。

她在"满映"唱的一首流行歌曲：

私（あたし）十六満州娘，

春よ三月雪融けに

迎春花が咲いたなら

お嫁にゆきます，

となり村王さん

待ってて頂戴ね

这首歌的汉语歌词是：

奴是二八满洲姑娘，

阳春三月雪正融，

迎春花儿将开时，

奴去出嫁呀，

亲爱的郎君等着吧！

李香兰唱的《卖糖歌》《夜来香》《戒烟歌》《支那之夜》等等，更盛极一时。

　　《支那之夜》是当年李香兰唱红了的歌曲。西条八十作词，竹冈信幸作曲。

> 支那の夜　支那の夜よ
> 港の灯　紫の夜に
> のぼるジャンクの夢の船
> ああ忘れぬ胡弓の音
> 支那の夜　夢の夜
>
> 支那の夜　支那の夜よ
> 柳の窓にランタンゆれる
> 赤い鳥かご　支那娘
> ああやるはない　愛の歌
> 支那の夜　夢の夜
>
> 支那の夜　支那の夜よ
> 君待つ宵は　欄杆の雨に
> 花も散る散る　紅も散る
> ああ分れても　忘らりよか
> 支那の夜　夢の夜

　　这首《支那之夜》翻译成中文是：

> 支那之夜哟
> 港湾灯光照亮泛紫的夜空
> 舢板徐行仿佛梦里的船
> 啊！啊！难以忘怀的胡弓乐音
> 支那之夜

梦幻之夜

支那之夜

支那之夜哟

旁柳窗栏外灯笼轻轻摇摆

红色鸟笼好比支那姑娘

啊！啊！愁绪万千的爱情歌谣

支那之夜

梦幻之夜

支那之夜

支那之夜哟

栏前待朗的夜里细雨飘飞

花瓣散落脂粉也随之褪去

啊！啊！即使相别也不会相忘

支那之夜

梦幻之夜

"支那"是蔑视中国的叫法。1946 年 6 月 6 日，经日本外务省正式颁文废除。

我还记得几首侵华战歌。《爱马行进曲》共六首，下面是三首：

國を出から幾月ぞ

共に死ぬ氣でこの馬と

攻めて進んだ山や河

取った手綱に血が通う

昨日陷としたトーチカで

今日假寝の高いびき
馬よぐっすり眠れたか
明日の戦は手強いで

弾丸の雨降る濁流を
お前頼りにのり切って
任務果たしたあの時は
泣いて秣を食わしたぞ

我把它翻译成中文是：

出国已数月
我和战马同生死
战斗在不断扩大的山川河流
紧握的缰绳里我和马儿心连心

昨天攻陷的碉堡里
今天得以打鼾稍休息
战马你能大睡一场吗
明天战场上将是劲敌

枪林弹雨和浊流
全靠你来飞跃
等完成作战任务
我哭着给你加满草料

　　日本海军《爱国进行曲》是 1937 年日本政府在征集基础上选定的，一直唱到投降，唱到哪里杀到哪里。统共三首，这里写下的是第一首，也是唱得最多的一首。歌词原文如下：

> 見よ東海の空あけて
>
> 旭日高く輝けば
>
> 天地の正気潑辣と
>
> 希望は踊る大八洲
>
> おお晴朗の朝雲に
>
> 聳ゆる富士の姿こそ
>
> 金甌無欠搖るぎなき
>
> わが日本の誇りなれ

歌词翻译成中文可以是：

> 看呀东海天空已放亮
>
> 旭日东升放辉煌
>
> 天地正气多泼辣
>
> 日本的希望在踊动着
>
>
> 清晨晴朗云霄白
>
> 唯有富士山耸立雄姿
>
> 有如国土无缺难动摇
>
> 它是我日本的骄傲

陆军战歌统共十首：第一首为"出征"，第九首为"凯旋"，第十首为"和平"；中间七首为斥候、工兵、炮兵、步兵、骑兵、辎重兵、卫生兵歌。

我记得"出征"歌曲歌词如下：

> 天に代りて不義を討つ

忠勇無雙のわが兵は
歡呼の聲に送られて
今ぞ出て立つ父母の国
勝たずば生きて還らじと
誓う心の勇ましさ

译成中文歌词是：

替天行道征不义
忠勇无双本日兵
欢呼声中送出征
就要出发离祖国
不打胜仗生不还
宣誓使出吃奶劲

还有一首《表决心》是日本大学生上战场的壮行会唱的，唱着决心歌走上战场杀中国人。歌词是：

勝って來るぞと勇ましく
誓って国を出てからは
手柄たてずに死なれよか
進軍ラッパ聽くたびに
まぶたに浮かぶ旗の波

译词为：

凯旋而归鼓勇气，
今朝出国做宣誓，

不立战功毋宁死，

进军号响震耳鼓，

眼前浮现旗浪海。

伪满洲国影星歌星姚莉唱的《金丝鸟》。

"日满亲善"活动

当时的一个大口号是"日满亲善"，宣传要"日满一心一德"。

原来，学校讲堂东山墙前立有一根旗杆，挂的是伪满洲国国旗。那面旗帜叫"五族共和旗"（红蓝白黑满地黄）。后来除掉那根铁的老旗杆，重新挖坑打水泥，立上了两根新的，高出与讲堂高度相同的铁旗杆。两根旗杆，中间用带有花样的铁的连接物连在一起。后来知道，那是铁路派工程队给修建的。

从这一天起,再举行"朝会"升旗时,日本旗在左,"满洲国"旗在右,先伴着日本国歌升日本国旗;然后在伪满国歌声中,升起伪满国旗。

溥仪1934年当上了伪满傀儡皇帝,上日本向天皇感谢表忠心,回到"新京"(今长春)责成伪国务总理大臣郑孝胥写了个文告,一直发到基层,叫《回銮训民诏书》。从那以后,凡是重大节日活动,必定当众宣读诏书。还强令学生背下来。对我们来说太难太难,但也会了。

宣读诏书是个滑稽活动。日本人好演戏,先把学生集合起来,庄重严肃地立正站好。接着,讲堂门开,伊藤校长低着头,戴着白手套的双手,诚惶诚恐地捧着用黄绢丝布包裹的一个长匣子高过头顶,登上讲台。然后严肃地打开匣盖,取出卷好的一张纸展开,他会中文,拉出腔调宣读;这时规定听者低头,鸦雀无声,一直到读完,再卷好放进匣子里,包好黄绢丝布,又把它举过头,低着头,迈方步,送回到"供奉处"。

说到背诵,等到了高年级时,班里从乡下小学转来了个叫李福德的,他能用日语背诵诏书,引起了大家的惊奇。于是,班里出现了学日语、背诏书的活动。

那时,伪满洲国强行规定,一般家庭必得买溥仪皇上和皇后婉容的大照片挂在家里墙上。伪满末期又规定,各家门口得做有挂国旗的旗杆。

1935年的5月初,全县学生都参加了夹铁道迎送伪满洲国皇帝溥仪的活动。

那天,我们上午早早来到离瓦房店很远的北边的铁路旁。双轨铁道东侧和西侧,站满了学生,我们在东侧。列队站在那里等专车到来。附近都是庄稼地,没民房。对欢迎的注意事项作出规定:听号令,行"最敬礼",腰弯九十度,不准抬头,眼睛要往下看,不准偷着抬头往列车上观望。要表示欢迎的敬意。事先要做好准备,赶紧去解手。

等了个把小时,从北边远处开来了一辆专列鸣笛进站,车头前的两面国旗一白一黄隐约可见。就在这时口令下达,人们弯下腰行"最敬礼"。直到开出车站很远,收令结束回校。

回到学校,人们议论说偷着看了一眼,什么都没看见。列车不是几节编组，和平常一样是十几节编组，好像有乘客。

类似的迎送活动，还有一回，那就是对南京的汉奸汪精卫。那也是专列，不同的是他从大连往北去"新京"拜访溥仪。车头旗帜，是中华民国国旗和伪满洲国旗交叉。它在"青天白日满地红"旗上面加了一条白色三角小旗，写有"反共"字样。

纪念日皇"裕仁"的生日叫"天长节"，是每年的四月二十九日。到了这一天，瓦房店隆重举行庆祝会。和它时间上相近的，是每年的"春祭皇灵祭"，是祭祀日本开国皇帝"天照大神"。隆重到抬"神舆"上大街。"神舆"是"天照大神"等神灵的车辇。把这样的东西弄到中国，是随着日本人来到东北日渐增多。先修神社，再做"神舆"，把魂灵搞到中国来。我到了高年级的时候，我们学校也有了本校的"神舆"，在大庆时候，穿着特定服装，头上也缠着白毛巾，疙瘩系在前头，上大街喊着"哎啸，哎啸，哎啸"的口号，踩着步点，晃动"神舆"，连续把它扔到天上，再接住的欢快情景，至今犹在。随着晃动"神舆"，身上装饰的铁片和铃铛作响。说是晃动和扔到天上，是为了要把神灵震醒。中国人念书晚，人高马大，比当地日本小学生力气大，喊声响亮，扔得高，受到青睐。也和中国过年踩高跷，高跷队到了哪里，哪里给钱那样，日本人的单位，当即送出来很多牛奶糖之类的果点。他们认为当着单位门口舞动"神舆"，是吉庆。

"神舆"不是哪个单位都可以拥有，小学里面只有当地的日本寻常小学和我们学校有。

等庆祝活动结束，回到家里分得到很多牛奶糖等小食品。

我当时不知道这么做不好。小孩子参加学校组织的活动，搞得比日本人好，我们发自心里的高兴。

1937 年，我们参加了多起"提灯会"，庆祝"上海陷落！""南京陷落！""长沙陷落！""武汉陷落！""提灯会"是一种狂热式的庆祝大会，人们打着红色的圆形日本灯笼，在夜晚组织起来狂呼乱叫的大庆活动。

学校全部参加，日本老百姓倾巢自动参加。发给每人一盏日本红灯笼，分配有几根蜡烛，点起来到大街上高喊："庆祝南京陷落万岁！万岁！万万岁!"那种狂热,当着中国人的面毫不掩饰,就像中国就要完蛋,中国就是他们的国土了。连小孩子也在行列,跟着大人狂呼乱叫庆祝胜利。我没看到一个日本人不欢喜的。当然,我们也不是明智者,跟着举着灯笼走在东北大街上。

1940 年,举行了庆祝"纪元 2600 年"活动。不只是伪满,更是日本全国的大活动。它的各个殖民地也得一起活动。

其实,日本的历史没那么长,都是人为作假的。反正是政治需要,把历史拉长点,在世界上给各国一个老资格身份,好侵略外国,尤其是中国。

当年 11 月 10 日,那么准确地到了时间 2600 年整。庆祝是白天进行的。隆重开会,升日、伪满国旗,上神社参拜,发纪念邮票,编了歌曲等等。纪念邮票满天飞,勒令住家各户挂国旗,神社成天挤满了日本人,歌声嘹亮传四方。

学校在讲堂开会庆祝。因为有了"神舆",多了项敬神过场。议程是:唱日本国歌与伪满洲国歌,宣读诏书,校长伊藤先生来到"神舆"前拜神,校长讲话,高唱"走向大海"(海ゆかば)和"圣战连接起来"。在伊藤拜神时,巴掌声拍不响,学生不由得发出笑声。那样的场合,是"不严肃",气得伊藤停下拜神,转过身来朝着学生瞪眼睛。

那个时候,对 2600 年,私下里同学们就在议论说:小日本哪有两千六百年?全是编造的,究竟有没有"天照大神"?记下那次《纪元 2600年》歌词(第一首)如下:

金し辉く日本の
荣ある光身にうけて
今こそ祝へこの朝
纪元は二千六百年
ああ一亿の胸は鸣る

译词:

日本国家放光芒，
身受繁荣光普照，
庆祝纪念在今朝，
纪元两千六百年，
一亿国民胸中鸣。

在我小学毕业前，日本相扑表演队来了瓦房店。北大庙旁边靠铁路的运动场那里，临时修建了一个很大的相扑场地，周围用苇席圈了一圈，里面修了一个圆场地高出平地。

竞赛表演那天，日本小学校和我们学校的全体学生到场为主体。另外，是县里和街里的官员到场。

中学——旅顺高等公学校

小学毕业后，我的理想是像哥哥一样念最有名的"奉天"（今沈阳）南满中学堂。由于家境困难，得到了考试通知书，却不得不忍心放弃考试。于是，念了当地的伪满中学——瓦房店国民高等学校。不满于学校质量，苦心征得父母同意，转年考入"关东州"的"旅顺高等公学校"（中学部）。那个乱世时期，在东北仅有两所普通中学，一所是"南满中学堂"；另一所是"旅顺高等公学校"。包括"关东州"在内，其余的都是职业中学，或工，或农，或商。这两所普通中学，教学质量均佳，能考入的学生，堪称天之骄子。我有幸进入这样的好学校，为我的人生打下好基础。

1894年11月21日，日军侵入旅顺口，进行了四天大屠杀，制造了一起震惊中外、惨绝人寰的历史惨案——旅顺大屠杀。大屠杀过后，日军为掩人耳目，消除罪证，驱使我死里逃生的同胞36人组成扛尸队，把死难者尸体集中火化，烧了十几天后，将骨灰埋在白玉山东麓。

自从日本人从沙皇俄国手里夺取了"关东州"，大量的日本人，涌进军港旅顺。虽然是租借期99年的殖民地,但他们内心里是铁打地不想回去了。

带来的孩子需要上学,于是1909年在旅顺成立了日本中学——旅顺中学校。殖民地当局决定,设中国人班,分班上课,分食分宿,前后共招3届。

1924年4月,新校舍在旅顺市新市街明治町24号竣工,旅顺第二中学正式成立;旅顺中学改为旅顺一中。

这是一所典型的日本国立中学校,只在"国语"一科做了调整,日本人学的是"国语"(日语),我们学的是"高等日本语"课本,水平比他们低得多。我们设置有"汉语"课本,由中国先生任课讲古文。二中时期,招了11届学生共计20个班。殖民当局创建这所学校的目的,是要培养对日本帝国主义心悦诚服的高层次的奴仆。学制5年,第4年可以报考日本大学预科。

这一时期,殖民当局承认"关东州"地区是日本从中国租借的,这里的中国人是合法的存在。

"九一八事变"第二年,即1932年,依据"关东州厅"《旅顺高等公学校规则》,将旅顺二中与旅顺师范学堂合并为旅顺高等公学校,原二中为中学部,原师范学堂为师范部。这样就取消了与日本中学齐名的校名排号,尽管学制课程未变。规则指出:"培养尊重国际道德和崇尚协调融合的精神,特别要使之提高日中亲善之实效"。

在规则公布后不太长时间内,日本竟否定"关东州"是租借地的事实从而否定了这里的中国人的合法地位,不许自称中国人,只能说是"州人"或"满人";文中的"日中亲善",变成"日满亲善",反满抗日则成为最大罪状。

校园内学生之间常用的"大国人"一语,在二中时期这主要是针对日本侵略者——"小鼻子"——的蔑视和对中国人的尊称。它就成为我们心照不宣的中国人的代名词。每年的迎新会上按惯例四年级的代表大声疾呼"我们绝不能忘记是大国人,要有志气,一切言行要像个大国人的样子!"这种新生入学教育第一课,一直持续到1945年。中学部时期,招收12届学生,计27个班(1932年起每届2个班,1941年起每届3个班)。

1943年公布《关东州人教育令》,规定在日本统治下,进行高等普通教育和实业教育,"醇化陶冶其素质,以达到归顺皇国之道的目的"。根据日本殖民当局的教育令，高公解体，中学部改为男子高等公学校，学制改为4年，师范部改为旅顺师范公学校。1944—1945年，招收学生共6个班（每届3个班）。

这所学校随着1945年8月15日日本无条件投降而停办。从1921年到1945年"八一五"日本投降闭校止，共招生25届学生，前后共53个班，按每班40人计算，学生总数约为2120人。

1943年3月初，我不辞而别上学一年的瓦房店国民高等学校，走向旅顺高等公学校的入学考场。

本来我不知道什么旅顺高等公学校。若说知道一小点，那还是小时候，听四哥说邻居的旅顺工科大学的同学，就是旅顺高公毕业生。对我起绝对性作用的，是小学要好同学王日午。他是我同班同学，毕业后直接考入旅顺高公。他深知我不喜欢瓦房店国民高等学校，假期来家唠嗑，详细地向我介绍了旅顺高公的长处，主要是教学质量高，同时也介绍说，那里可以叫中国人。

有了王日午，事就好办了，由他代给报名。我的小学班主任久田久雄先生积极支持，出具了报考资料。和我一起报名的，还有张景宏、于美昌，另一个忘了名字。

"关东州"的学校，为什么准予我们报名？按规定，接收州内公学校的学生，伪满洲国的学生不接收。但是又明文规定"满铁"沿线的公学校，有资格报考。我们是瓦房店国民高等学校学生。那时有资格报考的还有："新京"（今长春）、公主岭、四平、鞍山、松树、万家岭等公学校。

考试那天早晨，妈妈起早拉风匣（古老的吹风工具）做好饭叫醒我，吃罢饭开开门目送我走向火车站。天还没亮，回过头来默默地看着妈妈，心里说，等着瞧吧，妈妈！

四人会合后，上了开往旅顺的火车。第一次上旅顺，新鲜又紧张。

当晨曦露出笑容时，车到旅顺站，王日午把我们接到学校考场。从俄国式的车站，沿着海滨马路，看着各式各样风格的楼房，走向学校。一路上少不了听他的热情介绍。

进了校门，踩着油亮的地板，走入考场。它设在"讲堂"（礼堂）。偌大的讲堂，摆满了单桌。进门处，有日本先生看相片查验准考证，然后领我到我的考桌。讲堂东西侧硕大的窗户，射进阳光为学生考试照明。几十名监考先生分散在考场，其中一位身材矮小，其貌不扬，脸腮上有少许胡须，两手插在裤兜里走来走去的先生，不能不给我留下深刻的印象。

考试两项：日语和算数。一位先生站在讲坛上宣布纪律后，考试鸣笛开始。考完自动离场。当我走出考场，讲堂大门自身右侧的墙上的一块很大的揭示板，映入眼帘。上面贴着38届考入日本各大学等学生的白名条。绿色的天鹅绒衬底，十分醒目。我暗自下决心，表示向他们学习。考试，进入讲堂；毕业，走出校门进入大学。

出了考场，王日午带领我们上日本餐馆吃午饭。日本面条很简单，在面条上放上几片紫菜，再浇上酱油。吃起来很有味道。主要是它的酱油香，别有风味。在那里还留下来了一个印象。有人看我们是从伪满洲国来的，觉得新鲜稀奇，和我们主动攀谈唠嗑，问这问那，和和气气。这是当时的真实情况。门口也没有贴"不卖给满人"的纸条。岂知道，转年所有餐馆都贴上"不卖给满人"的白色纸条。

我们终于得到了录取通知书。我们三个既是老乡，又是连续几届的同学；从此开始了，我和张景宏、于美昌成为要好的知己朋友。另一位，名落孙山。

高兴之余，妈妈忙了起来，为我上学住宿操办一切。在这方面，妈妈有经验，该拿什么。因为几个哥哥在"奉天"（今沈阳）南满中学堂上学，已经忙过多少年。被褥家里有，就是脸盆买不到。那是个物资奇缺的年代，一切靠配给，从吃穿到用。为了弄到一个脸盆，通过大买卖的熟人，买到了。他的名字叫林国兴。此外，又准备了新胶鞋。那个时候，没有学生穿皮鞋。皮鞋，只有日本先生穿。

学校规定开学式，家长必须参加。三家家长商量好，一起上旅顺。

我们提前报到，下了火车，第二次来到旅顺火车站，有上班生迎接，领回分配好了的宿舍。我的宿舍房间，在"本馆"（宿舍群体的主楼）北端的二楼。没有床，地板上铺的草垫子。东窗面向大海。窗台包的马口铁皮（日后在这里发生过"小日本事件")。住有 10 个同学。

我们宿舍群位于小山坡上；宿舍后山坡是个大苹果园子，园主姓花田（是朝鲜人强迫改为日本姓名）。园子原来是沙皇俄国的陆军病院，恢宏雄伟，坚固壮观，是花岗岩为主要材料修建的。以"本馆"为主体的宿舍群，面向大海；"本馆"两翼，为单体的几个"寮"（宿舍）和大食堂。

在讲堂举行了 43 届开学典礼。讲堂左侧，先生们列队站立，一眼看出那位其貌不扬的先生；右侧，家长列队排成方队。他们的后面是学生主体，新生在前面列队站立，上班生依次自左到右。合唱"国歌"，校长训勉致辞，家长代表致辞答谢。开学典礼郑重结束。至于"国歌"，你们都会明白是什么国歌了。校长致辞的内容，你们也都懂得少不了的那些内容。

典礼结束后，带领家长参观学校，最后到各宿舍看孩子的住宿房间，和孩子告别。我父亲和同宿舍的家长，先后来和自己的孩子告别。父亲临走时要给我钱，我明白家里供我们几个兄弟姊妹不容易，没让父亲给钱。

学校不招待家长食宿，典礼后各自西东。他们三位老人，当天回瓦房店了。后来父亲说，这次来往的火车票都是张景宏的父亲给买的。开学式，就是这样结束的。从此，我们三个孩子成为莫逆之交；三家老人，也成为好友。

"礼仪发表会"

迎新会不是学校召开的，是高年级学生召开的，做法届届代代相传。

开学的当天晚上，食堂餐桌上，摆了几样小食品，甚是诱人。食堂是个很大的长方形，座次是以高年级往后排列。我们是新生，在尾末。

不叫迎新会，实则是"礼仪发表会"。

在餐桌的最前面的中间摆有一张小桌子，那是舍监先生带领吃的座位。吃罢饭，先生知趣地走了。他一走，迎新会开始了。

"礼仪发表会"开始了。站出来了几个四年级学生，还有三年级的。大喊大叫气势汹汹,当场叫起几个有名有姓的二年级学生,挑他们的毛病,当着新生的面儿训斥起来,训罢,大嘴巴子左右开弓,打得乒乓作响。我们看在眼里,听在耳里,谁还想吃小食品! 新生,个别的也不得幸免。刘懋仇,有个毛病好眨巴眼。突然被叫了起来,问为什么眨巴眼? 于是嘴巴子打了起来! 问他还眨巴不眨巴了? 接着又打了起来,直到不眨巴为止。

在打的基础上,宣布纪律:有生活的,如吃饭不准说话,坐姿要端正;洗澡要先冲洗脏处后才进浴池;毛巾要顶在头上;池内不许搓身子;出浴池打肥皂擦身体;洗干净毛巾才能进浴池等。有上下级关系的,下级对上级要绝对服从;下班生见了上班生,要敬礼;遭到挨打不可反抗;等等。还有很多规定。

后来知道,被打的效应是两种:一种是,老子今后升了级打下班生泄气,把它找回来;另一种是大多数,对这种来自日本武士道的反动封建做法反感,暗下决心,今后绝不打下班生。也是以后知道的,打下班生的做法,来自日本中学校。

打完了学生,突变,转向爱国教育。这也是我事先没想到的。五年级学生坐镇,四年级的学生出面教育新生。说:不要忘记自己是"大国人",做人不能忘记自己的身份,要众志成城,要争气不能给"大国人"丢脸! 真是慷慨激昂奋发图强,不忘亡国奴的不幸! 说到伤心处眼泪纵横。听到这些难得话语,受到振奋,思绪随之升腾,上下一致,方才那种你高我低,身为奴仆的情绪一扫而光。下决心好好学习,做个有出息能耐的人。同仇敌忾!

对高公的"礼仪发表会",究竟应该怎么看? 有的同窗说那是一种掩护,给予了肯定。我不那样看。不能说后面好就一切都好,肯定一切。时到今日,得除其糟粕,取其精华。包括生活方面的一些做法,对人们就受益终生,何况爱国教育更能奋发中国学生的志气去与敌人斗争。

正规上学的一年

上学第一天，东方欲晓，晨曦绽放，东窗唤起昨夜被冠冕“大国人”的少年。人人意识到，就要上第一课了！万事开头难，也新鲜。我暗自摩拳擦掌，学习起步不能落后，踏踏实实做功课，为父母和兄长念好书。

开学这一天早晨，在大操场上和上班生一起参加了“朝会”，开始了新一天的学习生活。站在台子上的校长，表示了对新生的欢迎！

接下来一年级的三个班的班主任先生（一班立野，二班冈本，三班曾田），分别来到本班学生面前，和善地带领学生进校舍楼门。

进了“玄关”（进楼门厅），分了鞋箱，换上“鞋趿拉”（拖鞋），走进地板十分干净光亮的走廊，进教室。教室地板擦得不比走廊差，它能容纳50多名学生（我们年级160多人）。窗户朝南。四壁没有任何展示板，一码白。讲坛讲桌后，挂有一块大黑板。天棚上的几盏电灯，晚自习时照耀课堂。课桌是单桌，和椅子连在一起。靠窗单行摆放，其余双行，有两条过道。座位定好后，开始点名，点到的站起来喊：“嗨！”随后，定了每个学生的番号，我是12号（号，日语叫“番”）。

先生站在讲桌后，两手扶着讲桌挺起胸膛，面带笑容说：“我叫立野良一，从今天起做你们的班主任，带领你们学习！父母送你们来学习，你们一定得好好学习！”说罢，回头转身拿起粉笔写下了“立野良一”四个正规大字。日本先生很讲究板书，绝不乱划拉显示自己的“浪漫”。

立野先生是上高年级物理、化学课的。低年级的也上。他没说学校怎么好，却面带严肃地说了若干规定与要求。突然眼眉一挑，更严肃地、慢慢地，更语重心长地说道：“你们要记住，なんでもかんでも，きちんきちんとやる！”（无论做什么事，必须认真严谨地干好！）他经常谆谆教导我们这句话，它无形中变成了班训；而他本人，也因此荣获绰号——“老きちん”。

他接下来向我们介绍了课程设置：代数、几何、物理、化学、博物、体操、图画、音乐、日语、英语、汉语、书法等。跟着介绍了理化台阶教室、生物教室、图书室和运动场，要大家好好使用。又介绍了各任课先生，要求尊重先生，有礼貌。

这一年上课是非常正规的，没有任何干扰，白天上课雷打不动，晚自习到教室，或是在大食堂里集体进行，有舍监先生监督，不到点不下自习。各科先生教学能力强，有教学经验，态度认真，质量高；学生学习自觉，刻苦勤奋，甚至于9点关灯，还有偷着在被窝里学习的。课余体育活动，也开展得好。

这位四十多岁的班主任先生浓眉中眼，白皙脸庞，个子中等，直到1945年8月15日日本投降，和我们无论在课堂，还是在"勤劳奉仕"（对天皇的义务劳动奉献）现场，皆朝夕相处，未曾有过打人取乐。

现在看起来，学校有这样几个特点：

1. 数理化用的课本和日本中学用的课本完全一致。

2. 日语课。日本学生的课本叫《国语》，我们中国学生用的课本叫《高等日本语》，比我们的深得多。

3. 地理课。课本是《世界地理》，里面有中国地理部分。为了侵略中国，写得详细。用了侵略用语"支那地理"。

4. 历史课。有《日本历史》与"支那历史"。都是日本先生任课。讲课不算认真。对中国近现代史情况，是从"支那历史"课本教学中第一次知道的。

5. 汉语课。是中国老先生任教。他们是清末遗老，保皇观念难免，但是炎黄子孙的爱我中华思想根深蒂固！通过授课，有意识地向我们灌输抗日精神。到了我们这届，谁都认可一向身穿中国藏青色宽松长袍，头戴礼帽，脚穿黑色布鞋，内穿白色袜子，袖子里面的白色衬衣长袖子挽在袍袖外面，迈着八字步显得他是地道的中国人的"小赵先生"功劳最大。我们爱国意识的启蒙教育，功劳少不了他。

6. 日本先生并不是铁板一块。顽固的坏人是极少数。多数中立。少数由于各种原因反战。时间长了学生能品出味道。这样就出现了保护中国学生的日本先生。谈这一点目的在于说明，他们授课时并不是那么积极的管束奴化教育政策。

7.课程里面有修身课,是他们的政治课。你以为他们认真讲授吗?错了!也是胡说八道。在课程中本来就比重不大。没有固定的先生,临时抽出一个人来就讲。没有人就不讲,所以更少了。比如讲日本创世纪,说到怎样创造了日本人,他说,远古在日本土地上有这么两个人:一个身上有着"多余的东西",另一个有"缺少了的东西";两个人取长补短,就生成了日本人群。说罢,把牙一呲呲,自己先笑了起来。大家也哈哈大笑。他叫长冈,是我们的军训教官。他可是真正的随便打人,毫无顾忌,举手就打。

"朝会"制度

学校实行"朝会"制度,好天在操场,坏天在讲堂举行。

"朝会"是每天上课前,全校先生、学生集合在操场的一种集会。有训话、礼仪活动,还有做早操。训话不必说,一般内容正常。也少不了政治性的内容。

礼仪活动是做"东方遥拜",由"教头"(相当于教务主任)站在台子上发出号令转身面向东方,向日本天皇行三鞠躬大礼。另一项礼仪活动是,由学生代表(寮长)跑到校长前面,带领大家诵读天皇敕语。

做早操是一个叫"龇牙豹"的退役军官长冈,耍武士道威风,大冬天脱去上衣,裸体带领做体操。人们说,他事先喝足了酒精,耍酒疯。这家伙杀过中国人,极其反动,随意打学生,是学生的敌人,是学生惩治的对象之一。

指定班长这件事应该在说第一天上课时讲,漏掉了。现在补充指定班长。

那天,在立野先生点名定了每人的番号后说道:"咱们班的班长,定为乔传满。"

乔氏家族男孩儿,许多是高公学生,这是后来知道的。乔传满,走读生,大个子、白脸庞、鼻子大、口吃,好认识。坐在后面中间位置。不久,外号飞来——"乔大鼻子"。很随和无怪脾气，叫也不生气，赢得大家喜爱。

从此有了班长。上课喊号，和班主任联系是他；学生自治会有事联系，他是联系人。还指定了副班长：范垂昌、韩岗律。实际上副班长事儿不多。正班长也不生病，副的闲着。但是乔传满不住宿，宿舍方面的事就由范垂昌负责联系。

那个时候，不进行什么选举，完全是由学校根据入学考试成绩指定。说明入学考试成绩，乔传满是第一名。后来发生的事情证明，他的人品素质也是好的。他是和同班同学干到被学校除名为止，给大家留下了极好的印象，大家会念他。

后来我当班长。在上班生离校"勤劳奉仕"后，我又当了宿舍的寮长，直到我们又离校"勤劳奉仕"。这时范垂昌已经转学到营口的日本中学念书去了。

非常重视体育

从二中时代开始就提倡体育活动，不主张埋头读书不顾一切——"莫教书册空埋头"。课堂学习体育，课余自愿进操场开展体育健身活动。

沿海滨修建的校园操场，围有高大槐树。其南边，是一长排高低不一的单杠，中央是200米操场。足球门横在东西。踢足球是高公的长项。一支足球队代代增强，闻名"关东州"。球队有它的传统，新生入学，从中挑选体质适合足球风云的人，加入球队，从一年级培养。吃了晚饭，自动来球场训练，高年级生就是教练。五冬六夏不放松。还有篮球队也在训练。另有排球队的场地。不上场的就看热闹助威。田径训练也在进行。傍晚是大好时光，一派欣欣向荣的氛围笼罩在校园。瓜熟蒂落，有名的运动健将，出生在旅顺高公操场。对我们来说，青春的活力，也是为祖国争光的机会。"九一八事变"之前我校多次参加过中华青年运动会，并得过冠军。和日本人较量莫过于一年一度的"战绩"马拉松。我校运动员多次战胜日本强队，称霸十余年之久。在那黑暗的日子里，在"关东州"的中等联合运动会上和来往大街上，我们的应援歌响彻云霄，使中国人扬眉吐气。我校足球队曾是常胜将军，称霸十年有余。篮网排球，也曾多次夺冠。在多项田径赛上也多次夺冠。一些人创造了大会纪录。一些著名运动员和体育专家，也是在中学打下良好基础的。

学在旅顺，依山傍水得天独厚，具有上游泳课的好条件。在海边，有个很大的旅顺体育场，场内有个 200 米长的游泳池，抽入排出海水，定期更新。通常的游泳池是 50 米，相比之下多么小。其深度，自北向南递增。最深处是 20 米跳台跳水处。能登上跳台的，旅顺没有几人。我们学校的体育课先生"小野田"（外号"小野驴子"）是一个。

我们的游泳课上在这个大课堂里。上课时，按日本规矩缠上很长的丁字白布遮住下部。他们不穿游泳裤衩。排好队，走进游泳池场地，先冲身体，再做热身运动。然后，下浅水区开始活动。先生"小野驴子"和厚见，教我们蛙泳。狗刨是不允许的。在那里，日本学生和中国学生一起练游泳。有人不敢下水，再劝还是不敢。没说的，先生不客气地把他推下水去。

上游泳课，一般的是全校同一个时间，看到上班生在那里游刃自如，特别是游自由式让我羡慕。还记得那是当年我们的寮长——鞠兴富。

多数同学，不会游泳。我家有河，名曰回头河。小时候，常上河套跟妈妈洗衣服。受影响爱玩水。加上四哥教游泳，从那时起就会蛙泳。来到旅顺，在海水泳池里，又有提高。

人的一生，能享受 200 米海水游泳池的陶冶本身，就是一奇迹。举手看看，谁看过那样大的游泳池？

第一次洗澡

"礼仪发表会"上说了，"洗澡要有规矩"。为了立规矩，我们第一次洗澡时，是上班生带领我们洗的。

学校有公共浴池，每周安排次序洗澡。如果没有规矩，池水肮脏，接续洗的就没办法洗了。每人带了脸盆、毛巾和肥皂，脱了衣服，听三年级学生给讲解。

先在外面把脚和阴部洗干净，还要把身体冲一遍，然后进热水浴池。到了里面，把毛巾叠起来顶在头上。坐在里面泡澡，还得把手盘起来。不准用手搓身子。泡好后出来，扤（kuǎi）水洗毛巾打肥皂，擦身体。用外面的水把全身冲洗干净，把毛巾洗干净，才能再次进水池，泡一会儿，毛巾和双手一如开始。洗完，穿衣走出。快慢不要求一致。

洗完后，池水干净，为下拨的提供了条件。不会出现污垢泡沫，浮在上面一层。这个规定很合理，我受益匪浅，并把它流传下来教给了我的子女。我们军队很讲究卫生，洗澡有规定。比较起来，少年时我受到的教育，比军队更加严格合理。

1941 年旅顺高等公学校学生军事训练。

学生制服制帽

日本学校讲究服饰。说明物资充足，也说明重视教育。通常，女生穿海军服；男生服装，是用料子做的黑色制服，头戴圆形黑制帽。追溯历史，"明治"初期，孩子们是穿"和服"上学的。

高公学生，相应地有它的制服制帽。从二中时代起，是黑制服制帽。后来改为黄色的直到 1941 年。那时，领子上还有领徽。

由于物资奇缺，1942 年后，连学校都买不到棉布制服，从此以后自备黄色制服，难以做到统一。能做到的是戴统一的黄色"战斗帽"。它不同于市民的，是周边有条两厘米的墙。

戴"战斗帽"，是日本濒临崩溃时的国家规定，凡是男人不分老少，都得戴"战斗帽"，打裹腿。女人也是不分老少，统一穿着紧身战时服装。

高公学生帽子中间，绣有高公校徽；没有领徽，只在左胸前钉有胸章，上写几年几班和本人名字。

当时出现了一种复杂情绪现象。也有受日本学校影响。把帽子顶用来擦鞋，弄得脏又亮，然后在上面用缝纫机带线扎得乱七八糟！把裤子膝部弄破，缝得乱线纵横，很难看。袖子、裤子下摆，故意拆开，让散开的布料飘线。这在少数学生中，一度成为时尚。遇着这样的上班生，在礼仪上可得小心了！

从制服的发展变化来看，从一个侧面反映日本军国主义者发动的第二次世界大战，行将结束。

学校有个图书室，大小和教室一样。四周摆有各种图书，供学生课后阅览。有学生负责人，时在时不在。开架看书，可以借阅。我只是参观，没详细浏览阅读。我看见的是，有上班生在那里抱书阅读。他们日文好，看起来轻车熟路。里面有一批翻译过来的外国文学书刊和名著。

从上班生谈吐来看，这个图书室为他们提高知识，增进人生价值，养成读书习惯来说，起到了作用。

做个评论说说日本人，特别是学生爱读书的素养。我认为他们几乎很多时间，都用在读书看报。也许是竞争需要，也许是养成的好习惯，在旅顺大街上、公共汽车候车站，即便是等车那点时间都读书看报。无事可做闲唠嗑、打打闹闹浪费时间的现象，几乎看不到。一个民族养成这样的素质，绝不是一日之功，那是整个社会的综合功能起的作用。好就是好，这对我产生了影响。

宿舍"本馆"中央大房间，白天是会计室，晚上是舍监值班室。为了给值班舍监看书消遣，备有很多精装书籍。晚上送点名簿进到那里，总是看到舍监先生捧书阅读。估计，那里的书籍深奥，或是兴趣盎然。

学校的伙食

高公的伙食，是敏感话题，历史上曾经闹过罢课，震惊过衙门，开除了一批学生。

先把伙食费定位一下。我们上学是经济衰败时期，物价有所变动。当时每月交费6元。当时货币，用的是日本正金银行发行的钞票，还有朝鲜银行的纸币，还有伪满洲国中央银行发行的纸币。这三家的纸币等值。据1930届前辈陈守仕说，他们在校期间的伙食费是4—6元。那时的伙食很好。早晨，稀饭、馒头、炒豆腐；中午，米饭、炒菜，肉丝炒洋葱，或汤面，或油饼；晚间，米饭、汤菜、馒头、小菜。每逢端午、中秋节，另外加菜。每年欢送毕业，举行会餐。念得起高公的人家，也得供得起孩子的伙食费。那时物资丰富买什么有什么，物价也不贵。

到了我们的1943年，物资紧缺，靠配给过紧巴日子。学校也不比往昔。我们那时：早饭，是稀拉咣当的苞米格子粥，一人保证不了两碗；小窝窝头一个，咸菜一小碟，或是炒豆腐；午饭，通常是一个小馒头，有炒菜，能吃到鱼；晚饭，类似无饭。肉基本没有，油少，量少，不够吃，吃不饱。于是发生了类似抢吃现象，粥再热，也得使劲快喝，不然吃不上第二碗。整个社会都是少吃缺穿，按说，学校高于社会水平。那个时候，能吃到馒头，已是很难得的了。

吃不饱怎么办？多数人上外面下饭馆子，馆子"泰丰楼"很有名，早不像个馆子样了。但是，粗粮还有。少数家庭经济困难的，上不起，靠刮饭桶充饥。民以食为天，不顾害臊不害臊的了。再就是靠家里贴补，家里是农村的还好点，带来花生米临时解决问题。

每到了晚上，必有一个小伙子背小半麻袋熟地瓜来卖，一纸包两根卖两毛钱。很快卖完走去，次日再来。

等到了"勤劳奉仕"年，吃得更困难了。吃的橡子面窝窝头，是真的，那是后话。旅顺得天独厚，上渔村能买到鲜鲅鱼，也能买到鹌鹑。春天飞到老铁山的鹌鹑，变成了盘中餐。当年，我求家住鸭户嘴的走读生于天龙，代买过这些东西，带回家。

如果说伙食，我们前后几年的伙食是最差的了。整个侵略战争经济已经濒临崩溃，无法挽回一点，不完蛋好不了。

大连中学生木工劳动。

日本老师

我认为大多数的日本先生是好先生。樱井武男先生就是一个。他教英语能力很强,自己下过苦功夫,把当时最有名的《英和简明词典》背了下来,你问第几页有什么词汇,对答如流。他背着殖民当局,帮助十几名学生离开被捕险境,走向关内求学。

还有英语先生西村茂,也类似樱井那样的好先生。

打人成性的为数不多。中尉退休军官长冈(外号"龇牙豹"),林繁吉(台湾人出身宪兵,外号"林大狼"),更早的还有佐久间(外号"佐熊")。"龇牙豹"是说打就打。"林大狼"在日本就要完蛋的情况下还打人。对于"佐熊"的劣迹,37届前辈邹本清曾经回忆说:"过去从日本来中国施教的日本先生,不能一概而论皆为良师,或者说皆为奉行日本帝国主义者'灭我中华为己任'的奴化教育的马前卒……有的是值得我们怀念的良师,也有使人嗤之以鼻耿耿于怀的'先生',佐久间就是这样一人……1939年秋末一天下午,是我们去日本旅行前夕,学校学生在操场练走步,在喊号上出了点毛病,被发现了。奇怪的是,我既不是班长又不是体委,灾难降临到我的身上。佐久间把我揪了去!到了教员室,当着我的班主任土肥先生的面,凶相毕露,狠狠地打了我两个耳光。随后学校通知家长来校受训斥。校务会议给我的品性评为丙……佐久间其人,面孔阴沉,语言狠毒,是日本人中歧视我们是'亡国奴'的典型的代表。"

旅顺白玉塔是"表忠塔"

今天的旅顺有座白玉山,山上还有个白玉塔,登塔收费。

你知道当年那里是个什么情况?让我告诉你。到了旅顺不能不上白玉山玩耍。除了玩,每月沿着盘山道,全旅顺的中小学生必得吹号敲鼓列队上山一次，时间是 12 月 8 号（日本偷袭珍珠港的日子）。至于个人上山玩，随时听便。

当年此山不叫白玉山。清朝末年，北洋水师统帅李鸿章视察旅顺，登上山，当介绍说这山前面对着的叫黄金山时，满腹经纶的李鸿章脱口而出"有黄金，必有白玉"。于是此山得名白玉山。

我从小就爱登山，到了这里，岂有不登山的道理！登山眺望浩瀚大海景色又是天赐良缘，岂能放过。再说登山随便，登塔也不收费。我曾多次进塔门盘旋而上至塔顶，常是自己一个人。黄金山上的海军设施，尽收眼底，不因保密禁止人们登塔。塔门附近有小卖店。身穿白大褂，头扎白头巾的女售货员，卖汽水等。就是没有什么卖票规定。

当年不叫白玉塔，叫作"表忠塔"，表示在日俄战争中，为天皇精忠报国死掉无数军人。为了纪念为天皇战死的日本军人，由沙俄出钱，日本人设计，用了两年时间修建而成。

光复后，苏联红军占领了旅顺，变为它的军港，没有毁掉"表忠塔"。有人建议毁掉。国家认为它是历史的见证不宜毁掉，于是更名为"白玉塔"。塔身未变，只是改为收费。这一改，有些不伦不类。本来不是"白玉塔"，硬叫作白玉塔，还说是历史的见证，岂非笑话！

学校每年开一次运动会。这年秋季，也开了学校运动会，是在旅顺运动场举行的。那里还有一个 200 米长的游泳池。那天天气晴朗，秋高气爽，是开运动会的好日子。小野田（"小野驴子"）大显身手，由他来具体主持多种项目的进行。硕大的主席台上坐好了校长和先生。运动项目，在他们前面展开。提倡人人参加。

我参加了班级的所有集体项目。有能力的，还要参加田径等项目。那年是历史上少有的"辽南疥疮年"，很多人患有疥疮，耽误了个人项目表演赛。我也未能幸免。但是，在集体举大米包（按日本规矩，大米是装在稻草编织的草袋子里售卖的。在大米包里装上等量的泥土）的比赛中，我也不知道为什么能大显身手。在年级挑选的 50 多名选手中，我的坚持力最强。眼看一个个举不起来败下阵去，我还能举。这时我看到，仓本校长用手指着我摇着脑袋和其他先生议论我。直到只剩下我一个人还在举。当时估量自己的能力，还能举下去，总觉得再举下去没有意思了，就撂下大米包。早就忘了这件事，还是在时隔60多年后的一次旅顺同学聚会上，本溪的黄晏同学提起此事，才想起来的。

"勤劳奉仕"年

日本发动的野心勃勃的侵略战争走入穷途末路，劳动力匮乏；为了垂死挣扎，决定教育进入非常时期，学校进入战时状态。

1944年一开始，我们还正常上学，但已经有了异样的感觉。三年级以上的大同学，包括就要考大学的学生，都离校派去外地劳动。上一年，没有过这样的现象。这就是留下低年级的小同学在校学习，他们走出学校不再回校。这是"勤劳奉仕"年开始的信号。

"勤劳奉仕"是什么意思？现行发刊的书籍里，由于无知，有想当然的错误。它是个日语复合词。日语的"勤劳"是体力劳动的意思；"奉仕"词汇，按日语来说，是为社会或国家无偿奉献的意思。合起来，就是不计报酬地，为战争做苦力。

学生都停课干苦力活计，别的阶层的人，就更不要说了！

《国兵法》规定适龄青年要体检，合格者当兵4年。不合格者叫作"国兵漏"，美其名曰"勤劳奉仕队员"。它的下场更惨了，被秘密送到"北满"国境地区，秘密劳动到死是大多数的。

为了适应"勤劳奉仕"，据说学校做了许多调整。究竟做了些什么调整以适应"勤劳奉仕"，我们学生不知道。

我们知道的一项大调整就是，宿舍方面上级生一走，缺了寮长。按常理，寮长是五年级老生担任。我们那年的寮长是五年级的鞠兴富和常增德，负责晚点名的召集与主持。同时，又是"朝会"的学生报告人。

这方面的人缺得补上。学校剩下了一二年级，就由二年级担任。二年级三个班，又由一班班长担任。一班班长乔传满是走读生，这样一来，寮长就指定我来当。就是这样一个顺理成章的逻辑规定。那时，既没有什么三青团，更没有什么共青团，没有反满抗日表现就是良民，那就按学习成绩论定。于是，我接替了五年级寮长那点事，做了晚点名、"朝会"该做的事情。

"勤劳奉仕"是和战争的垂死挣扎到咽气相一致的。这两年是很熬煎的。

"勤劳奉仕"刚开始是就近干，或轻或重当天能回得来。后来，去稍远些的地方干，干一段时间能回校。再后来，干脆离开学校再不回来，一直干到底。

进入 1944 年，上班生都离开旅顺，派到外地"勤劳奉仕"去了，从此再也不见他们的身影。过去熙熙攘攘同吃同住在一起，突然离开，未免造成了极大的冷清。

我们上半年大体上学习，只不过加强了军训。校园过去那种红火劲，没了。

下半年开始情况骤变，"勤劳奉仕"开始了。先在一个市郊军需仓库营地，挖单人防空壕。用小锹小镐，挖山坡上的山土。土较硬，活动空间狭窄，比较费劲。不过没有时间限制也不催促，倒并不很累。不挖的空当时间，还上课学习。

不长时间，命令下来了，去修建"关东神宫"！地点，在旅顺北山上。从此开始，上课结束。

什么是"关东神宫"？那是垂死挣扎的拼命举措。迷信的日本国，好搞这样的勾当，一是为给自己打气，二是为借助神灵保佑打胜仗。为此拿出大量钱财，加速修建这座大庙。

在这里耗费的资源惊人！我们看到了，从台湾地区掠夺过来的，粗得五六个人合围抱不过来的，浑身水漉漉的樟树原木。看样子是用来做庙宇外面的柱子。

工地集聚了许多精工巧匠，昼夜拼搏。作为苦力活，大量的土方需要搬运，就集中了众多的劳力。首先是日本成建制的军人。其次是学生，而学生又以中国学生为主。军人，由他们的军官监工催促。其余的，由各该校先生监工。两人一个大抬筐，装上土，抬起来就走。军人是跑，看得出来营养不足，气喘吁吁，汗流浃背，勉强跑路。我们学生不跑，能磨蹭就磨蹭。日本学生要表精忠，也跑不起来。这样的重体力活，今天早就不见了。

当时，关键的庙宇活，神乎其神围起来，想看都看不见。这样的"奉仕"，干了个把月暂告一阶段。

一天，立野先生通知我们，要上土城子三涧堡修飞机场！那时候不做思想动员工作，只说时间要长，为了伙食需要，每人交费 3 元。指出，收上来的钱由我（寮长）保管，需要时拿出来。三个班，统共收上来三百多元。

秋天某日，二年级约百人队伍，朝三涧堡长途行军，一路风尘仆仆，傍晚抵达营地。两栋红砖楼，展现在眼前。外侧楼房是我们的。三年级同学先行撤走，我们进入。里侧的是日本中学营房，两楼都是一个样。我们的

日本在大连修建供奉"天照大神"的"关东神宫"，强迫学生参加修建的劳动。

旅顺"关东神宫"始建于 1938 年。1944 年秋，举行"镇座祭奠"，迎祀"天照大神"和明治"天皇"。

旅顺"关东神宫"镇座祭。图为 1944 年从"关东神宫"外殿看见的神门。

营房外边,有席棚搭起的露天厨房,锅灶简备。

楼房是海军新建尚未启用的宿舍,进门处有一间值班室。再里面是宽阔高大、纵深三四十米的连通大房间。过道两侧是白净地板,可以躺人。上方是挂钩拉起的吊床,鳞次栉比。

机场离这里很远,烈日炎炎,风雨不误,吃饭回营房。我们在这里没吃过发污的苞米面,量足够,有剩余。和为邻的小学生相比,他们就惨了,根本吃不饱。

修机场跑道,要挖大量的土方,和运土方。劳动方式很简单,只要人抬肩挑。那里集中了密密麻麻的人,干同一个活。

看样子战争迫在眉睫,争分夺秒抢进度,好似明天就要用上机场跑道。

苦力是两种人,中小学学生和"勤劳奉仕队员"。到了那里一看,那些苦力都脱得精光,裸体劳动。反正是男人世界无妨碍,加上缺衣少穿,不得不节省。看颜色,是一片黑人来回奔跑,昼夜不停。学生干白天活,午饭赶回来吃,不休息,转身又回去。队伍前面是几个大个子,最高的是姜广举,外号叫"longer"。他是一位令人喜爱的好同学,早已无下落。

在那里干了一个来月,后续的一年级学生上来了,把我们顶替下来。

你以为我们是平静的么? 绝不是! 不过我可以告诉你们,这帮小同学,真是初生牛犊不怕虎,在这里他们和敌方大打了一架,威武雄壮,惊动了宪兵警察。

到了这里本打算,要是敌方向我们挑衅,我们必定以牙还牙。但是直到临走,未见他们行动。

但是内部,倒出现了机会。战斗发生在两个领队人的身上,一个叫上妻,外号叫"蚧巴子";另一个叫长冈,大名鼎鼎的"龇牙豹"。

领我们上三涧堡的,是上妻先生。他本来是受学生尊重的数学先生。九州鹿儿岛人,早年丧父,家庭贫寒,好歹从旅顺工大肄业。教学认真,关系较好。把他当作对象整他,事出有因。

那年秋雨连绵,室内潮湿;楼内跳蚤成群,密密麻麻! 走进楼,腿上马上聚了满腿的跳蚤,黑压压一片咬人难忍。躺在地板上根本不可能。逼得人们不约而同地登上吊床，铺上毯子睡觉。虽好一些，也不能从根本上解决问题。夜里小便回来，又是满腿一片。劳动很累，不得休息，气不打一处生。加上上妻说话不慎，引来了矛头指向他。用砖头砸他的门，吓得不敢出来。更甚者，把他放在门外的长腰皮鞋，吊在楼外的旗杆上示众。第二天早起，上妻发现鞋没了，到处寻觅。没想到，竟然高高悬起！从那以后，在劳动现场，上妻不敢随便训斥学生了。

和长冈，就不是一码事了。上妻调回，来了长冈"龇牙豹"。每天他领队出工，打骂训斥学生是常事，招来众怒不可遏。为了惩戒，每天晚上找来石头砖头瓦块，从上面打向他的门。或是喊叫骂他，或是敲盆敲碗不让他睡好觉。至于厨房方面，把给他的窝窝头的孔里，抹上捏碎了的苍蝇，往里吐唾沫等等。（他有两份饭，一份是由日本中学提供的大米饭菜。嫌不够还是什么原因，还要吃我们的饭）

斗争的高潮终于来了。一天夜里照常气他、砸他。他终于按捺不住法西斯武士道幽灵，一脚端开门，拿着一把竹剑，眼珠子都鼓出来，声嘶力竭地喊，都到楼下集合，站两边"一"字排开！斥问，谁用砖头砸他的门?！没有声音。一再问，无人回答。于是，从头开始拿起竹简挨个抽打，一行完了换另行。打了几遍，竹棍都打劈了。这边打，那边响起响鼻声，鼻声轰鸣震撼房间共鸣。气得他暴跳如雷。接着把一班长乔传满喊了去，到小房间询问。不说就打，打得鼻青脸肿。外面是一片叫喊骂声。再打也不说！最后，乔传满大声喊道："我不念了！"于是，昂首阔步离开三涧堡，回到旅顺家里。

不久，来了生力军一年级同学，我们回校。一年级同学来到后，跳蚤折腾肆虐，难以忍受。伙食、苦力劳动也没变，只是增加了砸石方、运石头。

在苦难的奴隶生活中，熬过了1944年，进入1945年。结束了三涧堡苦力劳动，回到学校。"放寒假"前，学校宣布：明年升为三年级的班级学生，学校决定离校到大连甘井子"大华矿业株式会社""勤劳奉仕"。明年3月开学时，带好行李、生活用品，到甘井子火车站集合报到。

甘井子"大华矿业株式会社"的前身，是李鸿章的私人钢厂（中国民族工业）被日本征收后改名的。"株式会社"就是股份有限公司。

　　1945年3月，我们来到甘井子，工厂卡车把我们拉到南关岭山坳里。按着防空疏散规定，工厂在这里盖了砖木结构的简易二层板楼，能容下一百几十人。到这时，我们三年级的人数不到百人了。减员在继续。原因是，患肺结核的增多，休息在家。另外，有能事的，想方设法躲避"勤劳奉仕"，离开学校。比如我原来头顶头睡觉的同学，都走了。

　　去的时候，四年级的早已在那里住一楼。我们住二楼。上二楼，靠楼下两头的梯子是连接在一起的双侧板铺，中间有过道。走人时，板铺发颤，楼下吃灰。一口大锅在楼下，厂方雇人做饭，十分简单，也是顿顿窝窝头，或是大饼子。基本无菜，喝的是有几滴油星的咸水汤。午饭在工厂。比起三涧堡，伙食差多了。三涧堡伙食没用个人增补，剩下的钱，退给了每人。这里的伙食费，由工厂支付。

　　南关岭离甘井子远，来回要翻山越岭。天不亮就走，下工回到宿舍，天已黑了。到了这里，来了个台湾人林繁吉，专门来带队。此人说一口标准中国话，向学生套近乎。大家警觉，没上当。原来他是宪兵出身。

　　第二天，来到了工厂。工厂建在海边，厂区很大。几根大烟筒，冒出滚滚黑烟，流向大海；白色蒸汽，四处盘旋；到处是机械响声隆隆。首先是认识车间的管理人，听他的训话。整个年级的同学被分的七零八散，我们班分到"炉材"车间。炉材，就是厂里的大小高炉使用的耐火砖，都是工厂自己生产的。和那些冶炼车间相比，这里是"宁静"的车间。

　　认识了车间后，开始学做砖坯。这个车间技术含量少，靠手工砸制砖坯，所以人多。很长的，约一米高的平台前缘，站了五六十工人，按任务要求用不同的模具，装不同的砖料，用木槌砸实砖坯，取出来搬到中间烘干区摆好。一块20公斤。简单劳动，周而复始。有时临时调动，当专线上装载原料石头的货车到了，调去卸车。又把这些卸下来的石料，用铁锹铲到"老虎牙"（粉碎机）咬碎，再由传送带送到碾碎机碾成粉末，以供砸制各种砖坯用。这种劳动十分辛苦。日本监工站在上面抱着膀儿来回巡视。

　　和我们一起干活的老工人，我们称作大叔，他们看我们这帮十五六岁的学生，发出同情，尽量保护，不让我们多干。来自山东的多，休息时，从他们嘴里听到八路的新鲜事儿。

中午开饭在工厂总部大楼前，席地而坐吃了第一顿工厂的饭，还是窝窝头，另加咸菜条子就凉水。统共一个小时，接着又上工。

下午5点下工，排队走出厂门。和我们不一样的是，那些工人，每人搜身后走出来。

接下来四年级在前，我们在后，翻山越岭回到工棚。赶紧吃了窝窝头加咸水汤，擦了身子，躺下来睡觉。

该厂由日本海军管理，用电弧炉、高频炉等设施来生产高碳素钢，不锈钢、磁钢及各种工具用的特殊钢材。

初进场，说是学技术，由日本技师上了点课（讲火花鉴别等）。接着我们班就被分配到制造耐火砖的炉材部，分别派在粉碎硅石的"老虎牙"（颚式粉碎机）、电碾子、打砖坯、干燥、码垛、装窑等劳工岗位。开始学干不要求快，稍一熟练，厂方就加大劳动量，直到后来和熟练工人一样。同学们就想出一些对付他们的办法。

打砖坯的同学把砖坯一面打得重，一面打得轻，烧火后让其变形不能用。有时还往砖坯里加放铁丝，一烧水流出来，就成了废品。在烘干地炕上，有的同学用大铁球用力抛滚，有意将砖坯砸坏一些，以减少其成品率。在工厂的防空壕里，放置许多装有钴、镍等特殊金属块，同学们一有机会摸到手，就把这些重要原料扔向附近的大海里。

为了更大规模的破坏其军工生产，反对日本侵略战争，有的同学还大胆地采取了破坏其动力设备的秘密行动。开始，他们试探着向带动粉碎机的100多匹马力的电动机里塞沙子。头几次塞，还是照样转动，以后逐渐塞多了，电机就因线包着火而停转了。炉材部的日本主任，弄不明白事故的原因，找来甘井子宪兵队来调查，被询问的闫奉昆等几位同学都一口咬定是和往常一样按规程操作，一起重大事故也只好不了了之。

在甘井子"大华矿业株式会社"说是"勤劳奉仕"，但是有几项免费。吃饭不要钱，由厂方提供。这倒不是什么争取来的。除此以外，还给少量的工资，但不是现金。每人一本"通账"（储蓄存折），月月打入，说先存上表示爱国，将来可以提取。名字是实实在在的。当时没人重视，没当回事。光复后将它视若仇敌，大多数人随着光复付之一炬，解气了事。后来日本表示，这些欠债，都可以领取。我想不会有几个人保存"通帐"。如果有谁保存下来，那倒是收藏品了吧。

在工厂吃饭，说过是窝窝头加咸菜条子，喝凉水。也曾经吃过橡子面窝窝头。太不好吃了，真是吃了拉不出屎来，滋味难受！好在顿数不多。要说是以橡子面为主天天吃橡子面，那是夸大其词。总而言之，对学生还有差别。

学生出厂不检查，利用这样机会，我们把特殊钢制作的菜刀，拿出工厂回家用。都是那里的师傅们给做的。还把特殊钢小块，拿出去。那时候，特殊钢是了不起的东西。

上下工，尤其是上工起来得早，天没亮，人累得解不过乏来，走着走着就睡着了的事常有。整个队伍推动着走向工厂。年轻的孩子，过着催命的日子。

体力消耗大，营养太缺乏，没什么补缺的，就想办法用窝窝头换煎饼吃。谁能知道，煎饼还不如窝窝头。

每周星期天放假。离家近的，回家补充。远的，留在宿舍睡觉休息。那时的一个想法：什么时候，能好好睡上几天没人叫的大觉？唠嗑时间不多，也没什么可唠的，什么理想抱负那时都是瞎话。有的，是仇恨和不满。挨着我睡觉的左邻是于天龙，右邻是于世润。多多少少，相互发泄点这方面的愤懑。光复四十年后，同学聚会，看见多次的是于天龙，而于世润始终下落不明。

减员增加，陆续的开来了肺结核诊断书，就不来了。我当时想，真是得了肺病了么？不管怎的，能弄到就是好样的。我没办法。

我太累了！也就太困了！于是，就偷着到摆放盐酸、硫酸大罐子的地方躺了下来不知不觉地睡了。睡得太甜了。

梦中，突然感觉很疼，不情愿的睁开眼，看见一个我们叫他"马鸭子"的制钢车间的主任，狠狠瞪着眼走开。原来，是他狠狠地踢了我好几脚。

不大一会儿，我的班主任立野先生来了，走近我，问是怎么回事？我如实相告。还好，他没说什么，让我回现场。

其实，他明白他的学生小小年纪，力不胜任繁重的体力劳动。通观"勤劳奉仕"，立野先生从来没做过过分的事。假如他无人性，打我一顿，骂我一顿是简单的事。至于"马鸭子"，是侵略战争的疯狂分子，听说几乎很少睡觉，满眼血丝纵横，垂死挣扎挽救失败，那是他们的事。

大约是 1945 年 5 月份的样子，一上工，车间主任就告诉大家说，今天有大人物来厂。大家得好好干，此外不得抬头看来人！得低头干活。

上午十点多钟，从左边来了一帮人走在上面。各个一身将校尼黄军服，手握刀把显示威风，脚穿高腰黄皮靴，"一"字排开向前走，打头的就是山田乙三——关东军司令长官。他自上而下稍低着脑袋往下边看边走，跟随的人不敢怠慢向四下扫看。如此鱼贯而出右门，再上哪里去了不详。

人走后不免议论，人多嘴杂水平不一，有的说大黄皮靴走起来嘎吱嘎吱的。大多数的同学一致认为，在关东军眼里大华矿业非常重要，不然为什么来这里巡视？除此之外，他还是来"关东州"布置什么的。

这是当年的往事。今天想起来，都是和战局接近完蛋垂死挣扎大有关系。再大的司令长官，在历史潮流下也是只蚂蚁而已，转年不久，被苏联押解到西伯利亚，过战犯生活去了。过后，表面上并不见得厂方有什么变动，我们照常上下工。我们的劳动指标未增未减。

多行不义必自毙。日本军国主义垂死挣扎，没能挽救它的末日临头。

高公学生的民族精神

解放后有种说法："东北，尤其是旅大地区学生受奴化教育，连自己是中国人都不知道。"此言差矣！

当时身在"关东州"的我们这些青年学生，深知自己是中国人。怎么知道的？是那个殖民地社会告诉我们的。日本学校的汉语课程，有《史记》《古文观止》等文章，授课教师不是日本人而是中国人（日本人也教不了）。课堂上讲文章就离不开中国历史，从三皇五帝到民国初期的军阀混战。教我们汉语的赵先生，是个地道的中国人，在课堂上大谈中国文化，和他走南闯北的故事。中国文化和他含蓄式的诱导，开发了学生的民族意识："我们是中国人，中国是睡狮百兽王！"另外，高公还有个传统，每年在大饭堂，高年级学生召开一次"礼仪发表会"（类似迎新会），姑且不论它的浓厚的封建气味，大耍等级服从（下级生要服从上级生）的威风，但同时却有几位高年级同学站出来慷慨激昂，甚至痛哭流涕地告诉新同学："不要忘记自己是大国人！"

1943年秋季，一年一班的一个寝室发生了"小日本事件"。一天下午，值宿的日本舍监冈本教师来到某寝室，看到东窗外铁皮窗台上，有人用粉笔画有日本国地图，上写"小日本"，于是告诉了舍监厚见教师。厚见、冈本等将该寝室的同学逐个叫去审问。没想到文质彬彬的白面书生孙天佐，敢做敢当，一口承认是他写的。厚见等日本教师便大打出手，左右开弓打耳光。顿时，孙天佐的脸蛋就肿了起来，小白脸被打成了大红脸。事情的结局，是孙天佐同学被迫离开了学校。本来要开除，考虑到孙天佐的哥哥毕业于高公，学习表现好，给予特殊处理。这一事件，更加激发了我们的民族意识。

1945年3月，日本的战时经济已崩溃，但仍在垂死挣扎。在劳动力奇缺的情况下拉中国学生来补充。干的是重体力劳动，吃的是橡子面窝窝头。早晚两头，早饭是大锅清水漂几点油花和几片菜叶，中午有点咸菜就不错了。那时，在甘井子"大华矿业株式会社"干活。前面提到的日本教师林大狼，就在甘井子负责领队，并管理学生。他会一口流利的北京话。刚开始，他和同学套近乎，学生不上他的当，反而很厌恶他。他便伺机报复。有一天，他突然来到正在准备上工的张景宏面前，毫无理由的训斥起来，张景宏与他争辩。林大狼举手便打，张景宏举起胳膊挡住了他的手，林大狼恼羞成怒，摆出了柔道架势要摔倒张景宏。张景宏并不听邪，硬是抱住林大狼不松手，绝不倒下。于是两个人僵持起来。终因张景宏人瘦体弱倒在地板上，而林大狼也累得上气不接下气，爬起来狼狈地跑了。同学们都以惊奇、称赞和自豪的目光望着张景宏。他是我们年级第一个敢于用行动反抗日本教师的学生！从此，林大狼稍有收敛。这已是日本帝国主义无条件投降前夕的事了。

光复后的情形

1945年"八一五"，17岁的我，亲耳听了日本昭和天皇宣读投降诏书，在殖民统治下当亡国奴14年的东北光复了！光复，那是我人生最最大的喜悦，包括后来在内的任何其他的喜事，皆无法与之比拟。

1945年8月15那天早晨，大约8点钟，伪满广播电台异乎寻常地广播说："今天中午有重要新闻广播，望届时收听。"

我由于参加"勤劳奉仕"（就是用体力劳动无偿地为天皇作贡献）过于劳累，也想效仿同学们的做法，回家休息几天，再弄个假诊断书，回"大华矿业株式会社"销假。休息是好，上哪里去弄那个诊断书？正愁着呢。

早晨听了通知，由于十几年从来没有过这样的通知，顿感非同小可，就和父亲说了一嘴。父亲嘱咐我说有大事，好好听听！

伪满很重视宣传。其中电台广播最重要。为了加强宣传，廉价兜售四灯小收音机，用于收听伪满电台的广播，功率不大，想收听远台不可能。其实，苏联离东北近，它的电台功率特大，它的广播深夜还是能听得到的。父亲常在午夜偷偷收听。有些不了解情况的人以为有收音机的人家都是有钱人家，那就错了。没经历过伪满的人，思想"左"的人，最好犯这样的错误。

当天我提前打开收音机，屏息着呼吸，急着广播开始。12时整广播开始。日本昭和天皇的声音流淌出来，宣读诏书向世界表示无条件投降。日本人都没听过天皇的声音，所以叫作"玉音"。

晚上跟父亲说了日本投降的大事，母亲为我们多做了几个菜，为庆祝光复喝了光复酒。父亲说："小鬼子完蛋，会狗急跳墙，你们上街要注意安全！"

随着光复，也不需要弄假诊断书了。后来知道在"大华矿业株式会社"勤劳奉仕的同学们，集聚在工厂主楼前，也在同一时刻听了广播。完后，日本人都耷拉下脑袋！有的先生说，还是你们赢了！带队劳动的先生经过商量，宣布说："等待复学通知！你们的复学，得等待国际来规定。现在可以回家了！"说罢，学生们蹦起来欢呼拥抱。大家高唱凯歌爬山越岭，回到南关岭工棚。少数同学当天就捆绑行李回家。多数的同学第二天回家。我的行李是王安治同学给我带回大连家的。

光复的喜悦超过东北人的一切，大家无不心花怒放。但是一切都是静悄悄的，表面上看不见什么动静。好像人们对光复无动于衷。既没有放鞭放炮，更不见烟火照亮夜空。为什么？那就是政权、武器还掌握在伪满政权的伪官员手中，轻举妄动会招来不幸。这是当年的实际情况。

首先是挂国旗。国旗就是中华民国国旗（青天白日满地红）。最先的是商人印出来，大家争先恐后购买，挂在家门口。伪满有规定，家家门口有旗杆。一下子换上民国国旗，显示不再当亡国奴。日本人看了气愤，我看见一个日本妇女路过，用手敲打着中华民国国旗而过。可见他们不甘心投降。

庆祝活动是逐渐升级公开化的。很快的，苏联红军来到我的家乡成立了卫戍司令部，接管了一切。于是欢庆开始。家乡有关东军的被服仓库，藏有大量的军服、军鞋、军靴、军毛衣毛裤、大张的高级军用牛皮。对日本鬼子的仇恨集中在这些物资上，爆发了哄抢。哄抢的主力是小市民。他们是社会底层，与日本人有接触，受到他们的压迫。当看小鬼子垮台，仇恨集中在他们身上，主动哄抢。不时的枪声大作，夜空被子弹打得流星般的飞跃。随之而来的，光复市场开业，抢出来的那些东西造成繁荣。一时间，人们身上都军人化了。市场的红火，靠的是有限的军用物资，维持时间不能长久。补充物资继而出现了，日本人卖出家具等实物补充了市场。

欢庆光复的花絮是到了晚上，枪声不绝于耳。那主要是苏联红军的枪声，也有流失在民间的手枪乱放！超大的军车也出现了，都是美国的 10 轮卡。小车相比，比都比不上。接下来，是放映苏联卫国战争时的战争片子，开人眼目。

我们东北人，当了 14 年亡国奴，虽然是身在伪满统治下，那是不折不扣有政府的。没承想光复后，倒出现了一个无政府状态。那段时间，干什么没人管，也不管别人。比如，哄抢关东军仓库不是谁下的命令，是自发行动。目标对准日本人的抢夺，我亲眼看见一起。瓦房店的日本人集住在铁东，有家日本人家正在从铁西往铁东搬，雇胶皮马车装满东西往铁东走，一个壮年几个箭步跑上去伸手往下搜东西，拽了几个皮箱下来，拿走。车上的日本人无可奈何。车老板也不管这些。这还是我看见的。

从市场上出现的日本书籍看，很多盖有日本小学印章。说明那是从当地日本小学抢出来的。建校多年的日本小学，变成废墟。伪满国兵带回家的枪支很多，在郊区胡乱放枪，影响社会治安。在车站广场上，上万吨的咸盐堆积如山。这是投降前日本鬼子没来得及运往日本的。光复后，农民花了不少时间，物归原主拉回家。还好，中国的学校没受大灾害。待苏联红军接收后，情况有了好转。

光复前，火车司机全是日本人，中国人当司炉烧火。光复后，很快地加入中国人，车权逐渐被中国人夺回。没几年日本人回国，东北铁路火车司机，全是中国人了。

神社是日本人的重要精神支柱。我的家乡瓦房店，日本人来得较早。他们来到瓦房店的同时也带来了"神社"，建在风景秀丽的东山上。可见，他们要住在这里不走了。一条花岗岩铺的石头台阶，由低到高通向神社前小广场。中间还有几个"鸟居"（形同"开"字）的高大水泥牌楼。那个神社，是纯木制的庙宇。祭祀的时候，人们面向神社立正排列在前面，毕恭毕敬地敬礼升旗。一个戴黑帽子的日本老和尚拿着白纸条的甩子，东一甩西一甩。庙里面究竟是什么，谁也不知道。只见它的格子窗是白纸糊在里面的。平时，人们就知道这些。

东北光复没几天，这个"神圣不可侵犯"的神社就被周边的农民捣毁了。原来，里面没有什么像样的东西。人们很快地把木头拿回家使用。剩下的就是几根一时拿不走的柱子。

每个民族都有自己的传统服装。日本人有他们的民族服装。服装又受时代和地域而变异。在伪满洲国，他们的服装早期是洋服，后来是协和服。走起路来，留个小胡子，故撇着嘴，挺胸扩腹，装出一副不可一世的架势。

黑棉袄，本来是中国人穿着过冬的。光复后，不知道是谁想出来的办法，一时间日本人全都换上黑棉袄。结果，中国人和日本人在表面上不好区别了。这样的鱼目混珠，无非是不愿意暴露他们日本人的身份，让别人以为他们也是中国人。

苏联红军接收了我的家乡，也把日本人管制起来，规定他们日本人不管穿戴什么，胸上必须佩戴一块白布做的胸牌，写上他们的日本名字等。任谁一看就知道他就是日本人。走起路来，再也不摆出大和民族那种优越性的架子了。那年冬天，常看到的是日本人靠在向阳的墙上晒太阳取暖，连带抓虱子。至于鼻子下面小胡子，他们早就自己刮掉了。

光复后的日本人，洋相百出。日本妇女都纷纷剃光头。光复不很久，日本妇女一夜之间都把长发剃掉，人人变成"姑子头"。美丽的女人顷刻变得丑了！甚至于豆蔻年华的小姑娘也没幸免。当然，中国女人不是那样，还是长头发。为什么这样突然？日本人认为"老毛子来了"，"日本女人成了战利品！"

日本女人剃光头的也不能幸免。俄国人来到人生地不熟的瓦房店，他们知道什么？有牵线人为之提供。这样做的人，也不会白牵线。

用的时间最长的一个妇女，是一个中学生。她的未婚夫应征当兵去了，她从日本来到瓦房店，投奔到未婚夫家里来。她长得美丽稳重，受人喜欢，在瓦房店与大连之间走读上学。如花似玉的她被苏军司令部找去，长期不见回家。放出来的时候，她已经神志麻木，两眼发愣。一个黄花大姑娘变成了傻子。她回到未婚夫父亲家里后，这个老畜生说："不干白不干！"又被这个豺狼祸害了。

日本投降了，也得吃饭，吃饭就得花钱。开始还好，把家里能卖的都卖了。他们不好亲自上市场，就卖给收破烂的。先卖的是日本的和服和那些佩戴、柳条包，再就是碗柜，有雕刻图形的高级大立柜。还有书籍、交响乐唱片。到后来，不得已压箱底的贵重东西也卖，比如德国照相机、高级电唱机等等。卖光了东西，为了能活下来，就只好重操旧业。这时，可以看得出来他们在日本原本是干什么的。

日本人居住地在铁东，他们的市场就在那里。在那里有开酒馆的多所，有卖风骚的，有卖"饼"的。这里说的"饼"是日本"饼"，叫"馍叽"，很好吃。有工匠做日本大小酒桶和大小饭桶的。有摆摊卖各种小物件的。酒馆里的日本人很下流，边喝酒边把卖风骚的搂起来干下流事。有几个日本男人耍弄一个日本女人的，发出怪声怪调，不堪入耳。

日本投降，伪满垮台。原伪满政权是个什么样子？是否都跑光了？或是藏了起来？

瓦房店是"复县"县政府所在地。由伪满县长郭某人，县警察署长关某人为主，组成县政府。他们一个没跑，好像上面有通知似的，"坚守岗位，忠于职守，等待接收"。从"八一五"光复那一天起，主管们都上班维护社会稳定。看不出他们几个人心惶惶无所适从。苏军来到县城时，正式委托他们管理城市。两相合作得很好，他们担起责任来。

东北光复之初，在瓦房店只知道有国民党的活动。共产党的出现，还是当年10月上旬来自胶东的"辽南人民自卫军"。人们知道那就是共产党。"辽南人民自卫军"来到后，在1945年10月，瓦房店成立了复县人民政府。在拉锯战中，复县人民政府退到金州苏联占领区，公安局长李健犯了大错误，他把自营医院院长何守礼、民人基督教徒赵月笙、火车站站长于大良、火车站站长翻译李明旭等人抓起来了。造成知识分子的一时恐慌，导致众多的知识分子跑向国统区。李健被撤职查办，一撸到底。

复县人民政府没有逮捕伪满时期的官员，还对他们委以重任，责成他们维护秩序，还把收缴枪支那样的大事让他们办理，收上了很多大小枪支。看样子合作得很好。

我记得过了春节，伪满政权那些人，还在县人民政府领导下合作。1946年6月，我为圆大学梦走出解放区。以后究竟怎样处理他们的，不知道了。

那个时候伪满官员逃亡的也有，多是作恶多端的大小警察和狗腿子。新中国成立后，他们陆续被抓起来，多数处以极刑。

苏联红军来了，社会开始稳定了，庆祝活动开始了。

一位姓于的小学老师编写剧本《抗战胜利了!》，描写伪满14年的日本残酷统治。当时的中学生串联起来，在电影院演出。剧情是一位年长的父亲，揭露日本奴役中国人的种种罪行，勉励孩子们好好学习报效祖国。连演了十几场，场场爆满，深受好评。后来又有别的剧目演出，也是很受欢迎。再后来演出《夜未央》等，往别的剧种发展，填补精神上的空虚。在演出人员中，王振基、宋冬月等人名震一时。

我们家乡管收音机叫"电匣子""无线电"。伪满时期，日本侵略者为了强化宣传，廉价卖出功率小的"四灯收音机"，多数人家拥有一台。东北光复，百姓是用它来收听国民党中央政府的宣传。记得很清楚，听得最多的是"以德报怨"。国民党电台的功率很大，远远的大东北听起来犹如就在眼前。

人民政权刚建立，根基不稳，自己既没有电台，也不懂收音机是怎回事。开始没收百姓的收音机。就说那东西不好，勒令上交，由政府代为保存。并许诺等将来用的时候再还给你们。

苏联红军势如破竹地摧毁伪满洲国国境，不多日子传闻就要来到瓦房店。为了看苏联红军究竟是个什么样子，我早早跑到家乡最北面的公路进口处，迎接苏联军队去了。当时我看到的红军战士个个都是满脸、满身厚厚涂了一层黄尘土面，只露两只眼睛。战车是简单的四棱四角的驾驶室，据说是叫作莫洛托夫工厂的产品。我向他们举手示礼不见回应。从我身前迅速通过，卷起漫天黄尘土。后面的车依次跟上，向南方疾驶而去。看见路旁推翻的卡车数辆翻在沟里，弃车而去。"哈大路"沿途都是如此光景。

这边是陆路，那边是铁路。铁路上无论是交通工具还是兵员都比较干净。人们不上尘埃卷起的公路边，都集中在火车站迎候红军。小商小贩，还有观众一大批。长长的平板上，载有各种长筒大炮、巨大坦克等等重兵器。依靠在坦克大炮旁边的年轻战士，拉起手风琴送来战神的歌声，显示了乐天风采，给人以神圣的感觉。为了表达谢意，军衔高的领导者出面答谢，我们谁也听不明白，就有用手势传达敬谢。这时的小商贩，打开箱子，成把地把好吃的扔向战士们。卖冰糕的，把冰糕送给战士们不要钱。一列运兵火车开出，刚开出不久，后续列车接踵而来。

我们辽南城市人家为了夜里安全，都在窗户外面做有叫作"板窗"的装置。到了晚上把"板窗"关上，中间有一条铁杆子横在中间，用一根铁钉子通在里面固定住。相当于今天的护栏。白天打开，晚上关起来。

苏联红军来到城里，突然间打破常规，家家户户再也不开"板窗"，过起半黑暗生活。那时还好，伪满末期南满电力有余，用电早已不收费，家家电灯成天开着。即便是来了"辽南人民自卫军"，不论白天黑夜也关着"板窗"生活。

出现这种极不正常生活的原因，就是传来的风声说苏联军队在铁路沿途性骚扰女性导致的。关板窗为的是防"老毛子"闯进家里。流传有谁谁谁家的姑娘被老毛子强奸了。听见的多，真正看见的几乎没有。后来真的消息来自"关东州"，我旅顺同学李吉夫的姐姐，被苏军强奸了是真。苏军在"关东州"召开了公审大会处以死刑。瓦房店虽没达到那种程度，但是为了防范不幸，家有女儿的都把她们送到乡下离开城市灾区。我家的几个姐姐，早就送到远离城市的乡下。日本女人没有这样的条件，就剃光头了。

伪满洲国有四大香烟株式会社（公司）——"哈尔滨、'新京'（长春）、'奉天'（沈阳）、营口"组成香烟生产大集团。生产骆驼牌、天坛牌、吉祥牌、协和牌香烟。一光复，烟厂倒闭，买不到香烟。

社会需求推动了代替品的产生，香烟作坊应运而生。我的好同学于美昌，家住在东山农村，待学在家，看准商机，在家里办起卷烟作坊。烟叶买得到，成盘的卷烟纸从倒闭的烟厂里流了出来，也买得到。将味好的烟叶紧紧地卷起来，用快刀切成细丝包在烟纸里。把卷起来呈长条的长烟卷，又用快刀切成单支烟卷，20 根一盒的装在烟盒里，命名"三星牌"送到市场上，在诸多香烟作坊竞争中名列前茅。关键是他家配方独特，烟味香口，销路通畅。靠着卖卷烟挣的钱，1946 年 6 月我们走出家乡，到国民党地区圆大学梦去了。

以上说的是我家乡瓦房店的情形。再说说我了解的东北外地的见闻。

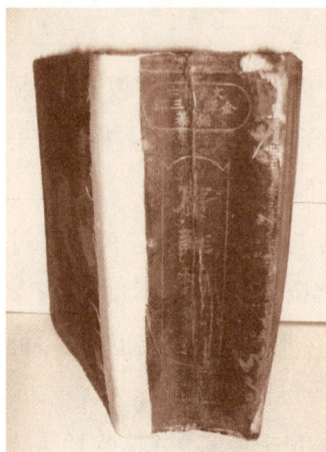

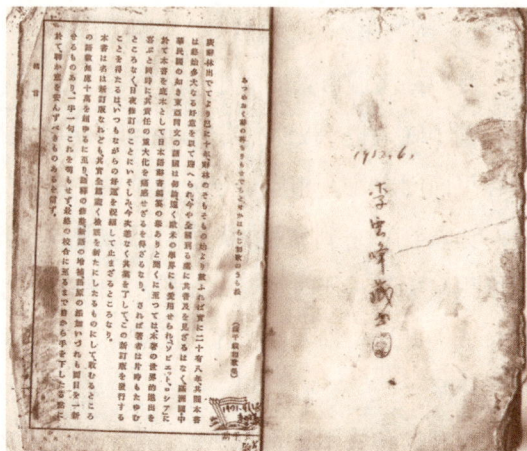

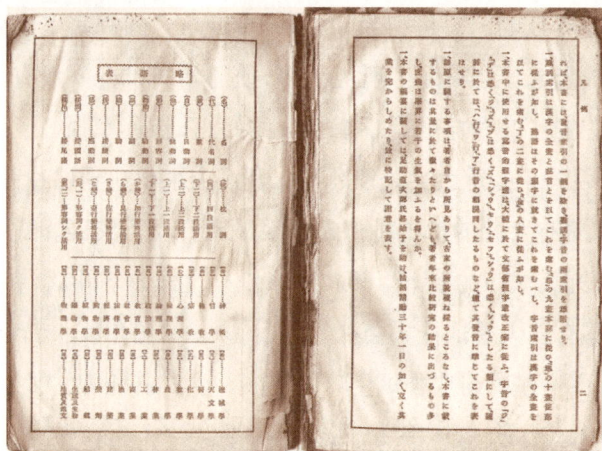

光复后，外地我去得最早的是大连市。去的目的是取我"勤劳奉仕"留在工棚的行李，同学王安志为我带回他家。我走在大连市街上，与旅顺高公的先生荒木不期而遇。因为是我们的先生，见面倒显得亲切，相互寒暄。总因师生关系，他身为教师教过我们，倒不觉得他因日本国投降的尴尬。我还乘机问了认识的其他日本先生的现状，他一一做了回答。得知苏军到了旅顺建军港，凡是日本人统统都撵到大连。厚见先生是我们班的日语老

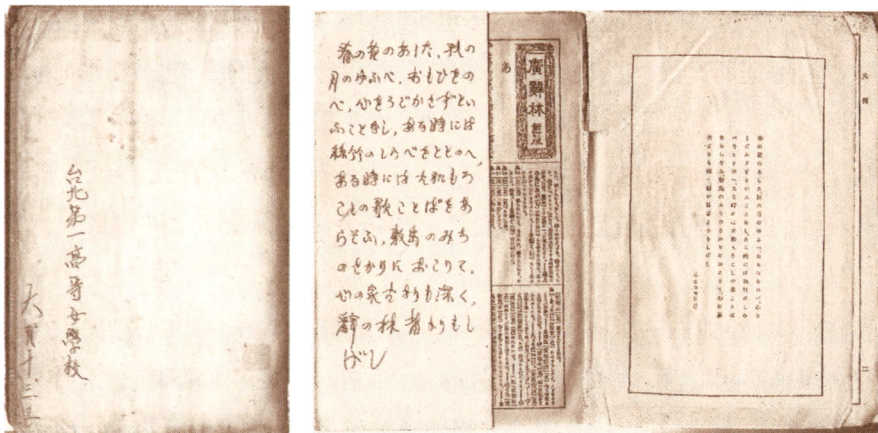

文学博士金泽庄三郎编纂的《广辞林》书籍。

写于 1934 年的前言，历数此书初版 28 年来在"满洲国、中华民国等东亚同文诸国"和欧美学界广受欢迎的情景和新订的目的。

凡例、略语表。

台北第一高等女学校学生大贺十三子在书末的签名。

《广辞林》扉页和李明晨抄写在外包皮上的《千载和歌集序》。意思是："明日春花，秋日月夜，述我心思，怎能心平静，时而演奏丝竹，时而静吟和歌唐诗，歌道繁盛，心灵之泉悠古而深远，辞藻之林比往昔更加繁茂。"

师，几乎每天见于课堂，业务能力强，教学认真得法，给我们打下好基础。但这人当教务长，积极贯彻奴化教育方针，深受学生的憎恶。他没能回到日本，死在中国"关东州"大连。荒木先生可以行走在大连街头巷尾，说明光复的"报复"灾难没落到他们身上。旅大的日本人多，苏联红军占领后很快建立了秩序。国民党政府的接收人员也到得早，在那里建立了叫"保安军"的军队。言谈中，荒木流露了对前途的渺茫，向我们打听他们今后的出路等，我们只能支支吾吾。一个特殊现象发生在旅大，那里从不叫"光复"，而叫"解放"。这也许和共产党八路军从烟台那面跨海到得早大有关系，以"解放"覆盖了"光复"。其实，"光复"和"解放"，看似近似，但大不同。"光复"释义为"恢复（已亡的国家）；收回（失去的土地）"。"解放"释义为"解除束缚，得到自由或发展，特指推翻反动统治"。通常是先"光复"，再"解放"。

光复之初，我从亲朋好友口中，也听到过外地的一些情况。

锦州光复日，发生了和我家乡同样的打砸抢。我的妻子是锦州市老户人家，也亲身经历了那场情形，她说的和我在瓦房店见到的类似。一时间乱了套，哄抢日本人家，胆儿大的多拿、拿大件，胆小的拿盘儿、碗儿、碟子等小件，主力是市民阶层与近郊农民。1946 年我在锦州时，包括北山上的伪满"锦州省政府"坚固建筑物，都剩下了房框子。锦州市周边从前的日本建筑物，连他们的卡车也全都砸坏。紧挨铁路的最南靠北的地方，那里是关东军部队兵营，偌大的院落里面的大礼堂、楼房、高级官邸、大仓库等，全都扒掉房盖和门窗，一片狼藉。锦州是交通枢纽，兵家必争之地，苏联红军到得早，连八路军到达得也早，结果光复后还是遭到洗劫。

光复后中长路哈尔滨到大连交通未断。我的三哥那年冬天因考察商情北上了一段时间。光复那年天很冷，他看到的哈尔滨、沈阳街头上用大马车往外运尸体的惨状，冻死的尸体摞成摞。还看到日本人把草袋子剪成窟窿套在身上御寒。那年冬天中国人过得不容易，对日本人说来就是一个鬼门关。"路倒"（冻死在马路上），中国人有，日本人更少不了。我看过一本日本出版的《长野县满洲开拓团史》，里面记载："及至战争结束，共有 130 个开拓团在北满，在籍总人数 33741 人。除去应征等减员外，到当年 8 月 9 日苏军参战时为止，在团人数为 25736 人。后来，应征者中复员 5256 人，战死 1421 人未归与下落不明者 79 人。在团者当中遣返回国者 11883 人，死亡者 12828 人，未归者 845 人，去向不明者 180 人。"根据这个统计，出征生还者约 77%，而老幼妇女孩子的生还者仅达 45%，还不到半数。

访谈人：齐红深、徐雄彬、齐会芳、刘金鑫。访谈时间：1994 年 5 月—2015 年 4 月。地点：长春市空军干休所口述者家中。

周　峰：
从“关东州”逃往“东边道”

周峰，曾用名周广鼎，男，汉族，1931 年 7 月 29 日出生。籍贯：辽宁省大连市旅顺口。退休时所在单位：民革大连市委机关。职务：办公室主任。日本占领时就读学校：水师营公学堂、旅顺高等公学校中学部。

1938 年进入当地普通学堂（小学），四年后考入水师营公学堂（高小），1944 年考入旅顺高等公学校中学部，当年秋天由于在“勤劳奉仕”中与日本学生打架，而逃到东北（东边道）开始流浪，日本投降后回家。1947 年去了当时属国统区的沈阳，考入国民党空军学校在四川学习。1949 年 2 月，学校迁往台湾，起义到解放区参加人民解放军。1949 年 6 月，随军参加解放西安战斗，任军管会军事处联络员，后来成立航空处改任办事处秘书。1949 年 12 月，参加解放四川成都战斗，先后任空军处联络员和空军十三师的航行参谋、领航员、观测员等职。1954 年因历史问题被旅大市法院判处有期徒刑 10 年。1955 年送黑龙江省嫩江地区劳动改造。1962 年提前释放后留农场就业。1968 年遣送到黑龙江省克山里西河公社。1978 年三中全会后落实政策，回空军部队。1980 年转业回大连市，安排在民主党派机关担任办公室主任。1991 年 7 月退休。

听爷爷讲家史

哺育我童年时代的旅大地区，早在1905年就沦为日本帝国主义统治之下，老百姓过的是被奴役的生活，接受着奴化教育。可我却从未想到过自己的民族地位和人格上所受到的凌辱。逐渐长大了，听爷爷说：是爷爷的爷爷为了求生，为了逃避连年灾荒和土豪恶霸以及官府的苛捐杂税，老人在失去唯一儿子的情况下，用一根扁担两只箩筐，从山东省登州府文登县高村集，一步一步地挪蹭到东部沿海——蓬莱。随着逃难的人流，全家两老一少三口人登上一只舢板闯了关东，经过多少个昼夜，在狂风巨浪中颠簸摇晃，好不容易才算到了刚刚被日寇血洗过的旅顺口。

当时旅顺也叫狮子口，甲午战争沦陷于倭寇之手，当地群众并不算多，除了渔民，大部分仍以务农为生，据说总共也只不过万把人口。野兽般的日本军队登陆后，不容分说，即在全市展开了灭绝人性的大屠杀，他们不分男女老幼，也不管是清军还是百姓，一律血洗，无一生存。瞬间，旅顺口尸骨遍地堆成山，血流成河入海流，两万多无辜同胞就这样不明不白地葬命于日寇屠刀之下。由于这里没有了人口，可能成为后来"海南丢"（指从山东等地越海来居的人）能够大批在这块黄土地上谋生活的第一个自然条件。

褓褓中的爷爷和他的爷爷，一老一小，在同路逃荒乡亲的帮助下，终于在距旅顺口约二十多里路的小山村落了户。

爷爷从还不记事时起就失去了父母，是靠着爷爷的爷爷和爷爷的奶奶，一把屎、一把尿拉扯大的。世上人都承认：山东人肯吃苦，就像柳树一样，插到什么地方都能生根发芽。据说地球上，只要是有人的地方，就有咱们中国人，只要有中国人的地方，就一定会有山东老乡。

爷爷长大了，爷爷的爷爷没有文化，一个大字不识，如今啊，说什么也要让孙子学点四书五经什么的。爷爷也很要强，这也可能是山东人的性格，学就要有个学样，干就要有股子干劲。爷爷说：老先生教过之后，就让你背诵，什么意思不知道，只要闭上眼睛，晃晃悠悠能从头背到尾就是好学生。先生手拿一把锥子，扎到哪一页，你就得背到哪一页，否则就得挨掌尺（打板子）。爷爷很聪明，总是第一个背完，提前放学回家，帮助爷爷的爷爷开荒扩大耕地面积，企盼秋后再有个好收成。家中缺少人手，爷爷的奶奶身体虚弱又是小脚，成天光家务琐事就够她忙乎的，地里的活计，就只能靠爷爷和他的爷爷，一老一小去应付了。

爷爷刚过十五岁那年，爷爷的爷爷就托人在八里外的蒋家屯娶了位比爷爷大两岁的奶奶，虽然也是小脚，但年纪轻，能干活，不能顶个整劳动力，也顶上个大半拉子。听爷爷说：她十八岁那年就添了个儿子（我的伯父），全家人真是又喜又忧，奶奶从挺着大肚子那时起，就不能下地里干重体力活，这回哺育婴儿就更不能下地干活去了。奶奶的奶奶重病缠身，不久也就去世了。

爷爷从娶了奶奶之后，就辍学接替爷爷的爷爷担负全部家务劳动。又过了两年，大姑出世，再过两年又添了个儿子（我的父亲）。在伯父六岁那年添了二姑。这时爷爷的爷爷与世长辞了。以后的日子，就是爷爷和比他大两岁的奶奶领着四个孩子日夜操劳，省吃俭用置办这个家业，盖了五间草房，开了五亩生荒地，又买了一头小毛驴。爷爷不让他两个儿子去上学，晚上吃完晚饭，坐在豆油灯下，就以他自己学过的《三字经》《百家姓》来辅导他的儿子。后来，旅顺口、大连这块风水宝地又成了沙俄的属地。他们用中国老百姓的血汗，按照他们的图纸，在旅顺市区建造了不少楼房，像旅顺工大、医专、高公的宿舍、博物馆等都是俄式建筑。在我出世的前二十多年（1904年），日本国又派兵南北夹攻辽东半岛，在旅顺口展开了海陆两栖浴血战争，日本海军大将东乡平八郎指挥他的军舰在黄金山和老虎尾中间不足百米的海口处自杀沉殁，堵困住港口内的俄国军舰进出不得；从北面庄河一带过来的日本陆军，在尔灵山、松树山等地攻克了俄军修筑的暗堡地道，硬是逼着俄军司令官斯迪赛将军，不得不在其国内闹革命、国外受攻击、四面楚歌的情况下，举起白旗在水师营一个农民的住宅内坐下来，向日本陆军中将乃木投降。

从此，我的家乡又第二次处于日本帝国主义的殖民统治之下。"海南丢"在刺刀和机关枪的威逼下，不得已做了他们的"顺民"。

长年同黄土地打惯交道的农民，也开始受到来自东方和西方经济、文化渗透的影响。许多人不安于死守在黄土地与土坷垃打交道，纷纷走进市区开办工厂或从事经商活动。伯父在大连开设了一处取名叫"兴生昶"的杂货铺，一年过后又在旅顺开了一个分店，名谓"兴生永"。由于伯父一个人力量单薄，旅顺的"兴生永"还不到一年工夫就亏损倒闭，不得不将大连的"兴生昶"兑出去还债。他自己到日本人开的洋行当了职员。父亲的勤奋精神远不如伯父，总是这山望着那山高，非要出去闯荡闯荡干出个样儿来。

伪满洲国成立后，到处搜罗肯为他们效力的羽翼。这时不安于务农、早就在到处寻找外出机会的父亲，抛弃了母亲和三个孩子（姐姐和两个哥哥），到安东县（现丹东市）投靠他的表兄，混上了一名小小的伪满洲国警察。

我是在父亲出走半年后出生的，又多年不生活在一起，所以在我的印象中对爸爸这个概念非常淡薄。一年四季，妈妈都要拖着疲惫瘦弱的身躯，跟随着爷爷忙碌在田野里。后来听姐姐说：当妈妈抱起我喂奶的时候，经常是一面看着我胖乎乎的小脸，一面在流着眼泪。

校内讲日本话制度

我六岁那年，跟着当小学教员的姐姐到磐龙山下的龙头小学上学，成天掺和在孩子们当中，倒觉得很好玩，全校中我的年龄最小，由于我姐姐是这所学校的老师，大孩子们都不敢欺负我，老师们对我也倍加关照，就连那位白白胖胖的金纯和校长也经常将我抱起来用他那肥胖的大脸贴在我的小脸蛋上蹭来蹭去。家境贫穷的同学买不起笔记本、铅笔什么的，我会到学校门外的小铺去为他们买，如若饿了，我也会到烧饼铺拿几个烧饼给他们吃，这些店铺的掌柜的当然都认识我，知道我是这所小学校周老师的小弟弟，虽然当时不付钱，但他们都一笔笔地记在姐姐的账上，到月末开饷的时候找姐姐去结账。转过年的四月，我随着本村其他孩子们一起上学从头学起。他们都是第一次走进学校大门，而我毕竟学过半年了，自然，成绩比别人要强，四年之中，我的学习成绩一直保持在前四名。

农村的孩子没几个是富裕的，有钱人家的孩子总是少数。他们放学后还要帮助家里干些农活，挖野菜什么的。春天刚过，我就光着脚板跟那些孩子们一样跑来跑去，一直光着脚到初冬的到来。当感到冻脚的时候，我就站到刚屙下来的牛屎上暖暖脚。小孩子淘气，成天跑啊跳的，额外费鞋。妈妈贪灯熬夜费了九牛二虎的劲儿，给我做成一双新鞋，穿在脚上没有几天大拇脚趾就拱了出来，脚底下也露出了大洞。我们大部分同学都是这样度过他的童年：拎着鞋上学，走到校门口再穿上鞋进教室，放学了再脱下来拎着鞋走回家。这样的情况一直到上公学堂（高小）才改变。

爷爷的家教特严，我们家从老到小，没有哪个会骂人的，也从不同别人吵嘴打架，即便吃多大亏也是忍气吞声。记得爷爷经常说这样一句话："肯吃亏不算痴汉，肯出力不算下贱。"它就是我童年时期的"座右铭"。

记得在小学三年级的时候，学校放寒假，我和几个小朋友做一种"打鬼头"的游戏。玩的办法是把用硬纸壳做成的一种画有各式人物头像的纸牌放在地面上，用自己的牌将对方的牌翻过背面就归你所有。因为我一连输了五十多张，让同学们追到家里来要。爷爷知道后，不容分说抢起赶车的鞭子把我没头没脑地抽打一顿。打那以后，我不仅不敢玩纸牌，一直到今天，就连扑克牌、象棋什么的我都不会玩。爷爷不抽烟，只有过年过节才喝点自家用黄米酿成的老黄酒，对我们小一辈人来说，烟酒也自然就无缘了。"万般皆下品，唯有读书高"，这就是我们的家训和追求目标，不论家境怎样拮据，也要供孩子们读书。

伯父唯一的儿子在日本人办的旅顺二中毕业后考进公费到日本东京大学留学，我两个哥哥也都考进国内高等学府。可见他们的学习都非常刻苦。童年的我，也就是在这样的环境中长大的。

从太平洋战争开始，我就读的水师营公学堂实行校内讲日本话制度。凡发现在同学之间不讲日本话的人，校方就将一块特制的木牌像项链一样挂在你的脖子上，被挂上牌的同学每天必须上交一筐马粪，不准他上课，一直到什么时候你再抓到讲中国话的同学时，将牌子转嫁在他的脖子上，你才能恢复上课的权利。

将来当比爸爸更大的官

旅大地区，包括金州、普兰店、貔子窝、五大区被定为"关东州"。这里的老百姓，也就被称为"州民"，在地图上同日本国、朝鲜、中国台湾一样涂上了红颜色，表明它是日本领土的一个州。谁要是敢说"我是中国人"，那就是犯法，轻者叫嫌疑犯，重者就成为政治犯，或者叫"反满抗日分子"而进监牢。我经过六年多的奴化教育，浑身被灌输着竭力追随大和民族的"武士道"精神，要一心一意跟着明治维新的道路走下去。要想出人头地，就必须奋斗；要想有所作为，就要付出最大的毅力去拼搏。我一心想将来能在日本人的手下当一个比爸爸更大的官。他不就是一个小小的满洲国警察嘛，在日本人的眼里，他是"满人"。我是什么？我是"州民"！也叫"准日本人"。要想实现向上爬的愿望，必须读书，多读书，读大书，读日本人的书，去考日本人办的最有名望的中学：旅顺高等公学校中学部。

这可不是一般水准的中等学校，能够走进这所洋学堂的学子们，除了成绩优秀还必须有充足的经济实力，穷人家的孩子望尘莫及。据说它建于1921年，当时为了同日本学校有所区别，便取名"旅顺第二中学校"，以中国学生为主，其中也有少数日本学生。从1924年以后，日本人为了强化奴化教育，便于集中管理，"二中"就成了清一色的招收中国学生的学校。洋教材，洋教师，培养着一批又一批能够跨海过洋的留日大学生，老百姓通常将这些孩子称为"洋学生"。身穿黑色呢子制服（后来改为绿色）、呢子大衣、锃亮的皮鞋，每逢星期天休息走在大街上，不知道挑逗了多少年轻姑娘的春心，谁不羡慕啊！尤其是从他们口中讲出来的日本话，真叫一般人望尘莫及、垂涎三尺。你不知道当时会讲日本话的人该多么吃香。能流利地讲日本话的人不说是凤毛麟角，也确实没有多少。当时谁要会讲日本话，就可以毫不费力地找到一份称心如意的洋差使干干。

在殖民地统治下的青少年，只要他具备点起码的经济条件，没有哪个不想走出去接受更高层次的教育。日本人正是想通过这所学校培养更多的将来能够为他们推行侵略政策服务的奴才。

说真心话，那时我根本就不懂这些，不懂中国历史，不知道什么是奴化，不知道什么是殖民地，甚至连自己是中国人都不知道。

我知道了自己的民族和国家

1944 年的春天，路旁杨树上散落着碎棉般的花絮，随风飘扬。伴随着含苞待放的樱花，迎接我走进耸立在太阳沟海边的一座红色楼房，这便是我向往已久的旅顺高等公学校中学部。在它的西山脚下是一片片俄式白色建筑群，那里有远东著名的最高学府——旅顺工科大学、日本高等学校，还有天文台、日本的海军司令部……

我们住的宿舍位于海滨盐池小路西侧，每逢早晚休息时间，都会看到三三五五穿着草绿色学生服的同学们沿着盐池埂低首漫步背诵着英语单词。凡是走进这所学校的同学们没有哪个不是苦心攻读，因为他们知道能够考进这所学校确实不易，他们也都知道：只有苦读才能实现出国留学的愿望。当听到"嘀—嗒—"，"嘀嘀嗒嗒"的铜号声时才会打断他聚精会神的思绪，因为用餐的时间到了，只有这号声才能催促他们赶快回去。面对摆在长条餐桌上的"黄金塔"（同学们对窝窝头的别称）和一盘咸菜还有一桶糊涂粥，他们又能说什么呢？

然而，就在这座大食堂里，一夜之间让我，不，不仅仅是我，而是使整个新考进这所学校的孩子们重新认识了自我，认识了自己的民族，认识了

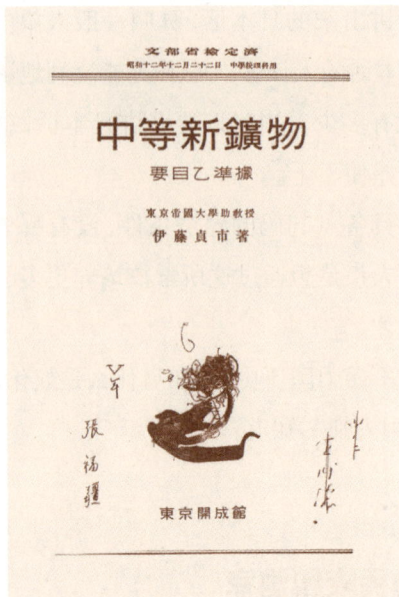

旅顺高等公学校学生使用过的教科书。

旅顺忠灵塔（上）、大连中心广场大岛义昌塑像（中）和中心公园小村塑像（下）。

自己的国家，明白了许许多多从来都未曾听说过的新鲜知识，第一次获得了过去从来都没有接触过的真理。就在这所由日本统治的学校里，由上年级同学们发起组织了"迎新会"。他们以对祖国的怀念，对敌人的憎恨，誓要从日本殖民主义教育领地里把我们这些无知的羔羊从狼嘴里夺回来的信念，决定每逢新生入学都要由上年级同学对新生开展扭转思想的教育。这已成为旅顺高公的光荣传统。就是在迎新会上，我知道了我自己是中国人，属于中华民族。

在日本人鼻子底下，公开宣传爱祖国的思想当然是犯法的。我们的前辈们，就以欢迎会的名义掩盖会议的实质，通过发表礼仪的形式来教育和启迪新生。这也是旅顺高公与其他殖民地中学所不同的举措。

旅顺高公是东北地区唯一的一所五年制中学，也是日本人培养中国学生的唯一一所高层次的中学。当时在沈阳也设有一所类似旅顺高公这样的重点中学——南满中学堂。但它是由日本南满洲铁道株式会社举办的，与旅顺高公这所由"关东州"举办的不属于一个系统，虽然它是四年制，比旅顺高公少一年，也都是一般人难以考进去的学校。不过，从南满中学堂毕业，如想报考日本国的大学必须再念二年的预科，而旅顺高公五年毕业后就可比较容易地考他们的大学。凡是能够踏进旅顺高公校门的同学，几乎个个都牛气十足。就如同一只刚出世的小老虎，无畏无惧。除了由于本身能考这所学校而产生的"荣誉感"外，大部分人还具有从家庭和社会上带来的某种"优越感"，娇气和骄气同时存在。因此，这些人除了老师之外，再不会尊重任何人。生活上散漫，纪律上松弛，加上他们都是来自于各地不同学校，对新环境和新的学习生活都表现出格格不入。当然，对刚走出家门离开父母的骄子来说，难免要有一个适应过程。

在开学后不久的一个夜晚，就在宿舍食堂的大厅里，由高年级同学召集组织了一次"迎新生"大会。在简短的欢迎茶会之后，老师们就先后退出会场回去休息，接着这会场就完全属于学生们自己的天地了。这时，主持人宣布"发表礼仪"开始。顿时，会场上显出格外严肃紧张的气氛。这不是普通的欢迎会，也不单纯是一般的发表礼仪和宣布校规校纪的会。后来我们都将这次难忘的会称为转换脑筋的会、擦亮眼睛的会。在这次大会上，我第一次听说我们都是中国人，第一次听说我们还有自己的国家，这个国家并不是日本，也不是"满洲国"，而是中华民国。我们的民族正遭受日本帝国主义的压迫，我们的国土正被野蛮的日寇所侵占，亿万同胞正被侵略者杀戮。是啊！我们所能享受到的权利只不过限于橡子面窝窝头和发霉的苞米面，吃大米就被视为经济犯，从现象上我开始明白了所谓"州民"的含义。这些对于一个刚满十三周岁的中学生来说，虽然还不能有更深层的理解，但已经初步地意识到自己再也不是什么大和民族的后裔和天皇的顺民。我们有属于自己的国家——中华。发表礼仪之后，来自各公学堂的同学们又分头召开了"同窗会"，进一步向我们新生灌输了民族观念和爱祖国求解放的思想观念。记得当时我在校友签名簿上所写的两个字是"团结"。我们再也不应该清高自大，而要团结起来争取实现共同目标——祖国的解放。

我要做个堂堂正正中国人

夜已经深了，我翻来覆去总是睡不着，一直在想：我到底是哪国人？为什么多少年来对"天皇"要那般毕恭毕敬？为什么在日本人面前要卑躬屈膝？难道就为了能得到摆在餐桌上的"黄金塔"？如果是这样的话，那同狗有什么区别！我是人，是一个堂堂正正的人！我为什么不要像人那样活着？为什么不能为民族复兴而活着？今后再也不能听任侵略者的摆布了。我要做个堂堂正正的中国人！我变了，是真的变了，同学们也都在议论着我变了，在洋人面前再也不是百依百顺的羔羊。我感觉到做亡国奴的滋味确实不好受，再不想像狗那样活着。从此，天真活泼的调皮劲儿被沉默寡言所替代。我默默地想：一定要做点中国人应该做的事，要做些对得起中国人民的事。

每天早晨，操场上几百名同学在指挥教官长冈的指挥下，整齐地按各年级顺序列队站在那里聆听仑本校长的训示。小胡子长冈教官一向不失他固有的军人风度，头戴镶有黄五角星的战斗帽，呲着两颗大门牙，上唇簇留着一撮日本东洋小黑胡，上身穿着标准的日本军官制服，从他那领章上清楚标明他是一名现役上尉军官，一条带有大耳朵的呢子马裤下边蹬着一双锃亮乌黑带马刺针的皮靴，手提一把包着咖啡色牛皮的木鞘指挥刀，天蓝色刀带缠在他那毛茸茸的手腕上，杀气腾腾，就如随时准备冲锋陷阵一般。每月的 8 日早晨，独眼龙仑本校长都要站在校园操场的讲台上怪声怪气地"奉读"1941 年 12 月 8 日由日本天皇颁发的"对英美宣战"诏书，从"天神保佑"开始一直读到最后"御名御玺"为止。同学们必须肃立静听，这时哪怕掉下一根针都能听得见。遇到热的天气时，体格不佳的同学经常有晕倒在操场上的。读完诏书，长冈喊口令："全体向右转""脱帽""向东方遥拜"！这时号手开始吹起"遥拜"号，"嗒嘀——嘀嘀嗒——"同学们面向东方九十度大鞠躬，大约一分钟的号音结束后才能抬直腰，接着就是向前方牺牲将士们默祷三分钟；然后分班列队走进教室上课。日本人对这一套非常重视，但对我们这些已经有些觉悟的中国孩子来说，这只不过好似每天要上厕所一样，明知它是耽误时间，但又不能不去。所以我们都把"东方遥拜"谓之曰："东方要败。"肃静之中时常可以听到不知来自于何方的"哞——嘘——"声，简直气得长冈（军训教官）、次西（教务主任）眼珠子发紫。仓本校长本来就是一只眼，不论他们怎样竖起他的驴耳朵也找不到发出嘘声的具体人。

"朝会"上我被打昏在地

1944年7月8日早晨，也许是我的运气不佳，当号手们吹响"东方遥拜"号音时，操场上所有的人都低头猫腰九十度面向东京的皇宫鞠躬，一刹那间全场人都矮了半截，就连洋人也不例外。中国人虽打心眼里不想低这个头，但也不得不撅着屁股在默念"东方要败"。恰在此时，天空中由南向北扩展开来的大块积云遮掩了太阳，一片阴影掠过身前，我就不自觉好奇地

日俄战争中的旅顺东鸡冠山北堡垒。

直起腰仰望那碧蓝的天空中飘浮着的多姿多娇的朵朵白云。啊！那白云美丽极啦，还不断地在变换着形状，有的像大棵卷心菜，有的像一头猛兽，有的就好像从工厂大烟囱顶上喷发出来的浓烟……

我正在看得出神，突然背后被什么东西猛烈一击，当即眼前一片漆黑就昏倒在操场上。当我醒过来的时候，却发现自己躺在旅顺医学专门学校附属医院的病床上，守护在我身旁的高年级同学和一位中国实习大夫告诉我说：是长冈教官偷偷从身后抢起刀砍在我脖子上把我打昏过去的，所幸他的佩刀是木制刀鞘，外包牛皮，否则的话早已一命呜呼了。傍晚由高年级同学陪着我回到宿舍，当时就接到校方"开除学籍"的通知，后经家兄和认识校长的老前辈多方说情、送礼，才改为"停学一周"并保证今后决不再犯的所谓从轻处罚。

在"勤劳奉仕"工地上

1944 年是我永生难忘的一年，也是一生当中观念转折的重要一年。

随着意大利和德意志帝国的无条件投降，第二次世界大战日趋尾声，垂死的日本帝国主义妄图占据东北地区做其最后挣扎的战略基地。他们开始加紧在旅大地区修筑防御工事，巩固阵地。从全国各地抓来大批劳工，不分昼夜拼命地干，也满足不了日益增加的劳动任务的需要，于是，鬼子们就瞄准了全市青年学生。不管学校课程怎样紧张，他们都被征集来参加"勤劳奉仕"（学勤队）。旅顺高公的同学一部分在旅顺太阳沟东北山麓修筑"关东神宫"。清一色的檀香木结构，风磨铜屋顶，好不威严气派，不知什么缘故，就在"神宫"即将全面落成的前夕，正殿大厅却突然燃起一把大火。嗣后听说起火的原因是 8 月里的高温"自然"引起的，真可谓自欺欺人！若不然他们怎样解释在那戒备森严的神宫里会有反日分子纵火的事实呢？

初秋的 9 月，天气特别热，当地人们都把这个季节叫做"秋老虎"。我们又被迫参加"勤劳奉仕"，在三涧堡修飞机场了。这是除四五年级同学外

（他们要复习功课准备考大学），任何人都逃脱不了的。

　　三年级和一年一班的学勤队员们回来了，接上去就是我们一年二班和三班的同学补上去。反正留在学校也得去修关东神宫，到三涧堡修飞机场也是出苦力，我们任何人也都逃脱不了，所以早已不把它当作一回事，不是连日本一中的学生们也不例外嘛。不论到什么地方，干什么苦力，我们当然知道该怎样干，因为我们已经知道了自己是中国人。吃的是高粱米饭、窝窝头外加生了蛆的大咸菜，早已不是什么新鲜事儿，这些苦对一群孩子来说还能受得住。谁叫我们是"亡国奴"啊！我们始终没有忘记"中国人"三个字，在

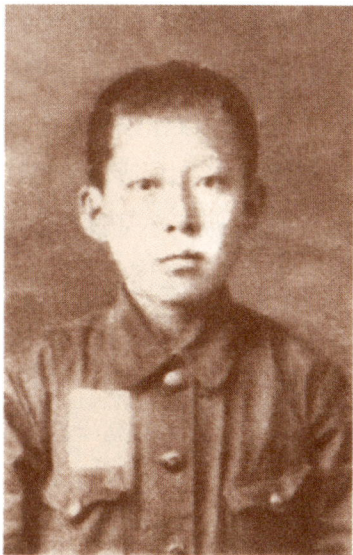

周峰1944年在旅顺高等公学校，在机场和关东神宫"勤劳奉仕"时进入工地证件上的照片。

我们的幼小心灵深处个个都埋藏着一腔复仇的火焰。我们幼稚，但我们有理想，我们虽然没有惊天动地的反抗举措，但我们会在劳动中消极怠工，破坏工具，求求大夫开张诊断书就可以休息三天两日。工地医务室的大夫大部分是来自旅顺医专的中国实习生，他们基本上都是旅顺高公早期毕业生，凭着老同学的感情，这点通融当然是没问题的。

　　南北并排两栋红砖大楼，本来是日本海军航空兵的预备营房，如今分别安排给日本一中和旅顺高公学生作为临时工棚。两栋营房相距只不过十来米，但室内设施却截然不同。日本学生住的宿舍，铺有"榻榻米"（草垫子），每天喷洒驱虫药，数盏一百瓦的灯泡照得满屋里通明，下工后可以读书复习功课。而中国学生却不得不席地而卧，睡在地板上，跳蚤遍地，只要一踏进室内，这些小动物就会沿着你的两条腿一个劲地向上爬，可想而知到了晚上又将是怎样的结局。同学们只好把被单缝成一个大口袋，睡觉时就钻进去将袋口扎紧，这样一来虽然防御了跳蚤的侵袭，但喘不出气受憋

的滋味更令人难受。有胆子大的同学索性爬到不足四十公尺宽的梁柁顶上去睡。有一天夜里睡在梁柁上的一位同学翻身时不小心，在朦胧中掉下来，正巧挂在梁柁旁的大铁钩子上，尖利的铁钩穿透他那幼嫩的大腿跟，把他悬挂在半空中，凄惨的呼喊惊醒了所有熟睡的同学，但谁也没有办法将他放下来，最后还是救护车司机用随车带着的扳手卸下这只铁钩，才把他放了下来。就这样，这位同学带着铁钩一起被送进医院，从此同学们再也不敢到梁柁上去睡了。安装在几米高的几盏电灯，只有四十瓦，别说看书复习功课有困难，就连缝防跳蚤被筒也费很大眼力。日本学生每天可洗澡，而我们劳动一天的臭汗只能用一脸盆冷水抹抹而已。日本学生吃大米饭，有时掺点黄豆他们就觉得够苦的了，看看我们又在吃什么呢？高粱米饭掺砂子和生了蛆的咸萝卜瓜。同样"勤劳奉仕"，同样是中学生，为什么要受到两种不同待遇，不就因为我们是"亡国奴"吗！这还不算，日本人见了我们还要骂"清国佬，八嘎"，实在欺人太甚，大家都觉得这口气不能再蔫不登地咽下去。歧视、凌辱在这群孩子们的心灵中已打上了深深的烙印，忍耐、屈服也是有限度的，一场反抗斗争正在酝酿之中，看起来是不可避免的了。

阴历八月十五中秋节到了。白天我们有位同学又被日本鬼子打了，这样的事情经常发生，可在今天就好似浇上油的干柴，被这不起眼的火种点燃起来了。劳累一天的日本学生已鼾声大作进入梦乡，我们虽然也同样都很疲劳，但在复仇时刻即将来临之际，大家的心情都很兴奋，每人都搂着已经去掉铁头的镐把、钉上铁钉的木棒、石块等，随时等待着号手的号令。进入深夜，突然号声响了，几乎在发出号声的同时，我和邢海滨同学首先撞开日本学生宿舍的大门，顺手分别拉掉两侧的电闸，顿时全楼上下一片漆黑，不知是谁高喊一声"打日本小子！"霎时，楼房四周的玻璃哗啦啦地被砸碎，"棒子队"直冲向楼内，不问三七二十一见着躺在榻榻米上熟睡的日本人就打，反正睡在这所房里的没有一个中国人。

睡梦中惊醒过来的日本学生，似乎感到发生了什么意外，他们来不及爬起来，个个用毛毯捂着脑袋嗷嗷嚎叫，有大一点的学生顺手操起木棍，毫无目标地乱捅，这样进进出出交锋了一个多小时。正在这时，忽然听到电驴子声（摩托车），听声音绝不止一辆。转瞬间，耀眼的车灯闪闪呼呼照亮了周围大地，十多辆摩托绕着大楼形成一个严密包围圈。我喊了声："不好，宪兵队来了，大家快撤！"说着，我也顾不得其他同学，自己便顺着楼外厨房后墙翻过去，迅速地爬出一百多米的工地，跳过一米多宽的壕沟，钻进已割倒码成堆的苞米秸里，一直在苞米堆里蹲到东方发白，才顺着田埂跑到住在附近的姐姐家躲藏起来。

在"东边道"流浪

垂死挣扎的鬼子绝不可能放过我们这些天真的孩子，报复行动是不可避免的。我也绝不会自投罗网，继续留在家乡的可能性甭想啦。于是，我毅然决然告别了养育我 14 个年头的家乡，开始走上流浪逃亡的道路。

大哥在"新京"（长春）工业大学毕业后，在"满洲国新京"第一飞行队担任机械官，那里应该是我的避难所，在那里继续读书还是有条件的。没想到事情变化得就是那样快，我刚到大哥那里还没等我喘过气，就接到旅顺高等公学校的来信，叫我"速回学校"。看起来他们已经掌握了我的行踪，"新京"也不是我久待之地，一旦他们确切地知道我住在长春的话，其后果是不堪设想的，我必须马上离开这里。于是，经过吉林沿着长白山脉南下到了通化。父亲在辉南县伪满警察署当差，到那里应该比较安全些。没想到，我刚一进门，就听说前些日子他们也已经收到了旅顺高等公学校给长春大哥发去的同样内容的信。看起来，我已经无处可投了，凡是与我有亲属关系的可去之处，他们都进行了追踪。难道就这样束手就擒吗？不，决不。于是我继续向森林深处走去：金川、抚松、濛江、沙松岗……我在朝鲜族的水稻田里薅过稗草，打过零工，讨过饭，最后流浪到兴隆铺一个小山沟里被"二鬼子"们捉进劳工队。因为年龄小，就被安排在伙房里打杂、烧火、洗菜。这里是山区的边缘，盛产野葡萄。日本人由于军事上的需要，在这里采集野葡萄叶熬制"酒石酸"。

离家十几个月来，虽然不能和同学们一起，但却经常在梦中看到那些熟悉的面孔，看到他们坐在教室里上课，我呆呆地站在走廊趴在玻璃窗前窥视着，下课了，他们谁也不跟我说话，好难受啊！但一到天亮，过去的影子也就无影无踪了。在新的环境里结识了不少新朋友、穷朋友、出苦力的朋友，他们当中有汉族、满族、朝鲜族，在跟他们这些人打交道当中我体会到了劳动人民的真正感情。他们自己也吃不饱，但他们经常把省下来的一点点高粱米饭分给我一些。用他们的话来说："你是小孩子，正在长个儿的时候，如果吃不饱会成矬子的。"有时天下雨，我们不能出工，大家围坐在工棚里拿我开心，从他们那些朴实可亲的面孔中不难看出他们内心的苦涩以及对劳工头子们的仇恨。因为我毕竟是"关东州"出来的学生，日本话说的还算不错，自然也就引起日本工头的注意，这就使那些中国工头和汉奸们对我也不得不另眼相待，平时总是给我找些轻活干。山区盛夏特别闷热，尤其在这山沟里，蚊虫、小咬可算是我们劳工们的第二个大敌，只有盼望雷雨来临大家才略有喘口气的机会。伙伴们悠闲地坐在晾晒"酒石酸"的凉棚里浴着阵雨所带来的凉风诉说着家乡情事，有的在述说自己那颠沛流离的苦难生活。

一天，我正和几位来自吉林师道大学的"勤劳奉仕"的大学生们忙着收拾晾晒在场地上的"酒石酸"，一个劳工头儿跑来用日本话告诉我说："苏联红军向日本宣战了！美国的原子弹我们的不怕，因为天皇陛下早就准备放弃本土，依靠'满洲'作为继续战争的根据地，一定要将大东亚圣战坚持到最后胜利，这次苏联红军抄了我们皇军的后路，危险大大的。"实际上在几天前，我们工地上就传出消息说：美国在日本本土投下两颗原子弹，据说这种炸弹厉害极了，不仅能摧毁城市和所有设备，而且三年内连草都不生长，鬼子的末日指日可待了。不到一个星期，劳工队的头头和汉奸、鬼子们不知道什么时候都跑到县城里去了，劳工们也都解散各奔东西，寻找自己的出路。很快就有从山里下来的军人，三五成群穿着老百姓服装，肩上背着三八式大盖步枪，有的在枪管上还拴着一块一尺见方的红布，从那晒得黝黑发亮的面孔上可以断定他们一定是打日本鬼子的游击队。

光复后的归途

统治我们四十多年的日本帝国主义投降了，虽然我们在山沟里没见到正式官方消息，但事实告诉我们：劳工队解散了，日本人和汉奸工头们都跑了，身背大杆枪的中国人扬眉吐气地活动在小山沟里……处处都证明日本鬼子投降的消息是千真万确了。我再也不用担心宪兵队的追捕了。

一个十四五岁的孩子离开娘亲流浪他乡眼看就是一个年头，今天听到日本投降的消息怎能不使我激动。喜讯顿时传遍了整个山区沟沟壑壑，大家奔走相告：我可以回家啦，我们大家都可以回家啦。同在"酒石酸"厂劳动的大学生周传一、王文质是旅顺高公上级生，又是大连老乡，这次在回乡的旅途上当然是同路了。

归心似箭，收拾好行囊连夜搭车赶到朝阳镇火车站，预计第二天准到奉天（沈阳），再过三四天就可以回到大连。但火车只通到抚顺，再也不向前进了，荷枪实弹的日本大兵集结在抚顺新站广场上，不准我们进站。究竟什么时候能有火车去沈阳谁也说不好。第二天找到一辆农民拉脚的马车去往沈阳。一马平川的柏油马路加上车老板的鞭子甩的又勤，不足两个时辰一座古老的青砖城墙便展现在眼前，同路人介绍说："到了，这是奉天小东关。"事先讲好的，大车只管送到沈阳城就不管了，我们三个人付了车钱，背上行装进城找个客栈先住下再做下一步安排。

跨进小东关不远，路南就有一家小店，门两侧挑着两盏用透明纸糊的灯笼，客栈大门两旁贴着一副醒目对联，上联写着："进店来忙招待不问张王李赵"，下联："到天亮理行装各奔南北东西"，内匾四个大黑字："悦来客栈"。店主收了房钱，安排我们仨住在后院一间不足四平方米的小屋子里，又潮又暗，不过价钱倒不算贵，可是一到了夜里，数不清的臭虫大军真叫不客气，也不认生，咬得我们翻来覆去一夜没睡。

三天过去了，南下火车虽然每天都有，但都忙着运送苏联红军，车厢上装着坦克、汽车、大炮，向北开的火车清一色拉着从日寇军需库里缴获来的各类物资和从工厂里拆卸下来的各种机器，整个铁路都在为军队服务。我们是走不成了，客栈老板又催交店钱，不付钱就要撵我们搬出去，气得我用一块木炭把"悦来客栈"对联涂改成："进店来就要钱不问张王李赵，到天亮快滚蛋各奔南北西东。"许多想住店的旅客一看到这副对联都扭头就走，另择住处。住店不交钱，还涂改对联，气得店主找来警察老爷赶我们走。真是天无绝人之路，这位警察竟是我旅顺同乡。我问他是旅顺什么地方，他说是三涧堡，我也是三涧堡，又问他是哪个村，他说是曹家村。我说曹家村有一个姓王的大户人家是我的表姐。经过攀谈方知道他就是我姑表姐的小叔子，原来还是亲戚。老板坐在柜台里听得发愣，顿时，我们就成了座上客，不仅不再催着交宿钱，而且还为我们调换了比较宽敞明亮的房间。从此我再也不用拎着小桶到饭馆去拣剩饭剩菜充饥了，一日三餐我们都随同店伙计们一起吃。

刚光复那阵子，沈阳城里大街小巷很乱，随时都可以看到手持棍棒的年轻壮汉在追打日本人、朝鲜人。沈阳南站广场上聚集着上万日本人，在苏联红军的监护下，男男女女、老老少少一副狼狈相，昔日的威风已荡然无存。看起来倒真有点令人可怜，在他们当中不会没有侵略者，不知为什么我竟对这些"难民"产生了恻隐之心。被日寇关押在东大营里的英美军战俘也被解放出来了，他们自由自在地满大街游逛，有的穿上日本和服在大街上出洋相，五花八门好不热闹。郊区的日本军需库也被砸开了，蜂拥而入的人群扛着一箱箱军用皮鞋，一捆捆毛衣、毛裤，有的扛着豆饼、大米、汽车轮胎、罐头、饼干……总之扛啥的都有。待在客栈里憋得实在难受，我也随着抢军库的人群混进储存军用皮鞋的仓库，拖出一箱皮鞋，里面究竟有多少双我不知道，反正我使出全身力气瞪着眼就是扛不动。正在焦急万分之际，走过来一位大个头美国兵帮了忙，抬到一辆四轮马车上给我拉回客栈，最后由那位同乡加亲戚的警察帮我很快出了手，换些钱又帮助我们联系到三张南下的火车票，这才告别了半个多月沈阳的乞讨生活，回到阔别的家乡。

访谈人：周广涛、齐红深。访谈时间：1996 年 9 月。地点：大连市中山区虎滩新区。

藤森节子：

幼时的乐园和对记忆的反思

藤森节子，原名冈田节子，日本人，爱知县大学教授。女，1932 年生于铁岭。父亲是"满洲金融组合"理事。小时候生活在"满洲国""关东州"，毕业于国民学校，读到大连神明高等女学校二年级时，日本战败投降。接着在大连日侨学校上学。1947 年回日本，就读于名古屋大学文学部，毕业后在爱知县大学任教。退休前系中国文学专业教授。

不久前的一天，我接到了《"满洲"口述历史——奴化教育的抵抗》（齐红深编著，竹中宪一译，日本皓星社 2004 年版）的作者齐红深教授的来信，他为我打开了新的世界。一点汉语都不懂的我接到他的汉语来信，我的回信是用日语写的。语言的障碍没能阻止我们的交流。他要我做口述历史，讲述我在中国读书时的经历和见闻。我患足疾多年（藤森节子大姐去世后，她的家人才告诉我，她得的是"胶原病"——一种十分痛苦的疾病，不仅仅是不能够行走。——编著者注），已经不能走路，留给身体残障的我只有一条自由之路——那就是能够持续地读和写。我答应了他的要求。因为《宪法》第九条"放弃用武力威胁和行使武力来解决国际纷争"正在被改变，这个国家的将来很让我担心。我要为后代留下我的经历和思考。

我是从"关东州""返回"的人

关于"返回"（引き揚げ）这个词，了解其深刻意思的人估计所剩不多。随着 1945 年 8 月 15 日日本的战败，之前属于"日本领土"的中国台湾、朝鲜、"满洲国""关东州"等地的日本民间人（老百姓）回国，当时这叫"返回"。我也是从"关东州""返回"的人之一。据说战败时在国外的日本人人数约为 330 万人。说起"返回"，不能不想起"满蒙开拓团"所吃的苦。但我们可以换个角度想一想，满蒙开拓团在中国也是属于压迫中国人的统治阶层。1947 年 3 月"返回"时，我们拥有的旧银行券中可兑换成新日元的金额每人最多一千日元。而且物价以惊人的速度增长，可想而知在家管钱的母亲的感受。再加上，从公报上看到宝贝儿子在战场上病死（其实，口述者的哥哥不是病死，而是患病之后被长官杀死。大概是由于他成了"累赘"。——编著者注）的消息后，母亲一度想过自杀，但想到剩下的家人，她没能狠心那么做。

1932 年，我出生在"满洲国"的铁岭。我从 3 岁有意识开始到战败后的 15 年间一直都生活在"关东州"的普兰店、金州、大连。"关东州"，是日俄战争后日本从俄国人手里抢过来的，地图上作为"大日本帝国"的一部分被涂为红颜色。当然，那不是容易到手的。

下面我想追溯此事的经过。1895 年，日清战争结束后，通过签订《马关条约》，日本掠夺了辽东半岛、台湾、澎湖列岛和两亿两白银。这时俄国争取法国和德国的协助迫使日本把辽东还给中国，日本为此深感屈辱。当然，对于计划将铁路铺到大连，以此作为西伯利亚铁路延长线的俄国，日本占领辽东半岛是其实施计划的一大障碍。但十年后，在日俄战中日本战胜俄国，总算对俄报仇雪恨了。通过日俄讲和条约（朴次茅斯条约），日本不仅又夺回了辽东半岛的顶端部分——"关东州"，而且夺取了原来俄国经营的东清铁路（长春—旅顺、其他），这就是满铁的前身。因这是大清国的领土，所以形式上跟大清国签了《北京条约》。再说"二十一条"吧。1915

年日本占领原来被德国控制的胶州湾（青岛），在欧洲战场战火还没熄的情况下，对德强烈索求在胶州湾的权益。"二十一条"的第一条规定："日中两国在旅顺、大连的租借期限和在南满洲、安东—奉天两铁道的租借期限再各自延长99年"。这便决定了在"关东州"99年间的租借权。"99年"便是"久久年"，就是永远变为日本的领土的意思。这成为之后五四运动的导火索。如此，日本把"三国干涉"中吐出来的领土又吞进了肚子里。"关东"，意为山海关以东，"州"指的是日本国的一部分。可是，没想到日本很快就战败，"关东州"的"久久"也实现不了了。对于"关东州"的中国人来说，该地区的殖民统治持续了40年。此外，中国台湾作为日本的殖民地被统治了长达50年，朝鲜也达到了35年之久。（1904年和1905年日本与朝鲜签订不平等条约，朝鲜成为日本的"保护国"。此后，通过1910年的"日韩合并"日本完全吞并了朝鲜半岛。在日本、韩国一般认为：朝鲜被日本侵略的时间为40—41年，朝鲜成为日本殖民地的时间为35—36年的学者较

1932年藤森节子（母亲怀中）全家在铁岭的家庭合影。左起：兄英夫12岁，父诚48岁，三姐旦子2岁，二姐礼子4岁，母37岁，节子本人1岁，大姐美代子8岁。

1938年藤森节子（前排左一）6岁时，与父母和两个姐姐在普兰店蓬莱街家宅前合影。

多。——编著者注）35—50年的时间，是一个人从出生到作为社会人活动的人生的大部分时间，可想而知该地区人们有多痛苦。

我出生在殖民地，到"返回"为止，有15年时间生活在那里。现在回想起来真可惜那时没能经历更多的事情，拥有更多童年的回忆。虽然孩子的世界是小的，但是经历和听闻那些事的过程中，也隐隐约约地看出了历史和社会变化的一些动向，以下我想说说当年我在殖民地经历过的一些事。

大姐从日本买的笔盒

先从这个笔盒说起吧。我有一个大哥，还有三个姐姐，大姐给我打开了我接触外面世界的"门"。用纸捻编成的这个笔盒是大姐从女学校修学旅行中买来的，这已是七十多年前的事啦。大姐出生在1925年，其修学旅行估计是1940年左右的事。因1941年12月爆发太平洋战争，所谓的大规模的修学旅行也就到大姐他们那个年级为止。大姐上的官立旅顺高等女学校位于中国东北辽东半岛的顶端——"关东州"的旅顺，因此大姐离家（普兰店）住进了学校的女生宿舍。大姐住宿时，我大概有四五岁，每当大姐回家都会给我和剩下的两个姐姐买小礼物。大姐的修学旅行就是渡海到日本，游逛日本各地。从九州到京都、奈良、伊势、东京、日光等地，在所到之处，学生们会有足够的时间探亲。大姐到了东京的伯父家，伯父又带大姐去了其他亲戚们的家。那时候伯父给她买了红色的小手提包，在我眼里那是一个"别的世界"的东西。大姐给我看的东西和给我讲的事，对我来说不知有多么新鲜！每次大姐给我们讲故事的时候，我都想象等自己长大后也去修学旅行的美好情形。但随着战争的激化，我的这些想法都变成幻想。在比大姐小七岁的我成为女学生时，家里的生活已穷困潦倒。当然我的修学旅行也无法跟大姐那个时代比，很难想象我一直期待的修学旅行是如此简单枯燥，当时的失望很难用语言来形容。

笔盒里的古莲子

我读国民学校高一、高二时，有一天我在大姐的笔盒里发现了奇特的茶褐色的种子，于是问大姐那是什么，大姐说："这是普兰店的莲子，从刘雨田家的土地里拔的，是爸爸给我的"。啊，原来是那个有名的普兰店的莲子！我跟大姐要了那粒莲子，大姐痛快地答应了。对这个莲子我也多多少少听说过。学者大贺一郎对普兰店的莲子进行过发芽实验，五百年前的莲子竟然发芽了。啊，那个硬壳里熟睡着五百年前的生命！在第一次发芽成功以来的实验成功率接近百分之百。后来，他通过这些成果获得了博士学位。1923 年，去欧洲留学前大贺一郎回到日本，作为"满洲礼物"带去了一千粒莲子。大地主刘雨田家方圆四公里的高粱田地与周围的土地颜色不一样，周围是黄土，唯独他家的田是黑土。他家田地的一米以下底层是泥炭，泥炭层下面沉睡着那有名的莲子。从高粱田中央的南北方向流着鞍子河，估计很久以前人们在那一带种过很多莲子。那地下层的莲子，最初由"满铁"地质调查部于 1909 年发现的。"满铁"的地质调查，听起来像科学调查，但那并不是简单的科学研究，而是日本侵华的基础工作之一。1903 年，在日本留学的 23 岁的周树人，在《中国地质略论》中尖锐地指责过外国人在华的地质调查。关于 1871 年德国地质学家李希霍芬受上海商工会议所委托做过的几次地质调查，周树人指出："不能说他只是一个文弱的地质学家，他的眼光和足迹足以抵过一支勇敢的军队，自从李希霍芬调查以来，胶州湾马上被德国占领了。"李希霍芬认为中国是世界第一煤炭国，呼吁德国占领地下资源丰富的胶州湾。之后德国以传教士被杀事件为借口，派军队占领了胶州湾，并于1899年强行租借。在华进行地质调查的不只有德国人，还有匈牙利、俄国、日本的学者。日本于1887年左右成立地学会、地质学会，1895年发动日清战争。在大本营的命令下，日本学者正式展开了对辽东半岛的土性、地质调查。在周树人《中国地质略论》中有1902年为止日本的地质学者们在华调查的煤炭埋藏的分布图。1909年满铁地质调查部调查刘雨田的高粱地是因为那里的土明显与其周围不同。大贺一郎于1917年听说普兰店莲子粒的事，5—6年后发芽实验成功了。当时拿莲子粒到东京、京都做的实验都以失败告终，却在中国成功了。基于实验结果大贺一郎发表论文，因此得到了理学博士学位。1928年的"炸死张作霖事件"、1931年的"柳条湖事件"等一系列事件中，大贺一郎目睹了日本军部的暴行，发现在"满洲"很难真正地研究学术，于是，1932年便离开了"满洲"。关于普兰店第一大地主刘雨田的事，从小就听说过。他的女儿毕业于日本的女子大学，在普兰店会的会报中也记载着他的事。他是亲日派，当然在中国人的眼里是个汉奸。普兰店小学创立于1909年7月1日，刘雨田出钱解决了用地、校舍、教学设施等一切。1939年我入学时学校是两层的瓦建筑，地下有锅炉房，每个教室都有暖气，窗户都是两层的。刘雨田是牛岛陆军中将（在冲绳当过司令官）的弟子，任过陆军大学的中国语教官，因此每次牛岛来普兰店的姐姐家时，都去刘的家。听说，战争时刘还捐献了飞机。也许中国人叫刘雨田为汉奸，但从我的口中很难说出此话。我对刘雨田不知该怎么评价，深感不安。

笔盒里的银元

　　大姐的笔盒里经常放着一枚银元，那是父亲在金融机关工作时给她的。当年父亲把装满银钱的箱子带到大连去的时候给了大姐一枚。金融组合收集中国人的银元后兑换给他们纸币。下面我想谈谈我父亲的工作。在我出生前一年，父亲被"关东州厅"任命担任金融组合的理事，那职位相当于银行分行的支店长。金融组合在殖民地如何成立，具体做了什么，起到了什么作用等，当时我不太清楚，但听说在朝鲜被骂为"臭名远扬的金融组合"。收集各地方银行发行的只限于在发行地通用的银钱，把其兑换成新货币并以此来统一货币（为日本掌控殖民地的经济）也是金融组合的一项工作。每当我想起自己的出生年时，都与"满洲事变"（"九一八事变"）、次年的"满洲国"建立联系在一起，因为我出生在那个动荡的年代。从"满洲事变"发生到"满洲国"建立期间，父亲被任命为金融组合的理事赴任到了铁岭，我上面的姐姐旦子和我出生在那里。在户籍本上，旦子姐姐的出生地为"南满洲铁岭铁道附属地"，而我的是"满洲铁岭"。从地图上看，铁岭之前属于"满铁"附属地，而"满洲国"建立后其所属发生变化，可想而知在"满洲事变"时铁岭的"满洲"小孩被日军的脚踏声"吓坏而缩身"的情景。铁岭住着满铁独立守备队，在柳条沟爆炸事件时肯定以"保护铁路"的名义大举出动过。原来铁道守备队的任务是专门防卫，而不是出击。我看过父亲的简历，他作为理事赴铁岭时正是1930年7月底，也就是说早在"满洲事变"日本成立"满洲金融组合联合会"（父亲赴铁岭之前工作过的单位）以前，就进行了金融领域的活动。父亲最初是在"朝鲜银行"工作。父亲的遗物——怀表里附带着刻着"1912"金字的奖章，那是父亲在早稻田大学商学部毕业的年度，也正是父亲就职于"朝鲜银行"的时间。在1910年父亲进"朝鲜银行"以前就发生了"韩国合并"（注：日本吞并朝鲜半岛）。那么"朝鲜银行"到底是什么时候成立的呢？我从关于"朝鲜银行"的报纸和资料上看过，发行与日本银行券一对一兑换的"朝鲜银行券"的中央银行是在1911年改名为"朝鲜银行"的。表面上看是在"韩国合并"的次年成立，但实际上日本政府为此已谋划了6年多的时间，自从1904年朝鲜半岛成为日本"保护"国的时候就开始了。当然，成立的目的是为了掌控朝鲜半岛的经济。"朝鲜银行"发行的"朝鲜银行券"与日本银行券挂钩，日本将"朝鲜银行券"作为朝鲜半岛的统一货币，这表明了朝鲜半岛原来各地方的货币和金融模式以及银本位的交易方式被废止。听说，日本还计划将日本银行券普及到"满洲"和中国大陆。同时，1907年日本成立了"朝鲜金融组合"，组合参加人员为中农。货币的统一，表面上看起来因消除个人高利贷给人们带来了好处，但实际情况是如何呢？强行推广日语、禁止穿民族服装、创氏改名等日本在朝鲜半岛实施的殖民统治的措施摧残了朝鲜民族。如创氏改名，要求强制使用日本式名字，那不单单是改名字的事，对于非常重视族谱的朝鲜人来说，创氏改名给他们带来了极大的伤害和痛苦。我们都知道，"皇国臣民誓词"的强要、强制劳动、从军慰安妇等数不清的暴力性政策给朝鲜人带来的伤害是不可否认的事实。有些人可能会说日本的殖民地支配促进了朝鲜半岛的"近代化"，但他们有没有深入地想过，日本抹杀朝鲜自己近代化的萌芽和严重破坏朝鲜经济才是事实。

《朝鲜银行二十五年史》中有记载，"朝鲜银行"将其业务扩大延伸到"满洲"，而"满洲事变"后起到了"防止金融界动荡"、保护日本帝国权益的作用。在"满洲国"建立之前，"朝鲜银行"已成为日本在"满洲"的金融中枢机关，"满洲国"建立后从其中挑选出银行人员作为准备委员，设立了"满洲中央银行"。在那里，日本又公布了统一货币、稳定货币名义下的新货币制度。

父亲从"朝鲜银行"转职到金融组合，那并不是派遣。当时世界经济大恐慌也影响到"朝鲜银行"。可能是因为银行裁员的原因父亲退职，之后就职于"满洲金融组合联合会"。战后我才明白，建立在中国人血汗之上的我们的生活，其存在本身就是个罪。每当想起这些时我的心都在震颤。我的的确确是在那样的生活环境下成长起来的，我人生小小的历史也是在那里开始的。我感恩于培育我的中国大地，同时也对其谢罪。

金州，我小时候的乐园

金州是个历史悠久的城镇，那里有日清、日俄战争的遗址。我上普兰店小学的时候学校组织远足去过几次金州。高年级以"金普突破"为口号，从普兰店走路到金州，那是以体能锻炼为目的的远足。低年级坐汽车到金州，然后再走一段路。到金州后，爬了在那里最高的、海拔700米的大和尚山，去过山顶上的唐王殿。下山到山脚后，去了朝阳寺和响水寺，这是远足的一条路线。金州远足还有一条路线，就是参观战争遗址和"地狱极乐"。辽东半岛的顶端有旅顺、大连，离那不远的地方有军事要地——金州的南山。高度只有100米，其实是个山岗子。日俄战争期间，在南山发生过激烈的攻防战。远足时我们先去参观了战争遗址、纪念碑和俄国人的坟墓，然后去了三崎山。那里有日清战争之前潜入当地做军事间谍活动而被抓处死的山崎、钟崎、藤崎三人的纪念碑。有一次，远足时下了倾盆大雨，没想到三崎山附近的中国老百姓热情地接待我们这些来参观的日本小学生，我们上了热乎乎的大炕。等雨停了之后我们去了北门附近的"地狱极乐"。之前听高年级的学生们说"地狱"有很多恐怖的东西，因此我们都期待着。在天齐庙看过"地狱"，在永庆寺看过"极乐"，对于"极乐"现在没什么印象，但"地狱"给我的印象很深刻。手里拿着铁棒的狱卒（鬼）和被狱卒追杀的人们的悲惨"地狱"情景，还有堕入"地狱"的人们被烈火烧死的场面，在针山全身都被刺穿的场面，两腿被分尸的场面等，看到这些场面好像都能听得到下"地狱"的人们的惨叫声。当时想过，啊，做坏事的人的下场是这么恐怖啊！但也怀疑过。确实，那只不过是人们的想象而已。想起当年日军在中国大陆的暴行，那些情形跟地狱别无两样。把中国人活生生地烧死，剖开孕妇的肚子，剥人皮，杀死全村的人等，日军做过许多如此残忍的事。有时候是为了表示勇猛，有时候是为了有趣而做了那些惨无人道的事。可以说战争使人疯狂，但如果没有"感恩于天皇陛下之恩"的名义的话，人也不可能丧失人性到那个地步，在这个世界上创造出活生生的地狱。

藤森节子小学六年级 12 岁时在金州城内中国人照相馆摄影。

小时候我跟其他小朋友们一起去南山摘过花。南山有很多种花，有翁草、马蔺、桔梗、黄花龙芽、吴赤红等等，我们常常摘花带回家。虽然父母常对我说"会出现人骗子，不要走得太远""不要去远的地方玩"，但我们从未见过人骗子。从父母的角度来看，侵占中国人的土地、生活在那里，估计产生某种不安了吧。南山有日本人建的神社、忠灵塔，还有日本人种的樱花。在山上也见过日俄战争期间俄军修筑的战壕遗址，我们在那里蹦蹦跳跳地玩过。

大连公会堂。

大连第一寻常高等小学校，校舍前面的操场正在修建中。图为日本家长和孩子到学校参加活动。

上小学的时候，有位我们非常尊敬的老师。有一次上课一进教室就看到黑板上写着"不畏雨打，不惧风吹，不恐冰雪炎夏，拥有坚强的体魄，无贪欲嗔怒，常于静处开心颜，……孤单一人独泪垂，寒冷炎夏抽泣行走，被世人称唤为无用之人，不被夸耀赞许，无需承担痛苦，我想成为这样的人"。大家看到都开始大声读起来，只觉得那诗的某些地方让人感动。那是宫泽贤治的诗，那也许是我读诗以来第一次被感动。只有我们那一年级才能学到那首诗，大家一起背诵那首诗时，感觉好像大家的心都连在一起。50 年后，老师的花甲之年，我们请老师一起去中国东北旅行。教我们"不畏雨打"的那位老师是岩手县人，我们能感觉到是那首诗支撑了老师的青春，老师与致力于家乡农业改良的宫泽贤治生活在同一个时代、同一个地区，因此不能说老师没受到宫泽的影响。在旅行时我们问了老师当时他离开日本到"满洲"的经过。在日本，老师支持过生活缀方运动（"生活缀方"是当时在日本兴起的一个民间教育运动，通过把儿童的生活真实地反映在作文中来培养儿童正视现实、实现自我以及批判的能力。——编著者注），随着对外侵略战争的不断升级，日本政府加强了对国民的思想统治，1904 年日本各地的生活缀方运动相继受到镇压，受其牵连的老师也被调查过。发生此事后，被周围的人看成"危险人物"的老师无法在那里继续教书。当时在日本社会兴起"向满洲，向满洲！"的风潮，当时年轻气盛的老师对此产生了好奇心，去了中国东北。

还有一位老师，我到现在也忘不了。在 1944 年五年级快要结束的时候，有一天早晨学校突然组织五、六年级的学生到中国学生读的官立金州高等女学校去。那是春天刚来临，冰雪融化，泥土路很难走，也不知道去干什么。我们 200 多人与中国女学生们一起进讲堂后坐在长椅子上，原来那天举办即将参战的大贯老师的最后的钢琴演奏会，但我感觉不到什么特别。那个人长得有点像芥川龙之介。弹钢琴时他的手指头缓慢地在键盘上移动，也许对他来说那会是他人生最后的一次演奏，因此全身心去弹。虽然听不懂旋律，但第一次在现场听钢琴演奏会的我能感觉到艺术性的某些东西。

《满洲补充读本》和歌曲

我手里有一本国语（日语）读本的补充读本，叫《我们的乡土》（南满洲教科书编辑部编，1935 年第一次出版、1940 年修改版第六版），是否在教室里学过我记不清了。"我们的乡土"，指的是"关东州"，在书中先对"关东州"作了简单的介绍，然后其后附着以"我们的觉悟"为标题的文章（这本书里还附着 1940 年的"关东神宫"地镇祭的照片），其内容如下：

……因此，我们的关东州作为日本在大陆发展的立脚点，成为非常重要的地区。我们要明白这个道理，要为了使这个乡土变得越来越好而奋斗。满洲和支那的语言、风俗、习惯等在很大程度上与我们的不同，因此我们要为了解这些差距而努力，用宽大的心与这些国家的人们交往，共同实现东亚的和平。

《满洲补充读本》《满洲小学唱歌》等教科书也是日本想通过了解东北的风土人情以更好地统治东北而编制的。这与被日本剥夺语言、风俗习惯、姓名的朝鲜殖民地有所不同，说明在不同地区殖民统治的方式也不同。"我们的觉悟"，这篇文章最核心的内容在开头部分，写道：

> 关东州是我们通过日清、日俄战争得到的土地，战死在这两场战争的我们祖先的英灵亲切地照料着此地。

我记得上小学四、五年级的时候，每个年级都有个叫《小学〇年生》的月刊杂志，从低年级到高年级的杂志编成一本的叫《少国民之友》，又薄又枯燥。我们平时基本上不认真读它，偶尔翻一翻。其中有两个故事我还记得。其中一个故事的大致内容是这样的：男主人公迷上了偶人（姐姐模型），为了买到它而去寻找卖主。在艰辛的寻找过程中，他发现并喜欢上德国制的、婴儿在摇篮中睡着的八音盒玩偶，因此他对德国的印象发生了变化。这可能是从日德意三国同盟的政治视角编的故事，为的是使小朋友们喜欢上德国。另外一个故事是关于一位演奏家的。我忘了他用的是什么乐器，对自己的音乐生涯感到失落的这位演奏家，有一次被邀请到了广播局。在那里演奏了《海行兮》。（《海行かば》，是日本的一首军歌，歌词源自《万叶集》。当时在日本颇为流行，特别是在第二次世界大战时期"神风特攻队"起飞前常常唱此歌。——编著者注）之后，主人公重新感悟到人生的意义并找出奋斗目标的故事。接近战败的时候，广播上报道"玉碎"新闻之前经常播放《海行兮》。

普兰店小学一个年级只有 40—50 人，全校有 250 人左右，小学五年级的第二个学期我转校到金州国民高等学校，一个年级有 2—3 个班，还设有高等科。当时国民学校是在"国民学校遵循皇国之道，对国民施以普通教育，以炼成皇国民的基础为目的"的宗旨之下建立的。在成年男子被征兵去战场而劳动力不足的战争末期，学校补充不足的劳动力和缺乏的物资是国民学校教育的一个重要内容。日本文部省要学生们割干草、拔田地里的草、割麦、采药草、捡橡子、蓖麻栽培、废品回收、剥桑皮、采集松根油（作为飞机燃料）、欢送军人、慰问军人遗属等，学生们因"勤劳奉仕"而忙碌。有时候，孩子们说出"想读书"也会被挨骂。甚至有些国民学校按照文部省的指示，把孩子们家里的外国图书集中收集一起焚烧掉。

小时候唱过的歌，也记着一些。我上幼儿园的时候小朋友们经常拿录音机听。连"猿蟹大战"、东海林太郎的"赤城摇篮曲"等流行歌也听过。不知为什么有一首歌让我至今都会肃然起敬。开头是"天地内有了新满洲……新满洲……无苦无忧……"开头好像就是这么唱的，之后就合着唱片哒哒哒哒地瞎唱，根本不知道意思是什么。1932 年到 1945 年，前后仅仅 14 年，说短也短，对于那些在重石压迫下过着劳苦生活的人们来说，那是一个不知道什么时候会结束的沉重而漫长的 14 年。"满洲国"的国歌，唱了十年左右之后，被新的国歌所取代了。歌词虽然乱七八糟的，但曲调却被我记住了。对于想唱"满洲国国歌"的人，我想说这是个"时代错误"。

金州公学堂照片。下方日语是："关东州的统治权归我帝国所有，为了教育顽固不化的支那人，当局在各地设立学堂，让支那人子弟接受教育。大连公学堂在关东州内取得了最好的成绩，旅顺、金州的公学堂次之。"

但是不论怎么热衷追求，连考虑是不是时代错误的时间都没有了，这种热衷对我来说，完全不存在。我自己都打战了。不管我怎么唱都会唱错《满洲国国歌》，但是这个旋律一直在我心中忘不掉。把这种痛苦的经历说给大家非常困难，只能将它编进自己过往的青春中，在记忆中铭记。战败30年后，在日本出了个叫《啊! 大满洲》的唱片，那里面还收录了这首歌，今天的日本就是这个样儿。

还有一首比较讨厌的歌，歌名为《空中神兵》，1942 年梅木三郎作词，高木东六作曲。歌中赞美日本海军降落伞部队、陆军挺身部队侵袭印度尼西亚，掠夺石油资源，为日本立功的事:

又蓝又苍茫的天空中，
突然打开千百个，
像白玫瑰般的降落伞。
看呀，降落伞从空中降落，
看呀，降落伞在征服天空。

我始终摆脱不了这首歌给我带来的阴影，小时候我每次抬头看天空总觉得好像有很多白色的降落伞从空而降。当然，那时候我已经知道这首歌是描写战争场面的。这首歌节奏感很好，作曲家是年轻的高木东六。小时候觉得这首歌的第一段唱起来还不错，能与一些美妙的风景联系在一起。但那时候我很不喜欢第三段:

赞扬吧，空中的神兵、神兵，
不怕肉弹粉碎，
出击不止的大和魂，
我们的壮士从天降来，
我们的皇军从天降来，
我们的皇军从天降来。

这首歌,尤其是第三段是让人惊呆的战歌童谣。我一般只唱过第一段,我到现在也忘不了这首歌。小时候不管喜不喜欢,反正被要求记了不少歌。从幼年时期到女学校一年级时日本战败为止,我们经常去车站送出征士兵,在那里唱过好多军歌。这些歌,战后我想都没想过再唱一遍,也不敢直视它们。

"满洲开拓团"

下面我想谈一谈移民和"满洲开拓团"的一些事。首先是,朝鲜人的"满洲"移民。在日本的殖民地统治之下,朝鲜半岛出现了很多失去土地的农民,他们吃不上饭,因此这些农民移民到中国东北,种水稻谋生。围绕着土地,中国农民和朝鲜农民发生过冲突,其中,1931 年 7 月发生的"万宝山事件"规模最大。日本以"保护日本国民"的名义出动警察"保护"朝鲜人,

日本人所到之处,都会修建神社和忠灵塔。图为大连柳树屯稻荷神社。

使朝鲜农民和中国农民对立起来，
两个月后的9月18日发生了柳条
湖铁道爆破事件，这些民族冲突也
成为"满洲事变"的借口和开端。
其次是，"满洲开拓团"的事。初
期（1931—1935年）的开拓团是武
装移民，以在乡军人为主，他们随
时都可以拿起枪打仗，作为屯田兵
配置在北边与苏联较近的地方，移
民的目的就是为了实施应对苏联
的北边防卫计划。这个计划由东
宫铁男和加藤完治二人为主进行，
东宫是关东军上尉，是炸死张作霖
的时候按炸药导火索按钮的人物，

大连神社祭祀仪式。

"满铁"棒球场的棒球比赛。

459

加藤是后来主管内原训练所培养大量的"满蒙开拓青少年义勇军"的人物。再次是，日本政府的大规模移民计划问题。当时日本政府计划 20 年内把日本国内的 100 万户（500 万人）作为开拓移民移到中国东北，先锋是长野县大日向村的农民。日本抢夺中国农民的农地和房屋给日本移民。这些移民种了什么农作物，这些都不清楚，因为当时是个军事机密。战争末期，壮年的日本男人都被征兵去战场了。日本战败时一片混乱，出现了很多"中国残留的日本孤儿"，其中有些人到现在还在找亲人，即使回到日本，他们在语言、生活、教育等方面仍面临着许许多多的困难。

同情中国人的诗人古川贤一郎

当时，有良知的日本人同情中国人，其中的一个就是诗人古川贤一郎。古川贤一郎是何人物呢？看他年谱就知道。他 1903 年出生在日本的香川县。他家在造酒业、杂货店等生意失败后，父亲到了高岛煤矿，因此他家搬到长崎县。古川高等科毕业后在长崎三菱造船所养成所工作。他 19 岁时因父亲病逝而担起照顾母亲和三个弟弟两个妹妹（当时最小的妹妹为 5 岁）的家庭重任。20 岁时，为养活一家人来到"满洲"就职于满铁的"地方部土木科"。那么，他在满铁"地方部土木科"做什么样的工作，过着什么样的生活呢？看他下一首诗就能明白一些。

冬天的夜晚用冰冷的手掌重重地拍打着我的胸，
穿着脏兮兮的支那服躺在油灯的暗影下，
无数的夜发从天花板吊垂下来。
啊，从前的恋情作为那忘不了的女人的黑发垂下来。
全身的骨头阵阵的痛起来，
骨芯里积满硬冷的雪，
我调完油灯芯，

打开被雪弄湿的笔记本，

用嘴唇舔短小的铅笔，

写什么好呢？

啊，为生存而不安的支那的夜晚。

　　夏天，他裸身跟苦力们（中国人）一起干活，冬天坐篮子车移动到内地。他把中国东北的冬天描写成"零下四十度，骨头里都开冰柱的花"。坐在晃来晃去的篮子车上，他冻得要死，写道："我只剩下骨头，我变得像瘦瘦的支那的狗，啊，真想咬死那些傲慢的日本人"。这就是他对所经历的"地方部土木科"劳动者的生活的描写。他和苦力们一起经历了日本统治下最底层劳动人民非人般的艰苦生活，因此他们的心是连在一起的。

　　但"满洲国"建立后，古川逐渐在文艺界活跃并出名，升为大连日日新闻社出版部次长兼大陆生活研究会事务长，成为"满洲诗人会""满洲文艺家协会"的成立会员，1942年获得第一届"满洲诗人会奖"，之后其地位进一步提高。他在诗中开始赞美"满洲国"，"真想咬死那些傲慢的日本人"的古川早已消失了。《古川贤一郎全诗集》中有一首诗叫"马兰花"，具有战争诗的味道，"满洲"其前半部分如下：

在满洲的寒气中，

在满洲的黄沙中，

在欢喜与死亡中，

今年也撕开坚硬的花蕾，

紫色的花瓣垂下来，

那就是初春的马兰花。

萌芽在沙丘中，

伸张到岩石上，

生长在满洲土地上的大地的头发——马兰花，

是我生命的徽章，

......

古川的生活、地位，还有他的诗发生了巨大变化，但在这些变化中他的心是痛苦的。从古川成为名人后的另一首诗——《杀意》中我们可以看出他自我矛盾的心理，也就是良知和不得不服从于现实，以及被眼前物质生活蒙蔽的矛盾。

> 我跟踪在这个男子的后面，
> 我知道他的前身，
> 这家伙原本是土木工，
> 这家伙原本是苦力头目，
> 曾生活在泥土和匪徒中，
> 现在作出知识分子的模样，
> 作出了学者的发型。
> 对于变成都市人的这个男子，我起杀意，
> 而这个男子对我说，"你以为我害怕良心的影子吗？"
> ——这两个人都叫古川。

我不敢猜测此时的古川想过自杀，但从他的诗中能读出其在痛苦中挣扎的一面。在日本战败后的 1946 年古川参加了"大连日本人民主主义作家同盟"。

饺子和白菜

下面想谈一谈当年的一些饮食生活。以前我家里经常包饺子（那时候我们叫它为"猪肉包"），是一名来我家帮家务活的中国人"媳妇"教的（"媳妇"，指的是已婚的年轻女人），当时刚出生不久的我对她没有印象。自从

跟那个中国人"媳妇"学会包饺子后，我家里经常做。饺子，是从擀皮开始做的。先把水倒入盛面粉的盆里，然后捏，最后用手揉成面团，之后用锅布盖上醒一会。过一会儿再捏，捏成棒状，切成很多小块，然后做皮儿。皮厚不好吃，皮薄饺子容易破。听说饺子馅有各种各样的，但我家的馅是猪肉和洋葱（有时候用韭菜）就这一种，将猪肉切丁后剁成肉末，洋葱剁碎，将剁好的洋葱和猪肉馅混合到一块，放入油、酱油、盐、生姜等。做出来的饺子具有一种独特的香味儿。自从上幼儿园起，我也成了做饺子的成员之一。不知从哪一天起，发现家里做的饺子皮容易破，实在是想放弃做饺子了。父亲说，现在政府配给的不是面粉，而是麦糠粉，是用小麦的皮做的。用那个做不出饺子和面条，从此，我家不得不中断包饺子。用玉米粉也试过，但都做得不好。有一天读过右远俊郎的小说《洋槐街》，里边有一段吸引了我，书里写道："饭菜被端到饭桌。他家也依靠配给生活，中国人分不到大米，拿到的是玉米粉。饭菜主要是猪肉和蔬菜。让我惊讶的是用他家玉米粉做的有普通的饺子的三倍大的饺子。"啊，原来是那个饺子，那个大饺子。因用玉米粉擀不了薄皮而只能做大饺子。但也有饺子的模样，那是中国人的"苦心作品"。中国人做饺子的功夫可称为神技，听说有些人一分钟擀一百张饺子皮。但在日本的统治之下这些中国人的食文化也遭到了严重的破坏。

说起饺子，又想起了白菜。每当政府对日本人的白菜配给结束后，朝鲜人和中国人就跑过来捡起被扔在地上的白菜叶子。这个情景到现在也忘不了。拿到配给的大量白菜后，日本人把最外面一层不干净的，还有被虫子吃过的叶子扔到地上，其量相当于一座小山。

哥哥参军后因病被杀死

下面想说我哥哥的事。那一天是哥哥参军的日子。我跟母亲说，"妈妈，为什么不去呀？快走吧。"母亲说什么也不愿意去车站送应征入伍的哥哥。当时爸爸已经 60 岁，其他的家庭成员有母亲和 4 个女孩儿和刚治好结核病的哥哥。母亲非常坚决地拒绝送哥哥，说"够了"。白天，母亲和哥哥一起去参拜过金州神社，估计想说的话已经都说了。也许母亲不想让别人看她哭泣的样子。哥哥是父亲在"朝鲜银行"东京支行工作时出生，经历过关东大地震。为养哥哥，父亲和母亲付出很多。在哥哥的结核病严重到医生都说不可治的地步时，母亲都没有放弃，以坚强的意志和母爱照顾哥哥，哥哥的病奇迹般地好了。护理哥哥的时候，为了不让他传染给我们，母亲总是小心翼翼。因此，母亲护理哥哥的事成为一个案例，大连的结核专家在各地演讲时总是作为一个例子提起。治好结核病后，哥哥不听父母的话，自己决定去东京学习、就业，因蔬菜吃得少，营养不良，得坏血病后又回到金州来了……哥哥入伍出发的那天晚上，母亲还是去了车站送了他。后来听说，那天白天哥哥和母亲两个人去神社的时候，作为离别的"仪式"，哥哥背了母亲，那也许是最后一次。因哥哥掌握了通信技术，可能在军队里当了通信兵。战死公报，是哥哥去世 3 年后我们才收到的。据战死公报，哥哥 1945 年 11 月 21 日在牡丹江附近的掖河陆军医院病死。参军后可能是结核病复发了。后来得知，11 月 21 日是哥哥所属的部队转移的日子，恰好那天哥哥去世，这说明很可能是走不动的患者——哥哥被杀掉了。关于这一点，我们全家人都想到一块儿去了。母亲不辞辛劳的护理照顾使哥哥病好了，但参军后他就这样被杀了……

日本战败时的我

我 1932 年出生在铁岭。从有意识的 3 岁开始到战败后的 15 年都一直生活在"关东州"的普兰店、金州、大连。引发中国五四运动的"二十一条"的第一条规定："日中两国在旅顺、大连的租借期限和在南满洲、安东—奉天两铁道的租借期限再各自延长 99 年"。这便决定了在"关东州"99 年间的租借权。99 年便是"久久年"，就是永远变为日本的领土了。

可是，没有想到，日本很快就战败了。

战败广播的那天，据说中午有重大的广播要在自家里听，所以休假，可能是由于大部分时间没有假期，连续上课的紧张使人有些麻木，我深深地睡着了。没有亲自听到这么重要的历史时刻非常的遗憾。"快起来！日本在战争中失败了，无条件投降了。"我被摇醒的时候，并不明白所指的内容是什么。只是这些话刺入耳朵，在耳内回响。因此，8月15日对于我来说，除了"战败"就没有其他的记忆了。

但是，那是战争的终结的意思就是"终战"了吧。战争已经结束，那时候那种无法表达的安心的感觉充满心中。

宪法颁布的时候我们全家还在大连，所以不知道。1947年3月末回国的时候，5月3日已经实行了新的日本宪法。宪法明确规定"将永久放弃因战争和武力而产生的威胁或者是武力的行使"，这使得我更加安心。已经是这样了，战争已经结束，不会再有战争了，那个时候便深切地感受到了没有战争的快乐。

在金州金融组合里，除了父亲，还有两个日本人。战败的时候，这两个人可能已经"连根拔般地动员"去了战场，不在金州现场了。父亲当时已经60岁，普通情况下50岁便要退休离开职位，可是没有得到允许辞职。除了中国职员，只有一个日本人。在8月15日之前，就有人当面说："日本也马上要战败。如果听一下短波放送就会明白，为了欢迎上岸的美国军队，在海岸近处准备了美国旗帜。"

总而言之，金融机构在战败之后，只能总结要交管的事务。但是，进驻金融组合大楼的是苏联军的司令部。

最初进驻的被称作囚人部队的兵队最想做的就是不断削弱司令部的设置。司令部门前时常被送出灵柩，住在邻近的我们能从窗户偷看到。那时庄重而沉闷的送葬曲，至今都回绕在我的耳边。

成为司令部的金融组合的大楼对面有一个小公园，比密密麻麻的剪过了的杂草稍高一些的建筑物便是金州民政署。同样，苏联军也接手了这里。入夜之后，便会有很多喜欢跳舞的人聚集而来。很长时间内，对习惯了灯火管制的眼睛来说，这种灯真的就是辉煌。能隐隐约约地看到灯火中跳舞的人影。不知道是使用什么音响装置,隔着小公园,那个不顾周围人们休息的声音便传到了我们家。我记得曲子是"匈牙利舞曲第五曲"。听过很多很多遍,那种民族特色的浓烈的令人着迷的旋律,勾起了在故乡的我的无限回忆。那个时候记住的曲调至今都不知道是什么,但是还是觉得很美。

尽管如此,孩子们的我们,尚且还能度日。但是那个时候的父母是怎么艰难地生活过来的呀。我们又收不到前年被征兵而去的独子哥哥的消息。身为军人的姐姐的丈夫,作为分队长,战败后为了和主队取得联系,在外出途中,正要捡起掉在地上的护身用的手枪时,被那个手枪打中而死。不巧,姐姐在那个时候正怀有身孕。

那时,父亲背上长出了一个疙瘩,那个样子就是今天想起来,也觉得很恶心。好像莲蓬头一样的脓聚集起来,形成了很多的小洞。那个脓怎么挤也挤不出来。让中国的医生看过后,说是癣。现在在《家庭的医学》这本书中查一下,知道不管摸还是挤都是非常危险的。明白了那个是性命相关的疙瘩,我竟然用我这双手去挤,这不是要我父亲的命的行为吗?

多年以来,我们一直住在同是爱知县而有联系的小卖店主在桔梗町的房子里。他把带有阳台的二层小楼全部借给了我们,还挺宽敞。5月的时候,姐姐生下了一个男孩。我和旦子姐姐便在神明高女本校上学。这所学校大概和中国市政府建立的"大连市日侨女子中等学校"的性质差不多。和弥生高女合并之后便移到了弥生校舍。新的校名"日侨"是指日本的国外打工者,痛感到当时我们自己的处境。

借宿的地方有一个同学年的小姑娘。跟着这个小姑娘一起三个人上学。大部分的时间是坐电车,从"大连运动场"经过外观森严的旧"关东州厅"前,可以在右边看到名字改成"秋林"的旧三越百货店,终点在"大广场"下车。这里有放射状的道路,所以如果弄错了路线,会非常麻烦。登上yamato(大和)宾馆下的斜坡,是"满铁"经营的原来的旧大连医院,右转后便到神明高女的路了。

这条上学的路途上,有很多很多的回忆。

比如,我还记得电车在秋林附近走的时候,姐姐作为家里的老大,和经常来家里玩的白素环一起乘车，我注意到姐姐会发出很令人怀念的大声笑。白素环也会应和地笑一下，这时，旦子姐姐便拉一下我的袖子，闭上一只眼睛，左右的摇头。旦子姐姐总是管我，我呢，虽然总是想反抗，虽然管束我不是那么严重，但是，不能总是拿出大人的样子来压我吧。我也从没想过那样会不会给白素环带来麻烦。

那个时候，我耳朵里咕叽咕叽的，途中便下车去日本人的耳鼻科医院看病。一个人安安静静地在休息室里面等着。一个穿着长衫，另一个穿着西服的中国男青年从诊疗室里出来，风姿飒爽的两个人走向我，一个人摸了一下我水手服的胸兜挂着的徽章，说："哇，是神明。"我当时觉得特别自豪，便随声"嗯"了一下，就在此时，他捏了一下我的小小的乳头。因为是一瞬间，所以我什么也没有说，只能狠狠地盯着他看。他回头看了我一眼，大声地笑了一下，便离开了。因为屈辱感，所以没有能向父母和姐姐们说。在 40 年左右的时间里一直都憋在心里。一直都觉得很遗憾，深感失败国家的人们的心情和处境。心想，日本人来到人家国家上干什么？

学校在 1946 年的时候被封了，那个时候正是民国三十五年，旦子姐姐拿到了女学校四年的毕业证书，我拿到了女学校两年的在学证明书。乘坐渔船回日本是在 1947 年 3 月半的时候，收拾行李，缝名字标签，另外，还在电车路附近的大连站的站前广场卖过和服。广场上有中国人、日本人、苏联兵等来来回回地走来走去。很多店铺鳞次栉比，其中不乏卖衣料布品的，把衣服搭在肩上

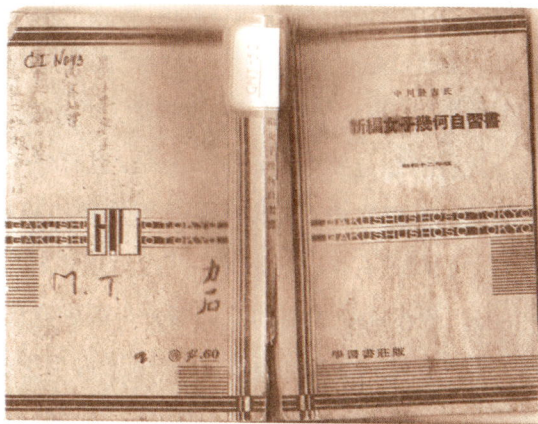

这本昭和十二年（1938 年）出版的《新编女子几何自习书》原是日本中学三年组力石美知子用书，战后回国前卖掉，大连市立初级中学三级二班孙永山于 1946 年 10 月 3 日午后 3 时在市场上买到。

或手腕上。一边裁定品质，一边讲价还价，十分的热闹。

电车的线路是从我家到学校绕一圆圈。我常常在电车穿过中央公园的小道上散步。第一次走的时候，才知道家周围的街道的名字和花的名字是有联系的。花园町——水仙町——董町——山吹町——菖蒲町——桔梗町，虽然没有去过这些地方，但是去过白菊町、千草町、莺町等地方。在《"满洲"口述历史——奴化教育的抵抗》（齐红深编著，竹中宪一译，日本皓星社 2004 年版）中，我读到"新京自强小学校和大连电电社员养成所——刘环斌证言"。这个人说他在"满洲"接受了初等教育之后，到大连电信电话株式会社社员养成所上学，"校舍就在桔梗町，宿舍就在莺町"。

我的一家人最后住的地方便是桔梗町，大连电电社员养成所便附属于旁边原电气通信关系学校的楼里面。

个人历史记忆的被纠正

那个时候，我们住的地方是 1905 年以来的租借地"关东州"，不知道为什么没有唱《满洲国国歌》的时候。只是由于父亲从 1930 年 7 月开始，任职"满洲金融组合"铁岭的理事，"满洲国"成立后，可能不得不唱"满洲国国歌"了，所以便得到了一盘唱片。

我没有想过要唱这首歌。但是，也有想唱的人。比如这首歌和五六十岁年长的人们在青春前期唱的歌有重复的地方，所以便想像以前那样和同学肩并肩唱这首歌。想起来在《少年俱乐部》这本书里记载着即使把头聚在一起，也没能把重要的歌词部分合唱好这段话。于是就去了国立国会图书馆，还有发行出版社去问。麻烦了古书搜集家帮忙查找。终于在 1940 年发行的《满洲开拓歌曲集》中，同一时期的《标准军歌集》等找到了记载。但是，什么东西也没有。这首歌在战后三十余年后，在一个叫《啊！大满洲》的磁带收录了这首歌，并开始发行。这便是日本的现状。

小时候，我和同伴成群结队地在"公学堂"的运动场里玩。这是只有中

日本人居住的大连浪速町。

国人上学的学校。看起来，学生们整体上比日本小学生年龄要大一些。他们在运动场上裸着上身做体操，有时候会看到他们在农田劳作。我们小学的时候，也有进行农作业的时间，种植南瓜和落花生，还有当时很珍稀的美国的茄子和金橘西红柿，然后还会玩过家家的游戏。和我们相比，公学堂的中国哥哥们的农作业就真的是在工作了。

在学校种植的农作物，只会玩过家家的小学生们也会用后推车进行家庭访问，进行买卖。而公学堂的中国哥哥们则一直是真的在劳动。农作物之外，还有其他工作要做，比如用买来的金属丝编成漏勺。妈妈说用这个捞煮饺子和豆芽特别方便。我总觉得妈妈这番话是在表扬我。

我一直都记得那个时候，我们这些孩子很努力地学习，还有很悠闲的生活。但是，这是我这一方面的印象，看了那50个中国人的故事之后，我却惊呆了。这50位中国人学习过的学校、地域都不尽相同，自不必说当然是各有不同的故事，但是却有着惊人的共同点。

"满洲国"以前的中国东北部的学制大概都是到大学为止为 16 年,但是"满洲国"之后便成了 13 年制。先只举例说明数字方面,1933 年的小学的学校数、学生数、教员数和 1931 年以前相比少了大概三分之一。不仅数量大大减少了,而且,教育内容上才是问题的关键。"满洲国"决定了教育的根本。

"满洲国"是日本人操纵统治机构。校长只是形式上的被"满人"担任,实际操纵命令系统的是日本的副校长和教师。"满洲国"是在否定"中国"的前提下成立的。把中国人改称为"满洲国人""满人"。使用的语言如果是超出"满洲语""满语"的"中国话"的话,是绝无法被允许的。并剥夺他们学习中国民族引以为自豪的中国历史和文化的机会,只允许他们学习"满族"的历史。

重视日语教育,也有将"日语"视为"国语"的情况。教学用语也推崇用日语。还有,诞生了一种混着"日本语"和"满语"在一起的"协和语"。这种由权力强制实行而诞生的合成语,不可能像克里奥尔语那样被大家那么容易的接受。

在这样的形势下,和日本人的中等学校一样,有军事教练,不知道为什么导入了军队式的纪律。像身居高位的人绝对服从的强制和制裁一样,都有悲惨的结局。还有,必须按月缴纳战争需要的物资才能够上学。这些从中国人的立场上来看,就是不得不进行强制性的奴隶劳动。

在这里吃的东西也有很明显的歧视。据说:"日本人在第一食堂吃大米,朝鲜族在第二食堂吃公粮,中国人在第三食堂吃玉米。第三食堂的卫生条件也很差。"观念上的歧视更严重,有日本人是"一等国民",朝鲜人是"二等国民",中国人是"三等国民"这种歧视观念。主食量配给制度是彻底的歧视制度的表现。歧视不仅仅是不给中国人大米,如果中国人吃大米的话,便成了"经济犯",会受到严厉的处罚。——关于这件事,我只是片断地记得一部分,后来在这里得到了很多人的集中的证言,第一次知道了这件事情有多么重大,多么深刻。

我们知道了,吃大米的中国人就是"经济犯",将受到矫正院的暴力、压迫，从那里活着出来也是非常困难的。竟然有以吃大米为理由，切开活着的中国人的肚子的情况。但这只不过是其中一点点而已。

1942 年（昭和十七年），我上国民学校四年级的时候，同级的朋友佐藤郁南写了一封信给我，里面记述了只管了我们一个学期的老师和即使从小孩子的眼里看也无法得到尊重的人的故事。她在信中说："四年级的一学期，老师只教了我们一个学期就离开了。而她走后，对于满人（中国人——整理者注）的歧视更为严重。"她叙述了具体的表现。于君坐在我的后面的座位上，如果没有拿带有米饭的饭盒，便被老师用竹鞭子往头上打。于君为了防止鞭子打头，手上总是流着血。我和几个人一起给了他我们自己的"便当"，骗老师说自己肚子疼，所以没有带便当。还记得中午休息的时候，吃着于君的饼子"便当"。他很感谢我们，在重阳节的时候邀请我们去他家里。那是大家族主义的家庭，一年只能和父母见一两次面。五重六重高的大月饼塔，很多美貌的姜室，在中国人的家庭里看到这些，我的人生里只有这一次。

即使给于君说没有带米的话，也没有用，一样会受到处罚。我也重新认识了对中国人的歧视分配和处罚。

那个时候，小学一个年级的大概有 40 人左右。各学年，各有部分中国学生。我们年级的于君、刘

23 岁的藤森节子穿中国旗袍。

君、崔君、廖君四个人，还有朝鲜人具原。具原君可能是经历过创氏改名后的姓。因为朝鲜人中并没有这样的姓氏。据说中国台湾的黄灵芝在日本人学校里被同学暴力欺负，最终骨折了。但我们之间却没有这种情况。于君给人一种很精悍的感觉。刘君一看就是有钱人家的少爷。崔君是很强壮的大人的模样。廖君则是很顽强很好看的人。具原是一个皮肤很白，细长清秀的眼睛让人感觉很善良。除了具原，其他几位中国人都是过了就学年龄才上学的，所以会稍显年龄大一些。

在日本人学校中学习的中国人之后会走上什么道路呢？是地主阶级的人们在革命之后又会成为阶级斗争的对象，之后会被打入右派进行批判吗？"文化大革命"中，在日本学校学习过这件事恐怕再次成了被调查和怀疑的靶子。

齐红深教授这次在日本出版的 50 个人口述历史中，有各种各样的被

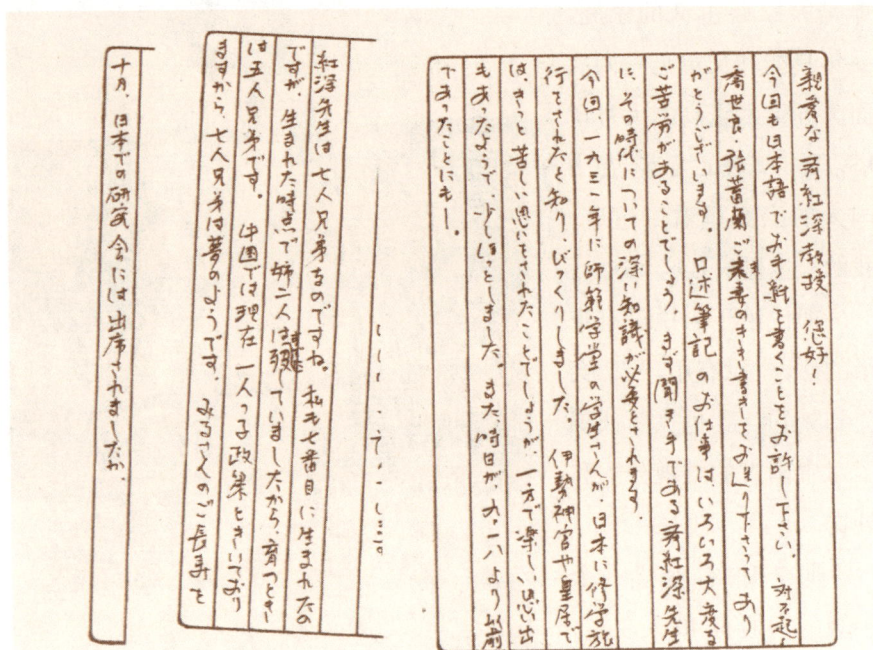

藤森节子在身患重病极度痛苦中接受访谈，讲述对日本侵华殖民统治的经历与反思。图为她与齐红深教授的通信。

批判的经历。由于这种经历必须要进行思想改造，所以被下放，留下了被关起来进行严酷的劳动的痕迹。

但是，不管怎么样，"严酷的劳动的痕迹"这一说法我觉得有更深的含义。

"满洲国"只有 14 年。这些证言者之中有在"关东州"的人们，对于他们来说，他们经历了 40 年的日本统治。中国台湾是 50 年，朝鲜是 35 年，虽然形式各种各样。但是都禁止使用自己民族的语言，强迫使用日语，也就改变了这些学到日语的人的一生。

黄灵芝是 1928 年出生在台湾的人，形成人格的阶段时期全是在日语环境下的，他以自己的思维方式，用日语写文学作品。在国民党政府统治下，也有禁止使用日语的时期，不能说日语，以及做任何形式的发表。这位作家的心中是多么的纠结，我们根本无法预测。

武力による威嚇又は武力の行使は、国際紛争を解決する手段としては、永久にこれを放棄する。——憲法第九条より

新しい年は輝かしく出発したいのに、これからこの国はどうなっていくのかを心配しています。

昨年は「そこにいる魯迅」(晶文堂)と、それらは「一人で旅をして、思わぬ人の許にとどきます」ある日『満洲・オーラルヒストリー』の編著者である齊紅深教授から手紙を受けとり、新しい世界がきりひらけるのを感じました。中国語で手紙を受けとり、返事は日本語で書くのですが……からだの不自由な私に残されたこの一つの道、読むことと書くことがつづけられますように、よろしくお見守り下さい。どうかお健やかにと願っています。

二〇一五年一月

〒470-0154
愛知県愛知郡東郷町和合ケ丘3-4-4
TEL·FAX 0561-39-0370
藤森 節子
(岡田 節子)

藤森节子重病期间于 2015 年 1 月印发的卡片，表明自己对改变和平宪法第九条的担忧，谈到与本书编著者齐红深的交往。这位善良的老人随后离开了我们。这成为她最后昭告世界的遗言。

我还记得从上小学开始，一群玩的孩子们之间经常说的一句玩笑话："你的什么的干活，衙门里去的干活……"我那时想，他们到底在说什么。这前半段是"你，出门干什么去，如果去警察局的话……"但是，后半段是什么呢？阅读了中国人在那个时期的经历，我才明白了这句看似玩笑话，其实是说出了中国人在日本统治下的经历：动不动会被拉到警察局去审问、拷打。当时我也隐约知道反正肯定不是说好话。但是不管怎么问中国朋友，都没有答案。因此，就不耻下问了小学时一直以来对俗语很熟悉的

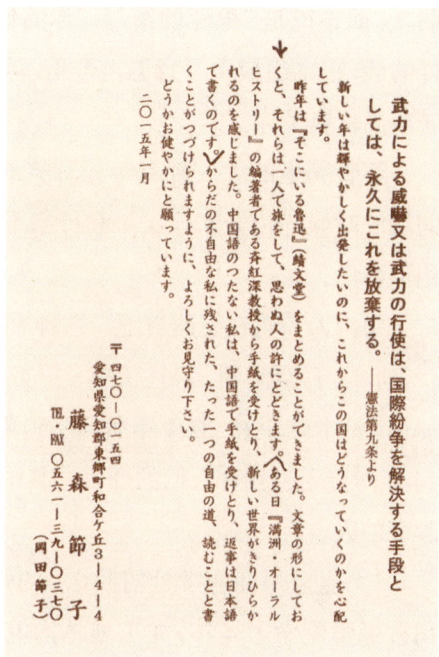

朋友，回答说是"枪毙的给"。"你的什么的干活？衙门去的枪毙的给。"这样的话，根本组成不了意思。可是，后来告诉我是："你是干什么的？走，去警察局枪毙了你。"

不管哪里的大人都有半开玩笑地教给小孩子东西，但是，在孩子们之间玩的时候却传开来。父亲和母亲不知道的是，日本小孩面对着中国人也用那种话。

中国人一直在忍耐着吧。这种事情，在日本统治下数不尽地发生。

收录于《"满洲"口述历史——奴化教育的抵抗》（齐红深编著，竹中宪一译，日本皓星社2004年版）的50篇大多是1932—1945年"满洲国"这14年间接受过教育人们的证言。其中有三篇，是接受殖民地时期"关东州"教育的人。

"大连金州商业学校的回忆"的张福深是1926年在旅顺出生，在黄泥川普通学堂学了4年，龙王塘林沟屯民众学校学习了2年。之后，1940年入学金州商业学校，1944年毕业。学习日语是在进入普通学堂学习的同时开始的。

金州是一个政治和军事重镇。那里有日本国学生的金州商业学校和金州高等女学校。女学校是全新的三层钢筋混凝土结构校舍，战败的那一年的春天入女学校的我们，考虑到空袭的危险之后，被禁止坐火车去大连上学。后来租了中国人女学校的一块地方，在建好的金州分校里上学。因为战败，只上了一个学期的课。

在金州还有一个中等学校叫金州农业学校，是招收中国人的。这两个实业学校，金农和金商不知怎么总是相互争斗。不仅仅是在马拉松大会和乐队演奏等等学校的活动，有时也会在镇子里打架。这种对抗意识的深层次，一位学生是这样说的："为什么日本人可以吃大米，而不许我们吃大米；为什么日本人的学生的校服数量很充裕，而我们的校服数量却是一定的，我们经常侧目日本学生，暗自发泄不满。"

这种事情引起了我的连锁想法。记得1945年春我们女学校的新学期开学，会发学习用品。其中，铅笔的芯掺杂着石粒，不要说不能很光滑的书写了，经常会划破笔记本。纸被划破，不仅是铅笔的芯质量不好，还是由于笔记本的纸十分粗糙，很容易坏。还有布制品的缠头、炊事服、丝瓜领的校服——这些是用糨糊固定的，看着脆脆的，一旦浸水后就会溶解的衣服，都是些丢人而且粗制滥造的东西。

但是，我们被告知：即使都是这种低质量的东西，也只发给日本女学生。中国学生是没有的。

一天，有一个和我们同在一所学校上学的中国女学生来到我家门外，叫出了三年级的旦子姐姐。当时四年级的学生被要求去劳动，分校中三年级是最高的年级了。带着紧张的面容跑回屋里的旦子姐姐说她被追问道："我们也是天皇陛下的臣民吗？为什么给日本人发东西，却没有我们的呢？"她为什么会选择旦子姐姐追问呢？我们无从而知。可能是因为旦子姐姐的父亲不是在公所工作，而是在和中国人有点联系的金融组合工作。也可能是之前旦子姐姐的长姐在女学校中任职老师的缘故。旦子姐姐也对对方的说法有同感。听了这一段话的我也有同感。但是，我们当时什么也没有做。

如果在这种情况下反驳，便会因激烈的言语而产生争执。这也是金州农业学校的中国学生和金州商业学校的日本男学生之间产生不满的同样原因吧？所以这两个学校有时会伴随着暴力也就不寻常了。

《关东州教育的实况》的口述作者杨乃昆是 1930 年生人。入学金州马家屯会普通学堂是在 1939 年。

他和 1932 年生人的我同时入学，他和我大概是相同时代接受教育的。在普通学堂学习 4 年之后，又在金州公学堂南金书院学习 2 年，1945 年从 4 月开始的三个月中，在大连勤劳动员署技能者养成所接受教育，成为金州的满洲重机工业的工人。有一段时期，从日本九州以集团形式来金州的劳动者的家人，一起都进入了金州国民学校。上国语的时候，我们能感觉到他们独特音调的读音。由于是国家重要的产业，所以从日本内地来的很多的劳动者投入其中。另外，他们还一边学习日语。在殖民地接受教育的中国青少年就是这样地被组织进行产业劳动的。这是在"满洲国""关东州"推行的教育方针所决定的。

藤森节子去世前,把她保存多年的《打倒日本——支那的排日教育》(昭和六年即1931年第10版)赠送给本书编著者齐红深。本书系满铁地方部搜集的"九一八事变"前中国教科书和出版物中揭露日本侵略和日本认为对其不利的内容。曾经多次再版,发行量很大。

杨乃昆上学的金州公学堂南金书院是沿袭清朝时在金州城内孔子庙内的书院的名字所创办的中国子弟的下学校。

甲午中日战争的战火还没有熄灭的1895年,日本作为占领南山后的策略,对新领地的抚民策略之一,决定在金州设立学校。这项政策的负责人选了南京同文书院第一回毕业生岩间德也。那个时候,岩间坚持"反对当时日本政府的同化政策,应该将中国人按照中国人的方式教育,赋予其人格与教养,对中国有用的中国人";第一次提出"让中国人成为能够理解日本的中国人"这种理念,坚持施行根据中文的教育。

从1904年到1929年,岩间将父祖辈们的墓从故乡秋田移到南金书院附近的中国人墓地,并且回绝了官宪的干涉,坚持自己深信的方针。他自己的尸骨也埋在了金州。

创始人岩间的信念虽有成效,但1932年,以"满洲国"建国为契机,殖民地下"关东州"的教育开始发展。学校越严格,反作用也越强。不管学校教授学生多少必要的文化科学知识,政治方面总是要施行愚民化。公学堂是养成殖民地当局的"关东州"和傀儡"满洲国"的走狗政治家和经济文化相关的御用学者的地方,他们可以非常忠实地完成当局所背负的各项任务,并且为当局施行的奴化教育作出贡献。

序

人あり、自己の年少子弟に向ひ、其の隣人を指して「彼こそ强盗であり、惡魔である。吾等の仇敵である。汝等成人の後は必ず屠戮せよ」と日夜教へるとしたならば、世に此隣人位迷惑であり、氣の毒なものはあるまい。共に此隣人がかうした實情を知らず、「隣家だから稍々懇するのは迷惑、仕樣がないから少しは我慢しよう」と考へて居れば色々の御世辭を朝夕並べ、その御機嫌を取るのに汲々として居ればば氣の毒は通り越して、その裏を「間拔奴」と怒鳴りたくなる。支那側の對日感情は舊人より新人に實權が移動するに從ひ愈々尖銳化惡化するのみであ

る。然るに日本は依然として「日支親善」、「共存共榮」、「同文同種」などと今日では支那人が見向もせぬ自家釀造酒を撒釀つて、つて居るのである。

斯くの如き皮肉な對照は抑々何處から來るのか? その根本原因は支那の官憲者が排外特に排日教育を高調するのであり、而して其の腦裏の排日は昨日教られた少年は今日は旣に青年である。一方日本の爲政者の多くは一向支那の如く成熟して居るからである。特に斯かる不都合な國民教育に對しても一片の抗議すらせず、ひたすら斯かれ主義を看づつて居るのである。

昭和四年春余が滿洲在職の當時、滿洲各地にも漸次三民主義の教育

が行はるゝに至り、その中に排日的教材が極めて多いのを認め、余は委員を擧げ多種多樣の教科書中から排外記事を集めたところ、其數五百餘章の多きに達し、これを輯めて「支那排日教材集」と題し、東亞經濟調查局の東亞小冊第二として發行し、朝野の識者特に同年秋京都に開催された太平洋會議の調查委員に頒つた。

冐來年を關すること二ケ年、日支の關係は愈々益々複雜化し、惡化しつゝある現狀に鑑み、その根本原因をつきとめる有力なる一資料として、これを天下に知らしむる必要を感じ、評註を增補し玆に公刊したのである。これこそ支那人は元來苦だ復雜な性質の所有者であるかりしため、かゝる國

倒も習性も所詮は教育である。其教育の本源に於て、かゝる國際修交上害又人間陶冶上、百害あつて一利なき誇大誣罔の文字を連ね、修交を害ふ事實に對し、吾人は國民政府當局に深大なる遺憾の意を表すると共に、支那の官民識者が一日も早く斯れを着眼するものである。

最後に余は此稿纂に際し多大の勞苦を拂はれた當時の滿鐵審査役田所耕造君、囑學伊藤伊八君、小島憲市君、小林長春公學堂長の諸君、並びに東亞經濟調查局長大川周明君に懇意なるがら、(前囬は編者の名を一切出さゝりし爲め)多大の謝意を表するものである。

昭和六年八月

東京郊外
保々隆矣

《打倒日本——支那的排日教育》一书的序言

477

第一，驯服小学生，消灭他们的民族意识，让他们甘于奴化教育，接受它。战争时期，国民教育施行之后，1941—1945 年间，"关东州"的中国小学生的民族意识几乎被消灭而光。我和同级生们是在 1920 年代末至 1930 年代初出生的，物质精神层面的成熟是在 20 年代末到 40 年代初。这个时期正是"关东州"的奴化教育最发展的一段时期。比我们年长的人们的生活教育环境是和我们基本一致的，在同样的奴化教育中成长起来。他们的民族意识已经被很大程度地削弱，也就没有影响我们的其他政治思想。普通学堂和公学堂是自发性学习，同父母的世代一样，我们也要思考要获得很多的知识，才能在将来做有用之才，成为支撑一家生活的顶梁柱。而且，在当时，在公学堂南金书院里学习是一件非常骄傲自豪的事情，上学中的孩子们可以比较专心学习，不会有太多的反抗意识。

第二，学生们的亲日思想随着时代越来越厚重，变得完全不知道关于中国的事情。我们在学堂读书的时候是从 9 岁到 15 岁左右，思想几乎和白纸一样。殖民地当局使尽各种手段，将白纸向奴隶化教育的方向引导。这样本身就没有对日本帝国主义和"关东州"的殖民地当局有任何敌意，慢慢地对日本当局的亲近感就更深了。从政治思想来看，我的头脑中都是"天照大神""乃木大将""东乡元帅""丰臣秀吉""广濑中佐"等日本英雄。关于"大东亚圣战"，通知我们结果胜利了（失败的事实被殖民地当局掩盖）。因此，听到"大胜利"特别高兴地四处乱跑，根本没有想日本是侵略中国东北，试图吞并整个中国。

我认为那些自己希望变成"关东州人"的中国人，也是"殖民地"带来的重大罪过。这对于殖民地 50 年统治的中国台湾来说，更复杂。

王有生的证言指出了这一点。1925 年出生的他，在大连经历了伏见台公学堂、旅顺高等公学校中学部。在满洲医科大学学习的时候，日本战败。旅顺高等公学校是中国人的学校，历史和地理是学的日本的历史和地理，而中国的历史和地理则作为外国历史、地理只学习一小部分。然后，学校、寄宿生活中，灌输"绝对服从"的军国主义教育。这和很多其他人的证言都相同。

在修读研究生的伪满洲医科大学，和日本人学生一起学习，但宿舍却是分开的。在这里，有这样的规定，中国人吃米的话会被认为是经济犯，只能吃给家畜吃的带皮的高粱。王有生最不能忍的是在这种教育的歧视下，竟然有中国人学生为日本的所作所为进行美化。有中国人将伪满洲医科大学的创办比作"启明星""北斗星"的光辉，为在那里的愉快生活而作诗，并向同窗会杂志投稿，竟还因被日本同学表扬而感到高兴。这是他最为气愤的事情。

中国有个叫"壶中之天"的故事，据说壶里面有富丽堂皇、奇花异草、宛若仙山琼阁的仙境。当年的我也在小小的壶中世界，但我从小小的壶口看到了一些外面的世界。出生在殖民地的我，不知不觉就傲慢起来了。首先，当时我并没感觉到那是中国的领土。后来明白自己为什么出生在殖民地的时候，那个记忆成为一根刺狠狠地扎进我的心，这一生都拔不出来。对我来说，故乡就是普兰店。我经常回忆起小时候站在故乡的土地上，呼吸着新鲜的空气，在草地上玩耍，在海边散步的情景……那片土地养育了我，给了我太多的东西。作为日本对中国殖民统治机构的构成部分的父亲的工作，确保了我家富裕的生活，给了我童年的生活……我深深地感谢中国人，也向中国人谢罪。

访谈人：宋群、齐红深。访谈时间：2005 年 9 月，2014 年 8—10 月。地点：日本爱知县东乡町口述者家中。

张云鹏：

我家从朝鲜来到大连

张云鹏，1933 年 5 月 27 日生，祖籍河北省东光县。退休前所在单位：辽宁师范大学。职务：校长办公室主任、教授。日本占领时就读学校：大连东山公学堂。

1940 年入读私塾维新学堂；1941 年到东山公学堂就读。日本投降后 1947 年考入大连二中，集体转到一中上学，毕业后保送升入大连第一高中。1950 年参加军事干部学校学习，加入中国共产党，毕业后分配到东北军区司令部，后调到中央办公厅任科员。1956—1965 年在南开大学历史系学习，毕业分配到辽宁省庄河县工作，先后在县高中和师范学校任物理、语文、历史教师。1990 年调到辽宁师范大学，历任历史系副系主任、校长办公室主任、学科教育研究所所长。曾担任社会兼职有：辽宁省历史教学研究会副理事长，大连国际国内公共关系协会常务副会长兼学术委员会主任，南开大学大连校友会会长，全国华联商厦集团顾问等。1996 年被评为大连市优秀专家。

我父亲从河北到朝鲜到大连

我 1933 年出生于大连市千代田町 21 番地，此地位于有名的"穷汉岭"寺儿沟一带。居所就在老"红房子"的对面。"红房子"因红砖砌成而得名，

寺儿沟中国人居住区。

寺儿沟附近的货摊。

整院住宅都是"扛大扛"（海港码头装卸工）的家属宿舍，是当时社会最为贫穷和受压迫的一个群体的聚集地。里面有小酒馆、大烟馆和妓院什么的。冬天里，我好几次看到地板车拉着死人，上面蒙着苇席露着脚从街上过去，据大人们说是冻死饿死抽大烟过不去冬的。

我父亲是河北省东光县人，12岁时因家境贫寒，跟随其舅姥爷靠要饭步行到东北谋生，又从丹东过江到了朝鲜，在一家翻砂厂（铸造工厂）当工人。"万宝山排华事件"发生后，他逃到大连，投奔到同乡的远房亲戚处干活。"万宝山排华事件"发生在1931年。起因是一个中国人骗取万宝村附近12户农民的土地，违法转租给李升薰等188名朝鲜人耕种水稻。这些朝鲜人开掘由马家哨口至姜家窝堡止长达20里的水渠，截流筑坝，损害了当地53户农民熟地40余垧，侵害了当地农户的利益。5月20日马家哨口200余农民上告。吉林省政府当局认定朝侨未经允许，擅入农村，令朝侨出境。朝鲜人随即准备撤走，事情本可结束之时，日本驻长春领事田代重德派遣日本警察到现场以"保护朝鲜人"为名，制止朝鲜人撤走，限令于7月5日前完成筑渠，挑动和扩大中朝农民的矛盾。中国农民400余人联合起来平沟拆坝，日本警察镇压平沟的中国农民。在日本军警保护下，工程于7月5日完成。

日本侵略者利用和扩大中朝两国百姓的矛盾，显然有利于巩固它在朝鲜半岛的殖民统治。日本通过《朝鲜日报》记者捏造新闻，称200多朝鲜人在万宝山被杀，后又说被杀的朝鲜人数增加到800多，从而掀起朝鲜半岛大规模的排华活动。日本大造舆论，致电朝鲜各报称中国驱逐朝鲜人，在万宝山中国农民屠杀朝鲜人等。7月3日后，朝鲜掀起打砸和捣毁华侨开办的商店、菜园，纵火烧毁中国人住宅等大规模反华排华事件。许多华侨越境回国，到7月10日达4500人，7月底超过全朝鲜华侨的三分之一。我父亲就是随着这些华侨回国来到大连的。当时，华侨个个头破血流，身无长物。中日政府为此事进行了12次交涉谈判，但当地农民权益并未得到补偿，7月23日蒋介石发表告全国同胞一致安内攘外书，称："粤桂倡乱，石友三叛变……以及朝鲜侨胞之惨案，四者互为因果。叛徒军阀，唯恐'赤匪'

西岗子公学堂朝礼。

西岗子公学堂在校门前由日本神社神职人员举行庄严的校旗树立仪式。左侧是小岗子警防团小岗子分团事务所的牌子。

之肃清也,乃出兵以援之,叛变以应之。帝国主义者唯恐军阀之消灭,中国之统一也,乃惹起外交纠纷,以牵制之。"后"九一八事变"发生。

我父亲在朝鲜生活不下去了,就来到大连定居。起初,给别人打工。父亲在1932年经人介绍与母亲结婚。母亲是天津人,在大连当童工,包过胰子(肥皂、香皂),包过香烟。后来自立门户开了一家洋铁铺,制造水壶、水盆以及烟筒之类的白铁制品。这间作坊的工作间也只有十几平方米,后面是厨房和仓库,我们全家住在二层的楼上。有个日本人和我父亲认识,在我家的一间屋子做"代书",为别人代写状纸帮助诉讼。

我的童年我的小学

由于父母都没有文化且忙于生计,我7岁以前整天就是疯玩:捉迷藏、弹玻璃球……7岁时,父亲把我送到现在荣民街北段的一所私塾馆——维新学堂念书。这所学校就是一间教室,夫妻俩当老师。他俩都是基督教徒,其教学内容和方式都是新式的,教识字和算术,还教打算盘。

1941年春,父亲领着我到位于三八广场的土佐町公学堂(解放后改为第八完小,现为友谊医院)报名上学。开学时,把家住二七广场以东的新生分成5个班,集体转入新建的东山公学堂就读。

东山公学堂是1941年刚建的,位于现新柳街和荣民街的南山根底下,西边连着专收日籍学生的日出町小学,解放后改为第十二完全小学,即现在大连舰艇学院政治学院的院内,这是大连日本统治时期所建专门招收中国学生的最后一所小学。

这所学校的校长叫村贯行,有爵位,好像是勋九位从八等。教导主任是中国人,教师中日本人占三分之一,中国教师占多数。我们年级共计五个班,每个班四十余人,三个班为男生,两个班为女生。我被分在第二班,班主任是马镇江先生。

我们上学没有多久,1941年12月8日就爆发了太平洋战争(日本人称

"大东亚圣战"）。学校每周一早晨都要在操场列队，举行"东方遥拜"仪式。所谓"遥拜"就是在远方向日本天皇致敬，仪式非常庄严。校长从校长室取出一个内装"天皇诏书"的木盒子，用双手捧着从学生队伍前面走到中间的木台上宣读。整个过程学生不许抬头，神神秘秘的。

小学初等科（初小）开设的课程，除国语（日本语）、满州语（汉语）、算术外，还有音乐、体育和美术课。

汉语的课本，大多都是生活中的物件和故事。刚上学的课文中有"大猫来了，鸟儿喝水""来来来，弟弟来；来来来，妹妹来"等课文。日本语中一年级有一课"少了一匹"，讲小猪过河一共八匹，到对岸后报数只有七匹，母猪忘了算自己了。

算术课给我印象最深的是，开始第一天老师就发给我们一个纸盒，内装供学习算术用的小木棍、假钱币、尺子、圆规等。上课时就借助于这些小棍和各种面值的钱币来理解，挺有趣。

体育课注重培养团队协作精神和竞争意识。在体育课时教师要把每个班学生分成红和白两帮（两部分）。学生戴的帽子，是用布做成的圆形帽。红帮戴红色的布帽，白帮戴白色的布帽。每当上课排队时前后二排，前面是红帮，后面是白帮。除了做操，就是练单杠或爬杆（或绳），有时还做些小游戏。之外，就是红白两帮摔跤比赛。从小个儿开始，被摔倒的下去，依次补上，胜负以最后剩下的人数决定，多者为胜。

在课堂上或者课外，我们最喜爱的运动是"骑马打架"。这种运动或叫游戏，是四个人一组，三个人当马（一人当马头，二人当马身），一个人当骑士。比赛时两匹马上的骑士相互抓抢对方的帽子，抢到者为胜。由于经常玩，充当骑士者，大都剃光头，使帽子不易被抓掉。

学校是劈山修建的，有一个非常大的操场和活动空间，这使学校的足球运动非常活跃。足球运动活跃还有一个原因，就是受当时大连社会上几支由华人青年组建的球队经常比赛的影响。我的邻居就有一个青年是足球队的球员。这个足球队的名字是叫"华联"还是"联华"队，或者什么"华"的名字我记不清了。

我读一年级的时候，班内就组建了二支经常比赛对抗的小足球队。我所在的队名叫"连成队"，以队长胡叔连和副队长林宝成的名字起的，另一支队名叫"学友队"。我在"连成队"，因为我个子小，年龄也小，队长安排我担任守门员。对了，那个年代上学的孩子年龄都大，我们班就有一个"属狗"（1934 年生），三个"属鸡"（1933 年生）的，其余都比我大 3—4 岁。

当时，我们踢的是软胶的小皮球，场地大小依当时操场上踢球队数多少而定，用石头或者书包假装作门柱。条件虽然简陋，但大家踢得认真，玩得高兴。放学后总是踢球，经常天黑了才回家。

还有一种运动也是我们在学校甚至在家门口经常玩的，那就是小棒球。在操场玩就找四块儿石头（或者书包）当成四个垒。课余在家门口玩则是把马路两旁的四棵树当作垒。当时非干线的马路，车非常少，所以玩球并不碍事。球仍是软胶小皮球，没有球棒，而是用手打，打出去就跑垒。

学校每年举行一届全校性运动会。运动会项目除了田径比赛之外，每个年级还有一个集体比赛的项目。一年级是投球，红白两帮各有一个装球的筐和共有一个挂在空中的篮网。吹哨开始后两帮都要将自己颜色的球往篮网里扔，扔进多者为优。二年级时是抢木棒。这项运动是在红白对立两帮的起跑线中间画一条线。线上放置若干条长圆形的细木棒。有多少组学生就放多少根木棒，一组红白帮各两人。发令枪响后，各组双方都往中间跑，抢起木棒赶快往自己帮的方向拉。时间到听到哨声双方停止，将木棒放在停止处。此项比赛的输赢，是以哪方抢到的木棒数量而定。三年级的集体比赛项目就是"骑马打架"。到四年级因时局紧张，学生都要"勤劳奉仕"，就没有举行。到了 1945 年，战争形势对日本更加不利了，所以所有课程和游戏活动完全没有了，只是终日"勤劳奉仕"。

此外，学校每年要组织一次"远足"（旅游）。"远足"的地点，也是固定不变的，每一届学生都是如此。一年级去"星个浦"（星海公园）；二年级去夏家河子；三年级去栾家村，凌水一带。

掃清路

（三ノ二島）実修語十月

公学堂高等科日语课（上）和扫马路劳动（下）。

勤労奉仕隊

"勤劳奉仕"队从学校出发进行支援日本侵略战争的义务劳动。

日本殖民当局为支援"大东亚圣战"强制学生收废品。

我的国家观念、我的纠结

大连是从 1905 年就被日本军国主义占领并统治着，实行的是法西斯的奴化教育。这种教育的目的是让人民不知道或忘记自己是中国人，进而教育成为日本天皇的忠诚臣民。那时经常要高声朗读日本天皇诏书和"国民训"。"国民训"第一条就是"我是关东州人"。我记得 1944 年曾进行过一次户籍管理的登记，让每个人重新选择国籍。当时只提供两项选择：是要"民籍"，还是要"寄留"。"民籍"就是"关东州"人，也就是日本国籍了。当时，日本出版的地图上大连地区颜色是红色，和日本本土颜色一样。当时我母亲说还要回河北老家，就填报了"寄留"，也就是"暂住民"。

有一次上课，时值 7 月 7 日。日本老师问我们"今天是什么日子？"我逞能地举手站起来坚定地回答"卢沟桥事变"。话音刚落，日本老师就怒斥道"巴嘎！""今天是支那事变"。"卢沟桥事变"是我从老家来人谈话中听到的。那是中国人的说法，日本人当然不让啦。

当时在大连居住的人，文化程度普遍不高，大多数都是文盲。他们多数人国家观念淡薄，只知道他们出生的老家所在地，有点较强的地域观念。大连山东人最多，别人通称他们是"海南丢"；细说起来，他们会告诉你是威海人、福山人、蓬莱人等等；河北省人称谓海西人或叫关里人；大连本地人，我们叫他们为"此地巴子"。当时大连人管日本人叫小鼻子或叫小日本，大连人都以祖籍相同或相连而抱团走近。我现在分析看来，当时的大连居民，不论是承认自己是日本"关东州"人的"寄留民"也好，还是留恋自己中国人身份的"暂住民"也好，大部分人的国家观念都比较淡薄，不过家的观念还是很清晰的。

日本统治者的奴化教育，在教学内容上剔除了所有关于中国的历史和文化的知识。我从小就没有读过一本中国传统的幼儿启蒙课本，连《三字经》都没听说过，更别说四书五经之类的经典了。我从小到上大学没读过一首中国的诗词，没看过一本古文书籍。我唯一能接触有关中国的文化、中国故事的渠道是看"小人书"（即连环画小人书）。我家南边即现在的学士街上有一家小人书铺叫"春记书铺"。我在四五年级时经常到那里坐在长条凳上借"小人书"看，什么《薛仁贵征东》《大八义》《小五义》《三侠五义》《雍正剑侠图》等等。这些"小人书"没有给我多少真实的历史知识，但却给我带来不少儿时的快乐。

即使日本统治者封闭得再严，也能吹进几缕中国文化之风。其一是二年级时马镇江老师曾教唱过《送别·长亭外》：

> 长亭外，古道边，
> 芳草碧连天。
> 晚风拂柳笛声残，
> 夕阳山外山。
> 天之涯，地之角，
> 知交半零落。
> 一壶浊酒尽余欢，
> 今宵别梦寒。
>
> 长亭外，古道边，

芳草碧连天。

问君此去几时来，

来时莫徘徊。

天之涯，地之角，

知交半零落。

人生难得是欢聚，

惟有别离多。

长亭外，古道边，

芳草碧连天，

晚风拂柳笛声残，

夕阳山外山，

天之涯，地之角，

知交半零落，

一壶浊酒尽余欢，

今宵别梦寒。

　　这是关里的歌，中国歌。这首歌很好听，给我留下了深刻难忘的印象。其二是一年级的下学期，老师教我们写大楷，在仿纸上描红。解放后通过比较知道了日本文化中吸收了大量的中国古典文化。日本管书法叫"书道"，他们也写毛笔字。当时日本校长室墙上就挂着他书写的汉字条幅。还记得有一次看日本电影，影中的主角竟然是李逵，把中国古典小说中的人物日本化了。

　　东山公学堂的学生，绝大多数是贫穷工人的子弟，也有少数是商人、手工业者的后代。他们朴素勤奋，但也自然地形成了地域性帮派团伙。我们这块儿的"小孩王"（小团伙的头头）叫刘天成，家里开自行车修理铺。我们都听他的，受他保护。寺儿沟一带最大的孩子团伙，是居住在"巡捕大院"附近曹雪亮为首的团帮。这种无形中自然形成的帮，主要是抱团人多又有厉害的头，就会不受别人欺负。此外还有一个理由，就是对付日本小孩（学生）的挑衅。那时，现在的春德街以南为日本人居住区。我们念书的学堂就在日本人居住区内，每天上学下学都要经过日本街。如果遇到日本学生多而我们人少时，他们会扔石头打我们，要不就是撵（追）我们，抓着就打。为了对付这些欺负人的日本学生，我们只得结伴而行并随身带着防身的"牛皮镐"——一种用牛筋制作的圆形空心，中指伸到中心握住打人的软器，此器伤人不留外伤，只伤筋骨。有时也随身带小刀和弹弓。那时，中国孩子之间也经常"打群架"。日本老师鼓励校与校和团伙之间武斗中的获胜者，目的是培养"武士道精神"。

从1944年开始，学校就经常停课，组织学生"勤劳奉仕"（义务劳动）。有时是野外割草喂军马；有时是挖沟。1945年开始就整天停课，去到解放后叫做春德派出所的院内挖"贮水池"。

那一年我们已升进高等科（高小）一年级；班主任换成日本人盐入笃。此人个子矮、光头，凶狠无比。解放后同学们提起他，都叫他是"法西斯分子"。他领着我们挖坑抬土，整天吆三喝四地让我们快干，稍不如意，就让我们集合排成两行，相互脸对脸站着，让我们互相扇对方的嘴巴子（脸），打轻了他就自己下手亲自打，给我们示范，一直打到他满意说声"要西（好）"时方可停止。有时候他要我们互相"干沟梨"，就是握紧拳头打对方的头。他经常如此歇斯底里的发泄，以打人为乐，拿我们互打取乐，心理变态，发泄他对中国人的恨。不但如此，他经常随心所欲无厘头地点名叫过一名同学。同学惊慌地跑到他跟前，他就把同学的双手腕抓住背起来狠狠地往地上摔，被摔者痛得直叫唤，他仍然大喊："塔待，毛一盖"（站起来，再来一次）。直到尽兴他才肯罢手。

盐入笃的凶狠，招致大家普遍不满。我们常用中国话当面挖苦他，骂他。这时，因为他一句中国话也听不懂，还大惑不解地问我们说什么。有位年龄大的同学还编了顺口溜骂他。

中午休息时，全班同学拍着手一起唱骂，盐入笃还问唱什么，那么高兴？这真是对暴力的一种巧妙地回击。

还有一件事。更加引起同学们对他的怨恨。1945年初夏，天刚暖和，学校搞了一次全校的"夜行军"，全校学生按年级排成队，从学校出发经转山屯（现中南路）步行抵达老虎滩，稍事休息再原道返回。那时的这条路是高高低低的山沟泥土路，夜间行军漆黑一片，所以走起来很是艰难。晚10点才返回学校，解散放学回家。第二天是周日放假休息，上午10点左右，按同学的联系网络，通知我盐入老师让全班同学到校集合。我们先后到校后在教室坐好，盐入笃怒气冲冲进来大声责问我们，是谁昨天晚上在回家路上欺负女同学，装鬼吓唬人了，大家相互看着无语。他气急败坏地让大家检举揭发，可是谁也不吱声。他无奈地回到办公室，让我们一个一个地逐次进去。他拿出一张事前画好的从学校返回每位同学家的路径图，让每个同学指出自己昨晚回家所走的路径。凡是所指路径和女同学所走一样的，留下来，盐入用藤棍把每人各打大腿根四下，对平常调皮的学生打五下。被打的同学痛得直叫，大腿根留下了血淋淋的四道紫杠。没走与女生相同道路的，因为不揭发的按包庇论处各打二下。回家路上大家互相问道："你几道杠？"大家苦笑后大骂盐入笃"养孩子没屁眼"，"作孽下地狱"。事后有的同学听说，盐入笃如此做是为了追求那些女同学的班主任女老师。这么一说大家就更恨他了。盐入笃是"在乡军人"（退伍军人），在苏联红军进军东北时他应征入伍。据同学说他不久即被俘虏，因抢枪反抗被当场击毙。

还有几件事，有戏弄日本统治者和挑战日本反动殖民秩序的意味，值得说说。

一件是日籍教师铃木给我们上课。中间讲起日本皇军在南洋群岛英勇作战的故事。此时，不知哪位同学用嘴模仿"空袭警报"的鸣笛声。铃木闻声后询问我们："空袭警报吗？"后面多数同学异口同声地喊："是空袭警报！"铃木得到确认，就大喊快跑。同学们按照平时训练的那样，依次有顺序地往防空掩体里跑。旁边教室听到动静，上课的老师到走廊问："怎么回事？"铃木坚定地回答："空袭警报。"其他几位老师都说没听见，退回各自的教室。铃木这时高喊："没有警报快回教室。"我们当着没听见，一直跑到外面去了。

另一件是临近日本投降的一天，我班同学互相转告：明天不上课了，放假。但我班个别同学看别的班都上课，就跟着别班同学一起到校看看情况，这几位被我们班主任看见了，就让他们挨家挨户传达照常上课。这几位同学到没来上课的同学家一打听，说这是全班"气哈子"（一齐行动）让日本老师着急。于是这几位同学也回家了。解放后大家提及此事，有人讲这是"红房子"的高个同学组织罢课。

还有一件事是临近日本投降，社会上到处流传："初一十五赶礼拜，满洲国翻过来。"有人一查皇历解释说，某日就是阴历初一，阳历十五又赶上礼拜天，"三重合"。翻过来的意思，就是飞机轰炸。按着思路回家翻看月份牌，一看确有一天如此。于是大家都在议论那天还是躲一躲，宁信其有，不信其无嘛。我母亲领着我和妹妹，跟随邻居老王家到亮甲店他老家去避难了。家里只留我姥姥一个人，她不走，她说该死去哪都活不了。躲过二天回家后，姥姥告诉我们，那天整个大连空荡荡的，像一座死城。

那天虽然大连没被炸，但没过几天，也就是 1945 年 8 月 23 日，苏联红军就打败了日本帝国主义解放了大连。

大连又回到了祖国的怀抱，历史翻开了新页。

访谈人：齐红深、伊月知子、王婧、刘金鑫。访谈时间：2016 年 3—8 月。地点：辽宁师范大学、齐红深家中。

后　记

　　本书是齐红深教授主持完成的大连市人民政府 2016 年重点资助项目。起因是大连市老年学学会召开第 23 届年会时，大连市学术专著资助出版评审委员会姜英敏同志到会征集选题和著作，市老年学学会老领导人大原主任卞国胜、大连日报社原总编辑吴厚福同志鼓励他申报。此后，在大连市政协原副主席王淑英会长、人大原领导刘增礼秘书长的关心下，评委会办公室主任刘国恒教授多次听取他介绍情况，给予鼓励和指导，从编辑原则、内容、方法直到历史图片的选择和书名的确定，都不厌其详地反复研讨和推敲。他们的热忱关怀给了齐红深自费组织的口述历史研究团队极大的动力。于是，他们这些七八十岁的老人没来得及从为纪念抗战胜利 70 周年编辑整理《日本侵华殖民教育口述历史》（十集）的劳累中休整过来，又夜以继日连续工作了十个多月，方才完成本书的编辑整理工作。此间，三次召开编委会会议，进行讨论、审定。

　　而这些口述历史和老照片的搜集工作是在很久以前进行的。齐红深教授自 1984 年开始自费从事日本侵华口述历史的访谈、整理、研究工作，至今已经进行了三十多年。在这漫长的过程中，赢得了许多历史亲历者的信任和支持。他们克服年老、疾病和思想顾虑等困难，把珍贵的历史记忆无私地奉献给后人，奉献给世界，对于不忘国耻、振兴中华和凝聚大连城市精神具有重要作用。市学术委员会在评定中给予高度评价，认为"此书在内容和形式上都具有首创和填补空白的学术价值"。

我们要永远记住这些口述历史的亲历者,让他们生命的光辉永远闪耀在历史的书册里。除了口述历史已经载入本书的历史亲历者外,接受访谈回忆往事、提供资料、传承历史记忆的还有:

大连市人民政府林承栋;辽宁师范大学刘成仁;大连水产学院郭维治、李汉章、徐捷;大连海事大学高永久、彭竹春、王来忠、王庆昌、王德英、闵中立;大连师范学校刘朝争;大连教育学院尚世化、肖日伦、刘国学、李明、李彧;西岗区教育局郑仁厚、胡传惠;西岗区教师进修学校张志信;大连第三十七中学李荣芳;金州区粮油技术中心钟有江;沈阳铁路局中心防疫站于正德;大连市第三医院商成林;大连医科大学附属第一医院庞世增;中国建设银行大连市分行隋永恕;大连外语学院温永江;大连三中丛选仪;金州一〇七中学邱长运;大连理工大学张世钧、柳中权;金州区第一医院祝广荣;九三学社大连市委王黎;大连市科协赵锡伟、田宜恭;大连医科大学孙廷魁;大连交通大学姜儒明、陈文洲;大连市水产研究所李铭五;旅顺口区政协高永学;中国科学院大连物理化学研究所丛璐琦、郭建新;沙河口区妇幼保健院蒋智南;大连市城建局姜作贤;大连市四十四中学崔广升;大连广告公司杨清;普兰店市一中王喜安;大连市第二十九中学姜恩才;大连市第十二中学李家孚;大连市商场宗焕文;大连市教育局刘长恒;大连图书馆由智仁;大连金州纺织厂林长胜;大连陆军学院曹万鹏;大连市建筑公司张德良;大连市文联姜沧寒;大连市财政局张学富;大连市旅顺口区教育志办公室于恒起;大连市女子职业中专杨乃昆;大连海港医院孙成科;旅顺口区教委马梦英、王安德、隋玉胜、徐淑毓、郭士张、于文池、汪长鑫、隋长深、张德印;大连市金州区一〇九中学吴凤英;金州区教育局阎絮吟;大连市第六十二中学韩行恕;大连市金州铸造总厂尹兴振;大连市物价局穆子枫;东北财经大学刘述忠;大连煤矿疗养院孙忠田;吉林社会科学院杨旸;大连八中刘崇智;新疆医科大学李淑影;大连市第三医院商成林;大连市卫生局刘世超;外交部杨振亚;哈尔滨医科大学刘国璋;黑龙江电视大学王国雄;大连起重机厂刘茂叙;天津医科大学林治瑾;沈阳市邮电局马宗贤;大连教育科学研究所李浩田;遵义医学院王有生;大连市金州区得胜镇中心小学耿成义；中国协和医科大学李景德；大连声光机电厂程义柱；大连市中山区教育局于春芳、张玉双、关淑琴、王国连；黑龙江林业总医院王克仕；东京都杉并区玖春翠（日本人）；广东省司法管理干部学院李永伦；大连中医院周广韬；大连市第四十四中学舒兰凤、冯占金、刘德时、湿玉枝；甘井子区教育局穆兰贞；大连市春和小学隋春如；大连医科大学附属第一医院庞世增；大连市七中丁长富；四平市百货公司王广义；辽宁外语师范专科学校张元胜；瓦房店市教师进修学校于希章；大连金州区博物馆葛长升；广东省司法管理干部学院李永纶；大连金州区教育局葛治谟；大连金州区粮油技术中心钟有江；吉林工学院戚亚民；北京市503厂李德常；康平新生农场吴邦居；大连第三水泥厂谢在陟；天津科技翻译公司陈世川；天津市南开区政府于清淮；江苏镇江第一医院谭云娇；装甲兵工程学院张景宏；中共中央调查委员会李树浦；中央军委工程部胡毅明；河南省三门峡市中国水利水电十一局李明选；大连大学周传今；解放军外语学院王新潮；旅顺口区党校张世津；大连甘井子区工商银行刘世光；东港市二中南淑玉；沈阳特种环保设备制造有限公司杨斌；大连西岗区市场小学丛连香；沈阳铁路实验中学孙健；吉林工学院刘启民；大连一一四中学李成均；大连眼镜厂林韶九；中央人民广播电台阎克明；普兰店市一中王喜安；大连城建学校王富良；大连一〇七中学邱长运；大连市新华书店张晋生、张科美；大连市妇联张洵；大连市进出口公司刘兰香；大连铁路医院赵禁娄；大连海洋大学乔德鼎；大连三中丛选仪、薛正福；大连海港医院孙成科；锦州教师进修学院朱毅；长春邮电局李玉山；包头师范学院屈连璧；吉林省电线厂刘宗贵；长春市邮电学校王子瑞；哈尔滨市防空办公室马月兰；哈尔滨工业大学徐亦力；海城市高中徐嘉轲；中国科学院大连化学物理研究所郭建新；北京空军后勤部于光远；大连市二十九中姜恩才；大连市天津街小学隋桂花；沈阳轮胎厂刘文国；大连市二中王日新；大连水产研究所李铭五；大连旅顺口区政协高永学；大连旅游职业高中隋同岳；国防科工委王建业；沈阳大学许显允；大连市机电设备公司刘永溪；辽宁中医学院于清涛；辽宁省机械厅赵有臻；解放军第四军医大学于清汉；解放军艺术剧院李恩琪；等等。

日本学者参加或协助本课题研究对于扩大视角、丰富研究内容起到了积极作用。他们是：

东海大学教授、日本"满洲、满洲国"教育史研究会会长海老原治善；东海大学教育研究所所长金子和彦；东京都立大学教授、日本殖民地教育史研究会会长小泽有作；早稻田大学教授竹中宪一；宫城女子大学教授、日本殖民地教育史研究会会长宫脇弘幸；爱媛大学副教授伊月知子；新潟大学大学院博士生中山纪子；等等。

特别难能可贵的是，1947年从大连"返回"的名古屋大学教授藤森节子在读到《"满洲"口述历史——奴化教育的抵抗》（齐红深编著，竹中宪一译，日本皓星社2004年版）后连续发表读后感，说："齐红深教授编辑出版中国人的口述历史使我受到极大的震撼。我深深感到，站在被害国人民的立场上反思历史，对日本来说是困难的也是必要的。"她忍受着身患胶原病的痛苦，多次接受访谈，留下了正直善良的日本人的历史记忆和反思。

齐红深教授长期自费搜集日本侵华时期的各种资料并开展深入研究，享誉国内外。国家领导人在新华社报道《著名学者齐红深教授愿捐献大批日本侵华珍贵史料》上批示，表扬了他的爱国精神。2015年，为了纪念世界反法西斯战争暨抗日战争胜利70周年，新华社、中央电视台等各大媒体利用他搜集的资料进行大量报道。其中，仅英文、日文报道就有6次之多。有关部门还把他的事迹用文字和影像形式上报中央。习近平总书记在十八届中央政治局第二十五次集体学习时作了"让历史说话用史实发言深入开展中国人民抗日战争研究"专题讲话，并对"扶持民间研究"作出具体指示。随后，齐红深教授代表课题组将访谈整理工作中形成的完整档案资料包括笔录、音像、信函、图书、图片、实物原件等无偿捐献给国家，由吉林省档案馆和国家图书馆分别专题收藏。2016年，他提出并论证的《日本对华精神侵略民间史料收集、整理与研究》，又列入全国哲学社会科学规划领导小组批准的2017年度国家社会科学基金项目课题指南。关于齐红深和他领导的课题组的实践经验和理论探索，由石松源、贺长苏编著《百家评说齐红深——让教育史走进社会》（吉林文史出版社2011年）和徐雄彬、徐德源编著《口述历史怎么做怎么样——齐红深的口述历史理论与实践》(新华出版社 2016 年版) 两部著作可供借鉴和了解。

在此,我代表本书编委会再次向所有受访者及其家人致以真诚感谢和深深敬意!殷切希望能够与我们联系,以便赠书和致谢。

我与齐红深教授认识多年,一直敬重、关注并参与了他的研究和图书出版工作。大连理工大学聘请他担任客座教授,帮助和指导文科科学研究。他设计和论证的"日本对华精神侵略民间史料收集、整理与研究",列入国家哲学社会科学 2017 年度重大研究招标课题指南。与他共同设计、撰写、论证"日本对华精神侵略民间史料收集、整理与研究"投标书,后来我工作调动,齐先生带领团队在此基础上获得了国家社科基金后期资助重点项目。大连理工大学马克思主义学院积极立项,支持关于"日本对华精神侵略"的有关研究工作,中国近现代史纲要教研室葛丽君、荆蕙兰、朱琳琳、梁大伟、屈宏、贾迪、姚敏,日本北海道大学大学院文学研究院专门研究员孙雨涵博士等专家学者,参加了"日本对华精神侵略"等相关研究和本书出版工作,在此一并感谢!

徐成芳

2022 年 6 月 6 日

鸣　谢

大连市人民政府

辽宁省教育厅

大连市政协文化体育与文史资料委员会

大连市教育局

中国国民党革命委员会大连市委员会

长春师范大学东北口述历史研究中心

大连市关心下一代工作委员会

大连市老年学学会

大连理工大学

大连外国语大学日本语学院

大连市第二十四中学

大连花园口经济区民俗博物馆

大连佳月科技发展有限公司

南京市中山陵园管理处

大连市老百姓口述历史研究中心

责任编辑：刘　伟

版式设计：汪　莹

责任校对：吕　飞

图书在版编目（CIP）数据

"关东州"历史记忆 / 徐成芳　齐红深　编著 . —北京：人民出版社，
　2022.9

ISBN 978 - 7 - 01 - 024637 - 6

I. ①关… 　II. ①徐…②齐… 　III. ①大地 - 地方史 -1905—1945

　IV. ① K293.13

中国版本图书馆 CIP 数据核字（2022）第 041972 号

"关东州"历史记忆
GUANDONGZHOU LISHI JIYI

徐成芳　齐红深　编著

人民出版社 出版发行
（100706　北京市东城区隆福寺街 99 号）

北京中科印刷有限公司印刷　新华书店经销

2022 年 9 月第 1 版　2022 年 9 月北京第 1 次印刷
开本：710 毫米 ×1000 毫米 1/16　印张：32　插页：4
字数：462 千字

ISBN 978 - 7 - 01 - 024637 - 6　定价：128.00 元

邮购地址 100706　北京市东城区隆福寺街 99 号
人民东方图书销售中心　电话（010）65250042　65289539